DICTIONNAIRE

DE DROIT

CIVIL, COMMERCIAL, ADMINISTRATIF & DE PROCÉDURE

DANS LES MATIÈRES INTÉRESSANT

Le Notariat

PAR

Albert ANDRÉ

ANCIEN NOTAIRE

TOME DEUXIÈME

Donation à Justification.

PARIS

MARCHAL & BILLARD | DELAMOTTE Fils & Cⁱᵉ
27, Place Dauphine | 85, Boulevard St-Michel

1888

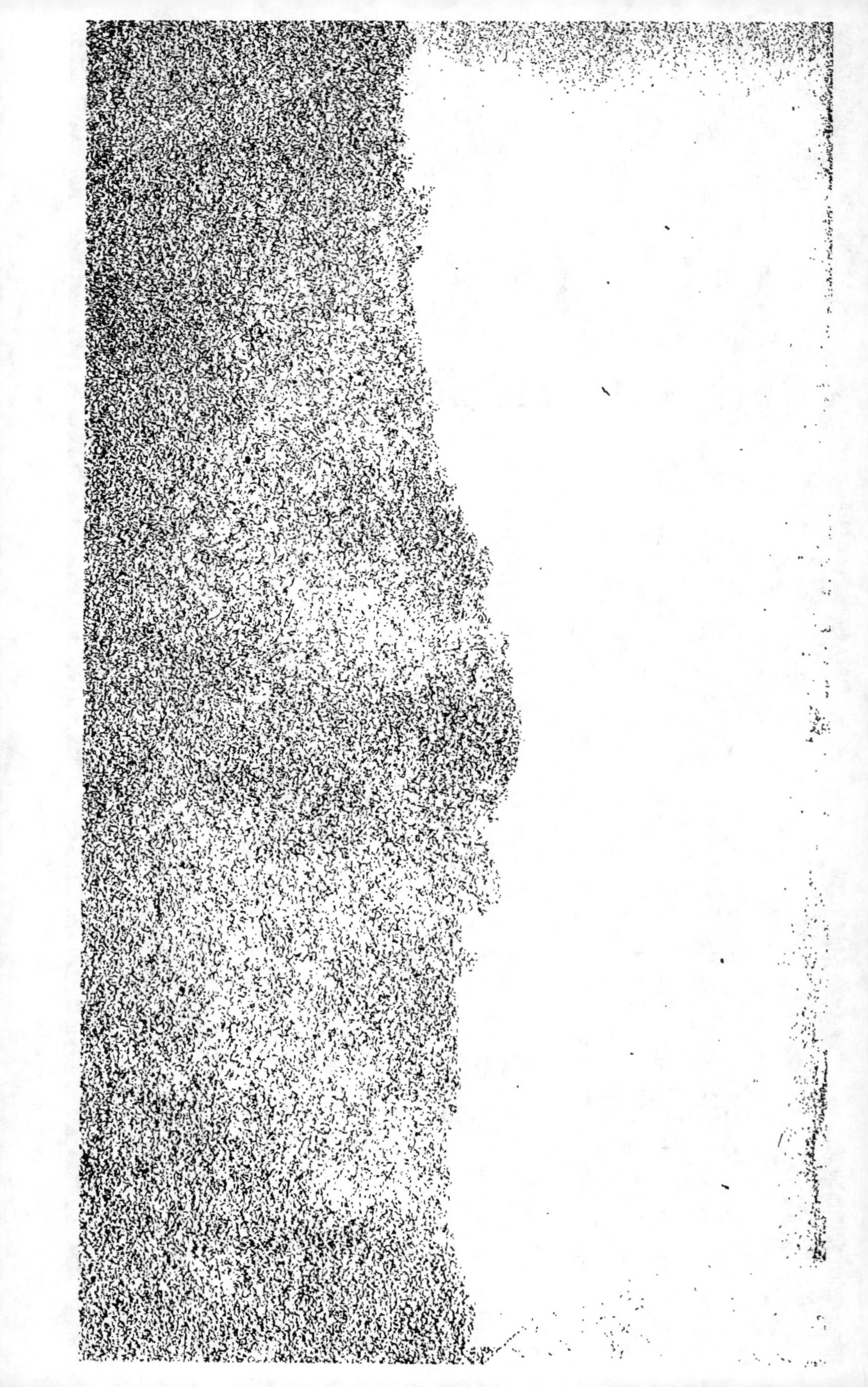

DICTIONNAIRE

DE

DROIT

CAEN. — IMPRIMERIE HENRI DELESQUES.

DICTIONNAIRE

DE DROIT

CIVIL, COMMERCIAL, ADMINISTRATIF & DE PROCÉDURE

DANS LES MATIÈRES INTÉRESSANT

Le Notariat

PAR

Albert ANDRÉ

ANCIEN NOTAIRE

———

TOME DEUXIÈME

Donation à Justification.

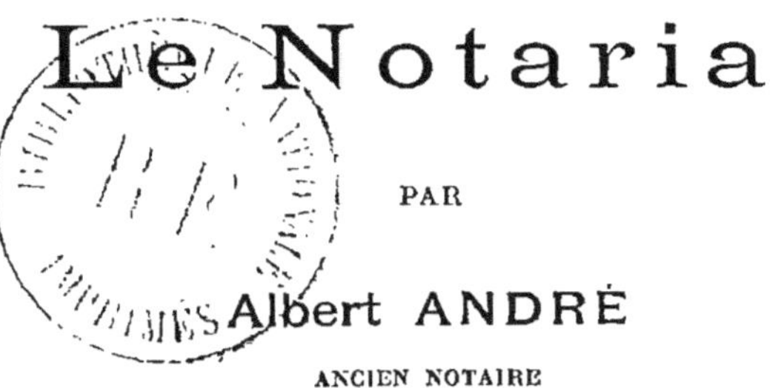

PARIS

MARCHAL & BILLARD	DELAMOTTE Fils & Cie
27, Place Dauphine	85, Boulevard St-Michel

———

1888

Donation à cause de mort.

1. Dans l'ancien droit, disposition tenant le milieu entre la donation entre-vifs et le testament ; elle participait de la donation en ce qu'elle exigeait, comme elle, le concours des volontés du donateur et du donataire, et qu'elle se formait par un contrat ; elle se rattachait au testament sous un triple rapport : elle était faite en vue de la mort du donateur, et pour ne produire effet qu'après sa mort ; elle était révoquée de plein droit par le prédécès du donataire ; elle était révocable par le donateur.

Ce genre de disposition est proscrit par le Code civil (art. 893 ; Toulouse, 11 juin 1852 ; Bordeaux, 8 août 1853 ; Demolombe, XVIII, 39).

2. Ne constituent pas des donations à cause de mort et sont parfaitement valables :

1° Les donations entre-vifs faites sous la condition suspensive du prédécès du donateur (C. civ., 1181), ou sous la condition résolutoire de sa survie (C. civ., 1183), lorsqu'elles n'ont pas été stipulées révocables à la volonté du donateur (Cass., 28 avril 1874, 8 novembre 1886 ; Aubry et Rau, § 644 et 645 ; Demolombe, XX, 538 et 539 ; Demante, IV, 86 *bis* ; Dalloz, 1362).

2° Les donations de sommes payables après le décès du donateur quand elles emportent dessaisissement actuel de la propriété (Cass., 29 décembre 1857, 3 décembre 1878).

3° Les dispositions à titre gratuit faites par contrat de mariage et ayant pour objet tout ou partie des biens que le donateur laissera à son décès, encore qu'elles deviennent caduques par le prédécès du donataire (C. civ., 1082, 1084, 1089).

4° Les donations faites entre époux pendant le mariage, quoique révocables à la volonté du disposant, et généralement stipulées subordonnées à la survie du donataire (C. civ., 1092, 1093, 1096).

Donation alternative, facultative.

1. Une donation est alternative, lorsque le donateur n'est tenu des diverses prestations qui en forment l'objet, que séparément, et en ce sens qu'il sera libéré au moyen de l'accomplissement d'une seule d'entre elles (C. civ., 1189, 1196).

Ainsi, la donation d'une rente viagère de 1,200 fr. ou d'un capital de 20,000 fr. ; d'un capital de 20,000 fr. payable en argent, ou en une maison, sont des donations alternatives.

2. Le choix entre les objets compris dans la donation, appartient de droit au donateur, lorsqu'il n'a pas été expressément accordé au donataire (C. civ., 1190).

Quand le choix a été fait et accepté, il devient irrévocable (Demolombe, XXVI, 51 ; Laurent, XVII, 242 ; Larombière, art. 1190, n° 3).

3. La donation facultative porte sur un seul objet, et contient réserve pour le donateur de se libérer en remplaçant cet objet par un autre ; telle est la donation d'une somme de 20,000 fr., avec faculté d'abandonner en paiement un immeuble déterminé (Demolombe, XXVI, 30 ; Aubry et Rau, § 300).—V. ABANDON D'IMMEUBLE.

4. La nature mobilière ou immobilière de la donation alternative reste incertaine jusqu'à l'option du donateur ; au contraire, la nature de l'obligation facultative est de suite déterminée par la chose qui en est l'unique objet, quelle que soit la nature de la chose qui pourrait être donnée en paiement (comp. Cass., 8 novembre 1815 ; Colmet de Santerre, V, 115 *bis* ; Laurent, XVII, 231).

5. Ces sortes de donations se rencontrent, en particulier, dans les contrats de mariage ; il est important de les libeller avec soin : 1° au point de vue fiscal, pour que le droit soit perçu au taux le moins élevé (Cass., 15 juin 1808 ; Déc. min. fin., 3 février 1817 ; Sol. 20 janvier 1868, 28 décembre 1874) ; 2° pour le sort des objets donnés, surtout quand il y a adoption de la communauté légale (comp. C. civ., 1401, 1406 ; Guillouard, 360, 459 ; Rodière et Pont, 375, 376).

Donation aux époux par contrat de mariage.

1. Les dispositions qui peuvent être faites par des tiers au profit des futurs époux dans leur contrat de mariage, sont de trois sortes : 1° donation de biens présents ; 2° donation de biens à venir ou institution contractuelle ; 3° donation de biens présents et à venir.

I. Règles communes.

2. Ces donations ont plusieurs règles communes, ainsi : 1° elles ne peuvent être attaquées ni déclarées nulles sous prétexte de défaut d'acceptation (C. civ., 1087) ; 2° elles sont toujours faites sous la condition tacite que le mariage aura lieu (C. civ., 1088). Cette con-

dition suspensive n'autorise pas le donateur à révoquer les dispositions par sa seule volonté dans l'intervalle du contrat à la célébration du mariage (Cass., 16 février 1875); 3° elles demeurent réductibles, comme toutes autres, à la quotité disponible (C. civ., 1090), et à la date du contrat de mariage (Demolombe, XXIII, 396 et suiv.; Bonnet, II, 670; Aubry et Rau, § 685 *bis*); 4° elles ne sont pas révocables pour cause d'ingratitude (C. civ., 959); 5° elles peuvent être faites sous des conditions dont l'exécution dépend de la volonté du donateur (C. civ., 1086; Cass., 27 décembre 1815; Aubry et Rau, § 736, note 1; Demolombe, XXIII, 369; Colmet de Santerre, IV, 359 *bis*); 6° elles ne sont pas assujetties à la présence réelle du notaire en second ou des témoins (Bordeaux, 27 mai 1853; Lyon, 1er juin 1883; Rodière et Pont, 142; Aubry et Rau, § 503, note 7; Colmet de Santerre, VI, 11 *bis*); 7° la capacité de disposer et de recevoir doit exister au moment de la donation (Demolombe, XXIII, 394).

II. Donation de biens présents.

3. La donation de biens présents faite par contrat de mariage, produit les mêmes effets que toute donation entre-vifs (C. civ., 1081); ainsi :

1° Elle dessaisit le donateur de la propriété des biens qui est transmise au donataire par le fait de la célébration du mariage;

2° Elle n'est pas caduque par le prédécès de l'époux donataire, qu'il laisse ou non des enfants. ;

3° Elle est soumise à la formalité de la transcription lorsqu'elle a pour objet des biens susceptibles d'hypothèque (C. civ., 939);

4° Elle doit être accompagnée d'un état estimatif, si elle comprend des effets mobiliers (C. civ., 948; Cass., 23 juillet 1822);

5° Elle ne peut avoir lieu au profit des enfants à naître (C. civ., 906, 1081). Cependant, si elle émane des père et mère envers leur enfant, des oncles ou tantes envers leur neveu ou nièce, elle peut être faite à la charge de conserver et de rendre les biens aux enfants à naître (C. civ., 1048, 1049);

6° Elle est révoquée par la survenance d'enfants (C. civ., 960).

4. Par dérogation aux règles qui précèdent, la donation de biens présents peut être faite (C. civ., 1086) : 1° sous la condition de payer les dettes que le donateur laissera en mourant, ou d'acquitter d'autres charges qu'il est libre de créer ou d'augmenter à son gré.

Dans ce cas, le donataire ne bénéficiera de la donation, que s'il consent à acquitter les dettes ou charges ; 2° avec réserve par le donateur de disposer ultérieurement de tout ou partie des biens donnés ou d'une somme fixe à prendre sur ses biens. En pareil cas, la donation vaudra pour les biens à l'égard desquels le donateur n'aura pas usé de son droit de disposition.

5. Quand elle aura eu lieu sous de telles conditions, la donation sera censée faite au profit des enfants et descendants à naître du mariage, et elle deviendra caduque si le donateur survit à l'époux donataire et aux enfants du mariage (C. civ., 1082, 1089).

6. D'ailleurs, la donation faite sous réserve de la faculté de disposer seulement d'un effet compris dans les biens donnés ou d'une certaine somme à prendre sur ces biens, ne deviendrait caduque que pour la somme ou l'objet formant la matière de cette réserve (Aubry et Rau, § 738 ; Demolombe, XXIII, 390 ; Colmet de Santerre, IV, 256 *bis*).

III. Donation de biens à venir.

7. La disposition faite par contrat de mariage de tout ou partie des biens devant composer la succession du donateur ou de biens héréditaires individuellement désignés (Cass., 15 juillet 1835), tient de la donation entre-vifs par l'irrévocabilité et du testament, parce qu'elle ne s'ouvre que par la mort du disposant. Ce genre de disposition est connu en pratique sous les noms d'institution contractuelle et de promesse d'égalité.

1° *Institution contractuelle.*

8. Les pères et mères, les autres ascendants, les parents collatéraux des époux, et même les étrangers, peuvent, par contrat de mariage ou par contre-lettre au contrat de mariage (C. civ., 1396, 1397 ; Nîmes, 8 janvier 1850 ; Demolombe, XXIII, 276 ; Laurent, XV, 187), disposer de tout ou partie des biens qu'ils laisseront au jour de leur décès, tant au profit des époux qu'au profit des enfants à naître de leur mariage, pour le cas où le donateur survivrait à l'époux donataire (C. civ., 1082).

9. Cette donation, quoique faite seulement au profit des époux, ou de l'un d'eux, est toujours, au cas de survie du donateur, présumée faite au profit des enfants et descendants à naître du mariage

(C. civ., 1082), mais elle doit s'adresser en premier lieu aux époux (Laurent, XV, 201 ; Colmet de Santerre, IV, 255 *bis*).

10. Un contrat de mariage peut contenir plusieurs institutions contractuelles émanant de diverses personnes, par exemple, par les père et mère du futur au profit de la future, et par les père et mère de la future épouse au profit du futur. La prohibition de l'article 968, Code civ., n'est pas applicable (Demolombe, XXIII, 278 ; Aubry et Rau, § 739, note 12).

11. La capacité requise pour faire une institution contractuelle est la même que pour une donation entre-vifs. Ainsi, ne peuvent faire une institution contractuelle ; le mineur de plus de seize ans, en dehors de son contrat de mariage; la femme mariée, non autorisée ; le pourvu d'un conseil judiciaire, sans l'assistance de ce conseil (Laurent, XV, 197; Demolombe, XXIII, 283 ; Aubry et Rau, § 739, notes 16 et 17).

12. La femme mariée sous le régime dotal ne peut pas, même avec l'autorisation maritale, disposer de ses biens dotaux, par institution contractuelle au profit d'autres personnes que de ses enfants (Cass., 8 mai 1877 ; Poitiers, 13 juillet 1876 ; Rouen, 28 mars 1881; Demolombe, XXIII, 284 ; Aubry et Rau, § 279, note 9).

13. Lorsque l'institution contractuelle est universelle, et qu'il n'existe pas d'héritiers à réserve, l'institué jouit de la saisine héréditaire (C. civ., 1006 ; Aubry et Rau, § 739, note 69 ; Demolombe, XXIII, 334).

Quand il y a des réservataires, ou que l'institution est à titre universel, l'institué peut former une action en partage, sans demande en délivrance (Aubry et Rau, § 739, note 70 ; Demolombe, XXIII, 337). Dans ce cas, l'institué est assimilé à un héritier (Douai, 8 août 1864).

Si l'institution ne comprend qu'un objet déterminé ou une somme fixe, l'institué doit former une demande pour faire courir les fruits.

14. L'institution contractuelle est irrévocable en ce sens seulement que le donateur ne peut plus disposer, à titre gratuit, des objets compris dans la donation, si ce n'est pour sommes modiques à titre de récompense ou autrement (C. civ., 1083).

Ainsi, l'instituant ne pourrait disposer d'une partie quelconque de ses biens à titre universel (Cass., 23 février 1818; Demolombe, XXIII, 315), ni à titre particulier, même par contrat de mariage (Lyon, 28 janvier 1855 ; Laurent, XV, 220), ou à titre de donations manuelles, déguisées ou de legs (Aubry et Rau, § 739, notes 43 à 45).

15. Mais il a, de plein droit, la faculté de disposer de sommes modiques, eu égard à sa fortune, et sauf réduction en cas d'excès (Caen, 22 janvier 1866 ; Cass., 11 février 1879 ; Aubry et Rau, 739, notes 46 à 49 ; Demolombe, XXIII, 317).

16. Si l'instituant s'est réservé le droit de donner certaines choses et décède sans en avoir disposé, l'institué est fondé à les réclamer (C. civ., 1086).

17. D'ailleurs, l'instituant peut aliéner, moyennant une rente viagère, les biens compris dans l'institution ; une telle aliénation faite sans fraude n'est pas considérée comme une disposition à titre gratuit (Cass., 15 novembre 1836 ; Demolombe, XXIII, 312 ; Laurent, XV, 213 ; Colmet de Santerre, IV, 256 *bis*).

18. La renonciation au droit d'aliéner à titre onéreux les biens formant l'objet de l'institution est nulle, peu importe la convention dont elle résulte (Riom, 4 décembre 1810 ; Demolombe, XXIII, 314 ; Laurent, XV, 215).

19. Est également frappée de nullité, l'hypothèque consentie par l'instituant sur ses immeubles pour garantir le droit de l'institué (Paris, 9 février 1875).

20. De son côté, l'institué ne peut, du vivant de l'instituant, ni céder son droit, ni y renoncer, même du consentement de l'instituant (Cass., 16 août 1841, 12 janvier 1853 ; Montpellier, 12 août 1874 ; Aubry et Rau, § 739, note 58 à 60 ; Laurent, XV, 225).

21. Il ne serait pas fondé non plus à demander, durant la vie de l'instituant, la nullité des aliénations gratuites qu'il pourrait faire (Cass., 22 janvier 1873 ; Demolombe, XXIII, 323).

22. Peut-il, au moins, prendre des mesures conservatoires ? Oui (Cass., 22 janvier 1873 ; Aubry et Rau, § 739, note 64) ; non (Demolombe, *loc. cit.*).

23. L'institution contractuelle devient caduque quand l'institué et sa postérité légitime décèdent avant l'instituant (C. civ., 1089).

24. Ne transmettant actuellement aucun droit réel au donataire, l'institution contractuelle n'est pas soumise à la transcription.

2° *Promesse d'égalité.*

25. La promesse d'égalité est la clause d'un contrat de mariage par laquelle des pères et mères, en mariant un de leurs enfants,

s'engagent à lui laisser, dans leur succession, une part égale à celle des autres.

Cette clause est une institution contractuelle au profit du futur, par rapport à ses frères et sœurs d'une part héréditaire dans la quotité disponible (Bordeaux, 20 janvier 1863 ; Pau, 16 février 1874 ; Dalloz, 1995 ; Aubry et Rau, § 739, note 101).

26. La clause n'a d'effet que vis-à-vis de l'enfant qui figure comme futur dans le contrat de mariage ; elle ne peut profiter aux autres enfants, lors même qu'ils seraient présents au contrat (Bordeaux, 22 février 1858 ; Laurent, XV, 252 ; Demolombe, XXIII, 304).

27. La promesse d'égalité garantit l'institué contre les dispositions ultérieures que l'instituant pourrait faire au profit de ses autres enfants ou descendants (Aubry et Rau, § 739, note 104 ; Demolombe, XXIII, 306).

28. Mais l'instituant conserve la faculté de disposer au profit d'un étranger de la totalité de la quotité disponible, c'est-à-dire, y compris même la part de l'enfant institué (Cass., 15 décembre 1818 ; Riom, 2 mars 1882 ; Aubry et Rau, § 739, note 107 ; Demolombe, XXIII, 306 ; *Contrà*, Limoges, 23 juillet 1862 ; Bordeaux, 20 janvier 1863 ; Riom, 21 février 1883).

29. Enfin, la promesse d'égalité devient sans objet lorsque le père ou la mère donateur ne laisse pas d'autres enfants que celui au profit duquel elle a été faite (Paris, 1er décembre 1855 ; Demolombe, XXIII, 307 ; Aubry et Rau, § 739, note 108).

30. Au surplus, ces points dépendent, avant tout, des termes de la clause que les juges apprécient souverainement (Cass., 10 mars 1884). Il est certain que l'instituant sera complètement lié en lui interdisant de faire *aucune disposition, en faveur de qui que ce soit, au préjudice du futur époux* (Comp. Laurent, XV, 251).

IV. Donation de biens présents et à venir.

31. La donation par contrat de mariage peut être faite cumulativement des biens présents et à venir, en tout ou en partie, à la charge d'annexer à l'acte un état des dettes et charges du donateur, existantes au jour de la donation ; auquel cas, il est libre au donataire, lors du décès du donateur, de s'en tenir aux biens présents, en renonçant au surplus des biens du donateur (C. civ., 1084).

32. Si l'état des dettes et charges existantes n'a point été annexé

à l'acte contenant donation des biens présents et à venir, le donataire est obligé d'accepter ou de répudier la donation pour le tout. En cas d'acceptation, il ne peut réclamer que les biens existant au jour du décès du donateur, et il est soumis au paiement de toutes les dettes et charges de la succession (C. civ., 1085).

33. La donation cumulative des biens présents et à venir, doit être renfermée dans une seule et même disposition (Limoges, 26 novembre 1872); s'il y avait deux dispositions distinctes, portant l'une sur les biens présents, et l'autre sur les biens à venir, les règles indiquées sous les n°ˢ 3 et 8 seraient applicables (Cass., 18 mars 1835, 30 janvier 1839).

34. La donation cumulative de biens présents et à venir, diffère de l'institution contractuelle par le droit d'option dont jouit le donataire, en vertu duquel il est, après le décès du donateur, autorisé à scinder la disposition, en répudiant les biens à venir pour s'en tenir aux biens présents (Aubry et Rau, § 760, note 6).

35. Cette donation est, de plein droit, censée faite au profit des enfants et descendants à naître du mariage, pour le cas où le futur époux, donataire en premier ordre, ne pourrait ou ne voudrait l'accepter (Cass., 19 décembre 1843; Colmet de Santerre, IV, 267 *bis;* Demolombe, XXIII, 352).

36. Le donataire de biens présents et à venir n'est saisi que par le décès du donateur de la propriété des biens faisant l'objet de la disposition, sans qu'il y ait à distinguer entre les biens à venir et les biens présents (Bordeaux, 19 juillet 1831; Aubry et Rau, § 740, note 10).

37. Tous ces biens peuvent être aliénés à titre onéreux par le donateur, et ses créanciers ont le droit de les saisir, sans que le donataire soit admis à s'opposer à l'aliénation ou à la saisie (Demolombe, XXIII, 349; comp. n° 41, 2°).

38. Cette donation devient caduque pour les biens présents comme pour ceux à venir, quand le donateur survit au donataire et à sa postérité issue du mariage (C. civ., 1089; Cass., 3 février 1835; Aubry et Rau, § 740, note 11).

39. Le droit pour le donataire de s'en tenir aux biens présents, en répudiant les biens à venir, ne peut s'exercer qu'à la mort du donateur, et à la condition qu'il aura été annexé au contrat de mariage un état des dettes et charges du donateur existantes à l'époque de la donation (C. civ., 1084), sinon la disposition dégénère

en institution contractuelle (Grenoble, 19 janvier 1847; Limoges, 26 novembre 1872; Colmet de Santerre, IV, 258 *bis*).

Cet état ne peut être suppléé par une déclaration du total des dettes sans détail (Limoges, 19 mars 1841, 26 novembre 1872; Laurent, XV, 268).

40. Quand le donataire opte pour l'exécution intégrale de la disposition, elle est régie par les règles de l'institution contractuelle; par suite : 1° le donataire est tenu de respecter les aliénations onéreuses faites sans fraude, lors même qu'elles porteraient sur les biens présents (Cass., 27 février 1821; Grenoble, 26 novembre 1872); 2° il est obligé d'acquitter les dettes contractées avant la donation, et celles faites depuis (Demolombe, XXIII, 354); 3° il est admis à réclamer tous les effets mobiliers se trouvant dans la succession du donateur, quoiqu'ils n'aient pas été décrits ni estimés dans la disposition (Cass., 27 février 1821; Aubry et Rau, § 740, note 18; Bonnet, II, 532).

41. Au contraire, si l'état des dettes a été annexé à la donation de biens présents et à venir, et que le donataire opte pour les biens présents seulement, en renonçant aux autres, la disposition se transforme en une donation de biens présents (Aubry et Rau, § 740), produisant les effets suivants :

1° Le donataire est seulement tenu des dettes et charges dont l'état a été annexé au contrat de mariage, et si elles ont été acquittées par le donateur, le donataire en doit récompense à sa succession (Colmet de Santerre, IV, 259 *bis*):

2° Il peut, à l'égard des immeubles, faire anéantir les aliénations à titre onéreux, les hypothèques et les servitudes postérieures à la donation, pourvu que la disposition contienne la désignation des biens présents, et qu'elle ait été soumise à la transcription hypothécaire (Demolombe, XXIII, 358, 363; Massé et Vergé, § 518; Laurent, XV, 279);

3° A l'égard des meubles présents, il ne peut réclamer que ceux décrits et estimés dans le contrat de mariage (C. civ., 948; Aubry et Rau, § 740, note 22).

42. A cet égard, la prescription des actions du donataire ne commence à courir qu'à partir du décès du donateur (C. civ., 1084).

Donation conditionnelle.

1. Toute personne faisant une libéralité peut, en général, apposer

à sa disposition telles conditions qu'elle juge convenable. Cependant, les conditions impossibles ou illicites attachées à une donation sont réputées non écrites (C. civ., 900), de sorte que le donataire peut disposer des biens comme si la donation était pure et simple.

2. Pour que les conditions impossibles ou illicites soient réputées non écrites, il faut qu'il s'agisse d'une véritable libéralité : si l'acte fait, quoique qualifié de donation, n'est, en réalité, qu'une convention onéreuse, il est entièrement nul (C. civ., 1131, 1172 ; Cass., 31 juillet 1860 ; Orléans, 29 mai 1852 ; Demolombe, XVIII, 212).

3. D'ailleurs, quand la donation participe en même temps du contrat onéreux, et présente, dans ses diverses dispositions, une corrélation qui les rend indivisibles, le donataire ne peut, en écartant comme non écrite la condition qui lui a été imposée, réclamer l'exécution de la disposition, sans remplir cette condition qui en a été la cause déterminante (Cass., 12 novembre 1867, 17 juillet 1883, 3 novembre 1886, 22 juin 1887).

4. Enfin, pour déterminer si une condition est obligatoire ou doit être réputée non écrite, il faut uniquement s'attacher à l'état de choses existant et à la législation en vigueur au moment de la confection de la donation (Cass., 23 novembre 1806 ; Aubry et Rau, § 692 ; Demolombe, XVIII, 230).

5. Sont considérées comme illicites, les conditions de :

1° Ne pas se marier (Pau, 29 juin 1874 ; Laurent, XI, 494 ; — Contrà, Caen, 16 mars 1875 ; Demolombe, XVIII, 240). Toutefois, la donation d'un usufruit ou d'une rente pendant que le donataire restera célibataire, serait valable (Liège, 8 janvier 1808 ; Demolombe, XVIII, 241) ;

2° Ne se marier qu'avec le consentement d'un tiers (Paris, 7 juin 1849 ; Aubry et Rau, § 692, note 12) ;

3° Se marier avec une personne désignée (Bastia, 2 juin 1828 ; Laurent, XI, 499 ; — Contrà. Demolombe, XVIII, 252) ;

4° Prendre l'état ecclésiastique (Grenoble, 11 août 1847 ; Laurent, XI, 503) ;

5° Vivre et mourir dans une religion spécialement désignée (Colmar, 9 mars 1827 ; Demolombe, XVIII, 261) ;

6° Ne pas aliéner ou hypothéquer les biens donnés (Cass., 20 mai 1879 ; comp. Cass., 19 mars 1877). Il en serait autrement si la condition était temporaire et avait pour but de garantir un droit réservé au donateur ou un avantage conféré à un tiers (Cass., 20 avril 1858, 12 juillet 1865, 9 mars 1668 ; Angers, 18 décembre 1878) ;

7° Renoncer à une succession non ouverte (Cass., 16 janvier 1838 ; Demolombe, XVIII, 277 ; Aubry et Rau, § 692, note 20 ; — *Contrà*, Grenoble, 7 janvier 1873) ;

8° Ne pas exercer ses droits politiques, de famille, etc. (Demolombe, XVIII, 237 ; Demante, III, 16 *bis*).

6. Sont valables, les conditions de :

1° Ne pas se remarier (Cass., 18 mars 1867 ; Rennes, 17 février 1879 ; Demolombe, XVIII, 250) ;

2° Ne pas se faire prêtre (Demolombe, XVIII, 260 ; Laurent, XI, 504) ;

3° Prendre le nom du donateur (Cass., 4 juillet 1836 ; Demolombe, XVIII, 274).

7. La condition d'insaisissabilité peut être valablement apposée à une donation de meubles (C. pr., 581, 582) ou d'immeubles dont le donateur a la faculté de disposer. Cette condition est opposable à tous les créanciers antérieurs à la disposition, mais non à ceux postérieurs (Cass., 10 mars 1852, 20 décembre 1864 ; Aubry et Rau, § 692, note 40 ; — *Contrà*, Demolombe, XVIII, 311). — V. PARTAGE D'ASCENDANTS, OBLIGATION, LEGS.

Donation déguisée.

1. Toutes les donations entre-vifs ne sont pas soumises aux formes solennelles prescrites par la loi (C. civ., 893, 931, 932), car le législateur a prévu lui-même certaines dispositions, connues sous le nom de donations déguisées, qui s'en trouvent dispensées.

2. Parmi les donations déguisées, il faut citer :

1ent. Les renonciations à une succession ou à un legs, faites avec l'intention d'exercer une libéralité envers celui qui doit en profiter (C. civ., 786, 898, 1043, 1044 ; comp. Limoges, 19 février 1884).

Il s'agit, bien entendu, de renonciations purement extinctives d'un droit non accepté, car la renonciation, soit après acceptation, soit en faveur d'une seule personne, à l'exclusion des autres, constituerait une donation entre-vifs ordinaire (Demolombe, XX, 84 ; Aubry et Rau, § 559, note 8 ; Marcadé, art. 780 ; comp. Cass., 15 novembre 1858). — V. RENONCIATION.

2ent. La remise de dette consentie par le créancier au profit du débiteur (C. civ., 1234), et pour laquelle la loi n'exige pas d'autre condition que la volonté de l'opérer (C. civ., 1282 ; Cass., 26 juillet 1848, 2 août 1862). — V. REMISE DE DETTE.

3^{ent}. Les contrats à titre onéreux conférant une donation par l'une des parties au profit de l'autre, par exemple : 1° un bail à vil prix (Caen, 26 janvier 1880 ; Cass., 19 décembre 1882) ; 2° une vente, moyennant un prix dont l'acte porte quittance, quoiqu'il n'ait pas été payé (Montpellier, 12 juillet 1835) ; 3° la quittance d'une somme, alors que les fonds n'ont pas été versés (Nancy, 4 juin 1859) ; 4° l'endossement, même en blanc, de titres négociables, alors que la valeur n'a pas été reçue (C. comm., 136, 138 ; Agen, 11 décembre 1868 ; 5° le transfert de valeurs industrielles sans paiement du prix (Cass., 13 novembre 1867) ; 6° la reconnaissance d'une somme non réellement prêtée (Cass., 3 décembre 1878, 2 avril 1884 ; Angers, 30 mai 1873 ; Montpellier, 23 février 1885).

3. Les donations déguisées restent soumises, en ce qui concerne la capacité de donner ou de recevoir, et la quotité disponible, aux mêmes règles que les donations proprement dites (Cass., 12 avril 1865 ; Bordeaux, 12 juin 1876 ; Aubry et Rau, § 659, note 11). Mais elles ne sont pas assujetties à d'autres formes que celles requises pour la validité de l'acte qui les renferme (Cass., 25 juillet 1876, 7 avril 1884, 24 décembre 1884 ; Angers, 30 mai 1873 ; — *Contrà*, Bourges, 16 mai 1884).

D'ailleurs, elles subissent la révocation pour survenance d'enfant (Cass., 9 juillet 1879).

4. Enfin, les donations déguisées peuvent encore être annulées pour captation ou comme contraire aux mœurs, par exemple entre concubins (Cass., 2 février 1853, 23 juin 1887 ; Laurent, XI, 136 ; comp. Cass., 21 février 1887).

Donations entre époux.

§ 1er.

DONATION PAR CONTRAT DE MARIAGE.

1. Les époux peuvent, par leur contrat de mariage, se faire réciproquement, ou l'un des deux au profit de l'autre, telle donation qu'ils jugent à propos (C. civ., 1091), soit de biens présents, soit de biens à venir, soit de biens présents et à venir (C. civ., 1081, 1082, 1084 à 1086).

2. Toute donation entre-vifs de biens présents, faite entre époux, par contrat de mariage, n'est point censée faite sous la condition de survie du donataire, si cette condition n'est formellement exprimée, et elle est soumise à toutés les règles et formes prescrites pour ces sortes de donations (C. civ., 1092 ; comp. C. civ., 1081).

Ainsi : la donation de biens présents saisit l'époux donataire, actuellement et irrévocablement des objets donnés ; si elle comprend des meubles, il faut un état estimatif ; si elle a pour objet des immeubles, elle est soumise à la transcription.

3. D'ailleurs, la donation de biens présents peut être subordonnée à la survie du donataire ; il en est presque toujours ainsi, et il faut se garder de confondre cette donation de biens présents sous condition suspensive de survie du donataire avec la donation de biens à venir au profit du survivant des époux.

4. On considère comme donations de biens présents, quoique subordonnées à la survie du donataire, celles : 1º d'une rente viagère payable à partir du décès du donateur (Grenoble, 8 février 1879 ; Montpellier, 9 août 1886) ; 2º d'une somme d'argent payable au décès du donateur. Ces mêmes dispositions constitueraient des donations de biens à venir, si la rente viagère ou la somme d'argent étaient à prendre sur la succession du disposant. À l'égard de la femme donataire, la donation de biens présents est garantie par son hypothèque légale, tandis que celle des biens à venir n'emporte pas cette faveur.

5. La donation de biens à venir ou de biens présents et à venir, faite entre époux, par contrat de mariage, soit simple, soit réciproque, est soumise aux règles des donations pareilles qui leur sont faites par des tiers (V. *Donation aux époux*, III, 1º, IV), sauf qu'elle n'est point transmissible aux enfants issus du mariage, en cas de décès de l'époux donataire avant l'époux donateur (C. civ., 1093).

6. Ces sortes de donations ne sont pas révocables pour cause de survenance d'enfants (C. civ., 960).

Mais elles peuvent être révoquées pour ingratitude (C. civ., 959 ; Cass., 26 février 1856, 17 février 1873 ; Rouen, 4 mars 1856 ; Aubry et Rau, § 708, note 11 ; Demolombe, IV, 528).

En cas de divorce ou de séparation de corps, celui des époux contre lequel il a été prononcé, perd le bénéfice de la donation contenue au contrat de mariage (C. civ., 299 ; Cass., 23 mai 1845 ;

Demolombe, IV, 252). S'il y a réconciliation, elle fait revivre de plein droit les avantages entre époux (Caen, 15 avril 1885 ; Demolombe, IV, 542).

7. Quand l'un des époux est mineur, il faut et il suffit, pour être capable de faire une donation au profit de son conjoint, qu'il soit assisté de personnes dont le consentement est requis pour la validité du mariage (C. civ., 1095). — V. CONTRAT DE MARIAGE, n° 10.

§ 2.

DONATION PENDANT LE MARIAGE.

I. Forme de la donation.

8. Comme toute donation entre-vifs, la donation entre époux, pendant le mariage, doit être passée, en minute, devant un notaire en présence de deux témoins.

La présence réelle du notaire en second ou des deux témoins n'est exigée qu'au moment de la lecture et de la signature de l'acte ; il faut qu'elle soit mentionnée, à peine de nullité (C. civ., 931 ; L. 21 juin 1843 ; Colmet de Santerre, IV, 274 *bis*).

9. Pour faire une donation à son mari, la femme doit être autorisée de celui-ci.

10. Il est indispensable que la donation entre époux soit acceptée expressément par l'époux donataire (C. civ., 932 ; Rennes, 21 mars 1841 ; Amiens, 24 novembre 1843).

11. Ces formes sont toujours observées, peu importe que la donation ait pour objet des biens présents, des biens présents et à venir, ou seulement des biens à venir (Cass., 5 décembre 1816).

12. Si la donation a pour objet des biens présents, il faut un état estimatif des meubles (C. civ., 948), et faire transcrire relativement aux immeubles (C. civ., 939 ; Colmet de Santerre, IV, 276 *bis* ; Demolombe, XXIII, 248, 447 ; Aubry et Rau, § 743, note 5).

13. Les époux ne peuvent se faire aucune donation mutuelle et réciproque par un seul et même acte (C. civ., 1097 ; Cass., 15 mars 1863). — V. PARTAGE D'ASCENDANT.

Mais rien ne s'oppose à ce que les époux se fassent des donations réciproques par des actes séparés passés immédiatement l'un à la suite de l'autre devant le même notaire et les mêmes témoins (Cass., 22 juillet 1807, 16 juillet 1817 ; Aubry et Rau, § 743, note 12). En fait, il en est presque toujours ainsi.

II. Capacité.

14. C'est la capacité ordinaire en matière de donation entre-vifs, qui est applicable à la donation entre époux pendant le mariage. — V. DONATION ENTRE-VIFS, n°s 2 à 16.

15. L'époux mineur, même parvenu à l'âge de 16 ans, ne peut pas faire une donation à son conjoint, soit de biens présents, soit de biens à venir (C. civ., 903, 904 ; Cass., 12 avril 1843 ; Demolombe, XXIII, 462 ; Colmet de Santerre, IV, 276 *bis*).

16. L'époux pourvu d'un conseil judiciaire est incapable de faire une pareille donation, sans l'assistance de ce conseil (Demolombe, VIII, 736, 742, XIII, 463 ; Laurent, V, 366 ; Aubry et Rau, § 744, note 13).

17. Quand le mari a un conseil judiciaire, il est privé de la capacité d'autoriser sa femme à accepter la donation qu'il lui fait ; celle-ci doit donc se faire autoriser par justice (Cass., 6 décembre 1876 ; Seine, 22 juin 1882).

18. En ce qui concerne la femme dotale, avec constitution de tous biens présents et à venir, la pratique a toujours considéré qu'elle ne pouvait faire, au profit de son mari, une donation de biens présents, mais qu'elle était capable de faire une donation de biens à venir (Cass., 1er décembre 1824 ; Riom, 5 décembre 1826 ; Caen, 8 mai 1866 ; Rodière et Pont, 1769 ; Massé et Vergé, § 670, note 72).

Toutefois, on a soutenu que la femme dotale ne pouvait pas donner, pendant le mariage, ses biens dotaux à son mari, même ses biens à venir (Demolombe, XXIII, 464 ; Colmet de Santerre, VI, 226 *bis* ; Aubry et Rau, § 744, note 11 ; Jouiton, 129 ; *Rev. not.*, 5602) ; en présence de cette controverse, on doit conseiller l'abstention.

III. Effets de la donation.

19. En principe, la donation entre époux, pendant le mariage, quoique révocable, saisit le donataire, *hic et nunc*, en qualité de propriétaire ou créancier, suivant la nature de l'objet donné (Cass., 12 avril 1843).

20. À l'égard de la donation de biens présents, la propriété est de suite transférée au donataire, et ces biens cessent d'être le gage des créanciers du donateur, à partir de la transcription de la donation (Cass., 10 avril 1838, 18 juin 1845).

21. Pour la donation de biens à venir, le donataire a les droits de l'institué contractuel (V. DONATION AUX ÉPOUX PAR CONTRAT DE MARIAGE), et il peut réclamer les fruits à partir du décès du donateur, sans être tenu de former une demande en délivrance (Cass., 5 avril 1836; Demolombe, XXIII, 461; Aubry et Rau, § 744).

22. La donation entre-vifs de biens présents, faite pendant le mariage, ne devient pas caduque par le prédécès de l'époux donataire; au contraire, la donation de biens à venir est affectée de caducité par le prédécès du donataire (Comp. Cass., 18 juin 1845; Toulouse, 26 février 1861; Colmet de Santerre, IV, 276 *bis*; Demolombe, XXIII, 469).

IV. Révocation.

23. Les donations entre époux pendant le mariage sont essentiellement révocables (C. civ., 1096). Elles ne sont pas révoquées par la survenance d'enfants (C. civ., 1096).

24. Le divorce ou la séparation de corps prononcé contre l'époux donataire lui fait perdre le bénéfice de la donation (C. civ., 299).

25. La révocation expresse de la donation entre époux doit être faite par acte authentique reçu conjointement par deux notaires, ou par un notaire en présence de deux témoins (L. 21 juin 1843).

26. Pour révoquer la donation qu'elle a faite à son mari pendant le mariage, la femme n'a besoin d'aucune autorisation (C. civ., 1096).

27. Une donation entre-vifs ou un testament postérieur qui contiendrait des dispositions incompatibles avec la donation, en entraînerait la révocation tacite dans la mesure de l'incompatibilité (Cass., 17 juillet 1837; Douai, 15 juillet 1851; comp. Aix, 27 juin 1881).

28. Les héritiers du donateur peuvent demander la révocation contre l'époux donataire, soit pour cause d'inexécution des conditions, soit pour cause d'ingratitude (Colmet de Santerre, IV, 276 *bis*; Demolombe, XXIII, 485; comp. Rouen, 4 mars 1856).

29. Et en ce qui concerne la donation de biens présents, le donateur peut la révoquer après le décès du donataire (Cass., 18 juin 1865; Angers, 27 février 1848; Toulouse, 20 mai 1886; Aubry et Rau, § 744, note 26).

§ 3.

QUOTITÉ DISPONIBLE ENTRE ÉPOUX.

30. La quotité disponible entre époux diffère de la quotité disponible ordinaire (C. civ., 913, 916), et elle varie suivant que les époux ont ou n'ont pas d'enfants d'un mariage antérieur (C. civ., 1094, 1098).

31. En principe, les donations entre époux de biens présents sont réductibles à leur date (C. civ., 923).

32. Quant à celles ayant pour objet des biens à venir, elles sont réductibles après les dispositions testamentaires et avant les donations entre-vifs, même postérieures (Colmet de Santerre, IV, 276 *bis*).

33. Le concours de dispositions faites par un époux au profit de son conjoint, avec des libéralités au profit d'un enfant ou d'un étranger, donne lieu à des difficultés qui seront examinées plus loin. — V. QUOTITÉ DISPONIBLE.

I. Époux sans enfants d'un précédent mariage.

34. Si l'époux n'a ni descendants ni ascendants, il peut disposer, au profit de son conjoint, de l'universalité de ses biens en pleine propriété, comme il pourrait en disposer au profit d'un étranger (C. civ., 916).

35. Quand l'époux disposant laisse seulement des ascendants, il peut donner à son conjoint, en propriété, tout ce dont il pourrait disposer en faveur d'un étranger, et, en outre, l'usufruit de la portion de biens formant la réserve de ces ascendants (C. civ., 1094, 915). Ainsi, laissant des ascendants dans l'une et l'autre ligne, l'époux peut disposer, en faveur de son conjoint, de la moitié de ses biens en pleine propriété, et de l'autre moitié en usufruit ; s'il ne laisse d'ascendants que dans une ligne, il peut donner à son époux les trois quarts en pleine propriété et l'autre quart en usufruit.

36. La disposition faite par un époux au profit de son conjoint est réputée comprendre l'usufruit de la réserve attribuée aux ascendants, quand il lui donne : l'universalité de ses biens (Cass., 30 juin 1842, 3 avril 1843 ; Riom, 16 décembre 1846, 19 janvier 1887 ; Aubry et Rau, § 689, note 6 ; Demolombe, XXIII, 504 ; Colmet de Santerre, IV, 274 *bis*) ; tout ce que la loi l'autorise à donner (Agen,

11 décembre 1827) ; l'usufruit de toute sa succession (Paris, 30 décembre 1847; Cass., 15 mai 1865 ; — *Contrà*, Toulouse, 24 août 1868).

37. L'époux donataire peut être dispensé de fournir caution pour l'usufruit de la portion réservée aux ascendants (Cass., 26 août 1861, 12 mars 1862, 5 juillet 1876 ; Pau, 3 juillet 1876 ; Toulouse, 1er février 1877 ; Aubry et Rau, § 679, note 6 ; — *Contrà*, Rouen, 7 février 1844 ; Orléans, 23 février 1860 ; Demolombe, X, 493 ; Laurent, VI, 515).

38. Enfin, l'époux qui laisse des enfants ou descendants peut donner à l'autre époux, soit un quart en propriété et un autre quart en usufruit, soit la moitié en usufruit de tous ses biens (C. civ., 1094).

39. En présence d'un seul enfant, la quotité disponible entre époux est inférieure à la quotité disponible ordinaire (C. civ., 913). Il est admis que l'époux ne peut dépasser, en faveur de son conjoint, la quotité fixée par l'article 1094 : un quart en propriété et un quart en usufruit, ou la moitié de tous biens en usufruit (Cass., 3 décembre 1844, 4 janvier 1869 ; Demolombe, XXIII, 500 ; Laurent, XV, 348 ; — *Contrà*, Aubry et Rau, § 689, note 5).

40. Si l'époux donne à son conjoint l'universalité de ses biens en propriété, sans déterminer la réduction, l'époux gratifié a droit au quart en propriété et au quart en usufruit (Cass., 26 mars 1843 ; Demolombe, XXIII, 505 ; Bonnet, III, 1040).

41. La donation de l'usufruit de tous biens est, à défaut de clause contraire, réduite à l'usufruit de la moitié des biens (Cass., 10 mars 1873, 30 juin 1885 ; Orléans, 15 février 1867 ; Caen, 24 décembre 1862 ; Demolombe, XXIII, 502 ; Laurent, XV, 356 ; Aubry et Rau, § 689, note 8).

42. La disposition d'une rente viagère considérée comme excessive serait réduite à la moitié des revenus de la succession (Cass., 10 mars 1873 ; Colmet de Santerre, IV, 274 *bis* ; Demolombe, XXIII, 503 ; Aubry et Rau, § 689, note 9 ; comp. Rouen, 8 avril 1853).

43. Il peut arriver que l'époux dispose en faveur de son conjoint de la pleine propriété des meubles et de l'usufruit des immeubles. Dans ce cas, on opère sur toute la succession : le don du mobilier est sujet à réduction, s'il dépasse le quart de la succession entière, et le donataire a l'usufruit d'un autre quart de la succession sur les immeubles. Si la valeur du mobilier n'atteint pas le quart, il est

exécuté en entier; en outre, le donataire obtient l'usufruit d'une portion d'immeubles dont la valeur jointe à celle des meubles forme la moitié de la succession totale (Cass., 28 mai 1862; Caen, 14 mars 1862; Demolombe, XXIII, 543, 546; Aubry et Rau, § 689, note 4).

II. Époux ayant des enfants d'une précédente union.

44. L'homme ou la femme qui, ayant des enfants d'une précédente union, contracte un second ou subséquent mariage, ne peut donner ou léguer à son nouvel époux qu'une part d'enfant légitime le moins prenant, et sans que, dans aucun cas, les libéralités au profit de cet époux puissent excéder le quart des biens (C. civ., 1098).

45. Pour que cette disposition soit applicable, il faut que le donateur ou testateur laisse à son décès des enfants ou descendants légitimes ou légitimés d'une autre union, et acceptant sa succession (Paris, 15 janvier 1857; Aubry et Rau, § 690, note 40; Laurent, XV, 398; Colmet de Santerre, IV, 278 *bis*).

Il est évident que les divers descendants d'un enfant prédécédé, ne sont comptés que pour une tête (Comp. C. civ., 914).

46. Celui qui ayant des enfants contracte plusieurs mariages successifs, ne peut disposer, au profit de tous ses nouveaux époux ensemble, que d'une part d'enfant, de sorte que si cette part a été donnée à un second époux, il ne peut plus être ensuite rien donné à un troisième (Demolombe, XXIII, 572; Laurent, XV, 387).

47. D'ailleurs, la restriction de l'article 1098 s'applique à toutes les libéralités, quelle qu'en soit la forme (Demolombe, XXIII, 577), et même aux avantages indirects qui peuvent résulter des conventions matrimoniales (C. civ., 1496, 1527).

48. La part d'enfant le moins prenant est spéciale au cas où l'un des enfants aurait été avantagé, par préciput, de la quotité disponible, en tout ou en partie : il faut déduire ces avantages de la masse sur laquelle doit être calculée la part du nouvel époux (Paris, 19 juillet 1833 ; Troplong, 2712 ; Demolombe, XXIII, 569, 593).

49. Si le convolant s'est borné à donner ou léguer à son nouvel époux une part d'enfant, et décède sans enfants, on décide généralement que le conjoint n'aura droit qu'au quart des biens (Paris, 14 mars 1825 ; Demolombe, XXIII, 590 ; Aubry et Rau, § 690, note 48).

50. En cas de disposition d'un objet déterminé, d'un usufruit ou

d'une rente viagère excédant la quotité disponible, les héritiers ont l'option d'exécuter la disposition en entier ou d'abandonner au conjoint le disponible en pleine propriété (C. civ., 917; Cass., 1er juillet 1873; Nancy, 4 mars 1873; Bastia, 17 janvier 1876; Laurent, XV, 402).

L'héritier ne peut demander autre chose, à moins que le donateur n'ait manifesté l'intention formelle de ne gratifier son conjoint qu'en usufruit (Cass., 1er juillet 1873; Orléans, 6 août 1874; Bastia, 17 janvier 1876).

51. C'est aux enfants du premier lit qu'il appartient de demander la réduction après la mort de leur auteur et acceptation de sa succession (Limoges, 27 mai 1867). Et lorsque les enfants du premier mariage exercent l'action en réduction, ceux du second mariage en profitent (Bordeaux, 16 août 1853; Laurent, XV, 398).

S'ils ne l'exercent pas, les enfants du second mariage sont fondés à l'exercer eux-mêmes (Caen, 3 août 1872; Demolombe, XXIII, 602; Colmet de Santerre, IV, 278 *bis*; Aubry et Rau, § 690, notes 42 et 53; — *Contrà*, Laurent, XV, 399); mais ils ne le peuvent qu'autant qu'il existe des enfants du premier mariage (Rodière et Pont, III, 1629; Demolombe, XXIII, 603).

§ 4.

DONATION DÉGUISÉE OU A PERSONNE INTERPOSÉE.

52. Les époux ne peuvent se donner indirectement au-delà de ce qui leur est permis par la loi (C. civ., 1094, 1098, 1099). La donation indirecte n'est pas nulle, mais elle reste réductible à la quotité disponible (Cass., 3 juin 1854). — V. DONATION INDIRECTE.

53. Toute donation déguisée ou faite à personne interposée est entièrement nulle, quoiqu'elle n'excède pas la quotité disponible (C. civ., 1099; Cass., 11 mars 1866, 23 mai 1882, 22 juillet 1884; Grenoble, 10 mars 1869; Caen, 1er décembre 1870; Rouen, 23 décembre 1871; Montpellier, 28 février 1876; Colmet de Santerre, IV, 279 *bis*; Aubry et Rau, § 690, note 24; Demolombe, XXIII, 614; Laurent, XV, 404).

Un autre système décide que la libéralité est valable dans la limite de la quotité disponible et réductible seulement en cas d'excès (Cass., 7 février 1849; Dijon, 10 avril 1877; Bordeaux, 16 février 1874).

54. La donation déguisée résulte : d'une renonciation faite par l'un des époux en faveur de l'autre ; d'une dation en paiement à vil prix ; de la reconnaissance d'un apport n'existant pas (Cass., 14 avril 1886) ; d'une vente faite à un tiers (Cass., 23 mai 1882). — V. DONATION DÉGUISÉE.

55. La loi répute faites à personnes interposées les donations de l'un des époux aux enfants ou à l'un des enfants de l'autre époux issus d'un autre mariage, et celles faites par le donateur aux parents dont l'autre époux était héritier présomptif au jour de la disposition (Caen, 6 janvier 1885), encore que ce dernier n'eût point survécu à son parent donataire (C. civ., 1100).

56. La présomption d'interposition de personnes s'applique aux enfants de l'autre époux issus d'un autre mariage, mais non aux enfants communs (Bonnet, III, 1114 ; Demolombe, XXIII, 617).

Sous le nom d'enfants issus d'un autre mariage, la loi comprend : les enfants naturels ou adoptifs de l'autre époux (Amiens, 22 décembre 1838 ; Cass., 25 juillet 1881 ; Demolombe, XXIII, 618 ; Aubry et Rau, § 690, note 29) ; les petits-enfants (Caen, 6 janvier 1845 ; Agen, 5 décembre 1849).

57. Les ascendants de l'époux donataire ne sont réputés personnes interposées que quand cet époux est leur présomptif héritier au jour de la donation (Demolombe, XXIII, 623 ; Aubry et Rau, § 460, note 17 ; Laurent, XV, 410) ; ainsi, l'époux ayant son père et son grand-père paternel, n'est pas présomptif héritier de ce dernier.

58. Du reste, la présomption d'interposition est absolue et n'admet aucune preuve contraire (Lyon, 14 mai 1880 ; Bonnet, 1120 ; Laurent, XV, 412).

Mais cette présomption cesse lorsqu'il est impossible que la disposition profite au nouvel époux, par exemple, quand elle ne doit produire effet qu'après son décès (Caen, 13 novembre 1847 ; Lyon, 14 mai 1880 ; Aubry et Rau, § 690, note 28).

59. Les présomptions d'interposition de personnes prévues par la loi, n'excluent pas la preuve d'interposition relativement à toutes autres personnes, spécialement d'un frère (Cass., 20 juillet 1846, 20 avril 1847, 23 mai 1882). — V. DONATION ENTRE-VIFS, 7 à 11.

60. Enfin, le droit d'invoquer la nullité de la disposition déguisée ou faite à personne interposée, n'appartient qu'aux héritiers réservataires du donateur (Cass., 7 février 1849, 25 juillet 1881)

Donation éventuelle.

Celle dont la réalisation est subordonnée à un évènement incertain ; de sorte qué l'effet de la donation reste suspendu jusqu'à l'accomplissement de la condition.

L'institution contractuelle, les donations de biens à venir entre époux par contrat de mariage ou pendant le mariage, la clause de reversion d'une rente viagère sur la tête d'un tiers, sont des donations éventuelles.

Donation indirecte.

1. Libéralité affranchie des formes solennelles prescrites pour les donations entre-vifs, et résultant accessoirement d'un contrat, soit à titre onéreux, soit à titre gratuit (C. civ., 1121, 1973).

2. Ce genre de libéralité peut résulter :

1º D'une donation entre-vifs faite à une personne à la charge par elle de payer à une autre une somme d'argent, une rente (C. civ., 1121) ;

2º D'une vente chargeant l'acquéreur de payer son prix, en tout ou en partie, à un tiers au profit duquel le vendeur en fait donation (C. civ., 1121 ; Cass., 28 janvier 1868, 13 juin 1877) ;

3º D'une constitution de rente viagère, avec condition de reversion au profit d'un tiers (C. civ., 1973) ;

4º D'une assurance sur la vie, payable à un tiers désigné (Cass., 7 février 1877, 27 janvier 1879, 8 février 1888).

3. Le tiers donataire peut accepter la stipulation faite à son profit, soit dans l'acte même, soit par un acte postérieur sans l'emploi des formes solennelles (Cass., 28 juin 1837, 25 avril 1853 ; Demolombe, XX, 91 ; Aubry et Rau, § 538, note 5).

4. Tant que le tiers n'a pas déclaré vouloir profiter de la stipulation, celui qui l'a faite est libre de la révoquer, sans le concours de l'autre partie à l'égard de laquelle la stipulation n'a que le caractère d'une charge (Cass., 27 décembre 1853 ; Grenoble, 9 août 1843).

5. Le tiers bénéficiaire pourrait même accepter, après la mort du donateur, si la stipulation n'a pas été révoquée par celui-ci ou par ses héritiers (Cass., 22 juin 1859 ; Aubry et Rau, § 343 ter, note 27).

D'après Demolombe (XX, 93, XXIV, 252), le droit de révocation n'appartiendrait pas aux héritiers.

Donation manuelle.

1. Donation faite de la main à la main, d'une somme d'argent ou de tout autre meuble susceptible d'être transmis par voie de simple tradition du donateur au donataire (Comp. C. civ., 2279).

2. On avait d'abord pensé que la donation manuelle ne pouvait s'appliquer qu'à des meubles ou à des sommes de peu d'importance; mais il est admis maintenant qu'il n'y a aucune distinction à faire entre les choses modiques et celles d'une importance considérable (Cass., 6 février 1844 ; Nancy, 20 décembre 1873).

Ce genre de disposition constitue un véritable danger en présence de l'accroissement de la fortune mobilière.

3. La donation manuelle affranchie des formes solennelles de la donation, reste soumise aux règles sur les incapacités de disposer et de recevoir, et sur la quotité disponible.

Ainsi, le don manuel fait à une communauté religieuse est soumis à l'autorisation du gouvernement (Paris, 28 janvier 1881).

4. On peut donner manuellement de l'argent, des meubles, des titres au porteur (Cass., 11 août 1880).

5. Pour que la tradition constitue un don manuel, il faut qu'elle ait eu lieu avec l'intention de se dépouiller actuellement et irrévo-cablement (C. civ.. 894).

La réserve des revenus ou d'une rente viagère n'empêche pas le dessaisissement (Cass., 11 août 1880 ; Paris, 30 décembre 1881).

6. Si le possesseur d'une chose prétend qu'elle lui a été remise à titre de don manuel, le propriétaire ou ses héritiers sont admis à en réclamer la restitution, en prouvant que le possesseur ne détient qu'en vertu d'une convention qui l'oblige à restituer, par exemple, d'un dépôt ou d'un mandat. A défaut de cette preuve, le principe de l'indivisibilité de l'aveu et la règle qu'en fait de meubles posses-sion vaut titre, mettraient, en général, le possesseur à l'abri de toute recherche (Cass., 10 novembre 1879, 30 juin 1881, 9 août 1887).

7. La remise d'objets mobiliers faite par un malade à ses domes-tiques ou à d'autres personnes, avec réserve de les reprendre en cas de retour à la santé, constituerait, non un don manuel, mais une donation à cause de mort sans effet (Bordeaux, 8 août 1853 ; Paris, 10 février 1886 ; Demolombe, XX, 62 ; Aubry et Rau, § 659, note 16 ; comp. Cass., 8 novembre 1886).

8. La donation de choses mobilières en la possession du donataire se consomme par la déclaration, qui n'est soumise à aucune forme, du donateur de vouloir les donner (Cass., 22 mai 1822; Lyon, 2 mars 1876; Demolombe, XX, 73; Aubry et Rau, § 659, note 17).

9. En principe, la donation manuelle d'un objet mobilier peut avoir lieu par l'entremise d'un tiers chargé de la remettre au gratifié, mais ce mandat ne saurait être accompli utilement que pendant la vie du mandant (Paris, 14 mai 1853; Demolombe, XX, 63 à 67; Aubry et Rau, § 659, notes 18 à 20; Laurent, XII, 295; comp. Paris, 18 mars 1885).

10. Les dons manuels ne sont pas, en général, dispensés de rapport, mais la question d'intention à cet égard est appréciée en fait par les tribunaux (Cass., 12 mars 1873; Aubry et Rau, § 632, note 9).

Donation mutuelle.

1. On appelle donations mutuelles celles que deux ou plusieurs personnes se font par un seul et même acte.

2. Ces sortes de donations sont permises entre toutes personnes, excepté seulement entre époux (C. civ., 1097).

3. L'acte de donation mutuelle est soumis à toutes les règles de forme qui régissent les donations entre-vifs (Demolombe, XX, 587; Laurent, XII, 342).

4. En cas d'annulation pour vice de forme ou de fond de la donation faite à l'une des parties, ou de révocation pour cause de survenance d'enfants, celle faite à l'autre partie est également annulée ou révoquée (Aubry et Rau, § 703; Demolombe, XX, 589; Demante, IV, 103 *bis*).

5. La révocation de l'une des donations pour cause d'ingratitude ou d'inexécution des conditions, n'entraînerait pas celle de l'autre (Demolombe, XX, 589; Dalloz, 1826).

Donation onéreuse.

1. Une donation est onéreuse lorsqu'elle est faite sous la charge de prestations appréciables en argent, et imposées au donataire dans l'intérêt du donateur ou d'un tiers.

2. La donation onéreuse est soumise aux règles de fond et de forme prescrites pour les donations purement gratuites.

3. Quand les charges imposées au donataire sont égales à la

valeur de l'objet donné, la disposition n'a de la donation que le nom, et doit être régie, à l'égard du donataire, comme un acte onéreux (Bourges, 16 avril 1832; Douai, 2 février 1850; Paris, 9 août 1871; Aubry et Rau, § 701, note 14). Une telle disposition ne peut donc être soumise ni au rapport, ni à l'action en réduction, ni à la révocation pour ingratitude ou survenance d'enfants (Bordeaux, 10 avril 1843; Douai, 11 novembre 1844; Pau, 4 juin 1873).

En pareil cas, l'acte est une véritable vente, et il nous semble préférable de lui donner la forme d'une vente.

4. Si, au contraire, les charges sont inférieures à la valeur de la chose donnée, le donataire est tenu du rapport, mais sous la déduction des charges (Aubry et Rau, § 701, note 12; comp. Demolombe, XX, 52).

Donation rémunératoire.

1. La donation rémunératoire est celle qui a lieu en récompense des services rendus par le donataire au donateur.

2. Cette disposition est à considérer comme un acte à titre onéreux (dation en paiement), plutôt que comme une libéralité, lorsqu'elle n'excède pas la limite d'une équitable rémunération de services appréciables à prix d'argent (Demolombe, XX, 549).

3. Quand elle a lieu pour récompenser des services non appréciables en argent, la donation rémunératoire est une disposition essentiellement gratuite (Aubry et Rau, § 702).

4. La rente ou pension alimentaire donnée à titre rémunératoire, non obligatoire, est de droit insaisissable, sauf pour cause alimentaire et sur permission du juge (C. pr., 581, 582).

5. En tous cas, il faut suivre pour la donation rémunératoire les règles de forme de la donation entre-vifs (Comp. Cass., 23 mars 1870), quoiqu'on puisse dire que la disposition présentant le caractère d'une dation en paiement n'est pas une donation (Cass., 7 janvier 1862).

Dot.

1. Biens apportés en mariage par le mari et par la femme. Dans ce sens général, le mot dot est synonyme de apports (Comp. C. civ., 1501, 1502).

2. Biens donnés par contrat de mariage au mari ou à la femme, par des ascendants ou par des étrangers (Comp. C. civ., 1438, 1439).

— V. Dot (Constitution de).

3. Biens que la femme apporte au mari en propriété ou en jouissance seulement pour supporter les charges du mariage, soit qu'ils appartiennent en propre à la femme, soit qu'ils lui soient donnés par des tiers (Comp. C. civ., 1530, 1540).

Cette notion de la dot s'adapte aux différents régimes auxquels les futurs époux peuvent soumettre leurs conventions matrimoniales. Toutefois, la clause de séparation de biens et la déclaration de paraphernalité de tous les biens de la femme, sont exclusives de toute idée de dot (Comp. C. civ., 1536, 1576).

4. Sous le régime dotal, biens que la femme s'est spécialement constitués ou qui lui ont été donnés par contrat de mariage (Comp. C. civ., 1541).

Ce qui distingue la dot sous le régime dotal, et lui imprime un caractère propre, ce sont les garanties spéciales au moyen desquelles le système de la dotalité assure la conservation et la restitution de la dot (Comp. C. civ., 1554). — V. Dotalité.

Dot (Constitution de).

1. Les donations faites aux futurs époux par leurs pères et mères ou par des étrangers, dans le contrat de mariage, sont appelées constitutions de dot ; elles sont soumises à des règles générales applicables à tous les régimes d'association conjugale.

I. Nature et caractère de la dot.

1° *A l'égard du doté et des tiers créanciers.*

2. Il n'existe pas d'obligation civile pour les père et mère de doter leurs enfants (C. civ., 204) ; mais ils sont, à cet égard, soumis à une obligation naturelle : en conséquence, l'engagement consigné dans un acte privé de fournir une·dot déterminée est valable et obligatoire, lorsque le mariage se réalise avec l'agrément des père et mère (Aubry et Rau, § 500, notes 4 à 6; Demolombe, XXIV, 551; de Folleville, 39; Guillouard. 140 ; — *Contrà*, Rodière et Pont, 96; Laurent, XXI, 159; comp. Cass., 10 décembre 1842).

3. La constitution de dot par les père et mère à leur fille est un acte à titre onéreux à l'égard du gendre, de sorte que les créanciers des constituants ne peuvent l'attaquer pour le préjudice et l'intention frauduleuse des constituants, qu'à la condition de prouver la

complicité du gendre (Cass., 24 mai 1848, 18 novembre 1861 ; Larombière, art. 1167, n° 31 ; Aubry et Rau, § 313, note 25).

4. A l'égard de la fille dotée, la constitution de dot est également considérée, par la jurisprudence, comme un acte à titre onéreux (Cass., 23 juin 1847, 11 novembre 1878 ; Dijon, 11 août 1858) ; mais la doctrine décide, à juste titre, que c'est une donation (Aubry et Rau, § 313, note 27 ; Demolombe, XXV, 212 ; Laurent, XVI, 451 ; Dalloz, *Oblig.*, 982).

5. Toujours, d'après la jurisprudence, la dot constituée au futur par ses père et mère est un acte onéreux (Cass., 14 mars 1848, 18 janvier 1887 ; Bordeaux, 30 novembre 1869 ; Poitiers, 21 août 1878 ; — *Contrà*, Demolombe, XXV, 214 ; Aubry et Rau, § 313, note 28).

6. La constitution de dot doit être annulée si elle a été faite postérieurement à la cessation des paiements du donateur déclaré depuis en faillite, s'il est établi qu'il y a eu fraude concertée entre le donateur et l'époux doté (C. comm., 447 ; Caen, 7 mars 1870 ; Nancy, 26 août 1874 ; Alauzet, VI, 2500).

L'hypothèque conférée postérieurement à la constitution de dot et pour en garantir le paiement, peut être annulée si elle préjudicie les droits des créanciers (Vitré, 16 novembre 1887).

2° A l'égard des constituants.

7. Lorsque le père et la mère constituent une dot à leur enfant, elle doit être prise sur les biens des constituants, s'il n'y a stipulation contraire, même quand l'enfant doté à des biens personnels (C. civ., 1546 ; Aubry et Rau, § 500, note 7 ; Rodière et Pont, 97 ; Guillouard, 142).

8. Si les père et mère ont doté conjointement, sans exprimer la part de chacun, ils sont censés avoir doté chacun pour moitié (C. civ., 1438, 1544).

9. Quand la dot, ainsi constituée, est fournie aux dépens de la fortune de l'un des époux, l'autre lui doit récompense pour la moitié de la dot, d'après sa valeur au temps de la donation (C. civ., 1438 ; Bordeaux, 6 décembre 1883).

10. Si la dot est payée avec des biens de communauté, chaque époux est tenu de faire récompense de moitié de la dot. La femme devra la récompense de moitié en renonçant à la communauté, à moins qu'il ne résulte des termes du contrat de mariage que la mère n'a entendu doter que sur sa part dans les biens de commu-

nauté (Agen, 23 mai 1865); mais, pour que la femme renonçante soit dispensée de récompense, il faut une clause claire et précise (Cass., 14 janvier 1856 ; Laurent, XXI, 164 ; Aubry et Rau, § 500, notes 10 et 11).

11. Souvent, la dot est constituée solidairement ; l'enfant peut alors demander la totalité de la dot à l'un ou à l'autre des époux, sans que la stipulation de solidarité modifie les rapports des dotateurs entr'eux (Montpellier, 30 mai 1866).

Supposons la dot constituée *en avancement sur la succession du prémourant des donateurs* ; les deux époux donateurs restent tenus chacun pour moitié. En cas de divorce ou de séparation de biens, entre eux, le règlement de leurs droits a lieu provisoirement d'après ce principe, sauf règlement ultérieur à l'ouverture de la succession du prémourant (Orléans, 21 mai 1848 ; Paris, 6 novembre 1854 ; Aubry et Rau, § 500, note 20).

Au décès du prémourant, si la dot n'est pas acquittée, l'enfant doté n'aura d'action que contre la succession du prédécédé, et non contre le survivant, si la succession ne peut payer tout (Cass., 11 juillet 1814, 3 juillet 1872).

Pour que l'enfant doté soit certain d'avoir la totalité de sa dot, il faut dire dans le contrat de mariage qu'elle est constituée *solidairement*, par avancement sur la succession du prémourant des donateurs et subsidiairement sur celle du survivant.

12. La dot constituée par le père seul, pour droits paternels et maternels, n'oblige point la mère, quoique présente au contrat, si elle n'a pas déclaré doter (C. civ., 1544 ; Cass., 22 décembre 1880 ; Aubry et Rau, § 500, note 11).

Toutefois, si les époux sont mariés en communauté, la mère, en acceptant la communauté, reste tenue de payer la moitié de la dot (C. civ., 1422, 1439), à moins que le père n'ait déclaré doter en avancement sur sa propre succession (Douai, 6 juillet 1853 ; Rodière et Pont, 105 ; Guillouard, 151).

13. Quand la mère, mariée en communauté, dote son enfant, avec l'autorisation du mari, celui-ci est tenu d'acquitter la dot, sauf récompense (C. civ., 1409, 1419, 1426 ; Rouen, 27 mai 1854 ; Laurent, XXI, 168).

14. Si le survivant des père et mère constitue une dot pour biens paternels et maternels, sans spécifier les portions, la dot se prendra d'abord sur les droits du futur époux, dans les biens du

conjoint prédécédé, et le surplus sur les biens du constituant
C. civ., 1545).

15. Fréquemment, le survivant des père et mère impose à l'enfant
doté la condition de ne demander ni compte ni partage des biens
indivis; une telle clause n'est pas obligatoire, on peut seulement
stipuler avec un enfant majeur que le survivant restera en possession des biens indivis pendant cinq ans (C. civ., 815 ; Orléans, 9 août
1836). A plus forte raison, est nulle la condition de ne pouvoir
demander compte ou partage au survivant des père et mère donateurs conjoints (Cass., 16 janvier 1838).

16. Les règles sur la constitution de dot par les père et mère
sont, en général, les mêmes pour les étrangers. Toutefois, le père,
qui a la faculté de donner des biens de communauté pour doter ses
enfants, n'a pas ce droit pour doter des étrangers (C. civ., 1422). A
ce point de vue, on assimile l'aïeul au père, quoique l'enfant du
premier degré n'existe plus (Rodière et Pont, 110 ; Guillouard, 156).

II. Garantie de la dot.

17. Toute personne qui a constitué une dot, est, de plein droit,
tenue de garantir les biens corporels ou incorporels qui en forment
l'objet (C. civ., 1440, 1547).

Cette garantie s'applique tant à la propriété des objets constitués
en dot, qu'aux hypothèques ou autres charges qui peuvent grever
ces objets (Rouen, 3 juillet 1828). C'est, en définitive, la même
garantie que celle due par un vendeur (C. civ., 1625 et suiv. ; Rodière et Pont, 115, 124 ; Laurent, XXI, 188).

18. La femme qui, en se mariant sous le régime dotal, se serait
constitué en dot certains objets déterminés, soumis par suite à la
jouissance du mari, serait tenue à la garantie ; mais non, si elle
s'était constitué l'universalité de ses biens (Aubry et Rau, § 500,
note 27 ; Guillouard, 162).

19. La garantie peut être exercée pendant le mariage par l'époux
doté, et s'il s'agit de la femme, par la femme et par le mari (Laurent, XXI, 187 ; Aubry et Rau, § 500, note 30 ; Rodière et Pont, 112).
— V. COMMUNAUTÉ MODIFIÉE, 69 à 71.

III. Intérêts de la dot.

20. Les intérêts des sommes promises en dot courent de plein

droit, du jour du mariage, à moins de stipulation contraire (C. civ., 1440, 1548).

Les fruits, naturels ou civils, d'autres objets constitués en dot, sont également dus de plein droit à partir du mariage.

Quand la dot comprend des objets non frugifères, le retard apporté à la délivrance de ces objets ne peut donner lieu qu'à une demande en dommages-intérêts (Rodière et Pont, 128 ; Aubry et Rau, § 500, note 24).

21. S'il a été fixé un terme pour le paiement de la dot, sans intérêts ; à l'expiration du délai convenu, les intérêts courent de plein droit (Agen, 18 novembre 1830 ; Poitiers, 28 mars 1860 ; Guillouard, 171 ; Laurent, XXI, 182).

22. Les intérêts de la dot sont soumis à la prescription de cinq ans (C. civ., 2277 ; Toulouse, 14 décembre 1850 ; Aubry et Rau, § 500, note 25 ; Rodière et Pont, 131).

IV. Rapport de la dot.

23. Si la dot est constituée par les père et mère conjointement, elle doit être rapportée pour moitié à la succession du père, et pour l'autre moitié à la succession de la mère ; peu importe qu'elle ait été acquittée par un seul des époux ou avec des effets de communauté (Cass., 16 novembre 1824, 31 mars 1846 ; Aubry et Rau, § 500, note 9).

24. La dot constituée par les père et mère sera rapportable pour la totalité à la succession du prémourant, si elle a été déclarée imputable sur cette succession ou en avancement sur l'hoirie du prédécédé (Cass., 3 juillet 1872 ; Laurent, XXI, 173 ; Guillouard, 176).

Si l'enfant renonce à la succession du prémourant, il ne pourra retenir la dot que jusqu'à concurrence de la portion disponible (Cass., 11 juillet 1814 ; Aubry et Rau, § 500, note 18).

25. Quand la dot est constituée par le père seul, elle doit être rapportée à sa succession (Douai, 6 juin 1853 ; Laurent, XXI, 167), à moins qu'étant marié en communauté, il ne l'ait constituée en biens communs (C. civ., 1422), auquel cas le rapport s'en fait par moitié à la succession de chaque époux. Toutefois, si la mère renonçait à la communauté, le rapport serait dû, dans ce cas, à la succession du père pour la totalité.

26. Pour savoir en quels biens doit être effectué le rapport de la

dot, il ne faut tenir compte que de la manière dont elle a été constituée, et non de la manière dont elle a été payée ; ainsi, la dot constituée en argent, quoique payée en un immeuble, sera rapportable en argent (Comp. Cass., 4 août 1852).

27. Lorsqu'une fille, dotée par son père ou par sa mère, a épousé un homme qui se trouvait déjà insolvable, et qui n'avait, à cette époque, ni métier ni profession qui pût lui tenir lieu de bien, elle n'est tenue, en cas de perte ou de dépréciation de sa dot, de rapporter à la succession de son père ou de sa mère que l'action qui lui compète contre son mari, ou ses héritiers, pour se la faire restituer, et non la dot elle-même. Mais, si le mari n'est devenu insolvable que depuis la constitution de dot, ou bien si, à cette époque, il avait un métier ou une profession, la perte ou la dépréciation de la dot est exclusivement à la charge de la femme (C. civ., 1573 ; Aubry et Rau, § 540, 6° ; Demolombe, XVI, 211).

La perte ou la dépréciation de la dot s'entend non seulement des meubles, mais encore des immeubles (Aubry et Rau, § 540, note 55 ; Marcadé, art. 1573, I ; Guillouard, 184 ; — *Contrà*, Demolombe, XVI, 214 ; Demante, III, 202).

28. Il est généralement admis que les règles qui précèdent, sur l'insolvabilité et l'absence de profession du mari lors du mariage, doivent être restreintes au régime dotal, et que, sous tous autres régimes, la femme est tenue de rapporter la dot (Demolombe, XVI, 210 ; Aubry et Rau, § 540, note 56 ; Laurent, XXIII, 578 ; Guillouard, 183 ; Colmet de Santerre, VI, 245 *bis*).

Dotalité.

1. Système du régime dotal ; mode d'association conjugale excluant en principe toute idée de société entre les époux, et frappant la dot de la femme d'inaliénabilité et d'imprescriptibilité.

2. En principe, pour que les biens de la femme soient dotaux, il faut une double condition : l'adoption du régime dotal et la constitution de ces biens en dot.

§ 1ᵉʳ.

DOTALITÉ.

I. Soumission au régime dotal.

3. La soumission au régime dotal ne résulte que d'une déclaration

expresse ou d'un ensemble de clauses ne laissant aucun doute sur l'intention des parties.

4. La simple déclaration que la femme se constitue ou qu'il lui est constitué tels biens en dot, n'emporte pas soumission au régime dotal, s'il n'y a dans le contrat de mariage une déclaration expresse à cet égard (C. civ., 1392 ; Nimes, 22 juillet 1851).

5. La soumission au régime dotal ne résulte pas non plus de la déclaration faite par les époux qu'ils se marient sans communauté ou qu'ils seront séparés de biens (C. civ., 1392) ; leurs droits sont alors réglés par le régime exclusif de communauté ou par la séparation de biens (C. civ., 1530, 1536).

6. Si les époux déclaraient simplement se prendre avec leurs biens et droits ; à défaut d'autre explication, ils seraient soumis à la communauté égale (Rodière et Pont, 1638 ; Aubry et Rau, § 533, note 7).

7. Ne saurait emporter soumission au régime dotal et constitution générale de dot, la clause par laquelle la femme donnerait mandat au mari d'administrer ses biens comme son procureur général et irrévocable (Cass., 10 mars 1858 ; Grenoble, 27 décembre 1860).

8. En se mariant sous le régime de la communauté ou sous un régime exclusif de communauté, si la femme stipule que ses immeubles seront aliénables à la condition de remploi, ou qu'il sera fait emploi de ses biens mobiliers, une pareille condition ne rend pas les biens propres de la femme inaliénables et ne met pas obstacle à ce qu'elle s'oblige valablement vis-à-vis des tiers (Cass., 8 janvier 1858, 2 février 1869, 7 avril 1879 ; Lyon, 4 janvier 1877 ; Aubry et Rau, § 533, note 10).

9. Il en est de même de la condition de remploi stipulée sous un régime dotal à l'égard des biens que la femme s'est réservés comme paraphernaux (Cass., 13 février 1850 ; Riom, 19 août 1851 ; Comp. cependant Cass., 17 février 1886).

10. Toutefois, la soumission au régime dotal peut se combiner avec l'adoption d'un autre régime (communauté, exclusion de communauté, séparation de biens), à la condition de faire une déclaration formelle avertissant les tiers. Ainsi, en adoptant la communauté, les époux peuvent rendre inaliénables les biens de la femme, soit en déclarant expressément les soumettre, en tout ou en partie, aux règles de la dotalité (Cass., 15 mars 1853 ; Caen, 10 juin 1857), soit en ajoutant à la condition d'emploi et de remploi que la femme

ne pourra contracter d'engagements de nature à aliéner sa dot (Cass., 3 février 1879 ; Caen, 25 février 1880 ; Lyon, 4 janvier 1877 ; Aubry et Rau, § 533, note 7 ; Rodière et Pont, 1644).

11. D'un autre côté, la clause d'un contrat de mariage, sous le régime de la communauté, portant que la femme, en cas de renonciation, reprendrait son apport franc de toutes dettes, quand même la femme se serait obligée solidairement ou aurait été condamnée, n'a pas pour effet de soumettre cet apport au régime dotal et de le frapper d'inaliénabilité (Cass., 29 janvier 1866, 21 décembre 1869 ; Rodière et Pont, 1641).

II. Constitution de dot.

12. Quand un contrat de mariage contient adoption du régime dotal, les biens de la femme peuvent être, les uns dotaux et les autres paraphernaux.

Si le contrat, sous le régime dotal, ne renferme aucune constitution de dot, ou déclare tous les biens de la femme paraphernaux, les époux se trouvent soumis à un régime équivalent à celui de la séparation de biens (Cass., 19 décembre 1842, 30 juillet 1877 ; Riom, 2 décembre 1886 ; Sériziat, 16).

Au contraire, lorsque le contrat, sous le régime dotal, porte constitution en dot de tous les biens présents et à venir de la femme, il n'y a pas de paraphernaux.

Enfin, quand le contrat sous le régime dotal réserve certains biens comme paraphernaux, tous les autres biens présents sont réputés dotaux (Cass., 16 novembre 1847 ; Tessier, 6 ; Aubry et Rau, § 533 *bis*, note 4 ; Colmet de Santerre, VI, 211 *bis*).

13. La dot dotale, promise au mari, oblige le constituant à la fournir (C. civ., 1440, 1547 ; comp. Paris, 27 janvier 1854).

1ᵉⁿᵗ. *Biens donnés à la femme.*

14. Tout ce qui est donné à la femme dans le contrat de mariage est dotal, s'il n'y a stipulation contraire (C. civ., 1541), quelle que soit la nature du don et la personne qui donne.

Ainsi, sont dotaux :

1° Les biens donnés par le mari à la femme, sans condition de survie (Bordeaux, 30 avril 1850 ; Rodière et Pont, 1647 ; — *Contrà*, Aubry et Rau, § 533 *bis*, note 11) ; mais non les gains de survie (Aix, 19 janvier 1844) ;

2° Tous les biens recueillis, en vertu d'une institution contractuelle (Cass., 30 juin 1868; Tessier, 9; Jouitou, 7);

3° La part provenant d'une promesse d'égalité (Cass., 13 juillet 1886; Pau, 20 janvier 1861; Rodière et Pont, 1649).

Pour les effets de la constitution de dot par les père et mère de la femme. — V. DOT (CONSTITUTION DE).

2^{ent}. Biens constitués par la femme.

15. La dot embrasse tout ce que la femme se constitue dans le contrat de mariage (C. civ., 1541).

On admet généralement que le mot constituer n'est pas sacramentel, et peut être remplacé, quand le contrat est passé sous le régime dotal, par la déclaration que : *la femme apporte au mari; la femme apporte; la femme constitue son mari pour procureur fondé irrévocable à l'effet d'administrer tels biens; le mari prend sa femme avec ses biens et droits* (Cass., 21 janvier 1876; Limoges, 7 juillet 1855; Aubry et Rau, § 533 *bis*, note 3; Rodière et Pont, 1650 à 1652).

16. La constitution de dot peut frapper tous les biens présents et à venir de la femme, ou tous les biens présents seulement, ou tous les biens à venir à l'exclusion des biens présents, ou une partie de ses biens présents et à venir, ou même un objet individuel. La constitution, en termes généraux, de tous les biens de la femme, ne comprend pas les biens à venir (C. civ., 1542).

Il nous semble que la femme ne pourrait pas valablement constituer les biens à recueillir dans la succession d'une personne vivante : son père ou sa mère (C. civ., 1130; Rodière et Pont, 1654; Jouitou, 16; Massé et Vergé, § 667, note 2). Toutefois, la dotalisation d'une somme fixe à prendre sur les biens à provenir des successions des père et mère, a été jugée valable (Paris, 20 juillet 1880).

D'ailleurs, il est permis de rendre dotaux les biens à recueillir par succession ou legs dans une commune, un canton ou un arrondissement déterminé.

17. Lorsque la constitution se borne aux biens présents, elle ne comprend pas les parts acquises par retrait successoral (Cass., 31 mai 1859), ou licitation (Cass., 10 juillet 1850), à moins que le prix n'ait été payé avec des deniers dotaux sujets à remploi (Aubry et Rau, § 534, note 41).

18. Quand la constitution comprend les biens présents et à venir,

tous ceux que la femme recueille par succession, donation, legs, ou à tout autre titre gratuit, même après séparation de corps ou de biens, sont dotaux, mais non les biens qu'elle ne recueillerait qu'après la dissolution du mariage (Cass., 7 décembre 1842 ; Massé et Vergé, § 667, note 1).

Dans le cas de constitution des biens à venir, les parts acquises par la femme lors de la licitation des biens dont elle était copropriétaire pour partie, sont dotales (Cass., 9 février 1881, 17 février 1886).

La part de la femme dans la société d'acquêts stipulée entre les époux n'est pas dotale (Cass., 29 juin 1847 ; Troplong, 1910).

19. La constitution des biens présents et à venir comprend, dans sa généralité, tous les fruits et produits de l'industrie exercée par la femme, par exemple, son traitement d'institutrice ou de receveuse des postes (Cass., 13 février 1884).

En étendant le principe admis par cet arrêt, on arrive à décider que les capitaux acquis par la femme, dans l'exercice d'une industrie personnelle, sont dotaux, comme compris dans la constitution des biens à venir (Riom, 23 mars 1881 ; Sériziat, 3, 321 ; Rodière et Pont, 1959, 1975 ; Aubry et Rau, § 534, note 7 ; Lyon-Caen et Renault, *Précis de droit comm.*, 198).

Pour nous, les profits et capitaux acquis par la femme, dont la constitution dotale englobe les biens présents et à venir, sont des fruits appartenant au mari, sans aucune obligation de restitution (C. civ., 1549 ; Aix, 10 juillet 1869 ; Vazeille, II, 360 ; Troplong, 3016 ; Marcadé, art. 1540, n° 2 ; Jouitou, 38 ; comp. Guillouard, 1660).

Du reste, il s'agit ici d'une dotalité sans société, car si une société d'acquêts existait entre les époux, tous les bénéfices et capitaux appartiendraient à la masse commune (C. civ., 1498).

20. La dotalité frappant une part aliquote des biens : moitié, un quart, doit être appréciée par les tiers comme s'appliquant aux objets faisant l'objet de leur convention, à l'exclusion de tous autres biens, à moins, cependant, que le pacte matrimonial ne contienne des conditions spéciales.

21. En cas de constitution générale des biens présents et à venir, sous réserve de disposer librement d'une somme fixe, les tiers acquéreurs des biens dont la femme demanderait à toucher le prix, suivant la réserve de son contrat de mariage, n'auraient pas d'autre mesure

de précaution à prendre, en l'absence de clause particulière dans le contrat de mariage, qu'une affirmation personnelle de la femme, relative au non usage ou à l'usage, à concurrence d'une somme déterminée, de la faculté réservée pour la disposition partielle de la dot.

22. En présence d'une constitution n'englobant que des biens déterminés, le mari a action sur les paraphernaux pour se faire fournir la dot (Bordeaux, 20 février 1874).

III. Immutabilité de la dot.

23. En principe, la dot ne peut être constituée ni augmentée pendant le mariage (C. civ., 1543).

24. Quand la femme s'est constitué les biens à venir, les dons et legs qu'elle recueille durant le mariage sont dotaux ; au contraire, si elle ne s'est constitué que les biens présents, un donateur ou testateur n'aurait pas la liberté d'imprimer le caractère de biens dotaux aux choses dont il disposerait à son profit ; toute clause contraire serait réputée non écrite (C. civ., 900 ; Caen, 6 août 1866 ; Laurent, XXIII, 467 ; Aubry et Rau, § 534, note 13 ; Rodière et Pont, 1678 ; Colmet de Santerre, VI, 213 *bis*).

25. D'un autre côté, si la femme s'est constitué en dot tous ses biens à venir, les dispositions faites en sa faveur pourraient être soustraites à la dotalité par la volonté du tiers disposant (Nîmes, 10 décembre 1856 ; Demolombe, IV, 171).

Mais, on comprend qu'une telle disposition est possible seulement dans les limites de la quotité disponible ; elle ne serait pas valable pour la réserve (Cass., 16 mars 1846 ; Aubry et Rau, § 534, note 19).

26. Il est certain que le fonds dotal peut recevoir des augmentations provenant d'alluvions, atterrissements, plantations, acquisitions de mitoyennetés ou autres semblables (Tessier, 55 ; Massé et Vergé, § 667, note 3 ; Rodière et Pont, 1683).

27. Les constructions élevées sur le fonds dotal, sont dotales comme le fonds lui-même, dont elles deviennent l'accessoire (Cass., 29 août 1860 ; Rouen, 2 mai 1861 ; Caen, 29 novembre 1881 ; Lyon, 11 mars 1886).

28. Le fonds dotal, comprenant des actions d'une compagnie industrielle, s'augmente des actions nouvelles attribuées en raison des anciennes possédées par la femme dotale (Seine, 5 février 1875),

ainsi que des primes de remboursement et lots attachés aux titres dotaux (Paris, 13 avril 1878 ; comp. Cass., 14 mars 1877).

29. L'immeuble acquis avec la dot mobilière n'est pas dotal, si la condition d'emploi n'a pas été stipulée par le contrat de mariage (C. civ., 1553 ; Cass., 20 février 1849).

30. L'immeuble donné en paiement de la dot constituée en argent n'est pas dotal (C. civ., 1553).

Il en est ainsi de l'immeuble attribué à la femme par l'effet d'un partage contenant rapport de sa dot constituée en argent (Cass., 7 juin 1836, 1ᵉʳ décembre 1857).

31. Quand des immeubles constitués en dot ont été rapportés en nature à la succession du donateur, et mis dans un autre lot que celui de la femme dotale ; ceux qu'elle reçoit en retour sont substitués à ceux primitivement reçus (Cass., 3 février 1879 ; Montpellier, 26 août 1874 ; Aubry et Rau, § 534, note 36 ; Rodière et Pont, 1686 ; — *Contrà*, Agen, 27 juillet 1865). Dans le cas où la femme recevrait dans le partage une part immobilière moindre que celle rapportée, le lot mobilier ne serait pas atteint par la constitution faite en immeubles (Caen, 9 mars 1839, 5 novembre 1845), à moins qu'il ne provint d'un prix d'adjudication d'immeubles (Caen, 2 mai 1865).

32. Si un immeuble constitué en dot est échangé dans l'intervalle du contrat de mariage à la célébration civile, celui reçu en échange est dotal (Cass., 18 décembre 1878).

33. En définitive, les immeubles dotaux sont : ceux que la femme s'est constitués ; ceux qui lui ont été donnés par contrat de mariage ; ceux acquis en remplacement d'un immeuble dotal dont il y a eu éviction ou destruction ; ceux reçus en échange des immeubles dotaux, et acquis avec la soulte, s'il y a lieu ; ceux acquis avec le prix de vente ou l'excédant de prix de vente de l'immeuble dotal, dans le cas de l'article 1558 ; celui sur lequel la femme avait des droits indivis et dont elle s'est rendue adjudicataire, et celui acquis avec les deniers dotaux ou reçus en paiement d'une dot mobilière, d'après les stipulations du contrat de mariage.

§ 2.

DROITS ET OBLIGATIONS DES ÉPOUX.

I. Propriété de la dot.

34. Si la dot consiste en choses dont on ne peut faire usage sans les consommer: denrées, argent, marchandises d'un commerce, etc., la propriété en est transférée au mari (Cass., 22 mars 1882), assimilé à un usufruitier, et qui doit rendre pareille quantité et qualité, ou l'estimation faite (C. civ., 587, 1532; Limoges, 15 juillet 1884).

35. Quand la dot consiste en objets mobiliers, non estimés, et qui ne se consomment pas par le premier usage : rentes, actions industrielles, créances, fonds de commerce, etc., la propriété continue de résider sur la tête de la femme, de sorte que le mari n'est tenu de rendre que ceux des objets existants et dans l'état où ils se trouvent (C. civ., 1566; Jouitou, 387; Dalloz, 3396).

Au contraire, ces objets ont-ils été estimés, sans déclaration que l'estimation n'en faisait pas vente, le mari en devient propriétaire et est débiteur de la valeur estimative (C. civ., 1551); à cet égard, il a été jugé que la femme avait droit au privilège du vendeur d'effets mobiliers (C. civ., 2102; Montpellier, 26 juin 1848; Aubry et Rau, § 540, note 21). Il faut donc, pour que l'estimation ne transfère pas la propriété au mari, que le contrat de mariage s'en explique formellement.

36. La loi ne fait pas de distinction entre les meubles corporels et ceux incorporels.

37. Quant aux immeubles, l'estimation qui leur est donnée n'en transporte pas la propriété au mari, s'il n'y a déclaration contraire (C. civ., 1552).

38. Lorsque le contrat de mariage autorise le mari à aliéner l'immeuble dotal, à charge de reconnaître sur ses biens une somme déterminée pour la valeur de l'immeuble ; en cas de vente sans remploi, le mari est tenu de restituer la valeur fixée à forfait, et non le prix réellement touché (Cass., 10 août 1868).

39. L'indemnité d'incendie allouée par la compagnie à laquelle l'immeuble dotal était assuré, n'est pas dotale, car elle n'est pas la représentation de l'immeuble (Nîmes, 20 juin 1860; comp. Cass.,

20 décembre 1859); néanmoins, elle appartient à la femme en propre.

II. Droits d'administration et de disposition du mari.

40. Pendant le mariage, le mari seul a l'administration des biens dotaux. Il a seul le droit d'en poursuivre les débiteurs et détenteurs, d'en percevoir les fruits et intérêts et de recevoir le remboursement des capitaux (C. civ., 1549).

41. Pour recevoir le capital de la dot, le mari n'est tenu, ni de faire emploi, ni de fournir une sûreté quelconque, si le contrat de mariage ne lui en a pas formellement imposé l'obligation (C. civ., 1550).

42. Le mari est autorisé à recevoir les capitaux dotaux et le remboursement des rentes; la loi du 29 décembre 1790, qui l'obligeait au remploi des capitaux des rentes foncières, est implicitement abrogée par le Code civil (Cass., 1er décembre 1851).

43. En principe, le mari peut disposer, à titre onéreux, de la dot mobilière de sa femme (Cass., 18 février 1851, 6 décembre 1859; Caen, 26 mars 1862).

44. Quant aux fruits et revenus des biens dotaux, le mari a les mêmes droits que l'usufruitier (C. civ., 582 et suiv., 1562).

45. Si le mari loue les biens dotaux, il ne pourra consentir les baux que pour neuf ans, et dans les termes des articles 1429 et 1430 du Code civil. Il a même été jugé que le mari et la femme d'accord, n'avaient pas capacité pour louer les biens dotaux au-delà de neuf années (Caen, 22 janvier 1886).

46. Les mines, formant une propriété distincte de la superficie, si le mari en ouvre sur les biens dotaux, il en doit compte à la femme (Cass., 27 octobre 1885; Tessier, 108), sous déduction de la dépense.

47. Le mari n'a aucun droit aux bois de haute futaie non aménagés, même pour la partie de leur valeur correspondant à la croissance que les bois ont acquise pendant le mariage (Lyon, 3 mars 1845; Pau, 8 février 1886; Sériziat, 77; Rodière et Pont, 1733).

48. Il peut être convenu, par le contrat de mariage : 1° que la femme touchera, sur ses seules quittances, une portion de ses revenus pour son entretien et ses besoins personnels (C. civ., 1549); 2° qu'elle recevra ses capitaux, avec l'autorisation maritale, à la charge d'emploi (Rouen, 29 février 1856).

La clause par laquelle les époux, en stipulant le régime dotal, conviennent que l'administration des biens appartiendra à la femme, est valable (Cass., 2 mars 1837, 17 février 1886; — *Contrà*, Aubry et Rau, § 535, note 16).

III. Obligations du mari.

49. A l'égard des biens dotaux, le mari est tenu de toutes les obligations de l'usufruitier; il est responsable de toutes prescriptions acquises et détériorations survenues par sa négligence (C. civ., 1562).

50. Le mari, usufruitier des biens dotaux de sa femme, n'est pas responsable de l'incendie d'un immeuble dotal ; on ne peut lui appliquer la présomption de faute établie contre le locataire (Lyon, 19 novembre 1852; Rodière et Pont, 1754).

51. Si le mari néglige de réclamer la dot aux époques fixées pour le paiement, il est responsable de la perte (Aubry et Rau, § 535; Rodière et Pont, 1753).

52. Le mari est débiteur et responsable de la dot, bien qu'elle n'ait pas été touchée par lui, mais par un tiers qui en a été chargé avec son consentement (Montpellier, 21 mars 1848; Aubry et Rau, § 540).

IV. Procès concernant la dot.

53. Le mari ayant seul le droit de poursuivre les débiteurs et détenteurs des biens dotaux (C. civ., 1549) a, par suite, l'exercice des actions personnelles, des actions possessoires, et des actions petitoires, même immobilières (Bordeaux, 29 juillet 1857; Grenoble, 23 avril 1858; Laurent, XXIII, 475; Aubry et Rau, § 535, note 4).

D'après la doctrine, le mari aurait aussi le droit de défendre seul aux actions concernant les biens dotaux (Rodière et Pont, 1759; Jouiton, 40); mais la jurisprudence décide, au contraire, que les actions des tiers doivent être dirigées contre la femme, assistée de son mari (Bordeaux, 16 mars 1827; Riom, 28 janvier 1844). Toutefois, la femme dotale est admise à se prévaloir des jugements rendus en faveur du mari exerçant les actions dotales, quoiqu'elle n'y ait pas figuré (Cass., 14 août 1865).

Il a été jugé spécialement que le mari ne pouvait, sans le concours de sa femme, faire ou provoquer un partage définitif des biens dotaux, ni même défendre seul à la demande en partage (Pau, 21 février 1861 ; Bordeaux, 30 mai 1871 ; Demolombe, XV, 584 ; Laurent, XXIII, 476 ; Aubry et Rau, § 535, note 13). — V. n° 71.

54. Le mari a qualité pour former, sans le concours de sa femme, une surenchère sur les immeubles affectés à une créance dotale (Lyon, 27 août 1813 ; Caen, 20 juin 1827 ; Tessier, 671 ; Aubry et Rau, § 535, note 8).

55. D'ailleurs, la femme peut poursuivre en son propre nom, avec l'autorisation de son mari, les débiteurs des créances dotales (Lyon, 16 janvier 1834 ; Tessier, 835 ; Sériziat, 76 ; Rodière et Pont, 1758 ; Jouiton, 41 : — *Contrà*, Aubry et Rau, § 535, note 10.

V. Dettes grevant la dot.

56. Toutes les fois que la constitution dotale comprend une universalité (tous les biens présents, tous les biens à venir), ou une part aliquote (moitié, un tiers), elle est censée faite sous déduction des dettes dont se trouveraient grevés les biens constitués ; par suite :

1° Le mari ne peut exiger que la femme acquitte les dettes sur ses paraphernaux (Caen, 19 juin 1852 ; Rouen, 19 août 1852 ; Aubry et Rau, § 534, note 11) ;

2° Les créanciers de la femme, dont les titres ont date certaine antérieure au contrat de mariage (C. civ., 1558 ; Pau, 18 mai 1863 ; Aubry et Rau, § 537, note 120), ont le droit de saisir et faire vendre la pleine propriété des immeubles dotaux (Cass., 2 février 1852, 29 août 1860 ; Grenoble, 12 mai 1882).

57. Quand la dette est constatée dans le contrat, ou résulte du contrat de mariage lui-même, elle est considérée comme antérieure (Cass., 20 août 1861 : Aubry et Rau, § 537, note 121).

58. Les dettes grevant les successions, dons ou legs recueillis par la femme dotale durant le mariage, doivent être supportées par les biens dotaux, et les créanciers peuvent saisir et vendre les biens provenant de ces successions, dons ou legs (Caen, 19 juin 1852 ; Rouen, 19 août 1852). On doit assimiler aux dettes les droits de mutation par décès et les frais d'actes à la charge de la femme dotale (Rouen, 29 décembre 1866 ; Caen, 18 juin 1880 ; Aubry et Rau, § 537, note 119).

Mais la femme n'est pas tenue, sur ses biens dotaux, des dettes d'une succession par elle acceptée purement et simplement (Cass., 3 janvier 1825, 28 février 1834 ; Toulouse, 17 mars 1851).

59. On peut poursuivre sur les biens dotaux le paiement de la dot que la femme a constituée à son enfant par contrat de mariage ou pour son établissement (Caen, 23 avril 1847; Rouen, 28 juin 1884).

60. Peut être poursuivie sur les biens dotaux, la réparation des délits et quasi-délits commis par la femme (Cass., 23 avril 1861, 16 février 1880, 19 janvier 1886; Orléans, 13 mars 1884).

Il y a quasi-délit obligeant les biens dotaux :

1º Quand la femme séparée de biens devient commerçante sans avoir fait publier son contrat de mariage (C. comm., 69; Cass., 29 juillet 1869; Grenoble, 30 janvier 1885);

2º Si la femme déclare mensongèrement qu'elle est mariée sans contrat, en France, avant 1851, ou à l'étranger, n'importe à quelle date (Cass., 4 juillet 1877, 16 février 1880; comp. Limoges, 5 décembre 1883; Lyon, 3 février 1883);

3º Lorsque la femme détourne des objets ou valeurs dépendant d'une succession (Cass., 18 mai 1824), de la faillite de son mari (Cass., 4 mars 1845);

4º Quand la femme agit de mauvaise foi dans une déclaration sur l'importance de ses reprises, exigée par un tiers avant de faire un prêt au mari.

Ce dernier point nous paraît incontestable; cependant, il faut dire qu'il n'a l'appui d'aucune décision judiciaire.

61. Les fautes contractuelles commises par la femme n'engagent pas ses biens dotaux; par exemple : 1º quand elle accepte purement et simplement une succession dont les dettes dépassent l'actif (Agen, 26 janvier 1833); 2º lorsqu'elle enchérit des biens immeubles qu'elle ne peut payer, et revendus à sa folle enchère (Cass., 15 juin 1864).

62. Peuvent être poursuivis sur les biens dotaux, les dépens : 1º d'un procès engagé témérairement par la femme (Cass., 23 avril 1861); 2º de sa séparation de biens (Cass., 17 décembre 1862, 5 février 1868), mais non de ceux de séparation de corps (Cass., 4 juillet 1865; Aix, 26 mai 1886).

63. La femme dotale est tenue de payer, sur sa dot, les entrepreneurs et ouvriers qui ont fait des constructions et améliorations sur son immeuble dotal, jusqu'à concurrence de la plus-value réelle et durable résultant des travaux (Cass., 14 juin 1820; Rouen, 25 juin 1867; Grenoble, 21 décembre 1874); il en serait autrement si les travaux avaient été exécutés à l'insu de la femme.

VI. Engagements de la femme dotale.

64. En principe, quel que soit le régime matrimonial, la femme ne s'interdirait pas valablement de s'engager (Cass., 22 décembre 1879).

65. La femme dotale n'est pas incapable de s'obliger, de sorte qu'elle ne peut demander la nullité des engagements qu'elle a contractés avec l'autorisation de son mari (Cass., 14 novembre 1866, 24 mars 1885).

Mais les engagements de la femme dotale ne peuvent être exécutés sur les biens dotaux mobiliers et immobiliers, ni pendant le mariage, ni après la dissolution du mariage (Cass., 12 mars 1866, 12 novembre 1879, 24 mars 1885).

66. Les héritiers de la femme, quoique ayant accepté sa succession purement et simplement (Cass., 16 décembre 1846), sont fondés à se prévaloir de l'inaliénabilité pour soustraire les biens dotaux à l'exécution des engagements contractés par la femme (Cass., 18 août 1869, 2 novembre 1879).

Toutefois, les héritiers purs et simples de la femme dotale sont tenus sur leurs biens personnels (Cass., 14 novembre 1855, 17 mai 1881 ; Paris, 2 février 1886).

67. A l'égard des biens paraphernaux, les engagements de la femme dotale sont exécutoires durant le mariage comme après sa dissolution (Cass., 14 novembre 1866).

Sur les biens extra-dotaux provenant à la femme de la société d'acquêts, les engagements qu'elle a contractés sont exécutoires après la rupture de l'union.

68. Après la dissolution du mariage, si la femme se laissait condamner au paiement d'une dette, contractée durant la dotalité, sans invoquer l'exception de dotalité, la condamnation serait exécutoire sur les anciens biens dotaux comme sur les autres.

69. Nous avons dit que les biens dotaux ne répondaient pas, même après la dissolution du mariage, des dettes contractées durant l'union, mais c'est à la condition qu'ils ne seront pas dénaturés, car s'ils viennent à être aliénés par la femme ou ses héritiers, les créanciers ont action sur le prix d'aliénation (Paris, 9 juin 1856 ; Louviers, 26 janvier 1867 ; Jouitou, 168 ; — *Contrà*, Douai, 27 juillet 1853 ; Bellot, 1153 ; Aubry et Rau, § 538, note 15).

70. L'assurance sur la vie, contractée pendant le mariage par le

mari au profit de sa femme, en cas de survie, est soumise à l'action des créanciers de celle-ci, encore qu'elle ait constitué ses biens à venir, car elle ne recueille le bénéfice de l'assurance qu'après la cessation de la dotalité par le décès de son mari (Cass., 6 février 1888).

VII. Partage et autres actes concernant la dot.

71. Le mari ne peut pas procéder, sans le concours de sa femme, à un partage définitif intéressant la dot; mais, avec ce concours, il peut faire un partage amiable (Cass., 29 janvier 1838, 31 janvier 1859; Bordeaux, 30 mai 1871; Demolombe, XV, 606).

72. Pour transiger, il faut avoir la capacité de disposer des objets compris dans la transaction (C. civ., 2045); les époux ne peuvent transiger sur le capital de la dot, à moins que le contrat de mariage n'en contienne l'autorisation formelle (Cass., 26 janvier 1836, 22 août 1865). Hors ce cas, les époux sont obligés de se pourvoir en autorisation devant le tribunal qui prononce, après avis de trois jurisconsultes désignés par le procureur de la République, et sur les conclusions de ce dernier (C. civ., 467; Nîmes, 30 novembre 1830; Caen, 7 juillet 1869; Pont, *Pet. contr.*, 603; Dalloz, *Contr. de mar.*, 3486).

73. L'institution contractuelle n'est pas permise à la femme dotale en faveur de personnes autres que ses enfants (Cass., 8 mai 1877, 25 avril 1887; Rouen, 28 mars 1881).

74. Il est permis à la femme dotale de faire une donation à son mari, sous condition de survie, et portant sur les biens qu'elle laissera à son décès (Cass., 1er décembre 1824; Riom, 5 décembre 1826; Caen, 8 mai 1866; Rodière et Pont, 1769; Massé et Vergé, § 670, note 12; — *Contrà*, Aubry et Rau, § 744, note 11; Demolombe, XXIII, 464; Jouitou, 129; Colmet de Santerre, VI, 226 *bis*). Cependant, en présence de la controverse, il est prudent de s'abstenir.

75. Le partage d'ascendants, fait dans un acte entre-vifs par la femme dotale, n'est pas valable (Cass., 18 avril 1864; Caen, 11 juin 1869); néanmoins, dans la pratique, le partage d'ascendant entre-vifs par la femme dotale est fréquent, mais on a soin de le faire confirmer par un testament (Comp. Caen, 26 janvier 1888).

76. La femme dotale peut, avec l'autorisation maritale, accepter ou répudier une succession immobilière (Grenoble, 16 avril 1866).

77. Un testament peut comprendre les biens dotaux inaliénables (Cass., 14 août 1821).

Les aliénations onéreuses et les hypothèques de la dot immobilière seront indiquées dans le paragraphe 3.

§ 3.

INALIÉNABILITÉ DES IMMEUBLES DOTAUX.

I. Règles générales.

1ᵉⁿᵗ. *Immeubles.*

78. En principe, les immeubles dotaux ne peuvent être aliénés ou hypothéqués pendant le mariage, ni par le mari, ni par la femme, ni par les deux conjointement (C. civ., 1554).

79. La séparation de corps ou de biens n'altère point le principe de l'inaliénabilité (Cass., 7 juillet 1830; Aubry et Rau, § 539, note 3; Laurent, XXIII, 555).

80. La loi défend toute aliénation totale ou partielle de la propriété et de ses démembrements.

81. Il ne peut être conféré aucune servitude conventionnelle sur le fonds dotal (Cass., 17 juin 1863; Aubry et Rau, § 537, note 8); mais une servitude légale peut être établie moyennant indemnité (C. civ., 661, 682; L. 10 juin 1854; Cass., 20 janvier 1847; Laurent, XXIII, 497).

82. La femme, propriétaire d'un terrain dans lequel existe une mine, ne peut aliéner la redevance qui lui est due (L. 21 avril 1810; Cass., 27 avril 1885).

83. Quand un immeuble dotal est vendu sur saisie immobilière, sans que la femme en ait demandé la distraction (C. pr., 728), elle n'est pas recevable, après l'adjudication, à le revendiquer contre l'adjudicataire (Cass., 21 janvier 1867, 9 mars 1870, 16 mai 1870, 21 mai 1883; Bellot, 1304; — *Contrà*, Jouitou, 165).

Toutefois, le prix de la vente appartient à la femme, et il doit en être fait remploi (Cass., 21 janvier 1856).

2ᵉⁿᵗ. *Fruits.*

84. Les fruits et revenus des immeubles dotaux participent de l'inaliénabilité du fonds (Cass., 27 avril 1880; Rouen, 30 mai 1883), même ceux que la femme s'est réservé de toucher elle-même, s'ils sont reconnus nécessaires à la famille (Cass., 2 juillet 1885).

L'inaliénabilité des fruits subsiste après la séparation de biens (Cass., 18 août 1869; Rouen, 30 mai 1883).

85. Cependant, les créanciers du mari peuvent, pendant le mariage, saisir ce qui dépasse les besoins du ménage, d'après l'appréciation des tribunaux (Cass., 6 janvier 1840, 17 mars 1856).

86. Après la séparation de biens, la femme peut céder le superflu des revenus dotaux à ses créanciers postérieurs à la séparation (Cass., 27 juillet 1875, 27 avril 1880).

Après la dissolution du mariage, les créanciers, en vertu de titres créés durant le mariage, sont sans action sur les revenus des biens dotaux (Caen, 21 avril 1875; Paris, 21 juin 1881).

II. Exception à l'inaliénabilité.

1ent. *D'après la convention.*

87. L'immeuble dotal peut être aliéné, lorsque l'aliénation en a été permise par le contrat de mariage (C. civ., 1557).

88. Les parties sont également libres de permettre l'hypothèque de l'immeuble dotal (Cass., 18 novembre 1862).

89. Ces facultés peuvent être stipulées par la future épouse mineure (Cass., 12 janvier 1847; Rodière et Pont, 41; Aubry et Rau, § 502, notes 25 et 26; Jouitou, 279).

90. Les réserves de cette nature doivent s'interpréter restrictivement, de sorte que l'autorisation d'aliéner n'emporte pas celle d'hypothéquer (Cass., 3 avril 1849, 13 décembre 1853, 1er décembre 1868).

Ainsi encore, la réserve d'aliéner doit s'entendre des aliénations onéreuses, et non de celles gratuites (Rodière et Pont, 1781).

Celle d'échanger n'emporte pas réserve de vendre, ni la réserve de vendre celle d'échanger (Lyon, 9 juillet 1861; Aubry et Rau, § 537, note 64; Rodière et Pont, 1782).

91. Si la femme a réservé le droit d'aliéner ses biens dotaux, et d'en disposer comme bon lui semblera, sans aucune condition d'emploi, elle peut prendre tous engagements envers les tiers (Cass., 15 décembre 1853, 2 février 1870; Limoges, 4 février 1885).

92. D'ailleurs, la réserve d'aliéner et d'hypothéquer les immeubles dotaux, n'autorise pas le mari à faire seul, et sans le concours de la femme, les actes permis (Cass., 12 août 1839, 1er mars 1870; Aubry et Rau, § 537, note 68; Rodière et Pont, 1785).

93. Quand la réserve d'aliéner s'applique seulement aux immeubles dotaux, il n'est pas permis de l'étendre à la dot mobilière (Cass., 2 janvier 1837, 21 août 1866), de sorte que la femme ne peut consentir en faveur des tiers une renonciation, une antériorité ou une subrogation dans l'effet de son hypothèque légale (Cass., 21 août 1866, 7 avril 1868 ; Aubry et Rau, § 537, note 65).

94. Les parties sont libres de réserver la faculté d'aliéner et d'hypothéquer le fonds dotal, soit sans aucune condition, soit sous certaines conditions précisées dans le contrat de mariage.

95. Lorsque l'aliénation est permise à charge de remploi, il faut que le remploi soit effectué dans les conditions prescrites par le contrat de mariage, pour rendre l'aliénation inattaquable.

Cependant, l'emploi du prix de l'immeuble dotal au paiement, soit des dettes ayant date certaine antérieurement au mariage, soit de celles d'une succession échue à la femme, constitue un remploi suffisant, sans qu'il soit besoin d'une autorisation judiciaire (Paris, 13 juillet 1848, 10 février 1870 ; Caen, 7 août 1849, 19 juin 1852 ; Rouen, 19 août 1852 ; Riom, 9 mars 1881 ; comp. Sirey, 56, II, 129). Suivant un autre système, il faudrait la permission de justice et la vente dans la forme de l'article 1558, pour employer le prix au paiement des dettes de la femme, qu'elles soient antérieures au mariage ou grèvent une succession, malgré la réserve d'aliéner stipulée dans le pacte matrimonial (Montpellier, 3 janvier 1852 ; Pau, 5 mars 1859 ; Limoges, 14 novembre 1876 ; Troplong, 3425 ; Rodière et Pont, 1844 ; Aubry et Rau, § 537, note 80 ; Jouitou, 302).

Nous ne pouvons admettre cette dernière opinion qui répute, non écrite, la faculté d'aliéner contenue au contrat de mariage, pour y substituer des formalités judiciaires. Tout au plus, l'acquéreur le plus craintif serait-il entendu à demander que la femme dotale obtienne du tribunal une dispense de remploi, c'est-à-dire l'autorisation de faire servir le prix de vente à l'acquit des dettes. Mais cette précaution est surabondante, l'acquéreur du bien dotal ne courra aucun danger en versant son prix directement aux mains des créanciers reconnus par la femme dotale. Il en serait ainsi, même en supposant un concert frauduleux entre le mari, la femme et des tiers, pour la création de dettes fictives dans la succession échue à la femme dotale.

L'acquéreur du bien dotal n'a pas à rechercher le fondement des dettes grevant la succession; du moment où elles sont reconnues par la femme, il est à l'abri de tout recours ultérieur.

2^{ent}. *D'après la loi.*

1° Établissement des enfants.

96. La femme peut, avec l'autorisation de son mari, ou, sur son refus, avec permission de justice, donner ses biens dotaux pour l'établissement des enfants qu'elle aurait d'un mariage antérieur; mais, si elle n'est autorisée que par justice, elle doit réserver la jouissance à son mari (C. civ., 1555).

97. Elle peut aussi, avec l'autorisation de son mari, donner ses biens dotaux pour l'établissement de leurs enfants communs (C. civ., 1556).

Ainsi, pour les enfants d'un premier lit, la femme est fondée, au refus du mari, à se faire autoriser par justice à donner la nue propriété de ses biens, tandis que, pour les enfants communs, elle ne le peut point (Limoges, 2 septembre 1835 ; Odier, 1277 ; Rodière et Pont, 1789 ; Aubry et Rau, § 537, note 100 ; Laurent, XXIII, 521 ; — *Contrà*, Rouen, 26 décembre 1841).

98. Quand le mari est interdit ou absent, la femme peut obtenir l'autorisation judiciaire de doter, soit ses enfants d'un précédent mariage, soit les enfants communs, mais elle doit, dans tous les cas, réserver la jouissance au mari (Bellot des Minières, 1266 ; Aubry et Rau, § 537, note 103 ; Jouitou, 248).

99. Il faut comprendre, sous le nom d'enfants, les petits-enfants (Tessier, note 574 ; Aubry et Rau, § 537, note 104 ; Jouitou, 249 ; Rodière et Pont, 1792), même du vivant de leurs père et mère.

100. Que doit-on entendre par le mot *établissement ?* Nous pensons que la loi comprend, sous ce mot, non seulement un mariage, mais encore une position quelconque qui doit, selon les apparences, mettre l'enfant à même de se suffire à lui-même et de se passer du secours de ses auteurs : achat d'un office ministériel ou d'un fonds de commerce (Cass., 9 avril 1838 ; Nîmes, 7 juin 1860 ; Laurent, XXIII, 522).

101. Le législateur parle d'établissement *à faire*, car les enfants, une fois établis, ne peuvent plus rien recevoir de leur mère aux dépens de l'inaliénabilité de la dot (Cass., 18 avril 1864 ; Montpellier, 5 juin 1872).

102. Du reste, la faculté de donner les biens dotaux pour l'établissement des enfants comporte le droit d'obliger les biens dotaux par voie de cautionnement, d'hypothèque ou de subrogation dans l'hypothèque légale (Cass., 1er avril 1845, 23 juin 1880 ; Limoges, 4 mars 1854 ; Lyon, 28 avril 1875 ; Rouen, 6 janvier 1885).

103. Le paiement de la dot en argent exigible à terme, ou de la rente constituée par la femme dotale, peut être poursuivi sur les biens dotaux (Cass., 1er juillet 1861 ; Lyon, 28 avril 1875 ; Rouen, 28 juin 1884 ; Aubry et Rau, § 537, 5º). — V. nº 59.

104. L'emprunt hypothécaire sur les biens dotaux, pour doter l'enfant, n'autorise pas la femme à vendre ses biens pour payer la dot promise, ni à appliquer au paiement de cette dot un prix de vente de bien dotal ; en pareil cas, l'autorisation de justice est nécessaire (Caen, 24 novembre 1873 ; Pau, 2 mars 1874 ; — *Contrà*, Rouen, 28 juin 1884) ; — comp. nº 95.

105. Aucune limite n'est fixée par la loi à la faculté de disposer des biens dotaux pour l'établissement des enfants ; la disposition peut donc excéder la part de l'enfant dans la quotité disponible et la réserve, sauf le droit pour les autres enfants de demander la réduction à l'ouverture de la succession de la donatrice (Grenoble, 1er février 1849 ; Rouen, 17 janvier 1852 ; Nîmes, 7 juillet 1860 ; Massé et Vergé, § 670, note 47 ; Aubry et Rau, § 537, note 110).

106. Il est de toute évidence que les tiers acquéreurs ou prêteurs doivent verser entre les mains de l'enfant, mais sans pouvoir exiger de lui aucune garantie (Cass., 9 avril 1838 ; Grenoble, 1er février 1849 ; Jouitou, 245).

2º Aliénation avec permission de justice.

Nº 1. Cas divers.

107. L'immeuble dotal peut être aliéné avec permission de justice : 1º pour tirer de prison le mari ou la femme ; 2º pour fournir des aliments à la famille ; 3º pour payer les dettes de la femme ; 4º pour faire des grosses réparations aux immeubles dotaux (C. civ., 1558).

108. Au lieu de permettre l'aliénation de la dot dans ce cas, le tribunal peut autoriser : 1º un emprunt avec hypothèque sur l'immeuble dotal (Cass., 7 juillet 1857 ; Caen, 8 octobre 1881 ; Aubry et Rau, § 537, note 128) ; 2º la femme à subroger dans son hypothèque légale (Cass., 1er avril 1845 ; Rouen, 3 février 1886) ; 3º le

cautionnement hypothécaire d'une dette du mari ou des enfants (Cass., 7 juillet 1857).

109. Si le contrat de mariage permet l'aliénation des biens dotaux à la charge de remploi, la femme est libre de vendre à l'amiable pour demander ensuite seulement au tribunal une dispense de remploi, c'est-à-dire l'autorisation de toucher le prix, afin de l'employer au paiement de choses pour lesquelles la loi permet l'aliénation de la dot (Caen, 2 février 1851, 19 juin 1852; Riom, 19 août 1852, 9 mars 1881; Bellot, 1614; — *Contrà*, Montpellier, 3 janvier 1852; Pau, 5 mars 1859). — V. n° 95.

110. En principe, il ne peut être recouru à l'aliénation, à l'hypothèque, ou à l'emploi de l'immeuble dotal, dans les cas prévus par les n°ˢ 1 à 4 de l'article 1558 (prison, aliments, dettes, réparations), qu'en l'absence de paraphernaux ou de paraphernaux suffisants, et de dot mobilière (Bellot des Minières, 1478, 1483; Tessier, 77).

A. Emprisonnement.

111. L'aliénation de la dot est permise pour tirer de prison le mari ou la femme (C. civ., 1558), mais seulement pour une dette civile (Caen, 28 mars 1881; Laurent, XXIII, 551).

112. Pour que l'autorisation soit valable, il faut : 1° que l'un des époux soit en prison, et non menacé seulement d'emprisonnement (Cass., 30 décembre 1850; Aubry et Rau, § 537, note 114); 2° que l'emprisonnement soit sérieux et non combiné dans le but de rendre la dot aliénable (Cass., 25 juillet 1842).

B. Aliments.

113. La dot peut être aliénée pour fournir des aliments aux époux, aux enfants de la femme et aux autres personnes envers lesquelles la femme se trouve tenue de la dette alimentaire (C. civ., 1558, 202, 205, 206; Aubry et Rau, § 537, notes 115 à 118; comp. Seine, 17 décembre 1887).

Il s'agit d'aliments actuellement nécessaires, et d'aliments consommés depuis peu de temps (Caen, 27 janvier 1843; Rouen, 7 août 1869; Nîmes, 13 novembre 1872).

114. On doit considérer le mot aliments dans son acception la plus large, et y comprendre :

Les frais d'éducation des enfants (Cass., 2 mai 1842; Nîmes, 26 juillet 1853);

L'acquisition d'un mobilier indispensable à la famille (Caen, 7 mars 1845 ; Troplong, 3449) ;

La conservation : 1° d'un office ministériel dont le mari est pourvu et constituant sa seule ressource (Cass., 5 novembre 1855 ; Montpellier, 2 mars 1858) ; 2° d'un fonds de commerce exploité par la femme (Rouen, 3 février 1886 ; Rodière et Pont, 1798) ; 3° d'une exploitation agricole (Rouen, 31 juillet 1877 ; Caen, 17 juillet 1884) ; 4° d'un hôtel garni (Rouen, 15 mars 1858 ; Caen, 28 août 1884) ;

Un placement à rente viagère sur la tête des époux âgés et sans enfants (Seine, 23 février 1853).

C. Dettes.

115. Il est permis d'aliéner le fonds dotal pour payer les dettes de la femme ou de ceux qui ont constitué la dot, lorsque ces dettes ont une date certaine antérieure au contrat de mariage (C. civ., 1558), ou sont mentionnées dans ce contrat (Cass., 20 août 1861 ; Pau, 18 mai 1863).

Toutefois, un parti a enseigné qu'il suffisait que les dettes eussent date certaine antérieure à l'acte de mariage civil (Rouen, 10 janvier 1867 ; Bellot des Minières, 1512) ; mais le texte est contraire.

116. D'ailleurs, il n'est pas douteux que l'aliénation de la dot peut encore être autorisée pour l'acquit des dettes grevant des successions échues à la femme, quoique postérieures au contrat de mariage (Montpellier, 3 janvier 1852 ; Rodière et Pont, 1803) ; et même pour rembourser au mari les avances de droits de mutation et de dettes payées pour la femme (Caen, 24 août 1858).

117. A cet égard, il est incontestable que la dotalité ne frappe que ce qui reste les dettes payées, d'après la maxime bona non dicuntur nisi deducto ære alieno (Caen, 19 juin 1852 ; Rouen, 19 août 1852 ; Pau, 29 janvier 1861 ; Nîmes, 6 mai 1861) ; il sera donc préférable d'aliéner les immeubles de succession, à moins de raisons particulières appréciables par le tribunal. Avant de solliciter l'autorisation de vendre les biens immeubles d'une succession pour en payer les dettes, il faut nécessairement établir par un inventaire l'état des dettes et des biens de cette succession.

D. Grosses réparations.

118. L'aliénation de la dot est encore permise pour faire de grosses réparations (C. civ., 606) indispensables pour la conservation de

l'immeuble dotal (C. civ., 1558), alors même qu'elles proviendraient de la négligence du mari (Rodière et Pont, 1804).

119. Régulièrement, le jugement doit être obtenu avant l'exécution des travaux (Rouen, 17 mai 1844; Toulouse, 26 février 1855).

Cependant, si les travaux de réparation, véritablement urgents, avaient été faits avant la demande en autorisation, cette circonstance ne serait pas de nature à la faire rejeter, car il n'est pas, dans la pensée de la loi, de faire tourner à la ruine de la dot un principe établi pour sa conservation.

120. Des constructions nouvelles et des reconstructions complètes ne peuvent motiver l'autorisation d'aliéner la dot (Cass., 7 juillet 1851, 25 janvier 1887; Bordeaux, 21 juillet 1862; Paris, 19 août 1876; Laurent, XXIII, 528), surtout quand les travaux ont pour but une entreprise industrielle personnelle au mari.

121. Cependant, dans les cas de constructions ou reconstructions, l'autorisation pourrait être basée sur les ressources qu'elles procurent à la famille et sur l'acquit des dettes personnelles contractées par la femme envers les entrepreneurs, mais, pour cela, il faut que les travaux soient réellement utiles et durables (Rouen, 14 avril 1842, 12 mai 1842; Caen, 19 mai 1856; Troplong, 3476; Dalloz, 3679; Rodière et Pont, 1804).

122. Bien que les travaux faits à un immeuble dotal aient été commandés par le mari, du moment où ils ont été exécutés à la connaissance de la femme, les ouvriers ont une action contre elle à concurrence de la plus-value; cette action est seulement personnelle (Comp. Rouen, 25 juin 1867; Deloynes, *Rev. crit.*, 1882, p. 573; Rodière et Pont, 1683; Bertauld, *Quest. prat.*, I, 636; Troplong, 3057).

Nº 2. Formalités relatives à l'aliénation.

123. C'est au tribunal du domicile conjugal, dans tous les cas, que l'autorisation d'aliéner le fonds dotal doit être demandée (Sériziat, 179; Laurent, XXIII, 530; Dalloz, 3769).

124. La demande est formée par une requête signée d'un avoué, agissant au nom collectif du mari et de la femme (Laurent, XXIII, 524; Colmet de Santerre, VI, 230 *bis*).

125. La requête est communiquée au ministère public, et le jugement rendu en audience publique (C. pr., 83, 997).

126. Une fois le jugement d'autorisation rendu, il est procédé aux publications comme en matière de vente de biens de mineurs, par

une insertion et seule apposition d'affiches, la disposition contraire de l'article 1558 du Code civil, est abrogée (C. pr., 997).

127. Pour les petites ventes, les époux peuvent obtenir l'assistance judiciaire (L. 22 janvier 1851; Del. 11 février 1862).

128. Quand la vente ne produit pas 2,000 fr., les sommes perçues par le Trésor sont restituées (L. 23 octobre 1884).

129. D'ailleurs, le tribunal est libre de retenir la vente à la barre ou de la renvoyer devant notaire (Chauveau, *Quest.*, 2350 *bis* ; Rodière et Pont, 1833).

130. Si le tribunal refuse l'autorisation, les époux peuvent se pourvoir en appel (Caen, 6 janvier 1845).

131. Les jugements accordant l'autorisation d'aliéner ou d'hypothéquer les biens dotaux ne sont pas susceptibles d'acquérir l'autorité de la chose jugée, de sorte que la femme peut les faire annuler (Cass., 7 juillet 1851, 27 novembre 1883, 25 janvier 1887).

132. Cependant, l'acquéreur ou prêteur de bonne foi n'a pas à craindre une action en nullité, basée sur le motif que l'autorisation a été donnée sur des faits faussement présentés par les époux (Cass., 22 août 1855, 7 juillet 1857, 20 juin 1877).

Le jugement n'est attaquable que pour une autorisation donnée en dehors des cas prévus par la loi (Cass., 7 juillet 1851, 25 janvier 1887 ; Caen, 28 mars 1881 ; Nîmes, 27 mai 1882).

N° 3. Emploi.

133. Assez souvent, dans le but d'assurer le versement exact des fonds dans les quatre cas ci-dessus (*A* à *D*), un tiers, notaire ou avoué, est chargé, par le tribunal, de recevoir le prix dotal (ou le montant de l'emprunt) et de l'employer suivant les prescriptions du jugement.

L'excédant du prix de la vente, au-dessus des besoins reconnus, reste dotal, et il doit en être fait emploi comme tel au profit de la femme (C. civ., 1558).

Si le mode d'emploi n'a pas été déterminé par le jugement d'autorisation, la femme peut acheter des immeubles, des actions immobilisées de la Banque de France, ou des rentes sur l'État de toute nature (L. 16 septembre 1871, art. 29).

3° Licitation.

134. Lorsque le fonds dotal se trouve indivis avec des tiers, et

qu'il est reconnu impartageable, l'aliénation peut en être autorisée par justice, à défaut de réserve à cet égard dans le contrat de mariage (C. civ., 1558; comp. art. 827; Aubry et Rau, § 537, note 137; Rodière et Pont, 1807).

Dans ce cas, l'aliénabilité ne tient pas à l'insuffisance des ressources libres des époux, mais au droit de chacun de sortir de l'indivision (C. civ., 815).

135. Il n'y a pas à distinguer entre l'immeuble indivis entre la femme et le mari, et celui indivis avec des tiers (Rouen, 1er août 1853; Grenoble, 18 août 1854; Aubry et Rau, § 537, note 136; comp. Rodière et Pont, 1807).

136. La loi a principalement en vue la licitation de la totalité de l'immeuble, d'accord entre tous les copropriétaires. L'autorisation de vendre la part indivise de la femme, ne pourrait être demandée que pour payer des aliments, des grosses réparations ou des dettes de la femme (Comp. Aubry et Rau, § 537, notes 138 et 139; Rodière et Pont, 1808; Laurent, XXIII, 529).

137. Si la licitation est provoquée par voie d'action, soit par les époux, soit par les consorts de la femme, les articles 815 et 818 du Code civil sont applicables à l'exclusion de l'article 1558. La mise en pratique du principe posé par ce dernier article, est très rare.

138. Quand l'adjudication est tranchée au profit de la femme ou du mari, l'article 1408 est applicable (Aubry et Rau, § 537, notes 140 à 142). — V. COMMUNAUTÉ LÉGALE, 20 à 22.

139. Si la femme se rend adjudicataire, les portions acquises deviennent dotales ou extra dotales, selon qu'elle s'est constitué en dot tout ou partie de ses biens.—V. nos 17 et 18.

140. L'immeuble est-il adjugé à un tiers, la portion revenant à la femme est dotale, et il doit en être fait remploi à son profit (Cass., 10 mars 1856).

4° Échange.

141. L'immeuble dotal peut être échangé, avec le consentement de la femme, contre un autre immeuble de la même valeur, pour les quatre cinquièmes au moins, en justifiant de l'utilité de l'échange, en obtenant l'autorisation en justice, et d'après une estimation par experts nommés d'office par le tribunal (C. civ., 1559).

Dans ce cas, l'expertise est faite par trois experts (C. pr., 303; Sériziat, 182; Rodière et Pont, 1817).

Il est bien entendu que ces formalités sont inutiles quand le contrat de mariage permet l'échange des biens dotaux (Pau, 26 juin 1837).

142. Si l'échange contient soulte au profit de la femme, il doit en être fait emploi (C. civ., 1559).

143. Quand la soulte est à la charge de la femme, si elle n'est pas payée avec des deniers dotaux, l'immeuble reçu n'est dotal que jusqu'à concurrence de la valeur de celui cédé ; le surplus est extra dotal et soumis à l'action des créanciers (Bordeaux, 28 mai 1866 ; Aubry et Rau, § 534, note 34 ; Laurent, XXIII, 539).

144. D'ailleurs, il est certain que la femme doit récompense de la soulte acquittée par le mari ou la société d'acquêts.

145. Les frais de l'échange sont toujours à la charge de la femme (Cass., 5 novembre 1855).

146. Remarquons ici que l'échange est permis entre époux dans tous les cas où la vente l'est elle-même ; spécialement, le mari peut échanger un de ses immeubles contre un immeuble dotal de sa femme, à titre de remploi (Agen, 4 décembre 1854 ; Limoges, 30 décembre 1861 ; Chambéry, 29 juillet 1872 ; comp. en sens contraire, Pau, 5 janvier 1885).

5° Aliénation obligatoire.

147. Comme tout autre immeuble, le fonds dotal peut être exproprié pour cause d'utilité publique (L. 3 mai 1841, art. 13 ; Tessier, 78).

148. Les entrepreneurs de travaux publics, autorisés par la loi à extraire du gravier, du sable ou autres matériaux sur les fonds des particuliers, peuvent les prendre sur le fonds dotal comme sur tout autre (L. 16 septembre 1807, art. 55).

149. Il est également certain que le voisin de l'immeuble dotal peut acquérir la mitoyenneté du mur qui joint sa propriété (C. civ., 661), une servitude de passage (C. civ., 682), d'irrigation (L. 29 avril 1845) ou de drainage (L. 10 juin 1854). On peut y créer une mine (L. 21 avril 1810, art. 42, 43 ; 27 juillet 1880).

150. Dans ces divers cas, les indemnités allouées à la femme et réglées, soit à l'amiable, si son contrat de mariage permet l'aliénation, soit, dans le cas contraire, après autorisation judiciaire (L. 3 mai 1841, art. 25), doivent être employées à son profit, si le tribunal n'a pas accordé dispense (Art. 13, même loi ; Caen, 24 octobre 1857).

III. Révocation des aliénations.

1ent. Dans quels cas la révocation peut avoir lieu.

151. La révocation des aliénations dotales peut être demandée
toutes les fois qu'elles ont été consenties contrairement à la loi ou
aux conventions matrimoniales (C. civ., 1560 ; comp. Nîmes, 22 avril
1856 ; Toulouse, 26 février 1855).

Ainsi, lorsque le contrat de mariage permet l'aliénation à la charge
d'un remploi déterminé, si le remploi n'a pas été fourni ou a été
mal fait, l'aliénation est entachée de nullité.

152. Quoique la justice ait autorisé l'aliénation, si elle l'a fait
contrairement à l'article 1558 du Code civil, cette aliénation est
nulle, sans qu'il soit nécessaire de se pourvoir contre le jugement
d'autorisation, qui est un acte de la juridiction gracieuse (Cass., 25
avril 1842, 7 juillet 1851, 29 août 1860, 25 janvier 1887).

Cependant, quand le tribunal a constaté, dans la limite de son
pouvoir, qu'il y a lieu à telle exception prévue par l'article 1558, les
tiers se trouvent de tout point garantis par une telle constatation
(Cass., 30 décembre 1850, 7 juillet 1857. 29 août 1860, 20 juin 1877 ;
Montpellier, 22 décembre 1852 ; Rouen, 2 mai 1861 ; Pau, 19 décembre 1871 ; Caen, 9 mai 1876).

153. L'action en nullité de l'aliénation de l'immeuble dotal est
immobilière (Cass., 16 novembre 1859).

2ent. Que peut demander la révocation.

154. Après la dissolution du mariage, le droit de demander la
révocation appartient à la femme ou à ses héritiers (C. civ., 1560).

155. Si le mari est héritier de sa femme, l'action en révocation
est irrecevable de sa part (Cass., 2 janvier 1838 ; Rodière et Pont,
1869).

156. Après la séparation de biens, la femme, recouvrant l'exercice
de ses actions, peut demander la révocation (C. civ., 1560), avec
l'autorisation de son mari, ou, à défaut, de la justice (Pau, 5 mars
1859 ; Rodière et Pont, 1870).

157. Avant la séparation, le droit de demander la révocation
appartient au mari (Cass., 30 mars 1874). Il peut l'exercer, quoiqu'il
se trouve garant de l'éviction (Aubry et Rau, § 532, note 27 ; Rodière
et Pont, 1871 ; Colmet de Santerre, VI, 232 *bis*).

158. En principe, les créanciers de la femme ne peuvent être admis à exercer l'action révocatoire (Caen, 18 juillet 1859 ; Rodière et Pont, 1873 ; Aubry et Rau, § 537, note 25).

159. Au lieu d'exercer l'action en révocation, la femme peut, en vertu de son hypothèque légale, demander collocation du prix de vente sur les biens de son mari ; du moment où elle a obtenu collocation, la femme est remplie de sa dot et privée de son recours contre l'acquéreur du bien dotal (Cass., 3 mai 1853, 21 janvier 1856, 23 décembre 1861 ; Riom, 6 décembre 1848 ; Nîmes, 28 janvier 1879 ; comp. Rodière et Pont, 1874).

De là résulterait pour la femme dotale la possibilité de substituer un meuble à un immeuble, et de confirmer l'aliénation dotale pendant le mariage.

Un autre système, plus rationnel, enseigne que la femme ne peut obtenir sur les biens du mari qu'une collocation éventuelle, dont le montant doit être versé à la Caisse des consignations, jusqu'au moment où la femme aura la possibilité d'opter définitivement entre l'action en révocation et la collocation du prix de vente (Cass., 16 novembre 1847 ; Bordeaux, 8 janvier 1851 ; Benech, 111 ; Aubry et Rau, § 537, note 27).

160. A l'égard de l'acquéreur du bien dotal, en principe, la femme n'a pas d'autre droit que l'action révocatoire.

161. Il est permis à l'acquéreur d'arguer de la nullité de la vente du bien dotal pour se dispenser de payer son prix, à moins que le contraire n'ait été expressément convenu, ou que le mari fournisse caution (C. civ., 1653 ; Paris, 26 février 1833).

162. Si l'acquéreur a payé, il n'est admis à exercer répétition que si le mari a dissimulé la dotalité (Cass., 25 août 1831 ; Paris, 26 février 1833 ; Aubry et Rau, § 537, note 21).

3ent. *Effets de la révocation.*

163. L'acquéreur évincé, alors qu'il n'a pas ignoré la dotalité, doit la restitution des fruits à partir du jour où il a commencé à les percevoir, sauf compensation avec les intérêts de son prix (Cass., 4 juillet 1849 ; Rouen, 13 mars 1854 ; Limoges, 14 novembre 1876).

164. S'il a ignoré les vices de son titre, il ne doit les fruits qu'à partir de la demande (Bordeaux, 23 mars 1865 ; Pau, 27 juin 1867 ; Aubry et Rau, § 537, note 45).

165. D'ailleurs, l'acquéreur évincé par la femme ou ses héritiers, ne peut se maintenir en possession jusqu'au paiement de ses impenses ou du prix qu'il a déboursé (Cass., 3 avril 1845, 4 juillet 1849 ; Montpellier, 8 février 1869 ; Aubry et Rau, § 537, note 44).

166. L'acquéreur du bien dotal, sous condition de remploi, qui n'a . pas été effectué à la dissolution du mariage, ne peut arrêter l'action en révocation de la vente, en offrant de payer une seconde fois son prix (Caen, 30 juillet 1874).

4^{ent}. Recours du tiers acquéreur.

167. Le tiers acquéreur, dépossédé du bien dotal, a un recours en dommages-intérêts contre le mari, si celui-ci n'a pas déclaré que le bien était dotal (C. civ., 1560), ou s'il s'est porté fort pour sa femme (Grenoble, 17 février 1847 ; Rodière et Pont, 1876).

168. Si, au contraire, le mari a fait connaître la dotalité, il n'est tenu qu'à la restitution du prix reçu (Pau, 5 mars 1859 ; Montpellier, 8 février 1869 ; Rodière et Pont, 1878).

169. Quand la femme a concouru à la vente du bien dotal, elle est tenue à garantie pour la somme dont elle a profité (Cass., 1er mars 1847 ; Aubry et Rau, § 537, note 36).

170. Lorsque la femme a garanti la vente de tous troubles et évictions, cet engagement est exécutoire sur ses biens paraphernaux (Cass., 4 juin 1851, 20 juin 1853 ; Rodière et Pont, 1880 ; Aubry et Rau, § 537, note 51 ; Colmet de Santerre, VI, 232 bis ; — Contrà, Agen, 17 juillet 1848 ; Marcadé, art. 1560, n° 4 ; Cubain, 367).

171. Un tiers a pu cautionner la vente de l'immeuble dotal ; il est admis que cet engagement produit effet, car l'aliénation n'étant rescindable qu'au profit de la femme, engendre une obligation naturelle (Cass., 3 août 1825 ; Tessier, 81). L'acquéreur actionné en révocation pour cause de dotalité, a donc recours contre la caution.

En pratique, le cautionnement est quelquefois donné par les enfants majeurs de la femme dotale ; c'est une garantie sérieuse, puisque, naturellement et légalement, les enfants sont appelés à hériter de leur mère ; mais, la garantie manquerait son effet si les enfants mouraient avant leur mère.

5^{ent}. Ratification des aliénations.

172. Il est évident que la ratification de l'aliénation illicite de la

dot ne peut intervenir valablement pendant le mariage (Limoges, 29 janvier 1879).

173. L'exécution volontaire de la vente par la femme ou ses héritiers, depuis la dissolution du mariage, a le même effet que la ratification expresse (C. civ., 1338) ; par exemple, la réclamation du prix de la vente (Cass., 28 novembre 1838, 3 décembre 1861; Caen, 29 novembre 1848; Rodière et Pont, 1874, 1882; Jouitou, 214; Tessier, 84; Sériziat, 193).

174. L'encaissement des intérêts du prix de vente, après la cessation du mariage, emporte ratification, à moins que la femme ou ses héritiers prouvent qu'ils ont été circonvenus (Cass., 12 mai 1840; Riom, 13 décembre 1847).

175. Si la femme lègue, soit l'immeuble dotal aliéné, soit son prix, au donataire, acquéreur ou autre détenteur, elle confirme ou ratifie (C. civ., 1338) implicitement l'aliénation (Riom, 2 avril 1857; Caen, 26 janvier 1888; Rodière et Pont, 1769; Massé et Vergé, § 670, note 11).

176. Il y a ratification de la vente par les héritiers de la femme, lorsqu'après avoir succédé à la femme, ils ont aussi hérité du mari et accepté les deux successions purement et simplement (Cass., 2 janvier 1838, 22 mai 1855).

Mais, en cas d'acceptation bénéficiaire de la succession du mari, les héritiers de la femme ne seraient pas déchus du droit de demander la révocation, quand même ils auraient accepté purement et simplement la succession de cette dernière (Cass., 30 août 1847; Bordeaux, 10 février 1858).

177. La femme appelée à succéder au mari, et qui accepte purement et simplement sa succession, ne peut plus exercer l'action en révocation (Cass., 5 août 1848).

178. Si la femme dotale décède avant le paiement du prix, laissant des héritiers mineurs ou interdits, ceux-ci trouvent dans sa succession une créance que le tuteur peut toucher (Caen, 15 décembre 1866; Grenoble, 4 mai 1885); cependant, les héritiers mineurs n'ayant pas capacité pour ratifier la vente, l'acquéreur agira prudemment en se faisant condamner au paiement, en arguant du vice de son titre (Riom, 26 juin 1839); mais le tuteur a la faculté de se faire autoriser par délibération du conseil de famille, homologuée par le tribunal, à abandonner toute action révocatoire moyennant le paiement du prix de la vente.

IV. Prescription de la dot.

179. Les immeubles dotaux, non déclarés aliénables par le contrat de mariage, sont imprescriptibles pendant le mariage, à moins que la prescription n'ait commencé auparavant. Ils deviennent, néanmoins, prescriptibles après la séparation de biens, quelle que soit l'époque à laquelle la possession a commencé (C. civ., 1561; Rodière et Pont, 1884).

180. L'imprescriptibilité s'applique évidemment aux démembrements de la propriété comme à la propriété elle-même (Cass., 20 janvier 1847; Aubry et Rau, § 537, note 53).

181. Si les immeubles ont été déclarés aliénables seulement à charge de remploi, la prescription ne peut pas courir (Cass., 30 juin 1840; Montpellier, 27 décembre 1855; Laurent, XXIII, 512).

182. Quand les immeubles sont aliénables, sans aucune condition, ils demeurent prescriptibles comme tous autres biens dans le commerce.

183. En cas de vente du fonds dotal consentie par la femme elle-même ou par le mari, en vertu du mandat de la femme, la prescription de l'action en révocation est de dix ans, à partir de la dissolution du mariage (C. civ., 1304 : Cass., 31 mars 1841, 1er mars 1847; Tessier, 807; Laurent, XXIII, 503).

184. Si la vente a été faite par le mari seul, sans droit ni pouvoir, la prescription est, soit de trente ans, soit de dix à vingt ans, avec titre et bonne foi (Cass., 28 février 1825 : Grenoble, 2 juillet 1842; Laurent, XXIII, 504; Rodière et Pont, 1894; Jouitou, 196).

185. Après la séparation, la prescription dotale court contre la femme, mais seulement dans le cas où elle ne serait pas de nature à réfléchir contre le mari (C. civ., 2256; Cass., 17 novembre 1835; Caen, 23 novembre 1842; Aubry et Rau, § 537, note 40; Rodière et Pont, 1891; Colmet de Santerre, VI, 232 *bis*).

186. En ce qui concerne les aliénations au profit de l'État, le recours de la femme, à défaut de remploi, est soumis à la déchéance de cinq ans, comme toute créance sur l'État (L. 29 janvier 1831; Cons. d'État, 19 mai 1853).

Ce qui précède est étranger à la dot mobilière, qui est toujours prescriptible.

§ 4.

DOT MOBILIÈRE.

187. Le principe de l'inaliénabilité dotale n'ayant été posé par le Code civil que pour les immeubles, on en a conclu que la dot mobilière était aliénable.

188. Cependant, la jurisprudence n'a admis l'aliénabilité de la dot mobilière que pour l'un des époux.

Le mari a le droit de disposer des biens meubles dotaux, sans distinction entre ceux dont il est devenu propriétaire, et ceux dont la femme a conservé la propriété.

A l'égard de la femme, la dot mobilière demeure inaliénable.

189. Ainsi, le mari peut, sans le concours de sa femme :

1° Céder les créances dotales non exigibles (Cass., 22 mai 1845, 6 décembre 1859) ;

2° Transférer les valeurs de Bourse, notamment des rentes sur l'État, et des actions de la Banque de France (Paris, 18 août 1849) ;

3° Vendre une rente perpétuelle constituée au nom de sa femme (Cass., 1er décembre 1851 ; Caen, 26 mars 1862).

4° Consentir à un concordat sur une créance dotale (Cass., 26 août 1856) ;

5° Affecter le mobilier dotal au privilège d'un bailleur (Cass., 4 août 1856) ;

6° Transiger aux conditions qu'il trouvera bien avec les débiteurs de la dot mobilière (Cass., 26 août 1851, 6 décembre 1859 ; Nîmes, 31 décembre 1856 ; Grenoble, 20 janvier 1865) ;

7° Compenser ce qu'il doit avec ce qui est dû à sa femme (Caen, 18 juillet 1854 ; Limoges, 19 février 1862 ; Tessier, 832) ;

8° Donner main-levée sans paiement des inscriptions attachées à la dot mobilière (Cass., 13 janvier 1874, 3 février 1879).

190. Le mari de la femme dotale n'aurait pas qualité pour procéder seul au partage de biens mobiliers dotaux à elle échus (C. civ., 818 ; Bordeaux, 30 mai 1871 ; comp. Cass., 12 janvier 1847).

191. D'ailleurs, le mari n'ayant le droit d'aliéner la dot mobilière, corporelle et incorporelle, que comme représentant de la femme, les créanciers du mari ne sont pas fondés à saisir les meubles faisant partie de la dot et dont la femme aurait conservé la propriété (Cass.,

4 août 1856 ; Bellot des Minières, 728 ; Tessier, 60 ; Aubry et Rau, § 536, note 3).

192. En principe, le mari n'est pas tenu de faire emploi des deniers dotaux (Cass., 23 décembre 1839). Mais le contrat de mariage stipule souvent l'obligation de fournir un emploi déterminé ; dans ce cas, les tiers débiteurs sont obligés d'en surveiller l'accomplissement, à peine de payer deux fois (Cass., 14 novembre 1846 ; Grenoble, 11 mai 1875 ; Paris, 11 mars 1886).

193. Quel que soit le mode d'emploi, il n'est régulièrement effectué que par l'acceptation de la femme (Cass., 12 juin 1865 ; Aubry et Rau, § 534, note 32).

194. L'obligation d'employer la dot mobilière au nom de la femme, s'applique aux primes et lots attribués aux valeurs de bourse (Paris, 13 avril 1878) ; elle s'étend même aux valeurs au porteur dont des tiers seraient détenteurs ou dépositaires (Cass., 13 novembre 1876, Paris, 4 mars 1872) ; notamment des notaires, à l'occasion d'opérations de succession concernant la femme dotale.

195. L'inaliénabilité de la dot mobilière s'applique à l'action en reprise de la femme et à l'hypothèque légale qui la protège ; ainsi, la femme ne peut faire aucun acte d'aliénation directe ou indirecte de sa dot mobilière (Cass., 29 juillet 1862, 13 janvier 1874, 3 février 1879 ; Nîmes, 11 janvier 1882).

196. Elle n'a pas capacité pour céder ses reprises ou pour faire une renonciation ou une subrogation dans son hypothèque légale (Cass., 3 décembre 1883 ; Caen, 28 janvier 1865), même sur les biens de société d'acquêts (Cass., 28 janvier 1847).

197. Elle ne peut compromettre son droit hypothécaire en laissant prendre défaut contre elle au cours d'une procédure d'ordre, sur la demande d'un créancier tendant à obtenir une collocation préférable à la sienne (Cass., 6 décembre 1882).

198. Après la séparation de biens, l'inaliénabilité de la dot mobilière subsiste pour la femme qui, d'ailleurs, reste soumise aux conditions d'emploi prescrites par son contrat de mariage (Cass., 26 juillet 1869, 8 janvier 1877).

199. Lorsque la dot mobilière a été déclarée inaliénable, les tribunaux peuvent en permettre l'aliénation dans les cas prévus par l'article 1558 du Code civil (Bordeaux, 22 novembre 1832 ; Tessier, 120 ; Aubry et Rau, § 537 ; Rodière et Pont, 1777).

200. La dot mobilière est prescriptible pendant le mariage (Gre-

noble, 7 janvier 1845 ; Sériziat, 201 ; Massé et Vergé, § 845, note 13 ;
Colmet de Santerre, VI, 233 *bis*).

§ 5.

EMPLOI ET REMPLOI.

201. Dans l'acception générale, l'emploi est le placement, en biens
mobiliers, de deniers ou capitaux dépendant de la dot mobilière.

Le remploi est l'acquisition d'un immeuble avec les deniers provenant de la vente d'un immeuble dotal.

En pratique, le placement en valeurs de bourse du prix des immeubles dotaux est aussi appelé remploi.

202. Deux personnes sont principalement intéressées à ce que le
remploi ou l'emploi prescrit soit effectué : la femme et le tiers
acquéreur ou débiteur.

La femme est fondée à contraindre son mari à exécuter la clause
de remploi, même avant toute demande en séparation (Cass., 20
décembre 1852 ; Toulouse, 5 février 1870 ; Massé et Vergé, § 670,
note 41 ; comp. Caen, 2 août 1851).

Quant au tiers acquéreur ou débiteur, il est admis à refuser tout
paiement si le mari ne se conforme pas aux prescriptions de son
contrat de mariage. Le tiers, qui aurait payé imprudemment, est
toujours libre d'actionner le mari pour le forcer à fournir l'emploi
ou remploi.

203. Dans les circonstances ou la vente du fonds dotal est permise
(1558, C. civ.), la justice peut dispenser de remploi par jugement
prononcé en audience publique (C. pr., 997 ; Nancy, 12 août 1876 ;
Aix, 6 juin 1877 ; Dalloz, *Contr. de mar.*, 4044).—V. n° 109.

204. Pour qu'il y ait remploi, le titre d'acquisition doit le mentionner, ainsi que l'origine des deniers employés, afin de révéler,
sans doute possible, le caractère spécial affectant les biens acquis ;
en l'absence de cette condition, il n'y aurait pas remploi, et la dotalisation ne pourrait être opposée aux tiers (Cass., 25 juin 1883).

205. Il faut nécessairement que le remploi d'un immeuble dotal
aliéné comprenne la totalité du prix de vente ; le mari ne serait pas
fondé à retenir une partie du prix en prétextant qu'il représente la
valeur d'améliorations ou constructions faites sur le bien dotal, car
ces travaux, s'ils peuvent donner ouverture à une créance contre la

femme, ne confèrent au mari aucun droit de propriété sur le fonds
dotal (Cass., 14 février 1843, 10 juin 1885 ; Lyon, 11 mars 1886).

I. Remploi prescrit par le contrat de mariage.

206. Si l'aliénation des immeubles dotaux a été autorisée à charge
de remploi, la condition de remploi doit être rigoureusement observée, sinon les tiers sont exposés à une action en nullité (Cass., 27
avril 1842, 31 mars 1862 ; Aix, 3 décembre 1879).

207. Le contrat de mariage prescrit-il le remploi en déclarant que
les tiers ne pourront s'y immiscer ? Ceux-ci restent néanmoins responsables de la validité du remploi (Riom, 10 janvier 1856 ; Limoges,
14 janvier 1862 ; Aix, 3 décembre 1879).

Cette décision paraît bien rigoureuse ; la défense faite aux tiers de
s'immiscer dans le remploi est donc un piège tendu à la bonne foi ?

208. Certains contrats de mariage autorisent l'aliénation des immeubles dotaux moyennant une caution au profit de la femme ;
dans ce cas, la caution qui serait fournie sur les immeubles du mari
ne mettrait pas l'acquéreur à l'abri d'un double paiement (Bordeaux,
27 novembre 1844).

209. D'autres contrats permettent au mari d'aliéner les biens
dotaux, *à la charge de passer des reconnaissances authentiques de toutes sommes touchées pour la femme*, ou encore
à la charge de les reconnaître et assurer. Il faut décider que
le contrat de mariage n'impose pas aux tiers l'obligation de s'assurer
de la solvabilité du mari (Cass., 28 novembre 1833, 1er août 1844,
26 mai 1873). Cependant, nous croyons qu'il est prudent d'exiger
le concours de la femme au paiement.

210. Lorsque le contrat de mariage, en autorisant la vente, oblige
le mari à reconnaître ce prix sur des biens d'une valeur suffisante
et libres d'hypothèques, l'acquéreur du bien dotal doit s'assurer de
la solvabilité du mari et de la situation hypothécaire de ses immeubles, et veiller à ce qu'il soit pris inscription (Comp. Montpellier,
13 mai 1831 ; Pau, 26 février 1868 ; Rodière et Pont, 1839).

211. Si l'acquéreur a des doutes sur la suffisance des biens du
mari, il devra se faire condamner à payer, en ayant soin de mettre
la femme dotale en cause (Comp. Cass., 28 janvier 1878).

Malgré cette précaution, l'acquéreur ne sera peut-être pas encore
à l'abri de toute crainte. L'inscription ayant été prise, dix années

s'écoulent, elle n'est pas renouvelée ; le mari vend ses immeubles, et l'hypothèque légale de la femme est purgée sans qu'elle l'inscrive ; puis, le mari devient insolvable. La femme peut-elle alors recourir contre l'acquéreur, et le faire déclarer responsable pour n'avoir pas renouvelé l'inscription ? Nous ne le croyons pas ; l'acquéreur sera admis à répondre que le remploi du fonds dotal, au moyen d'une hypothèque sur le mari, a eu pour effet de mobiliser la dot, et que la dot mobilière étant uniquement garantie par l'hypothèque légale, il incombait à la femme de ne pas laisser périr son action hypothécaire.

212. D'ailleurs, la faculté d'aliéner les immeubles dotaux à charge de remploi, n'est pas limitée à une aliénation unique ; elle est indéfinie et s'applique aux ventes successives des remplois (Cass., 9 mars 1870, 16 mai 1870).

213. En principe, le remploi prescrit par le contrat de mariage ne doit pas avoir lieu en biens à l'étranger (Paris, 23 mai 1844 ; — *Contrà*, Jouitou, 304).

214. Il est permis à la femme d'acheter en remploi une maison non encore achevée, mais dont la construction est déjà arrêtée sur des plans et devis déterminés (Cass., 2 avril 1855).

215. Si le remploi est prescrit en fonds de terre, il ne peut être fait ni en maisons, ni en rentes sur l'État ou actions immobilisées de la Banque ; s'il est stipulé en immeuble de pareille nature à ceux aliénés, en immeubles réels, en immeubles ruraux, il ne serait pas valablement fait en rentes sur l'État ou actions immobilisées (Cass., 22 février 1859 ; Rouen, 18 janvier 1870 ; Rodière et Pont, 1689).

216. Le remploi est-il simplement prescrit en immeubles ? Alors on peut le faire : 1° soit en maisons ou terres, immeubles par nature (Rodière et Pont, 1690) ; 2° soit en actions immobilisées de la Banque de France (Cass., 23 juin 1857 ; Caen, 27 mai 1851 ; Riom, 21 juin 1856) ; 3° soit en rentes françaises de toute nature (L. 2 juillet 1862, 16 septembre 1871, 11 juin 1878 ; Caen, 8 janvier 1872).

Dans ces cas, un placement hypothécaire, une affectation donnée par le mari, un privilège sur des valeurs mobilières, ne formeraient pas un remploi valable (Cass., 9 juin 1841 ; Caen, 30 avril 1849, 2 août 1851 ; Rodière et Pont, 1840, 1850).

217. Si le contrat permet le remploi en immeubles du mari ou de la société d'acquêts, l'acceptation de la femme a pour effet de

dégager les biens cédés de son hypothèque légale ; à défaut de réserve spéciale dans le contrat de mariage, les immeubles de société d'acquêts ou du mari que celui-ci voudrait céder en remploi à sa femme devraient être préalablement dégrevés de l'hypothèque légale (Comp. C. civ., 2144).

218. Quand le remploi prescrit en acquisition de biens n'a pas été effectué avant la dissolution du mariage, la femme ou ses héritiers peuvent demander la révocation de la vente de l'immeuble dotal (Cass., 17 décembre 1855, 2 mai 1859 ; Rouen, 26 août 1851 ; Caen, 30 juillet 1874 ; Aubry et Rau, § 537, note 86), et l'acquéreur n'aurait la possibilité d'arrêter cette action, en offrant de payer une seconde fois, que dans le cas où le contrat de mariage renfermerait une clause spéciale à cet égard.

219. Après la séparation de biens, si le remploi n'a pas encore été effectué, l'acquéreur peut se soustraire à l'action en révocation de la vente, en offrant de payer son prix, à la charge par la femme de se conformer aux prescriptions de son contrat de mariage (Cass., 20 juin 1853 ; Caen, 30 avril 1849 ; Bordeaux, 20 août 1848 ; Pau, 5 mars 1859 ; Rodière et Pont, 1844 ; Sériziat, 119 ; Aubry et Rau, § 537, nloe 85 ; — *Contrà*, Lyon, 24 mars 1847 ; Toulouse, 14 juillet 1852).

220. Si le contrat de mariage ne dit pas que l'acceptation de la femme fera considérer le remploi comme régulier, valable et suffisant, l'acquéreur du bien dotal est obligé de faire apprécier tant la valeur des immeubles acquis en remploi, que la régularité du droit de propriété de ces immeubles (Riom, 27 mai 1850 ; Rouen, 20 décembre 1873, 7 avril 1886 ; Grenoble, 22 décembre 1880), car l'acquéreur serait responsable : 1° si le bien acquis était, lors de l'achat, d'une valeur inférieure à la somme à remployer (Aubry et Rau, § 537, note 99) ; 2° de l'éviction du remploi pour une cause qui pouvait être connue lors de la vente (Cass., 31 mars 1862 ; Caen, 3 décembre 1846 ; Limoges, 14 janvier 1862).

221. Les tiers acquéreurs des biens dotaux ou débiteurs des deniers dotaux, peuvent évidemment refuser de se libérer des capitaux, tant que le remploi prescrit n'est pas effectué (Cass., 25 avril 1842 ; Caen, 15 décembre 1866 ; Bordeaux, 29 juin 1874), mais non des intérêts exigibles (Limoges, 21 août 1852).

222. D'ailleurs, les tiers obligés de surveiller le remploi ont la faculté de consigner le capital qu'ils doivent. Toutefois, à moins de

clause contraire dans le contrat de mariage, la consignation, même validée, ne décharge pas l'acquéreur de l'obligation de surveiller le remploi (Cass., 12 mai 1857, 15 mai 1886 ; Caen, 26 janvier 1872 ; Aubry et Rau, § 537, note 96).

223. En tout cas, l'acquisition en remploi est assujettie à l'acceptation de la femme (Cass., 2 mai 1859, 12 juin 1865 ; Toulouse, 11 mai 1882 ; Sériziat, 117 ; Bellot, 821 ; Aubry et Rau, § 537, note 88 ; comp. Cass., 8 novembre 1886), à moins que le contrat de mariage confère au mari le droit de vendre et de faire le remploi (Cass., 2 mai 1859 ; Grenoble, 25 avril 1861 ; Bellot, 869).

224. L'acquisition en remploi peut avoir lieu par anticipation, c'est-à-dire avant l'aliénation du fonds dotal (Cass., 5 décembre 1854 ; Paris, 20 novembre 1858 ; Laurent, XXIII, 519).

Au surplus, l'immeuble acquis en remploi de biens dotaux vendus et à vendre, reste propre pour la totalité à la femme ; seulement, la partie non payée avec des fonds dotaux, est extra-dotale (Cass., 21 mai 1873 ; comp. Cass., 1er décembre 1886).

Toutefois, l'acquisition en remploi *in futurum* faite par une femme dotale mariée en société d'acquêts, restera pour le compte de la société d'acquêts, si la femme meurt avant que le remploi ait été consommé au moins pour partie (Cass., 24 novembre 1852).

225. Si le bien acheté en remploi n'a été payé qu'en partie, et que la femme s'en trouve expropriée à défaut de paiement du surplus, elle n'a point d'action contre son vendeur pour se faire restituer l'à-compte payé (Cass., 14 juin 1881, 24 juin 1884).

Il est très important, pour l'acquéreur ou débiteur dotal, de ne se libérer que sur un remploi à l'abri de toute action de la part du vendeur ou de tiers ; ainsi, le remploi ne serait pas valable : 1º si l'immeuble restait soumis au privilège du vendeur par suite de paiement partiel (Aix, 3 décembre 1879) ; 2º si l'immeuble provenait d'un partage d'ascendants non encore définitif par le décès des ascendants donateurs (Rouen, 20 décembre 1873 ; comp. Sériziat, 126 ; Benech, 115 ; Duranton, XV, 486) ; 3º En cas d'échange, si la soulte à la charge de la femme dotale n'était pas payée (Cass., 3 avril 1883).

226. Le remploi accepté par la femme est à ses risques ; elle profite de l'augmentation de valeur, comme elle supporte la dépréciation (Cass., 3 avril 1855).

227. Après avoir accepté l'acquisition en remploi, la femme n'est

pas autorisée à la révoquer par le motif que ce remploi aurait eu lieu dans de mauvaises conditions (Cass., 14 juin 1881; Nîmes, 11 janvier 1882).

228. Toujours, les frais de l'acquisition en remploi sont à la charge de la femme, et peuvent être pris sur les deniers dotaux (Cass., 8 avril 1862, 5 février 1868; Caen, 10 mars 1856; Nîmes, 13 novembre 1872; Aubry et Rau, § 537, note 90; Benech, 91).

II. Remploi imposé par la loi ou par un jugement.

229. Dans tous les cas d'aliénation de la dot, en vertu d'autorisation judiciaire, ce qui reste du prix au-dessus des besoins connus reste dotal, et il doit en être fait remploi au profit de la femme (C. civ., 1558).

230. Il en est de même pour la soulte reçue par la femme en cas d'échange de l'immeuble dotal (C. civ., 1559).

Comme dans le remploi imposé par le contrat de mariage, l'acquéreur ou échangiste doit veiller lui même au remploi.

231. La loi ne précisant pas en biens de quelle nature le remploi doit se faire, si l'autorisation d'aliéner ou d'échanger n'a non plus rien dit à cet égard, il paraît équitable de décider que le remploi peut avoir lieu en immeubles fonciers ou en rentes sur l'État.

III. Emploi de la dot.

232. Le mari n'est pas obligé de fournir caution pour la réception de la dot, ni de faire emploi de la dot mobilière, s'il n'y a pas été assujetti par le contrat de mariage (C. civ., 1550).

233. L'obligation imposée au mari de faire emploi de la dot, modifie le droit de recevoir le remboursement des capitaux (C. civ., 1549); elle oblige les tiers à exiger l'emploi pour se libérer valablement (Paris, 23 mars 1844; Caen, 23 novembre 1842), même pour remettre les valeurs au porteur dont ils seraient dépositaires (Paris, 4 août 1873; Cass., 13 novembre 1876).

Il n'en serait autrement que dans le cas où les tiers auraient été affranchis de veiller à la réalisation de l'emploi (Bordeaux, 29 juin 1874).

Après séparation, la clause d'emploi est obligatoire pour les paiements faits à la femme (Cass., 23 décembre 1839).

234. La première condition, pour que l'emploi soit valablement

fait, c'est qu'il le soit de la manière indiquée dans le contrat de mariage, sinon, les tiers s'exposent à payer deux fois.

235. Quel que soit le mode d'emploi, il reste soumis à l'acceptation de la femme (Cass., 2 mai 1859, 12 juin 1865).

236. **Tous les frais que l'emploi entraîne sont à la charge personnelle de la femme.** — V. n° 228.

IV. Emploi volontaire.

237. Le bien mobilier ou immobilier, acquis des deniers dotaux, n'est pas dotal lorsque la condition de l'emploi n'a pas été stipulée par le contrat de mariage (C. civ., 1553).

Ce bien appartient à la femme, mais il reste aliénable par le mari comme la dot mobilière (Cass., 12 avril 1870, 19 décembre 1871; Rouen, 26 avril 1872).

238. Si le mari, avant toute séparation (C. civ., 1595, 2°), vend des immeubles à sa femme à titre d'emploi ou de remploi non obligatoire, l'acte peut être annulé à la demande des créanciers ou des héritiers du mari (Cass., 15 juin 1881; Besançon, 15 juin 1881; Nîmes, 9 janvier 1882;—*Contrà*, Bordeaux, 15 février 1882; Douai, 10 novembre 1880; Alger, 6 mars 1882; Nancy, 18 février 1885).

239. La femme dotale, sans société, est seule propriétaire de l'immeuble acheté en son nom, avec l'autorisation du mari (Cass., 29 décembre 1863; — *Contrà*, Alger, 6 mars 1882).

240. L'immeuble acquis conjointement par deux époux mariés sous le régime dotal, sans société d'acquêts, leur appartient par moitié (Nîmes, 13 août 1857).

Dans ces deux cas, si la femme n'a pas de paraphernaux, il y a présomption que le mari a avancé les deniers ayant servi au paiement; par suite, elle lui en doit compte. — V. n° 19.

241. La femme dotale, séparée de biens, est propriétaire exclusive de l'immeuble qu'elle a acheté avec l'autorisation de son mari (Paris, 1ᵉʳ mai 1868).

242. Ne sont pas dotaux, les immeubles cédés par le mari à sa femme, judiciairement séparée de biens, en paiement de ses reprises non soumises à emploi (Cass., 26 juillet 1865, 12 avril 1870; Montpellier, 21 juin 1871; Aubry et Rau, § 539, note 2).

243. Tous les immeubles acquis par la femme, en dehors des cas d'emploi ou de remploi obligatoire, notamment dans les cas prévus sous les n° 239 à 241, peuvent être hypothéqués ou aliénés (Mont-

pellier, 18 février 1853 ; Rouen, 17 février 1877), mais à la condition de réserver le montant de la dot mobilière inaliénable pour la femme et qui a été employée à leur acquisition (Bordeaux, 14 mai 1857 ; Caen, 6 juillet 1866 ; Grenoble, 4 mars 1868).

§ 6.

RESTITUTION DE LA DOT.

I. Modes de restitution.

244. La dot étant destinée à l'acquit des charges du mariage, elle doit être restituée quand le mari n'a plus la gestion des biens dotaux, par la dissolution du mariage ou par la séparation de biens.

245. La dot est restituée à la femme majeure devenue veuve, divorcée, ou séparée de biens. Si elle est mineure, la femme ne peut recevoir la dot mobilière qu'avec l'assistance d'un curateur.

246. Après séparation de biens, le mari reste tenu de veiller à l'emploi de la dot, si la condition d'emploi est prescrite par le contrat de mariage.

247. Le mari est dispensé de restituer la dot, quand elle lui a été donnée ou léguée par la femme.

Il peut encore se trouver dispensé de restituer la dot par la prescription accomplie depuis la dissolution du mariage.

1º *En nature.*

248. La dot doit être restituée en nature toutes les fois que la femme en a conservé la propriété ; la perte ou les détériorations ne provenant pas du fait du mari, sont pour le compte de la femme (C. civ., 1566).

249. Ainsi, les linges et hardes que la femme s'est constitués en dot, avec réserve de propriété, dépérissent pour son compte.

Néanmoins, la femme peut, dans tous les cas, retirer les linges et hardes à son usage actuel, sauf à précompter leur valeur, lorsque ces linges et hardes auront été primitivement constitués avec estimation (C. civ., 1566).

Lors donc que la femme s'est constitué ses linges et hardes, avec estimation, il lui est tenu compte du déficit au moment où elle les retire (Cass., 1er juillet 1835, 14 mars 1877). S'ils sont d'une valeur supérieure à l'estimation, la doctrine enseigne que la femme n'est pas obligée de faire compte de l'excédant (Rodière et Pont, 1899; Laurent, XXIII, 568); mais cette décision paraît très contestable, car, la loi, en autorisant la femme à retirer, dans tous les cas, ses linges et hardes, *sauf à précompter leur valeur*, ne distingue pas entre la valeur inférieure ou supérieure à l'estimation ; nous croyons donc que la femme doit compte de l'excédant, comme il lui est tenu compte du déficit.

250. Le droit accordé à la femme de retirer en nature ses linges et hardes, malgré l'estimation, lui est personnel; il ne passe pas à ses héritiers (Rodière et Pont, 1902; Sériziat, 262).

251. Au contraire, si la femme s'était constitué ses linges et hardes sans estimation, il est admis que ceux existant lorsqu'elle les retire, sont l'équivalent de ceux apportés en mariage (Rodière et Pont, 1900; Sériziat, 261).

252. Si la dot comprend des obligations ou constitutions de rentes qui ont péri ou souffert des retranchements non imputables à la négligence du mari, il n'en est point tenu, et se trouve libéré en restituant les contrats (C. civ., 1567).

Cette disposition est applicable aux actions et obligations de commerce, de finance ou d'industrie, comme aux créances et aux rentes (Alger, 6 mars 1882).

253. Quand un usufruit ou une rente viagère a été constitué en dot, le mari ou ses héritiers ne sont obligés que de restituer le droit d'usufruit ou la rente, et non les arrérages échus durant le mariage (C. civ., 1568; comp. 588) ; par suite, si l'usufruit ou la rente se sont éteints durant le mariage, le mari n'a rien à restituer.

254. La dot en immeubles est toujours restituée en nature (C. civ., 1564), à moins d'une clause spéciale dans le contrat de mariage en transférant la propriété au mari (C. civ., 1552).

255. Toutes les fois que la femme a conservé la propriété de sa dot, le mari ou ses héritiers peuvent être contraints de la restituer immédiatement après la dissolution du mariage, ou après la séparation de biens (C. civ., 1564).

256. Il est évident que la femme ou ses héritiers ne peuvent se remettre en possession des biens dotaux sans avoir compté avec le mari les impenses et indemnités (Rodière et Pont, 1907, 1909 ; Tessier, 102; Jouitou, 336; Aubry et Rau, § 540, note 27).

Le mari jouit d'un véritable droit de rétention sur les immeubles qu'il a améliorés (Benoît, 245; Sériziat, 214, 236).

2° *En deniers.*

257. Si la dot consiste en une somme d'argent, ou en meubles mis à prix par le contrat, sans déclaration que l'estimation n'en rend pas le mari propriétaire, la restitution n'en peut être exigée qu'un an après la dissolution du mariage (C. civ., 1565).

258. La séparation de biens donne lieu, dans tous les cas, à la restitution immédiate de la dot (Sériziat, 245; Aubry et Rau, § 540, note 50; Rodière et Pont, 1913).

259. Il est certain, d'ailleurs, que le délai d'un an accordé pour la restitution de la dot pourrait être restreint ou prolongé par le contrat de mariage (Rodière et Pont, 1916; Aubry et Rau, § 540).

260. Le délai d'un an, accordé pour la restitution de la dot, ne met pas obstacle à la liquidation immédiate des droits de la femme (Cass., 17 janvier 1860).

261. Le mari restitue en deniers toutes les sommes dont il se trouve comptable pour créances recouvrées, valeurs remboursées, prix d'immeubles non remplacés, indemnité pour abus d'administration, etc.

262. Quand les biens dotaux ont été vendus pour fournir des aliments à la famille, le mari est-il débiteur de la somme employée à cet usage? L'affirmative n'est pas douteuse: 1° si le mari a dissimulé ses ressources dans le but d'obtenir la vente du bien dotal (Marcadé, art. 1558, II; Troplong, 3456); 2° si le prix dotal a été employé à payer un office ou un fonds de commerce acheté par le mari, car il s'agit alors plutôt d'un prêt alimentaire que d'une consommation d'aliments.

Mais, dans le cas où l'emploi des biens dotaux a eu lieu pour les dépenses de nourriture, vêtement, logement et entretien de la famille, ou pour l'éducation des enfants, alors que le mari n'avait rien, la femme a acquitté sa propre dette et ne peut rien réclamer au mari revenu à meilleure fortune (Marcadé, art. 1558, II; Jouitou, 255;— *Contrà*, Nimes, 24 août 1842; Bellot, 1492, 1496; Dalloz, 3656).

3° *Option entre la dot en nature ou en argent.*

263. Le contrat de mariage peut réserver à la femme le droit d'option entre la dot en nature ou sa valeur en argent. Cette réserve est fréquente en Normandie.

264. Quand le mari s'est rendu adjudicataire d'un bien dont la
femme était copropriétaire par indivis, elle a la faculté d'opter entre
la conservation du bien ou son abandon (C. civ., 1408). La femme
peut faire son choix pendant le mariage en vendant le bien conjointement avec son mari, et en déterminant ce qui sera remplacé.

265. Lorsque la propriété de la dot est passée sur la tête du
mari, la femme ou ses héritiers ne peuvent qu'en répéter la valeur ;
mais si le mari ou ses héritiers ne paient pas exactement cette
valeur, la femme peut se prévaloir de la condition résolutoire pour
reprendre la propriété des objets.

4° Compensations.

266. Le mari est admis à compenser sur toutes les sommes qu'il
doit restituer à sa femme :

1° Les diverses dettes à la charge de la dot, et dont il aurait fait
l'avance (Grenoble, 8 février 1879) ;

2° Le montant des sommes déboursées par lui pour grosses répara- .
rations nécessaires aux immeubles dotaux (Comp. Cass., 9 novembre
1864) ;

3° La valeur de la plus-value donnée au fond dotal par des constructions, plantations et autres impenses utiles (Cass., 10 juin 1885 ;
Lyon, 11 mars 1886) ;

4° Les frais relatifs aux actes et procès concernant les biens dotaux ;

5° La part incombant à la femme dans les frais de contrat de
mariage, savoir : les droits acquittés à l'occasion des libéralités faites
à la femme par le contrat de mariage, et la moitié des frais et honoraires relatifs aux conventions matrimoniales proprement dites, et
aux apports personnels des époux (Cass., 21 juillet 1852, 8 décembre
1874 ; Tr. Lyon, 1er juillet 1887 ; Aubry et Rau, § 503, texte et
notes 11 et 12 ; Laurent, XXI, 112, 113 ; Guillouard, 212 ;—*Contrà*,
Dijon, 3 décembre 1869 ; Caen, 6 décembre 1877).

267. Il est incontestable que les intérêts des sommes compen-
sables courent comme ceux de la dot en deniers. S'il n'y avait pas
de dot à restituer en deniers, il faudrait une demande pour faire
courir les intérêts des sommes dues au mari (Comp. C. civ., 1479).

II. Preuve de la dot.

268. En règle, le mari ne peut être obligé de restituer la dot de
sa femme qu'autant qu'il l'a reçue.

269. La preuve de la réception est suffisamment établie par une quittance privée non enregistrée (Cass., 16 juillet 1827 ; Rodière et Pont, 1918).

Cependant, en cas de faillite du mari, la délivrance de la dot n'est opposable aux créanciers qu'autant qu'elle résulte d'un acte ayant acquis date certaine (C. comm., 693).

270. Si le contrat de mariage constate la remise de la dot au père du mari, ce dernier est présumé l'avoir reçue (Nîmes, 12 juillet 1831 ; Montpellier, 21 mars 1848 ; Tessier, 125).

La déclaration dans le contrat de mariage, que l'acte de célébration du mariage vaudra quittance de la dot, fait preuve du paiement (Cass., 22 février 1860, 14 décembre 1875).

271. A défaut par le mari d'avoir fait procéder à l'inventaire du mobilier apporté en mariage, ou échu durant le mariage à la femme, celle-ci est admise à prouver sa valeur par titres, par témoins ou par commune renommée (C. civ., 1415 ; Rodière et Pont, 1917), ou même par présomption s'il existe un commencement de preuve par écrit (Caen, 10 janvier 1855, 3 mars 1875 ; Laurent, XXIII, 562).

272. Si le mariage a duré dix ans, depuis l'échéance des termes pris pour le paiement de la dot, la femme ou ses héritiers peuvent la répéter contre le mari après la dissolution du mariage, sans être tenus de prouver qu'il l'a reçue, à moins qu'il ne justifie de diligences inutilement faites par lui pour s'en procurer le paiement (C. civ., 1569), ou de l'insolvabilité de ceux qui avaient constitué la dot (Agen, 9 juillet 1830, 21 mai 1869 ; Rodière et Pont, 1927).

273. La présomption de paiement, basée sur la durée du mariage, ne peut être invoquée :

1º Par la femme contre la faillite du mari (C. comm., 563 ; Angers, 23 décembre 1868) ;

2º Par le constituant (Rodière et Pont, 1922 ; Colmet de Santerre, VI, 241 *bis ;* Benoît, 122) ;

3º Par la femme, qui s'est personnellement constitué la dot (Douai, 27 mai 1811 ; Aubry et Rau, § 540, note 16 ; Tessier, 38 ; Colmet de Santerre, VI, 241 *bis ;* Laurent, XXIII, 561 ; — *Contrà,* Caen, 3 mars 1875 ; Rodière et Pont, 1925) ;

4º Par la femme devenue héritière du constituant décédé dans les dix ans (Grenoble, 25 avril 1861 ; Nîmes, 14 août 1877 ; Jouitou, 418).

III. Fruits et intérêts de la dot.

274. Si le mariage est dissous par la mort de la femme, l'intérêt et les fruits de la dot à restituer courent de plein droit au profit de ses héritiers du jour de la dissolution (C. civ., 1570).

275. Quand c'est le divorce ou la séparation qui donne lieu à la restitution de la dot, le mari est comptable des intérêts ou fruits à dater de la demande (C. civ., 252, 311, 1445 ; Cass., 13 mars 1872, 18 juin 1877).

276. Lorsque le mariage est dissous par la mort du mari, la femme a le choix d'exiger les intérêts de sa dot pendant l'an du deuil, ou de se faire fournir des aliments pendant ce temps aux dépens de la succession du mari ; mais, dans les deux cas, l'habitation, durant cette année, et les habits de deuil, doivent lui être fournis par la succession du mari et sans imputation sur les intérêts à elle dus (C. civ., 1570).

La veuve a le droit d'exiger des aliments pendant l'an de deuil, quelle que soit sa position de fortune, et alors même que son mari lui aurait fait un legs (Aix, 21 mai 1839; Aubry et Rau, § 540).

277. A la dissolution du mariage, les fruits des biens dotaux se partagent entre le mari et la femme ou leurs héritiers, à proportion du temps qu'il a duré pendant la dernière année, calculée à partir du jour où le mariage a été célébré (C. civ., 1571). Ce principe est applicable en cas de séparation (Rodière et Pont, 2170).

278. Il est indifférent qu'à la dissolution du mariage les fruits aient été déjà perçus ou qu'ils soient encore pendants ; le mari gagne les fruits au prorata du temps que le mariage a duré, et pas au delà. S'il a perçu davantage, il doit restituer le surplus ; s'il a perçu moins, il prend ce qui lui reste dû sur la prochaine récolte.

Ce principe est applicable aux fruits qui ne se perçoivent que tous les deux ans, trois ans, dix ans, etc.; par exemple, ceux des étangs, des bois, comme à ceux se percevant annuellement (Rodière et Pont, 1940; Laurent, XXIII, 574).

279. D'un autre côté, le mari est autorisé à prélever sur les fruits, les semences, labours et engrais (C. civ., 548), de même qu'il doit compte à la femme des semences, engrais et frais de culture faits lors de la célébration du mariage ou de l'arrivée des biens en la possession de la femme ; c'est une règle de réciprocité de toute équité (Rodière et Pont, 1942; Colmet de Santerre, VI, 243 *bis*).

IV. Sûretés de la dot.

280. La femme et ses héritiers n'ont point de privilège pour la répétition de la dot sur les créanciers antérieurs à elle en hypothèques (C. civ., 1572).

281. La femme n'a hypothèque pour les sommes dotales qui proviennent de successions à elle échues ou de donations à elle faites pendant le mariage, qu'à compter de l'ouverture des successions ou du jour que les donations ont eu leur effet (C. civ., 2135; Cass., 5 mai 1841; Pont, 756).

282. C'est à dater du mariage que l'hypothèque légale prend rang pour la dot en deniers, meubles ou créances apportées par la femme dotale, ainsi que pour l'indemnité des dégradations que le mari aurait commises (Cass., 19 août 1840, 27 décembre 1859, 4 février 1868).

283. En ce qui concerne l'aliénation des immeubles dotaux, quand le contrat de mariage confère au mari le droit de vendre sans le concours de la femme, l'hypothèque légale date du jour du mariage, ou, au moins, du jour où la femme est devenue propriétaire de ces biens (Cass., 27 juillet 1826, 16 mai 1865; Pont, 767).

Au contraire, si le mari ne peut vendre qu'avec le concours de la femme, l'hypothèque légale part seulement du jour de l'aliénation, puisque la femme est appelée à y consentir (Cass., 7 juillet 1851, 29 novembre 1872; Agen, 10 juillet 1859; Grenoble, 23 novembre 1870; Aubry et Rau, § 264 *ter*, note 74; — *Contrà*, Riom, 16 juin 1877; Nîmes, 28 janvier 1879).

§ 7.

PARAPHERNAUX.

284. Sous le régime dotal, les biens de la femme non affectés de dotalités, sont appelés paraphernaux ou extra-dotaux (παραφερνη).

A l'égard des paraphernaux, la femme se trouve dans la même situation que si elle était séparée de biens.

I. Quels biens sont paraphernaux.

285. Tous les biens de la femme qui n'ont pas été constitués en dot, sont paraphernaux (C. civ., 1574); ainsi:

1º Quand la femme, en adoptant le régime dotal, ne fait aucun apport en mariage et ne reçoit aucune libéralité par son contrat, tous ses biens sont paraphernaux (Cass., 30 juillet 1877) ;

2º Si la femme s'est constitué tous ses biens en dot, sans exprimer qu'elle y comprenait les biens à venir ; les biens recueillis depuis le mariage, n'importe à quel titre personnel, sont paraphernaux (C. civ., 1542) ;

3º Lorsqu'au contraire, la femme a constitué tous ses biens à venir, les biens présents restent paraphernaux s'ils ne sont pas constatés dans le contrat de mariage (C. civ., 1541) ;

4º Les biens donnés à la femme pendant le mariage, dans la limite de la quotité disponible, sous la condition qu'ils ne seront pas dotaux, restent paraphernaux (Cass., 16 mars 1846) ;

5º Les acquisitions faites à titre onéreux durant le mariage, sans déclaration de remploi de biens dotaux, au nom de la femme dotale mariée sans société, sont paraphernales (C. civ., 1553 ; Cass., 21 novembre 1871 ; Rouen, 17 février 1877 ; Aubry et Rau, § 541, note 1). — V. nᵒˢ 239 à 241.

II. Administration des paraphernaux.

286. La femme a l'administration et la jouissance de ses biens paraphernaux (C. civ., 1576).

L'établissement d'une société d'acquêts, entre les époux, n'enlève pas à la femme l'administration de ses paraphernaux (Cass., 14 novembre 1864), mais elle doit compte au mari des économies qu'elle a pu faire (Riom, 31 juillet 1866 ; Rodière et Pont, 2034 ; Tessier, 89).

287. A l'égard de ses paraphernaux, la femme peut, sans le concours du mari :

1º Recevoir les revenus et les capitaux exigibles (Paris, 17 août 1843 ; Riom, 14 juin 1866 ; Rodière et Pont, 1978 ; Dalloz, *Contr. de mar.*, 4246) ;

2º Louer pour la durée ordinaire des baux (C. civ., 1429, 1430 ; Cass., 14 novembre 1864) ;

3º Donner mandat à un tiers d'administrer ses paraphernaux et d'en percevoir les fruits.

288. Il est permis de stipuler dans le contrat de mariage, que le mari aura l'administration des paraphernaux (Comp. Bordeaux, 5 février 1884 ; Rodière et Pont, 2021).

289. Si la femme a donné procuration au mari d'administrer les paraphernaux, avec charge de rendre compte des fruits, il est tenu, vis-à-vis d'elle, comme tout mandataire (C. civ., 1577). Quand le mandat est muet sur la restitution des fruits, le mari n'est pas tenu d'en rendre compte (Rodière et Pont, 1980 ; Troplong, 3707 ; Toullier, XIV, 361 ; Sériziat, 348 ; Aubry et Rau, § 541, note 14).

290. Si le mari a joui des biens paraphernaux de la femme sans mandat, et, néanmoins, sans opposition de sa part, il n'est tenu à la dissolution du mariage, ou à la première demande de la femme, qu'à la représentation des fruits existants, et il n'est point comptable de ceux qui ont été consommés (C. civ., 1578).

Mais, en pareil cas, le mari n'a pas capacité pour louer les paraphernaux (Rodière et Pont, 1983).

291. Les créanciers du mari ne peuvent saisir les fruits des paraphernaux (Agen, 14 mai 1833).

292. La femme reprenant la jouissance de ses paraphernaux, ne doit pas d'indemnité au mari pour frais de culture et ensemencements, s'il est établi qu'ils ont été payés avec les fruits consommés (Cass., 21 août 1837 ; Rodière et Pont, 1987).

293. Si le mari a joui des biens paraphernaux malgré l'opposition constatée de la femme, il est comptable envers elle de tous les fruits tant existants que consommés (C. civ., 1579).

L'opposition de la femme, à l'égard du mari, n'a pas besoin d'être constatée par acte extra-judiciaire (Cass., 13 novembre 1861) ; il en est autrement vis-à-vis des tiers (Rodière et Pont, 1984 ; Cubain, 463 ; Sériziat, 365).

294. Le mari qui jouit des paraphernaux en faisant les fruits siens, est tenu de toutes les obligations de l'usufruitier (C. civ., 1580).

D'un autre côté, le mari a le droit de répéter contre la femme ou ses héritiers, les constructions et impenses utiles faites sur les paraphernaux (Cass., 12 février 1849, 13 août 1878).

295. La femme ne peut, à raison de ses paraphernaux, ester en justice sans autorisation de son mari ou de justice (C. civ., 215, 1576). Les dépens de procès ne peuvent atteindre le mari (Rodière et Pont, 2018).

296. Les créanciers de la femme, antérieurs au mariage, peuvent exécuter les biens paraphernaux. Les créanciers postérieurs, pour dettes contractées sans l'autorisation du mari, n'ont action que si la

detle n'excède pas les limites de l'administration appartenant à la
femme (Rodière et Pont, 2008, 2009 ; Benoît, 21).

III. Charges du mariage.

297. Si tous les biens de la femme sont paraphernaux, et que le
contrat de mariage n'indique pas la proportion dans laquelle elle
devra contribuer aux charges du mariage, elle est tenue d'y contribuer jusqu'à concurrence du tiers de ses revenus (C. civ., 1575).

298. Cependant, les époux étant tenus réciproquement de la dette
alimentaire, si le mari ne peut contribuer aux charges du mariage,
la femme est obligée de les supporter en entier (Cass., 2 juillet 1851 ;
Laurent, XXIII, 589).

Quand la femme a des biens dotaux et des biens paraphernaux,
le mari est considéré comme s'étant chargé, pour la dot, de satisfaire
aux charges du ménage, sans pourtant que la femme puisse se soustraire à l'acquit des charges auxquelles le mari serait hors d'état de
satisfaire (Rodière et Pont, 1992 et suiv.).

299. En principe, la part de la femme dans les frais du ménage
doit être versée au mari, sauf à la femme à se faire autoriser judiciairement à l'employer elle-même, si le mari en fait mauvais usage
(Rodière et Pont, 1996).

IV. Aliénation des paraphernaux.

300. La femme peut aliéner ses biens paraphernaux avec l'autorisation du mari, ou, à son refus, avec la permission de justice (C.
civ., 1576).

Les biens achetés par la femme, pendant le mariage, sans déclaration de remploi, sont aliénables comme les paraphernaux proprement dits. — V. nᵒˢ 239, 240.

En principe, les engagements de la femme sont exécutoires sur
ses paraphernaux.

301. La stipulation, par contrat de mariage, que les immeubles
paraphernaux ne pourront être aliénés que sous condition de remploi, et déclarée opposable aux tiers, ne rend pas ces biens dotaux,
mais elle obligerait les tiers à surveiller le remploi, sinon les paiements ne seraient pas libératoires (Cass., 22 avril 1857, 9 août 1858 ;
Aubry et Rau, § 541, note 6).

Le mari est garant du défaut d'emploi des prix de vente, capitaux
et valeurs paraphernales recouvrés ou réalisés pendant le mariage

en présence et de son consentement (C. civ., 1450 ; Cass., 1er mai
1848, 13 août 1863, 25 avril 1882 ; Toulouse, 28 juin 1883 ; Rodière
et Pont, 2010 ; — *Contrà*, Sériziat, 447).

Toutefois, le mari serait dégagé de responsabilité en établissant
que les paraphernaux ont été dépensés au cours du mariage dans
l'intérêt de la femme.

302. La reconnaissance d'une mitoyenneté, affectant un para-
phernal de la femme, constitue une aliénation ; elle est dépourvue
d'effet, si le mari l'a donnée sans mandat de sa femme (Cass., 13
juin 1877).

V. Reprise des paraphernaux.

303. A la dissolution du mariage, la femme conserve ses immeubles paraphernaux dans l'état où ils se trouvent ; mais, s'ils ont subi
des dépréciations imputables à la négligence du mari, pendant qu'il
administrait les paraphernaux, celui-ci en est responsable.

304. Quand le mari a joui des paraphernaux, la femme est tenue
de l'indemniser des impenses nécessaires ou utiles qu'il a faites
(Aix, 28 mai 1874 ; Aubry et Rau, § 540, notes 18 à 22 ; Rodière
et Pont, 1985).

305. D'un autre côté, la femme reprend les biens meubles et
valeurs mobilières paraphernales dont elle est autorisée à établir la
consistance par la preuve écrite, ou même par la preuve testimo-
niale (Bastia, 5 janvier 1858 ; Nîmes, 20 janvier 1859).

306. Les créances paraphernales de la femme contre son mari,
sont protégées par l'hypothèque légale, aussi bien que les créances
dotales (C. civ., 2121).

A cet égard, l'hypothèque légale prend rang du jour du mariage,
quand le contrat de mariage confère au mari le mandat de toucher
les créances paraphernales (Cass., 4 février 1868). Si le mandat n'a
été donné par la femme que pendant le mariage, l'hypothèque légale
prend rang à la date du recouvrement (Aubry et Rau, § 264 *ter ;*
Troplong, 590).

Pour une aliénation ou une obligation, le rang de l'hypothèque
légale est fixé au jour où l'acte de vente ou d'emprunt a date certaine (Bordeaux, 1er mars 1887 ; Cass., 21 novembre 1887).

307. Ces **créances** ne produisent intérêts que du jour de la
demande, et non de la dissolution du mariage (C. civ., 1479 ;
Toulouse, 9 décembre 1833 ; Limoges, 24 décembre 1834).

§ 8.

SOCIÉTÉ D'ACQUÊTS.

308. En se soumettant au régime dotal, les époux peuvent, néanmoins, stipuler une société d'acquêts (C. civ., 1581).

309. Cette stipulation ne change pas la condition des biens dotaux ou paraphernaux de la femme.

Par suite, les immeubles dotaux restent inaliénables et imprescriptibles (Rodière et Pont, 2036, 2040 ; Aubry et Rau, § 541 *bis* ; Odier, 1518). Quant à la dot mobilière, elle demeure également inaliénable, sous les distinctions indiquées plus haut, nᵒˢ 187 à 200.

310. L'article 1549 du Code civil, relatif à l'administration des biens de la femme dotale, est applicable à la société d'acquêts jointe au régime dotal, à l'exclusion de l'article 1428 concernant les biens de la femme commune.

311. A l'égard des immeubles dépendant de la société d'acquêts, la femme ne peut, pendant le mariage, ni renoncer à son hypothèque légale, ni subroger un tiers prêteur dans l'effet de cette hypothèque (Angers, 10 août 1839 ; Aubry et Rau, § 541 *bis*, note 3).

312. La femme conserve l'administration et la jouissance de ses paraphernaux, mais elle est tenue de verser au mari, administrateur de la société d'acquêts, les économies qu'elle aurait faites sur ses revenus (Cass., 25 juillet 1846, 14 novembre 1864 ; Sériziat, 387 ; Odier, 1516 ; Rodière et Pont, 2034 ; Piolet, p. 179).

313. La société d'acquêts, jointe au régime dotal, est régie, activement et passivement, par les règles de la communauté d'acquêts (C. civ., 1498, 1499, 1581).

314. Toutes les économies réalisées par les époux tombent dans la société ; ainsi, les acquisitions faites à titre onéreux, font partie de la société, peu importe que les titres soient au nom du mari ou de la femme, ou de tous deux (Rodière et Pont, 305 ; Aubry et Rau, § 541 *bis* ; Laurent, XXIII, 132, 138). Ceci s'applique aux immeubles et aux valeurs de bourse, dont les titres, établissant d'une manière certaine qu'ils ont été achetés durant la société d'acquêts, au nom de la femme, ne mentionnent ni remploi, ni emploi.

315. Si les acquisitions, pendant la société, ont eu lieu avec déclaration de remploi au profit de l'un des époux, le bien mobilier ou

immobilier en faisant l'objet, restera propre, pour la totalité, à l'époux au nom duquel il aura été acheté (Cass., 19 décembre 1871, 21 mai 1873, 1er décembre 1886 ; Rouen, 26 avril 1872 ; Caen, 29 novembre 1872), sauf : d'une part, récompense à la société s'il y a excédant d'acquisition ; et, d'autre part, les droits des tiers en cas de fraude.

316. Les pouvoirs du mari, sur la société d'acquêts, sont les mêmes que sur la communauté (C. civ., 1421 à 1424).

317. En cas de saisie mobilière sur le mari, la femme n'est admise à revendiquer, comme lui appartenant, que les objets dont elle prouverait la propriété par inventaires ou états authentiques (C. civ., 1499, 1510 ; Cass., 19 juin 1855).

318. A la dissolution de la société d'acquêts, la femme ou ses héritiers sont libres de l'accepter ou de la répudier (Cass., 8 mai 1855).

319. L'acceptation de la société, après dissolution du mariage, rend la femme non recevable à exercer son hypothèque légale sur les immeubles vendus par le mari durant le mariage (Cass., 28 juin 1847 ; Rodière et Pont, 2040).

Mais cette acceptation n'emporte pas renonciation à l'exercice de l'hypothèque légale sur les immeubles de société existant en nature.

320. En cas de renonciation à la société, la femme est admise à exercer son hypothèque légale, tant sur les immeubles existant en nature, que sur ceux vendus pendant le mariage (Cass., 30 mai 1869 ; Aubry et Rau, § 541 *bis*, note 9), même avec son concours, à moins qu'une clause spéciale du contrat de mariage n'ait rendu ce concours efficace.

321. Les fruits des immeubles dotaux, pendant la dernière année du mariage, se règlent, d'après les principes sur l'usufruit de la communauté : l'article 1571 n'est pas applicable, même quand la femme renonce (Rouen, 3 mars 1853 ; Aubry et Rau, § 541 *bis*, note 11 ; Marcadé, art. 1581 ; Jouitou, 424 ; Tessier, 893 ; — *Contrà*, Rodière et Pont, 2039).

322. Les reprises de la femme, en nature ou en deniers, s'exercent sans délai (*Contrà*, Piolet, p. 195).

323. La femme survivante, qu'elle accepte ou qu'elle renonce, jouit des droits accordés par l'article 1465, et non de celui résultant de l'article 1570 (Cass., 8 mai 1855 ; Rodière et Pont, 2039 ; Tessier, 893).

324. Les bénéfices de société d'acquêts se partagent par moitié
entre les époux (C. civ., 1474); mais les parties sont libres de
modifier ce partage égal, dans les termes des articles 1520 à 1525
(Rodière et Pont, 1227; Laurent, XXIII, 200), et d'accorder un
préciput au survivant des époux (C. civ., 1515, 1516).

Il est aussi permis de stipuler que la société ne comprendra que
les acquêts immobiliers (Cass., 30 janvier 1850, 3 août 1852; Troplong, 1905; Aubry et Rau, § 522, note 37; Laurent, XXIII, 195; —
Contrà, Colmet de Santerre, VI, 162 *bis*). Cette convention produit
les conséquences suivantes :

1° Les acquêts mobiliers appartiennent au mari seul (Laurent,
XXIII, 196; Guillouard, 1505);

2° Le mari ne doit aucune récompense à la société pour les
deniers qu'il aurait employés au paiement des dettes grevant ses
propres, ou à l'amélioration de ses propres, ou, encore, à l'acquisition de portions d'un immeuble dont il était propriétaire par indivis
(Cass., 30 janvier 1850; Laurent, XXIII, 198; Guillouard, 1507;
Rodière et Pont, 1257);

3° En ce qui concerne la femme, au contraire, elle est tenue d'indemniser le mari des améliorations faites aux biens de la femme et
des dettes acquittées pour elle (Laurent, XXIII, 197; Guillouard,
1506; Rodière et Pont, 1257);

4° A l'égard des dettes de la société, elles sont supportées exclusivement par les immeubles acquêts, sans que les meubles achetés
par le mari y contribuent (Rouen, 29 juin 1850, 22 juillet 1850,
15 mars 1851; Cass., 3 août 1852; Caen, 12 novembre 1853; Laurent, XXIII, 199; Aubry et Rau, § 522, note 39; Guillouard, 1508).

§ 9.

SÉPARATION DE BIENS SOUS LE RÉGIME DOTAL.

325. Si la dot est mise en péril, la femme dotale peut poursuivre
la séparation de biens (C. civ., 1443, 1563).

Les formalités de la séparation sont les mêmes sous le régime
dotal que sous celui de la communauté (C. civ., 1444 à 1447).

326. Après la séparation de biens, la distinction des biens dotaux
et paraphernaux continue de produire effet, ainsi :

1° Les biens provenus de successions, dons ou legs, depuis la séparation, sont dotaux, comme s'ils étaient échus à la femme dotale avant la séparation ;

2° Les biens cédés à la femme dotale séparée, pour la couvrir de ses reprises, ne sont point dotaux (Cass., 12 avril 1870 ; Caen, 18 mars 1861 ; Aubry et Rau, § 539, note 2) ;

3° N'ont pas le caractère de biens dotaux, ceux acquis, à titre onéreux, depuis la séparation, par la femme qui s'est constitué en dot tous ses biens présents et à venir (Cass., 29 juin 1847 ; Rouen, 17 février 1877).

327. Après la séparation, les immeubles dotaux ne peuvent être aliénés ou hypothéqués que sous les conditions prévues par la loi ou par le contrat de mariage (C. civ., 1555 à 1559 ; Cass., 19 août 1819 ; Aubry et Rau, § 539, note 3 ; Laurent, XXIII, 555 ; Rodière et Pont, 2196 ; Dutruc, 430).

Par exemple, quand l'aliénation a été permise à charge de caution ou d'hypothèque pour sûreté du prix, la femme n'est pas libre de substituer à la caution un emploi en rente sur l'État (Cass., 8 janvier 1877).

328. La femme séparée de biens n'a pas capacité, avant la dissolution du mariage, de confirmer ou ratifier l'aliénation des immeubles dotaux, faite en contravention de la loi, ou des conventions matrimoniales (Riom, 6 décembre 1848).

329. Si la liquidation des reprises de la femme dotale, après séparation, comprend le prix d'aliénation d'immeubles dotaux, le paiement de ces reprises par le mari n'emporte pas renonciation à l'action en nullité contre les acquéreurs (V. n° 159), à moins qu'elle ne se soit fait autoriser par justice à traiter sur ses reprises et à les aliéner (Cass., 3 décembre 1861 ; comp. Cass., 12 mai 1840).

330. Après la séparation, la dot mobilière reste inaliénable entre les mains de la femme (Cass., 3 février 1879, 27 avril 1880).

331. Elle ne peut renoncer à ses reprises dotales, ni en compromettre le remboursement intégral par des cessions, transactions ou autres actes (Cass., 14 novembre 1846 ; Rouen, 15 avril 1869), ni encore céder des rentes ou des créances non exigibles faisant partie de la dot (Cass., 4 juillet 1881, 3 décembre 1883 ; Aubry et Rau, § 539, note 14).

332. La femme dotale séparée n'a capacité, pour céder les revenus à échoir de ses biens dotaux, que jusqu'à concurrence de

l'excédant sur les besoins du ménage (Cass., 29 juillet 1862 ; Rouen, 15 avril 1869).

333. Les immeubles dotaux, imprescriptibles avant la séparation, deviennent prescriptibles après qu'elle a été prononcée (C. civ., 1561), à moins que l'action de la femme ne doive réfléchir contre le mari (C. civ., 2256), par exemple, s'il s'est personnellement rendu garant de l'aliénation dotale (Cass., 30 juin 1840 ; Aubry et Rau, § 537 ; Rodière et Pont, 1891).

334. En vertu de la séparation, la femme reprend la jouissance et la libre administration de ses biens dotaux (C. civ., 1449).

335. L'administration de la femme dotale séparée comporte le droit de recevoir le remboursement de ses reprises et de ses capitaux dotaux exigibles, sans avoir à justifier d'un emploi, à moins que cette condition n'ait été stipulée dans le contrat de mariage (Cass., 23 décembre 1839, 21 mai 1867, 26 juillet 1869, 8 janvier 1877 ; Aubry et Rau, § 539, note 12).

336. Le droit d'administration de la femme dotale, séparée, ne comporte pas la capacité : 1° de recevoir, sans autorisation maritale, le prix d'un immeuble qu'un jugement l'aurait autorisée à aliéner depuis l'association (Cass., 9 janvier 1828) ; 2° de constituer une antichrèse (Aubry et Rau, § 516 ; Rodière et Pont, 2104 ;—*Contrà*, Rouen, 7 août 1876) ; 3° de faire une remise de dette par transaction (Cass., 7 février 1843 ; Rouen, 9 novembre 1886).

337. La femme dotale séparée ne peut non plus, sans l'autorisation de son mari ou de justice, acquérir des immeubles, même au comptant, en remploi de ses propres (Cass., 2 décembre 1885), ni même sans remploi, si l'importance du placement, eu égard à sa fortune, dépasse les limites d'un acte d'administration (Comp. Guillouard, 1192 à 1195).

338. En cas de faillite du mari, la femme peut concourir au concordat pour le montant de ses reprises ; mais, malgré la réception du dividende, la femme conserve, contre son mari, tous ses droits hypothécaires pour le recouvrement de sa dot (Cass., 11 novembre 1867 ; Vuebat, p. 143 ; Aubry et Rau, § 539, notes 15 et 16), mais non pour ses paraphernaux (Paris, 9 mai 1888).

339. Quant aux autres actes que la femme dotale séparée peut faire sans autorisation, et ceux pour lesquels elle a besoin d'être autorisée, les règles de la femme commune séparée sont applicables.

340. Les obligations de la femme dotale, contractées depuis la

séparation, sont, en ce qui concerne le droit de poursuite des créanciers sur le fonds dotal, régies par les règles de la dot mobilière ou immobilière. Ainsi, à l'égard des biens mobiliers ou immobiliers livrés par le mari en paiement des reprises, les créanciers ne peuvent les saisir qu'à la charge de faire ressortir la partie de la dot mobilière qu'ils représentent (Cass., 12 mars 1866 ; Caen, 6 juillet 1866 ; Grenoble, 4 mars 1868 ; Aubry et Rau, § 539, note 17).

341. En ce qui concerne les revenus des biens dotaux, les créanciers, en vertu d'engagements contractés par la femme depuis la séparation, ne peuvent les saisir que dans la limite de l'excédant sur les besoins du ménage (Cass., 6 février 1840, 4 novembre 1846, 18 août 1869, 27 avril 1880 ; Rouen, 15 avril 1869 ; Rodière et Pont, 1765 ; Comp. Laurent, XXIII, 557).

342. Après la dissolution du mariage par la mort de la femme, les revenus des biens dotaux restent insaisissables entre les mains de ses héritiers pour les engagements qu'elle a contractés en état de séparation (Cass., 24 août 1836 ; Douai, 27 juillet 1853 ; Aubry et Rau, § 540, note 20).

Douaire.

Sous l'ancien droit, usufruit ou rente viagère que les coutumes ou les conventions matrimoniales accordaient aux veuves sur les biens délaissés par leurs défunts maris.

Le douaire a été aboli par le Code civil ; cependant, dans le langage usuel, on donne encore le nom de douaire à la rente viagère ou à l'usufruit des veuves. Au fond, le douaire est une donation entre époux ; la loi n'accorde plus aux veuves que des indemnités de deuil, nourriture et logement (C. civ., 1465, 1481), et des droits d'usufruit sur la propriété littéraire ou artistique (L. 14 juillet 1866).

Drainage.

1. Opération qui consiste à faciliter l'écoulement des eaux au moyen de tuyaux (drains), dans les terrains trop humides (L. 29 avril 1845, 11 juillet 1847, 10 juin 1854).

2. Tout propriétaire qui veut assainir son fonds par le drainage, ou un autre mode d'assèchement, peut, moyennant une juste et préalable indemnité, acquittée avant la prise de possession (Cass., 14 décembre 1859), en conduire les eaux, souterrainement ou à ciel ouvert, à travers les propriétés, excepté les cours, jardins, parcs ou

enclos attenant aux habitations, qui séparent ce fonds d'un cours d'eau ou de toute autre voie d'écoulement (Art. 1, L. 10 juin 1854).

Les contestations, à cet égard, sont portées, en premier ressort, devant le juge de paix du canton (Art. 5).

3. L'État, remplacé par le Crédit foncier, fait aux particuliers des prêts destinés à faciliter les opérations du drainage (L. 17 juillet 1856, 28 mai 1858; Décr. 28 septembre 1858); mais les formalités de ces prêts ne permettent d'y recourir que pour des travaux importants.

Droit.

I. Ensemble des préceptes ou lois régissant les hommes en société et déterminant ce qu'ils peuvent et ce qu'ils doivent faire pour ne pas violer la justice.

Considéré dans son origine, le droit se divise en *droit naturel* et en *droit positif*.

Le *droit naturel* ou philosophie du droit, comprend les règles instinctives, universelles, telles que la raison seule les conçoit et les détermine ; c'est l'idéal vers lequel gravitent sans cesse, dans leur développement progressif, les diverses législations.

Le *droit positif* résulte des lois créées ou sanctionnées par le législateur.

Au point de vue de son objet, le droit se divise en *international, public ou politique et privé*.

Le *droit international* ou droit des gens, fixe et détermine les rapports de peuple à peuple, de gouvernement à gouvernement. Il se subdivise en : *droit international public* ou droit diplomatique, pour les relations de nation à nation ; *droit international privé*, pour les rapports particuliers qui peuvent exister entre citoyens de divers états.

Le *droit public* ou politique régit les rapports du gouvernement avec les citoyens. Il se subdivise en : *droit constitutionnel*, réglant l'organisation de l'État ; *droit administratif*, pour les rapports de l'administration avec les citoyens, et du gouvernement avec ses employés.

Le *droit civil* ou privé règle les rapports réciproques des citoyens.

Sous le rapport de son but, le droit désigne l'ensemble des lois d'un certain ordre : *droit civil*, pour les rapports de particulier à particulier ; *droit commercial*, pour les relations des négociants entr'eux, dans les affaires de leur commerce ; *droit industriel*, pour les rapports créés entre les hommes par la production et par l'application des produits ; *droit judiciaire*, pour l'organisation de la justice et les formes de la procédure ; *droit maritime*, pour les règles de la navigation, du commerce par mer ; *droit militaire*, pour les devoirs de l'homme de guerre ; *droit pénal* ou criminel, pour la répression des crimes ou des délits.

Historiquement, en France, on distingue : le *droit ancien*, le *droit intermédiaire*, et le *droit nouveau* ou moderne.

Le *droit ancien* est l'ensemble des règles juridiques qui ont été successivement en vigueur depuis l'origine de la monarchie jusqu'à la Révolution. Il se divisait en *droit coutumier* établi par l'usage du public, passé dans les mœurs et manifesté par la pratique ; *droit écrit*, qui avait été décrété et promulgué par l'autorité publique.

Le nord de la France suivait les diverses coutumes, au nombre de plus de trois cents, des villes et des provinces ; dans les provinces du midi, le *droit romain* formait l'élément principal du droit écrit. Les ordonnances et édits des rois étaient seuls obligatoires dans tout le royaume.

Le *droit intermédiaire* est composé des lois faites par les différentes Assemblées qui se sont succédé en France, depuis l'Assemblée nationale jusqu'à la fin du Consulat.

Le *droit moderne* commence au 21 mai 1804, date de la promulgation du Code civil, et comprend toutes les lois votées depuis cette époque.

Il n'est resté en vigueur, du droit ancien, qu'un petit nombre de dispositions des édits ou ordonnances ; en ce qui concerne le droit intermédiaire, les lois sur le notariat, l'enregistrement, le timbre, les hypothèques, les agents de change, le système métrique, les contributions, la dette publique, etc, sont toujours observées.

II. Faculté, prérogative garantie par la loi : *droit* de propriété (C. civ., 544 ; de puissance paternelle (C. civ., 371, 373) ; d'accession (C. civ., 546) ; de retour (C. civ., 351, 747, 766, 951) ; de suite (C. civ., 2166 ; C. pr., 819) ; de préférence (C. civ., 2096, 2134) ; personnel (C. civ., 205, 631, 1166) ; réel (C. civ., 544, 617, 685, 686, 2071, 2085, 2095, 2180), etc.

Avoir des droits, avoir des titres à un bien.

Droits acquis, ceux que l'homme s'est donnés par son propre fait, ou qui lui ont été accordés par convention.

Ayant droit, celui qui a les droits d'une personne, qui les exerce ou peut les exercer, c'est-à-dire, prendre part à une opération dans laquelle ses intérêts sont en jeu.

III. Jurisprudence, science des lois, connaissance de ce qui est juste et équitable.

Droit commun, règle généralement observée par opposition aux dispositions exceptionnelles.

Droit étroit, lettre de la loi prise dans sa plus grande rigueur : les exceptions sont de droit étroit.

IV. Ce qui est conforme à la loi : justice, acte par lequel on accorde ce qui est dû.

Faire droit, rendre bonne justice ; statuer sur une demande.

Avant faire droit, avant d'appliquer le droit ; jugement avant faire droit.

Qui de droit, celui qui a autorité ou mission.

En droit, en état de dire ou de faire légitimement en vertu d'un droit que l'on possède.

De droit, de plein droit, sans qu'il puisse y avoir matière à contestation.

V. Imposition, redevance : DROIT fiscal. — d'enregistrement, — d'hypothèques ; double droit ; *droit* fixe, proportionnel, gradué.

VI. Salaire alloué à quelqu'un par un règlement, par un tarif : *Droit* de greffe, — de courtage.

Droits civils, droits politiques.

1. Les droits civils sont ceux qui règlent les rapports des particuliers entr'eux, — famille, propriété, conventions, etc., — et que la loi accorde à tous les français (C. civ., 7, 8), par droit de naissance (C. civ., 9, 10, 12, 13 ; L. 22 mars 1849), ou par l'effet de la naturalisation (C. civ., 13 ; L. 3 décembre 1849, 29 juin 1867).

2. On perd les droits civils par la naturalisation en pays étranger, ou par l'acceptation de fonctions publiques conférées par un gouvernement étranger (C. civ., 17). — V. FRANÇAIS.

3. L'étranger jouit, en France, des mêmes droits civils que ceux qui sont accordés aux français par les traités de la nation à laquelle cet étranger appartient (C. civ., 11).

4. Les étrangers ont le droit de disposer et de recevoir en France,

par successions, dons ou legs, de la même manière que les français (L. 14 juillet 1819). — V. ÉTRANGER.

5. L'étranger admis par le gouvernement à établir son domicile en France, y jouit des droits civils, tant qu'il continue d'y résider (C. civ., 13).

6. La jouissance des droits civils est distincte de leur exercice ; ainsi, la femme mariée, les mineurs, les interdits judiciairement, les pourvus de conseil judiciaire, les faillis, etc., jouissent des droits civils, mais ne les exercent qu'exceptionnellement.

7. Les droits politiques ou civiques, attachés à la qualité de citoyen, ont pour objet la formation et l'exercice des pouvoirs publics.

8. En principe, tout homme français, âgé de 21 ans, exerce les droits politiques ; tels sont le droit de vote, l'éligibilité, le droit de remplir les emplois publics, de figurer comme témoin instrumentaire dans les actes notariés, etc.

Tous les français jouissent des droits civils, mais les français citoyens jouissent seuls des droits politiques.

9. Les individus condamnés par une Cour d'assises aux travaux forcés, à la détention, à la réclusion, au bannissement, encourent la dégradation civique, c'est-à-dire la perte des droits politiques (C. pén., 34), qu'ils ne recouvrent que par la réhabilitation (C. inst. crim., 619, 634).

Pendant la durée de leur peine, ils sont en état d'interdiction légale (C. pén., 28, 29, 31 ; L. 8 juin 1850, 31 mai 1854).

10. Les tribunaux jugeant correctionnellement peuvent, en certains cas, interdire en tout ou en partie, l'exercice des droits civiques et civils (C. pén., 42). C'est une peine d'une rare application (Ortolan, p. 237) ; du reste, elle ne peut être que temporaire (C. pén., 9, 42, 43, 109, 156, 174, 401, 405, 410).

11. L'état de faillite suspend l'exercice des droits de citoyen (Const., 22 frimaire an VIII, art. 5) jusqu'à la réhabilitation du failli (C. comm., 604 et suiv.).

Droits litigieux.

1. Droits pour lesquels il y a contestation judiciaire sur le fonds du droit (C. civ., 1700 ; Cass., 30 juin 1880).

2. En général, les droits litigieux peuvent être cédés comme tous autres droits.

3. La cession onéreuse de droits litigieux ne comporte pas de garantie : le cessionnaire prend les choses à ses risques, si l'acte ne dit pas le contraire (Aubry et Rau, § 359 *bis*, note 66).

4. Cette cession doit être signifiée au débiteur (Cass., 3 janvier 1820). — V. CESSION DE DROITS LITIGIEUX.

5. Celui contre lequel on a cédé un droit litigieux, soit à l'amiable, soit en justice (Cass., 30 juin 1880, 16 janvier 1883), peut s'en faire tenir quitte par le cessionnaire, en lui remboursant le prix réel de la cession avec les frais et loyaux coûts, et avec les intérêts à compter du jour où le cessionnaire a payé le prix de la cession à lui faite (C. civ., 1699).

Si la cession du droit litigieux a été faite en bloc avec d'autres droits, les juges apprécient souverainement la portion de prix représentant la créance litigieuse (Cass., 17 mars 1886).—V. RETRAIT DE DROITS LITIGIEUX.

6. Mais le droit de retrait ne s'applique pas aux droits sur lesquels le litige est né seulement depuis la cession (Cass., 20 mars 1843, 30 juin 1880).

7. Quand même le litige aurait existé au moment de la cession, le droit de retrait ne pourrait être exercé : 1° pour une cession à titre gratuit (Aubry et Rau, § 359 *quater*; Laurent, XXIV, 583); 2° pour une cession onéreuse faite : à un cohéritier ou copropriétaire du droit cédé ; à un créancier, en paiement de ce qui lui est dû ; au possesseur, avant la cession (Cass., 16 juillet 1861), de l'héritage sujet au droit litigieux (C. civ., 1701).

8. Il est défendu, à peine de nullité et de tous dépens, dommages et intérêts, aux magistrats, greffiers, huissiers, avocats, avoués, notaires, de devenir cessionnaires des procès, droits et actions litigieux, qui sont de la compétence du tribunal, dans le ressort duquel ils exercent leurs fonctions (C. civ., 1597).

A ce point de vue, les droits cédés sont censés litigieux, quoiqu'il n'y ait pas procès engagé, si ces droits sont susceptibles de discussions judiciaires prévues et sérieuses (Cass., 27 novembre 1866, 6 août 1874; Lyon, 10 juillet 1839; Laurent, XXIV, 58).

Droits successifs.

1. Ceux attachés à la qualité d'héritier, de donataire ou légataire à titre universel.

2. Celui qui est appelé à une succession peut transférer ses droits

actifs et passifs dans l'hérédité ouverte (C. civ., 1696 à 1698). — V. Transport de droits successifs.

3. Toute personne, même parente du défunt, qui n'est pas son successible, et à laquelle un cohéritier a cédé son droit de succession, peut être écartée du partage, soit par tous les cohéritiers, soit par un seul, en lui remboursant le prix de la cession (C. civ., 841). — V. Retrait successoral.

Duplicata.

1. Double d'une quittance, d'un acte, d'un écrit quelconque.

2. Quand un acte notarié est passé en double minute, la mention d'enregistrement par duplicata est portée gratuitement par le receveur (Déc. min. fin., 16 août 1808).

3. Il en est de même pour les divers originaux d'un acte sous signatures privées, présentés simultanément ; si le duplicata était demandé ultérieurement, le droit de recherche serait dû (Sol., 29 septembre 1883).

4. La quittance par duplicata des droits de mutation par décès est soumise au timbre, mais le receveur ne peut réclamer aucun droit pour recherche et délivrance. Il n'est dû aucune rétribution au receveur pour le duplicata des certificats de paiement des droits de mutation sur des valeurs de bourse (Sol., 2 avril 1874).

5. Le duplicata des droits d'inscription ou de transcription hypothécaire donne lieu à un salaire de 25 centimes (L. 21 ventôse an VII, art. 22 ; Décr. 21 septembre 1810).

Eaux.

1. Au point de vue de la propriété, la mer, les fleuves et rivières navigables ou flottables sont dans le domaine public de l'État (C. civ., 538). Il en est de même, en général, des canaux de navigation.

Les cours d'eau naturels, non navigables ni flottables, n'appartiennent à personne (Cass., 6 mai 1861, 8 mars 1865).

Quant aux petits ruisseaux, ils forment des accessoires des terrains sur lesquels ils coulent et qu'ils fertilisent (Agen, 4 mars 1856 ; Bordeaux, 7 août 1862).

Les étangs, les canaux d'irrigation et d'assainissement et les simples fossés appartiennent, pour les eaux comme pour le lit, aux propriétaires des terrains dans lesquels ils ont été creusés (Cass., 7 novembre 1865).

Les eaux alimentant les fontaines publiques d'une commune, font partie du domaine public communal (Cass., 4 juin 1866, 15 novembre 1869).

2. L'administration ayant la police des eaux, peut imposer des règlements pour des digues, barrages, levées, curages, etc. (L. 14 floréal an XI, 16 septembre 1807 ; Cons. d'État, 5 janvier 1883, 30 mai 1884); cependant, elle ne saurait interdire aux particuliers de planter des arbres sur leurs fonds, le long des cours d'eau non navigables ni flottables (Cons. d'État, 27 mars 1885).

I. Eau courante.

3. Les riverains des cours d'eau naturels, non navigables, ni flottables, peuvent récolter les roseaux, enlever le gravier du lit, pêcher, user de l'eau, mais ces droits sont plus ou moins étendus, suivant qu'il s'agit de fonds traversés ou simplement bordés par ces eaux.

4. Celui dont le fonds est traversé par un cours d'eau, a la faculté de s'en servir, tant pour l'irrigation que pour tous autres usages d'utilité ou d'agrément, à la charge de la rendre à son cours ordinaire à la sortie de son fonds (C. civ., 644).

Le propriétaire traversé par le cours d'eau est libre d'appuyer sur les deux rives tous ouvrages qu'il juge nécessaire d'établir.

5. Celui dont la propriété borde une eau courante, peut s'en servir à son passage pour l'irrigation de ses propriétés (C. civ., 644). Si elles viennent à être divisées par échange, vente ou partage contenant réserve de l'usage des eaux au profit de diverses parcelles, la convention est opposable aux autres usagers (Cass., 30 juin 1841 ; Demolombe, XI, 154).

Le riverain d'un seul côté est autorisé à acquérir le droit d'appui sur le bord du riverain latéral, pour faciliter un travail sérieux d'irrigation (L. 11 juillet 1847 ; Cass., 11 août 1880).

Il a encore le droit : de se servir de l'eau pour de simples usages domestiques (Cass., 10 décembre 1862), ou même pour son industrie, s'il ne porte pas atteinte aux droits des autres riverains (Cass., 4 mai 1887, 17 janvier 1888); de pêcher jusqu'au milieu du cours d'eau (L. 15 avril 1829).

6. Les riverains d'un seul côté ou des deux côtés, ne peuvent : établir des ouvrages qui feraient refluer les eaux sur les fonds voisins (Cass., 26 mars 1844 ; Demolombe, XI, 170) ; déverser des immondices ou autres matières nuisibles dans le cours d'eau (Bordeaux, 12 avril 1848 ; Cass., 27 avril 1857) ; contrevenir aux règlements arrêtés par l'autorité compétente (C. civ., 645 ; Cass., 5 juillet 1881) ; faire un barrage, une prise d'eau ou tout autre travail, sans une autorisation préfectorale (Décr. 25 mars 1852, tableau D, 2° ; Cass., 7 juin 1859).

7. Il est bien entendu que les droits des riverains ne sauraient être exercés au préjudice des particuliers ayant obtenu, par titre ou par prescription, des concessions spéciales (Cass., 9 août 1843, 23 avril 1844, 5 juillet 1881).

8. Les difficultés, entre particuliers, relatives à l'usage des eaux courantes, sont de la compétence des tribunaux civils (C. civ., 645 ; Cass., 15 février 1861 ; Cons. d'État, 20 juillet 1860).

II. Eau de pluie.

9. Cette eau appartient par droit d'accession, et indépendamment de tout fait d'occupation, au propriétaire du terrain sur lequel elle tombe. Il peut la retenir sur son fonds, la céder à un tiers, ou la laisser couler sur les fonds inférieurs, suivant la pente naturelle du terrain (C. civ., 640, 641).

10. Il est défendu au propriétaire du fonds sur lequel tombe l'eau de pluie, de faire aucun travail pour déverser sur le fonds du voisin l'eau qui n'y coulerait pas naturellement (Aubry et Rau, § 195 ; Demolombe, IX, 25).

11. Le propriétaire d'un bâtiment est tenu d'établir ses toits de manière à faire tomber les eaux pluviales sur la voie publique, ou à les recevoir dans son fonds (C. civ., 681). Il doit même prendre les précautions nécessaires pour garantir le fonds limitrophe de tout préjudice (Aubry et Rau, § 196 ; Demolombe, XII, 587).

Du reste, l'autorité municipale a le droit d'exiger que les eaux pluviales soient conduites des toits jusqu'au niveau du sol, à l'aide de tuyaux de descente (Daviel, 763 ; Perrin et Rendu, 1713).

12. L'eau de pluie tombant ou coulant sur une voie publique, devient la propriété du premier occupant (Demolombe, XI, 115), à moins que l'administration n'ait concédé à un particulier l'usage exclusif de ces eaux (Aubry et Rau, § 245, note 5).

13. Les travaux faits par un riverain pour s'approprier l'usage de l'eau de pluie coulant sur la voie publique, ne privent pas les autres riverains du droit de faire de semblables travaux (Cass., 22 avril 1863), sauf convention contraire (Cass., 16 janvier 1865).

III. Eau de source.

14. Celui qui a une source dans son fonds peut en user à sa volonté (C. civ., 641) ; il a le droit d'absorber entièrement les eaux ou de les détourner de leur cours naturel, sans que les propriétaires voisins ou inférieurs puissent s'y opposer (Cass., 29 janvier 1840, 29 avril 1873).

15. Le propriétaire du sol peut faire, dans son fonds, toutes les fouilles et sondages qu'il juge à propos ; les eaux qu'il a amenées à la surface lui appartiennent (Cass., 4 décembre 1860) ; et si les travaux coupent les veines qui portaient l'eau dans d'autres fonds, celui qui a fait les fouilles n'est nullement responsable (Cass., 15 juin 1835, 9 juillet 1837).

16. Le propriétaire qui a une source dans son fonds, ne peut pas en disposer à son gré :

1º Lorsque le propriétaire du fonds inférieur a acquis contre lui la servitude d'aqueduc ou tout autre droit à l'usage de l'eau de la source (C. civ., 641, 642), par titre, par prescription, ou par destination du père de famille.

Le titre doit nécessairement émaner du propriétaire de la source.

La prescription ne peut s'acquérir que par une jouissance non interrompue, pendant l'espace de trente années, à compter du moment où le propriétaire du fonds inférieur a fait et terminé, dans le fonds même où jaillit la source (Cass., 8 février 1858), des ouvrages apparents destinés à faciliter la chute et le cours de l'eau dans sa propriété (C. civ., 642, 2229).

Si le fonds sur lequel la source naît et prolonge son cours, est morcelé par aliénations ou partages, l'état des choses existant au moment de la séparation, et que les parties ont réciproquement accepté, doit, en général, être maintenu (Cass., 20 décembre 1825, 30 juin 1841, 14 février 1882).

2º Quand l'eau de la source est nécessaire aux habitants d'une commune, village ou hameau, pour la consommation des hommes ou du bétail, le propriétaire ne peut en changer le cours ; mais si les habitants n'en ont pas acquis ou prescrit l'usage, ils doivent une indemnité (C. civ., 643; comp. 545), évaluée, eu égard au préjudice qu'éprouve le propriétaire de la source (Demolombe, XI, 97; Aubry et Rau, § 244).

17. L'article 643 ne fait pas obstacle au droit qui appartient à tout propriétaire de faire des fouilles, lors même que le résultat en serait de détourner les eaux souterraines alimentant une fontaine nécessaire à une commune (Cass., 29 novembre 1830, 26 juillet 1836).

IV. Eau nuisible.

18. Les eaux provenant des cuisines, éviers, abattoirs, étables, fumiers, ne peuvent être dirigées sur les propriétés voisines, quelle que soit leur position, à moins de titre, prescription ou destination du père de famille.

19. Celui à qui est due la servitude d'écoulement des eaux nuisibles, peut être tenu d'entretenir une grille au trou par où les eaux se déchargent, et de curer le lieu d'écoulement ; à cet effet, le passage lui est dû sur le fonds assujetti (C. civ., 697, 698).

20. Il est permis de déverser les eaux nuisibles sur la voie publique (Cass., 22 mars 1876), quand elles ne sont pas insalubres (C. pén., 471), et celui qui les a déversées n'a pas à répondre de la direction que leur donnent les travaux publics (Cass., 15 mars 1887).

V. Eau thermale.

21. Le propriétaire est autorisé à rechercher dans son fonds, pour les utiliser, les sources d'eaux, soit ordinaires, soit minérales, qu'il renferme (C. civ., 552, 640).

Cependant, par des motifs d'intérêt général, le propriétaire ne peut faire, sans autorisation préalable du préfet, des fouilles ou sondages, dans le périmètre de protection d'une source d'eau minérale déclarée d'utilité publique (L. 14 juillet 1856; Décr. 28 janvier 1860, 14 août 1869).

Échange.

1. L'échange est un contrat par lequel deux parties se transfèrent une chose pour une autre (C. civ., 1702).

On peut échanger, soit un immeuble contre un immeuble, soit un immeuble contre du mobilier corporel, soit encore une pleine propriété ou une propriété contre un usufruit. Mais, en droit fiscal, l'échange d'un immeuble contre un meuble est assimilé à une vente pour la perception des droits (L. 22 frimaire an VII, art. 69, § 5, n° 3).

2. Comme la vente, l'échange s'opère par le seul consentement des parties (C. civ., 1703), et il est soumis à la transcription pour devenir opposable aux tiers (L. 23 mars 1855).

3. L'échange, avec soulte, ne perd pas son caractère, pourvu que cette soulte ne soit pas supérieure à la valeur de la chose ; dans le cas contraire, la convention devient une vente, soumise à l'action rescisoire pour lésion (C. civ., 1706, 1674 ; Aubry et Rau, § 360 ; Laurent, XXIV, 617).

4. En cas de promesse d'échange avec arrhes, chacun des contractants est libre de se départir du contrat, l'un en perdant les arrhes, l'autre en restituant le double (C. civ., 1590 ; Lyon, 2 juillet 1875).

5. Dans les rapports de l'échangiste avec son conjoint, l'objet reçu en échange est substitué à celui cédé, comme propre, acquêt, dotal, etc.

6. Cependant, à l'égard des tiers, les hypothèques et autres charges ne passent pas de l'objet cédé sur celui reçu, mais elles ne peuvent être exercées cumulativement sur les objets échangés de part et d'autre (Cass., 18 novembre 1828 ; Bordeaux, 9 juin 1835 ; Pau, 2 avril 1879).

7. La capacité pour faire l'échange, est généralement la même que pour la vente.

8. Un immeuble dotal inaliénable peut être échangé avec la permission du juge. — V. DOTALITÉ, 141 à 145.

Il est prudent d'exiger le paiement immédiat de la soulte à la charge de la femme dotale, car son insolvabilité ultérieure pourrait entraîner la nullité de l'échange comme ne constituant pas un remploi valable (Cass., 3 avril 1883).

9. L'échange est permis entre mari et femme, pourvu qu'il ait pour cause l'intérêt légitime de la famille (Agen, 4 décembre 1854 ; Limoges, 30 décembre 1861 ; Chambéry, 29 juillet 1872 ; — *Contrà*, Pau, 5 janvier 1885).

10. Les immeubles du mineur peuvent être cédés en échange, lorsqu'il y a nécessité et avantage évidents, sur une autorisation du conseil de famille, homologuée par le tribunal (C. civ., 457, 458 ; Toulouse, 9 août 1827 ; Grenoble, 9 avril 1866 ; Demolombe, VII, 737 ; Aubry et Rau, § 113, 2°).

11. Une convention d'échange de terrains intervenue entre une

commune et un particulier, n'est obligatoire qu'autant que la délibération du conseil municipal a reçu l'approbation de l'autorité administrative (Cass., 15 février 1882).

12. Si l'un des copermutants a déjà reçu la chose à lui donnée en échange, et qu'il prouve ensuite que l'autre copermutant n'est pas propriétaire de cette chose, il ne peut être forcé à livrer celle qu'il a promise en contre-échange, mais seulement à rendre celle qu'il a reçue (C. civ., 1704).

Il ne suffirait pas du trouble d'un tiers dont le droit serait incertain ; l'échangiste doit prouver que la chose est à autrui.

Lorsque la délivrance ayant eu lieu des deux côtés, l'un des échangistes vient à prouver que la chose qu'il a reçue est à autrui, il peut, même sans trouble, demander la résolution de l'échange (Cass., 16 janvier 1810 ; Poitiers, 16 avril 1822 ; Grenoble, 4 mars 1847).

13. La cession à titre d'échange d'une chose, sur laquelle le cédant n'avait qu'un droit de propriété indivis, sujet à résolution ou à retrait successoral, est nulle comme cession de la chose d'autrui (C. civ., 1599, 1707 ; Montpellier, 10 juin 1867 ; Bordeaux, 23 février 1883 ; Laurent, XXIV, 619).

14. Le copermutant évincé de la chose qu'il a reçue peut demander, à son choix, soit l'exécution du contrat ou le paiement de la valeur, au moment de l'éviction, de la chose qui lui a été livrée, soit la résolution du contrat et par suite la restitution de sa propre chose (C. civ., 1705). Dans les deux cas, l'échangiste évincé a droit à des dommages-intérêts (C. civ., 1630 ; Aubry et Rau, § 360).

15. L'échangiste optant pour la restitution de sa chose, la reprend entre les mains des tiers auxquels elle a été transmise, sans qu'ils puissent opposer la prescription pour le temps antérieur à l'éviction (Cass., 28 août 1860, 28 janvier 1862 ; Nancy, 28 janvier 1862).

Cette chose est reprise en exemption des hypothèques et autres charges, mais sauf compte des impenses dont le répétant profite (Lyon, 12 janvier 1839).

16. La faculté de reprendre sa chose, à l'égard des tiers, accordée à l'échangiste évincé, est nuisible à la libre disposition des biens échangés. En pratique, l'usage général s'est établi de faire renoncer les copermutants à l'action en répétition, soit par un acte spécial rendant compte des formalités hypothécaires accomplies, soit dans une quittance de soulte ; par suite, l'action, en cas d'éviction, se

borne à des dommages-intérêts qui ne sont conservés par aucun privilège (Cass., 26 juillet 1852 ; Bordeaux, 6 janvier 1865).

17. La stipulation générale obligeant chaque échangiste à supporter les servitudes passives, équivaut à une convention de non garantie, même à l'égard des servitudes occultes, pourvu que les parties soient de bonne foi (Dijon, 28 décembre 1875).

18. Quand la chose reçue est grevée d'hypothèques, le copermutant peut exiger la radiation des inscriptions, mais non la résolution, à moins d'une clause expresse (Douai, 1er décembre 1860).

19. Le copermutant, créancier d'une soulte, jouit du privilège du vendeur pour le paiement de cette soulte (Cass., 11 mai 1863).

20. Dans l'échange, chacune des parties étant à la fois vendeur et acheteur, les frais de l'acte doivent être supportés par moitié. Toutefois, s'il y a soulte, le débiteur de la soulte acquitte seul les droits qu'elle entraîne (Aubry et Rau, § 360 ; Marcadé, art. 1706, 1707).

21. Sauf les règles spéciales qui ont été indiquées, l'échange est régi par les mêmes principes que la vente (C. civ., 1707).

22. L'échange des immeubles ruraux non bâtis est soumis, au point de vue fiscal, à des règles spéciales (L. 3 novembre 1884).

Effet.

EFFETS MOBILIERS, expression comprenant généralement tout ce qui est censé meuble (C. civ., 535), d'après la détermination de la loi (C. civ., 527 et suiv.). — V. DISTINCTION DE BIENS, § 2.

EFFETS ou EFFETS PERSONNELS, objets mobiliers à l'usage d'une personne.

EFFETS DE COMMERCE, billet à ordre (C. comm., 187, 188), lettre de change ou traite (C. comm., 110), chèque (L. 14 juin 1865), warrant (L. 28 mai 1858 ; Décr. 12 mars 1859 ; L. 31 août 1870).

EFFETS PUBLICS, rentes sur l'État, billets ou papiers de l'État introduits dans la banque ou dans le commerce.

EFFET RÉTROACTIF, effet d'une loi dont on fait remonter l'application à un temps où elle n'était pas encore promulguée (C. civ., 2 ; comp. 1179).

Élagage.

Action d'élaguer, de couper les branches des arbres.

Celui sur la propriété duquel avancent les branches des arbres du voisin, peut contraindre celui-ci à les couper (C. civ., 673).

L'élagage des arbres plantés le long des routes, chemins vicinaux et chemins de fer, est soumis à des règlements spéciaux de l'administration (L. 9 ventôse an XIII; Décr. 16 décembre 1811; L. 21 mai 1836).

Élection.

Choix, détermination libre de la volonté en faveur d'un objet, d'une personne.

ÉLECTION DE COMMAND, acte par lequel un adjudicataire commissionné fait connaître son commettant. — V. DÉCLARATION DE COMMAND.

ÉLECTION DE DOMICILE, choix d'un domicile légal pour l'exercice de droits particuliers. — V. DOMICILE.

Émancipation.

1. Acte légal qui confère à un mineur le droit de faire des actes d'administration.

2. Tout mineur qui se marie est, quelque soit son âge, tacitement émancipé par le fait même du mariage (C. civ., 476).

3. Le mineur, non marié, peut être émancipé par son père, ou, à défaut de père, par sa mère, lorsqu'il a atteint l'âge de 15 ans révolus. Cette émancipation s'opère par la seule déclaration du père ou de la mère, reçue par le juge de paix, assisté de son greffier (C. civ., 477).

4. Le mineur resté sans père ni mère, peut aussi, mais seulement à l'âge de 18 ans accomplis, être émancipé par le conseil de famille. Si ce conseil juge le mineur digne de l'émancipation, elle s'opère au moyen de la déclaration faite par le juge de paix, en sa qualité de président du conseil de famille, et consignée au procès-verbal de la délibération (C. civ., 478).

5. Le juge de paix est tenu de convoquer le conseil de famille pour cet objet, lorsqu'il en est requis, soit par le tuteur, soit par un parent ou allié du mineur jusqu'au degré de cousin-germain inclusivement (C. civ., 479).

6. Par le fait de son émancipation, le mineur est capable de faire seul certains actes; pour d'autres, il a besoin de l'assistance d'un curateur; enfin, à l'égard de quelques actes importants, il reste soumis aux formalités prescrites à l'égard du mineur non émancipé.

7. Le mari est de droit curateur de sa femme mineure émancipée

par le mariage (C. civ., 506 ; Cass., 4 février 1868). En cas de minorité du mari, la femme majeure ne peut pas être curatrice de son mari (Semur, 16 janvier 1861 ; Demolombe, VIII, 235).

8. En dehors de la curatelle légale du mari, la nomination du curateur est toujours faite par le conseil de famille (C. civ., 480 ; Douai, 22 décembre 1863), alors même que l'émancipation aurait eu lieu par le père ou la mère (Limoges, 2 janvier 1821 ; Demolombe, VIII, 241 ; Laurent, V, 208 ; Aubry et Rau, § 131.—*Contrà*, Besançon, 8 avril 1884).

9. Le curateur exerçant une simple surveillance de la gestion du mineur émancipé, il n'y a pas de subrogé-curateur, ni plusieurs curateurs ; toutefois, lorsque le curateur a des intérêts contraires à ceux du mineur, on doit nommer un curateur *ad hoc.*

10. Relativement à sa personne, le mineur émancipé est libre de se choisir un domicile (C. civ., 108) et de louer ses services ; il reste obligé d'avoir le consentement de ses ascendants ou du conseil de famille pour se marier (C. civ., 148 à 150, 160).

11. A l'égard de ses biens, le mineur émancipé est autorisé à faire seul les actes de pure administration (C. civ., 481, 484) ; ainsi, il peut : 1° passer des baux de neuf ans et les renouveler (C. civ., 1429, 1430, 1718) ; 2° toucher ses revenus échus (Poitiers, 5 mars 1823) ; 3° vendre ses récoltes et produits, et en recevoir le prix (Aubry et Rau, § 132, note 3 ; Demolombe, VII, 278) ; 4° faire faire des réparations d'entretien ; 5° exercer des actes conservatoires, former des oppositions, faire une saisie (Demolombe, VIII, 280).

12. Le mineur émancipé a aussi la faculté : 1° de prendre à bail des meubles ou des immeubles (Demolombe, VIII, 281) ; 2° de faire des acquisitions immobilières au comptant avec ses revenus (Cass., 15 décembre 1832 ; Aubry et Rau, § 132 ;—*Contrà*, Rouen, 24 juin 1819 ; 3° de vendre un mobilier corporel peu important (Cass., 7 juillet 1879 ; Demolombe, VIII, 278 ; Laurent, V, 218).

Toutefois, les engagements du mineur peuvent être réduits en cas d'excès par les tribunaux, qui doivent prendre en considération sa position de fortune, l'utilité des actes et la bonne foi des contractants (C. civ., 484).

13. L'assistance du curateur est nécessaire et suffisante au mineur émancipé, pour : 1° recevoir son compte de tutelle à l'amiable (C. civ., 480 ; Cass., 23 août 1837) ; 2° encaisser un capital (C. civ., 482) ; 3° former une demande en partage, mobilier ou immobilier, ou y

répondre (C. civ., 840 ; Bordeaux, 25 janvier 1826) ; 4° intenter une action relative aux immeubles ou aux capitaux, et y défendre (C. civ., 482 ; Poitiers, 27 avril 1880 ; Aubry et Rau, § 133 ; — *Contrà*, Douai. 26 avril 1865) ; 5° accepter une donation entre-vifs ne contenant pas des charges considérables (C. civ., 935 ; Demolombe, XX, 175).

Il est prescrit au curateur de surveiller l'emploi des capitaux reçus avec son assistance (C. civ., 482) ; à cet effet, il peut imposer une condition d'emploi, en signant la quittance (Douai, 22 décembre 1863) ; mais, le tiers payant n'a pas à s'occuper de l'emploi.

Si le curateur refusait d'assister le mineur émancipé, celui-ci pourrait s'adresser au conseil de famille, à l'effet d'obtenir la nomination d'un curateur *ad hoc*, ou le remplacement du curateur (Aubry et Rau, § 133 ; Demolombe, VIII, 314).

14. Le mineur émancipé reste soumis aux formalités prescrites au tuteur du mineur non émancipé, pour tous autres actes, notamment ceux suivants :

1° Les emprunts (C. civ., 457, 458, 483, 484 ; Demolombe, VIII, 322) ;

2° Les aliénations d'immeubles, quand même ils proviendraient des économies faites par le mineur (C. civ., 457, 458, 484 ; Demolombe, VIII, 325) ;

3° Les constitutions d'hypothèques (C. civ., 454, 484, 2124, 2126 ; Aubry et Rau, § 134) ;

4° Les acceptations ou répudiations de successions, ou legs à titre universel (C. civ., 461, 484 ; Grenoble, 6 décembre 1842 ; Douai, 30 mai 1856) ;

5° Les transactions (C. civ., 467, 484, 2045) ;

6° Les acquiescements aux actions immobilières (C. civ., 464, 484 ; Cass., 27 mars 1832) ;

7° Les cessions de droits indivis, même mobiliers, dans une succession, une communauté ou une société ;

8° Les aliénations de droits mobiliers incorporels : créances, rentes sur l'État ou sur particuliers, actions industrielles, parts d'intérêts, obligations, etc. (L. 27 février 1880, art. 1, 2, 4, 10 et 12). Cependant cette disposition ne s'applique pas au mineur émancipé par le mariage que peut aliéner les meubles incorporels, avec la seule assistance de son curateur (Même loi, art. 4).

15. Tout mineur, de l'un et de l'autre sexe, émancipé par le

mariage ou autrement, et âgé de 18 ans, qui veut faire le commerce, ne peut en commencer les opérations qu'après autorisation. — V. AUTORISATION AU MINEUR.

16. L'émancipation résultant du mariage est absolue et irrévocable (Cass., 21 février 1821 ; Laurent, V, 195 ; Aubry et Rau, § 135). Quant au mineur émancipé par son père, sa mère ou le conseil de famille, il peut être privé du bénéfice de l'émancipation s'il contracte des engagements excessifs, par voie d'achat ou autrement, dont la réduction soit demandée judiciairement (C. civ., 484, 485 ; comp. Toulouse, 15 novembre 1882).

Pour le retrait de l'émancipation, on suit les mêmes formes que celles employées pour la conférer (C. civ., 485 ; Aubry et Rau, § 135, note 6).

Le mineur, dont l'émancipation a été révoquée, rentre en tutelle et y reste jusqu'à sa majorité ; en conséquence, il ne peut plus être émancipé, si ce n'est par le mariage (C. civ., 486 ; Demolombe, VIII, 367, 368).

17. L'enfant naturel reconnu, âgé de 15 ans révolus, peut être émancipé par son père, et, à défaut du père, par sa mère (C. civ., 477 ; Limoges, 2 janvier 1821 ; Demolombe, VIII, 373 ; Laurent, V, 204).

A 18 ans révolus, l'enfant naturel peut aussi être émancipé par un conseil de famille, composé de personnes connues pour avoir eu des relations d'amitié avec son père et sa mère (Cass., 3 septembre 1806 ; Demolombe, VIII, 377).

18. L'émancipation des enfants admis dans les hospices est faite, dès l'âge de 15 ans, sur l'avis des membres de la commission administrative, par celui d'entr'eux qui a été désigné tuteur, et qui, seul, est tenu de comparaître, à cet effet, devant le juge de paix. Le receveur de l'hospice remplit les fonctions de curateur à l'enfant émancipé (L. 15 pluviôse an XIII, art. 4).

Émargement.

Annotation, mention mise en marge d'un registre ou d'un acte quelconque.

Dans la pratique notariale, on émarge sur les minutes et expéditions, les paiements, ratifications, remplois, etc. ; l'émargement est une simple mention d'ordre, une annotation non signée.

Émolument.

Profit, avantage, bénéfice. Rétribution, salaire attaché à une charge, à une fonction, à un emploi. Part revenant à quelqu'un dans une chose à laquelle il a droit.

La femme n'est tenue des dettes de la communauté que jusqu'à concurrence de son émolûment (C. civ., 1483).

Emphytéose.

Convention par laquelle le propriétaire d'un héritage en concède la jouissance pour une longue durée, et moyennant une redevance annuelle (L. 18-29 décembre 1790, 15 septembre-16 octobre 1791). — V. BAIL EMPHYTÉOTIQUE.

Emploi.

1. Action ou manière de se servir d'une chose mobilière, de l'employer suivant la destination prescrite. Emploi de deniers comptant, prix de meubles, valeurs au porteur, etc.

Sont tenus de faire emploi : les tuteurs (C. civ., 455, 510; L. 27 février 1880); les envoyés en possession provisoire (C. civ., 126); les usufruitiers (C. civ., 602); les successeurs irréguliers (C. civ., 771, 773); les donataires ou légataires grevés de restitution (C. civ., 1035); les femmes dans certains cas (C. civ., 1553, 1558).

Les tiers sont assez souvent obligés de suivre l'emploi, à peine de responsabilité; il est alors mentionné sur les titres, et une déclaration notariée doit être dressée et remise au tiers.

2. L'emploi du prix d'un immeuble s'appelle remploi ou remplacement. — V. ACCEPTATION DE REMPLOI, DOTALITÉ, REMPLOI.

Enchère.

1. Action d'enchérir, d'offrir un prix plus élevé que celui déjà offert : porter une enchère; enchérir.

2. Manière de vendre, qui consiste à céder à celui qui offre le prix le plus élevé : vente aux enchères.

Les choses mobilières ne peuvent être vendues aux enchères que par le ministère d'officiers publics (L. 22 pluviôse an VII).

Quant aux immeubles, toute personne est libre de les vendre aux enchères et à la suite d'affiches (Cass., 21 mai 1873). — V. ADJUDICATION.

Ceux qui, par dons, promesses ou menaces, entravent ou troublent la liberté des enchères, sont passibles d'amende et d'emprisonnement (C. pén., 412).

3. *Folle enchère*, enchère suivie de l'adjudication, et à laquelle l'acquéreur se trouve hors d'état de satisfaire (C. pr., 733). — V. FOLLE ENCHÈRE.

4. *Enchère au rabais*, adjudication d'un travail à effectuer.

5. *Charges de l'enchère*, conditions sous lesquelles les offres sont reçues. — V. CAHIER DES CHARGES.

Endossement.

1. Acte par lequel le propriétaire d'une lettre de change, d'un billet ou de tout autre effet à ordre, le cède à un tiers en demeurant garant du paiement à l'échéance (C. comm., 136, 140).

Par l'endossement, toutes les garanties de la créance se trouvent transmises avec elle.

2. L'endossement est constaté par une mention au verso de l'effet de commerce (Rivière, p. 397).

L'endossement est daté. Il exprime la valeur fournie, et énonce le nom de celui à l'ordre de qui il est passé (C. comm., 137). Il est revêtu de la signature de l'endosseur.

3. Quand celui qui veut endosser un effet ne sait pas signer, l'endossement est fait par acte notarié écrit au dos de l'effet ; cet endossement est enregistré dans le délai des actes notariés ordinaires (Cass., 13 juillet 1817).

Enfant.

1. Individu considéré dans ses rapports avec ses père et mère, et même avec ses autres ascendants. Le terme *enfants* comprend ordinairement les petits-enfants (C. civ., 511, 914, 1082, 1098, 1555, 1556).

Les enfants sont légitimes, légitimés, naturels simples, adultérins, incestueux, adoptifs, abandonnés.

2. Pour tous les avantages qui peuvent lui échoir, l'enfant conçu est présumé né ; mais, cette présomption est détruite s'il ne naît pas viable (C. civ., 725, 906).

I. Enfant abandonné.

3. Les enfants mineurs, abandonnés ou trouvés, admis dans les

hospices, sont sous la tutelle des commissions administratives, qui désignent un de leurs membres pour exercer les fonctions de tuteur (L. 25 pluviôse an XIII; Décr. 19 janvier 1811).

4. Si l'enfant décède avant sa sortie de l'hospice, son émancipation ou sa majorité, et qu'aucun héritier ne se présente, ses biens appartiennent à l'hospice (art. 8, loi pluviôse). Lorsque des héritiers se présentent pour recueillir la succession, ils ne peuvent répéter les fruits que du jour de la demande, et ils sont tenus d'indemniser l'hospice des dépenses faites pour l'enfant (art. 8 et 9).

II. Enfant adoptif.

5. Celui à qui une personne donne, par acte authentique, le titre et les droits d'enfant, jouit de la réserve et des droits successifs accordés à l'enfant légitime. — V. ADOPTION.

III. Enfant adultérin ou incestueux.

6. L'enfant adultérin est celui né de deux personnes, dont l'une libre, et l'autre mariée, ou de deux personnes mariées, mais pas ensemble.

On appelle enfant incestueux, celui né de deux personnes auxquelles il est défendu de se marier ensemble à cause des liens de parenté ou d'alliance qui les unissent.

Les droits des enfants adultérins et incestueux sont identiques.

7. La loi n'accorde que des aliments aux enfants adultérins ou incestueux (C. civ., 762). Ces aliments sont réglés, eu égard aux facultés du père ou de la mère, au nombre et à la qualité des héritiers légitimes (C. civ., 763). Les aliments sont réclamés à titre de créance (Demolombe, XIV, 124).

8. Lorsque le père ou la mère de l'enfant adultérin ou incestueux lui auront fait apprendre un art mécanique, ou lorsque l'un d'eux lui aura assuré des aliments de son vivant, l'enfant ne pourra élever aucune réclamation contre leur succession (C. civ., 764).

9. Il n'est pas permis aux enfants adultérins ou incestueux de recevoir, par dons ou legs, de leurs père et mère, autre chose que des aliments (C. civ., 908 ; Demolombe, XIV, 132 ; Aubry et Rau, § 572). — V. n° 12.

10. La recherche de la paternité ou de la maternité est prohibée d'une manière absolue, lorsqu'elle doit avoir pour résultat de constater une filiation incestueuse ou adultérine (C. civ., 342).

11. Il est défendu de reconnaître, volontairement, les enfants incestueux ou adultérins (C. civ., 335). Si une telle reconnaissance avait lieu, elle ne pourrait être invoquée ni par l'enfant, ni contre lui.

Néanmoins, la filiation incestueuse ou adultérine peut se trouver légalement établie : 1° pour l'enfant né d'un mariage annulé pour bigamie ou inceste ; 2° lorsqu'un jugement, sur une action en désaveu, déclare qu'un enfant conçu par une femme mariée n'a point pour père le mari de sa mère ; 3° quand un jugement a admis, par erreur, une recherche de paternité, dont le résultat est de constater une filiation incestueuse ou adultérine.

12. Les enfants adultérins ou incestueux, non reconnus judiciairement, sont, vis-à-vis de leurs père et mère, de simples étrangers capables de recevoir, par donation ou par testament, comme tous autres étrangers (Cass., 31 juillet 1860, 22 janvier 1867, 6 décembre 1876).

Toutefois, si la disposition mentionnait la qualité d'enfant incestueux ou adultérin, elle pourrait être annulée (Cass., 4 janvier 1832, 31 juillet 1860).

13. La succession de l'enfant adultérin ou incestueux, décédé *intestat*, est dévolue dans l'ordre suivant : enfants légitimes, enfants naturels, conjoint, État.

IV. Enfant légitime.

14. Un enfant est légitime quand il a été conçu, ou que, du moins, il est né pendant le mariage de ses parents.

La filiation de l'enfant légitime est établie par son acte de naissance, inscrit sur le registre de l'état civil (C. civ., 319). Cet acte prouve directement la maternité de la femme mariée qu'il indique, et indirectement la paternité du mari de cette femme. La présomption de paternité ne peut être détruite qu'au moyen d'une action en désaveu (C. civ., 312).

15. Il y a obligation alimentaire réciproque entre les ascendants et descendants légitimes (C. civ., 203 et suiv.). — V. ALIMENTS.

16. Les enfants légitimes et leurs descendants ont, dans les successions de leurs père et mère et autres ascendants, une réserve que ceux-ci ne peuvent entamer par des libéralités (C. civ., 913, 914). — V. RÉSERVE.

17. En outre, les enfants légitimes sont héritiers légaux de leurs ascendants (C. civ., 745). — V. SUCCESSION.

V. Enfant légitimé.

18. Un enfant né hors mariage, autre que celui issu d'un commerce adultérin ou incestueux, peut être légitimé par le mariage subséquent de ses père et mère, lorsque ceux-ci l'ont légalement reconnu avant leur mariage, ou qu'ils le reconnaissent dans l'acte même de célébration (C. civ., 331).

La légitimation peut avoir lieu, même en faveur des enfants décédés qui ont laissé des descendants ; et, dans ce cas, elle profite à leurs descendants (C. civ., 332).

19. Les enfants légitimés par le mariage subséquent ont les mêmes droits que ceux nés du mariage (C. civ., 333 ; V. 960).

Toutefois, lá légitimité ne date et ne produit effet qu'à partir de la célébration du mariage ; ainsi, l'enfant légitimé ne peut rien prétendre dans les successions ou autres droits ouverts depuis sa naissance ou sa conception, mais avant sa légitimation (Demolombe, V, 369).

VI. Enfant naturel.

20. L'enfant naturel est celui né de deux personnes non mariées.

La parenté civile qui unit l'enfant naturel à son père ou à sa mère, ne peut, en général, devenir légalement constante, que par une reconnaissance volontaire de paternité ou de maternité faite par ces derniers dans un acte authentique, ou par une reconnaissance judiciaire (C. civ., 334, 340, 341). — V. RECONNAISSANCE.

21. La recherche de la paternité est interdite en faveur de l'enfant et contre lui (C. civ., 340 ; Cass., 14 mai 1810) ; par exception, la recherche de la paternité est permise en cas d'enlèvement (C. civ., 340), ou de viol (Demolombe, V, 491 ; — *Contrà*, Aubry et Rau, § 569, note 16).

22. La recherche de la maternité est admise (C. civ., 341), en faveur de l'enfant seul (Cass., 29 juillet 1861), et jamais contre lui (Cass., 3 février 1851, 23 juillet 1878). De là, on peut déduire la possibilité pour la mère de l'enfant naturel non reconnu, de faire un legs universel ou une institution contractuelle au profit de cet enfant resté légalement un étranger.

Quand l'enfant recherche sa mère, il est tenu de prouver qu'il est identiquement le même que l'enfant dont elle est accouchée. Il n'est reçu à faire cette preuve, par témoins, que lorsqu'il existe déjà un commencement de preuve par écrit (C. civ., 341).

L'acte de naissance d'un enfant naturel, régulièrement dressé, fait preuve de l'accouchement de la mère qui y est indiquée, quoique celle-ci ne l'ait pas signé (Cass., 19 novembre 1856, 23 novembre 1868, 1er décembre 1869 ; Limoges, 7 décembre 1886 ; — *Contrà*, Grenoble, 26 décembre 1867).

23. Dans les successions de ses père et mère, l'enfant naturel a droit : 1º en présence de descendants légitimes, à un tiers de la portion qu'il aurait eue s'il eût été légitime ; 2º en présence d'ascendants ou de frères ou sœurs, à moitié de la succession ; 3º en présence de collatéraux, autres que des frères ou sœurs, à trois quarts de la succession (C. civ., 757).

Quand il est en concours avec des neveux ou nièces, l'enfant naturel a droit aux trois quarts de la succession (Cass., 31 août 1847, 13 janvier 1862, 4 janvier 1875, 2 mai 1888).

S'il existe un ascendant dans une ligne, et dans l'autre ligne un collatéral autre que frère ou sœur, l'enfant naturel prend moitié dans la ligne de l'ascendant, et trois quarts dans l'autre ligne (Amiens, 25 mars 1854 ; Poitiers, 12 mars 1884 ; Demante, III, 75 *bis* ; Marcadé, IV, art. 754 ; Massé et Vergé, § 369, note 13 ; Dalloz, 285 ; Mourlon, II, p. 72). D'après un autre système, l'enfant naturel ne pourrait avoir que la moitié de la succession (Bordeaux, 5 mai 1856 ; Paris, 21 novembre 1868 ; Demolombe, XIV, 76 ; Aubry et Rau, § 605, note 12 ; Laurent, IX, 123).

24. Le droit de l'enfant naturel est réduit par l'existence de parents successibles, quoiqu'ils soient exclus de la succession par un légataire universel (Cass., 15 mars 1847, 7 février 1865 ; Douai, 28 avril 1874).

25. L'enfant naturel a droit à la totalité des biens, lorsque ses père ou mère ne laissent pas de parents au degré successible (C. civ., 758).

26. En cas de prédécès de l'enfant naturel, ses enfants ou descendants légitimes peuvent réclamer ses droits fixés par la loi (C. civ., 759).

27. L'enfant naturel ou ses descendants légitimes doivent imputer sur leurs droits tout ce qu'ils ont reçu des père et mère ; s'il y a un excédant, les dons ou legs sont sujets à réduction (C. civ., 760, 908).

Toutefois, après le décès de l'enfant naturel, ses enfants peuvent recevoir dans la limite de la quotité disponible ordinaire (Cass., 28 mai 1879, 21 juillet 1879).

28. Lorsque le père ou la mère a, de son vivant, donné entre-vifs à l'enfant naturel la moitié de la portion à laquelle il aùrait eu droit, et que cette donation, acceptée par l'enfant ou validée judiciairement (Cass., 31 août 1847, 2 mai 1888), a été accompagnée d'une déclaration expresse de la part du donateur, que son intention est de réduire à cette moitié les droits successifs de l'enfant, toute réclamation sur l'hérédité du donateur est interdite à ce dernier (C. civ., 761).

Si la donation faite à l'enfant naturel est inférieure à la moitié de la portion devant lui revenir, il ne peut que réclamer le supplément nécessaire pour parfaire cette moitié (C. civ., 761).

29. L'enfant naturel reconnu a droit, dans la succession de ses père et mère, à une réserve, dont la quotité se détermine comparativement à celle qu'il aurait eue, s'il avait été légitime.

Ainsi, quand le défunt a laissé un seul enfant légitime, la réserve de l'enfant naturel est de un neuvième de la succession; elle est d'un douzième en présence de deux enfants légitimes, et d'un seizième en présence de trois enfants légitimes. — V. QUOTITÉ DISPONIBLE.

30. Quant aux père et mère de l'enfant naturel, ils n'ont pas de réserve dans sa succession (Cass., 26 décembre 1860, 12 décembre 1865).

Pour la succession de l'enfant naturel décédé sans postérité. —V. SUCCESSION IRRÉGULIÈRE.

Engagement.

Obligation envers autrui de faire certaine chose.

Les engagements résultent de conventions ou ont leur source dans la loi (C. civ., 1271, 1370, 1741, 2017).

Enquête.

1. Recherche en justice par audition de témoins. La matière des enquêtes est contenue dans les articles 252 à 294 du Code de procédure civile.

2. Information à laquelle l'administration procède dans le but de connaître les avantages et les inconvénients que peuvent présenter certains travaux et certains établissements, d'après l'état de l'opinion publique : *enquête de commodo et incommodo* (Ord. 23 août 1835).

3. Preuve par témoins de l'importance d'une succession ou d'une communauté contre celui qui s'est emparé des choses en dépendant : *enquête par commune renommée* (C. civ., 1415, 1442, 1504).

Enregistrement.

1. Formalité consistant dans la mention, sur un registre *ad hoc*, par un receveur public, et moyennant le paiement d'un droit, d'un acte ou d'une mutation de propriété.

2. Les différents droits fixes, gradués ou proportionnels, dont les actes notariés sont passibles, se trouvent indiqués dans la première partie de cet ouvrage, à la suite des formules.

3. Quant aux obligations des notaires, relativement à l'enregistrement de leurs actes. — V. ACTE NOTARIÉ, p. 61.

4. Les amendes encourues par les notaires pour contraventions aux lois fiscales sont recouvrées directement par les receveurs de l'enregistrement; quant aux contraventions ne lésant pas les intérêts du fisc (abréviations, surcharges, interlignes, dépôt du double du répertoire, défaut de publication d'un contrat de mariage, etc.), elles sont considérées comme étant d'ordre public et poursuivies par le procureur de la République, devant le tribunal civil, sur les procès-verbaux des agents de l'enregistrement (Cass., 30 juin 1814, 28 janvier 1835).

Entérinement.

Vérification devant l'autorité judiciaire de certains actes qui n'ont force exécutoire qu'après l'accomplissement de cette formalité.

En matière de partage et licitation, l'entérinement des rapports d'experts est une déclaration d'approbation (C. pr., 971).

Entretien.

Soin qu'on prend de maintenir une chose en état ; dépense qu'on y consacre. Les dépenses de menu entretien sont à la charge des locataires (C. civ., 1754).

Ensemble des choses nécessaires pour la subsistance et les autres besoins de la vie. Les frais d'entretien ne sont pas sujets à rapport (C. civ., 852). — V. ALIMENTS.

Envoi en possession.

1. Autorisation donnée par le juge, et en vertu de laquelle les héritiers présomptifs des absents déclarés, les successeurs irréguliers

et les légataires universels se mettent en possession des biens qui leur sont dévolus.

I. Absence.

2. En matière d'absence, il y a deux sortes d'envois en possession : l'envoi provisoire et l'envoi définitif (C. civ., 120, 129). — V. ABSENCE, 18, 19, 23, 33, 53.

II. Succession irrégulière.

3. L'enfant naturel réclamant la succession de son auteur à défaut de parents au degré successible, est tenu, comme le conjoint survivant et l'État, de demander l'envoi en possession au tribunal civil de première instance dans le ressort duquel la succession est ouverte (C. civ., 770, 773).

4. La demande d'envoi en possession se forme par simple requête, appuyée de la justification : 1° de la qualité d'enfant naturel reconnu ou de conjoint non divorcé; 2° de la non existence d'héritiers connus.

5. Quand la demande lui paraît fondée, le tribunal ordonne une insertion au *Journal officiel*, et l'apposition de trois affiches de trois mois en trois mois dans le ressort du tribunal; le jugement d'envoi en possession n'est prononcé que un an après la demande (C. civ., 770; Déc. min. just., 8 juillet 1806).

6. L'envoi en possession remonte, pour ses effets, au jour de l'ouverture de la succession (Cass., 13 juin 1855).

7. L'enfant naturel et l'époux survivant sont tenus de faire emploi du mobilier ou de donner caution pour en assurer la restitution, au cas où il se présenterait des héritiers dans le délai de trois ans (C. civ., 771), du jour de l'envoi en possession (Demolombe, XIV, 229; — *Contrà*, Aubry et Rau, § 639, note 8).

8. Les père et mère naturels, et les frères et sœurs naturels (C. civ., 765, 766), sont également tenus de se faire envoyer en possession par justice (Paris, 12 mars 1885; Demolombe, XIV, 166). — V. SUCCESSION IRRÉGULIÈRE.

III. Legs universel.

9. En l'absence d'héritiers réservataires, le légataire universel institué par testament authentique, est saisi de plein droit de la succession (C. civ., 1006). Si le testament est olographe ou mystique, le légataire universel est tenu de se faire envoyer en possession par une ordonnance du président du tribunal (C. civ., 1008).

10. Pour obtenir l'envoi en possession, le légataire universel présente une requête, par ministère d'avoué, avec production : 1º d'une expédition du testament et de son dépôt ; 2º d'un acte de notoriété établissant la non existence d'héritiers réservataires, et appuyé de l'acte de décès.

11. Quand il y a des réservataires, le légataire universel est toujours tenu de leur demander la délivrance (C. civ., 1004).—V. DÉLIVRANCE DE LEGS.

Toutefois, l'unique héritier réservataire, institué légataire universel, n'a pas besoin de se faire envoyer en possession, et la délivrance du legs universel résulte de la réunion sur sa tête des deux qualités d'héritier à réserve et de légataire universel (Lyon, 13 août 1886).

Époux.

Chacune des deux personnes unies par les liens du mariage.

Les époux se doivent mutuellement fidélité, secours, assistance (C. civ., 212) ; ils contractent, par le fait seul du mariage, l'obligation de nourrir, entretenir et élever leurs enfants (C. civ., 203).

Les époux peuvent faire telles conventions matrimoniales qu'ils jugent à propos, pourvu qu'elles ne soient pas contraires aux mœurs ni aux lois (C. civ., 1387 et suiv.).

Les dispositions entre époux sont soumises à des règles spéciales (C. civ., 1091 à 1100 ; comp. 1496, 1527).—V. COMMUNAUTÉ, DONATION ENTRE ÉPOUX.

Futurs époux, personnes entre lesquelles il y a promesse de mariage. Cette expression est fréquemment employée dans les contrats de mariage.

Erreur.

Opinion contraire à la vérité, qui peut excuser certains actes ou détruire certaines obligations.

L'erreur sur la substance de la chose, objet d'une convention, en entraîne la nullité (C. civ., 1110); ainsi la vente de la nue propriété, lorsque avant l'usufruit avait pris fin par la mort de l'usufruitier ignorée des parties (Cass., 8 mars 1858). L'action en nullité dure dix ans, à partir de la découverte de l'erreur (C. civ., 1304).

Toute somme reçue ou payée par erreur, est sujette à restitution (C. civ., 1235, 1376).

Les transactions ne peuvent être attaquées pour cause d'erreur de droit (C. civ., 2052).

Établissement.

1. Exploitation commerciale ou industrielle. La création des établissements dangereux, insalubres ou incommodes, ne peut être autorisée qu'après certaines formalités ; ces établissements sont divisés en trois classes, et énumérés dans des décrets des 3 mai 1886 et 5 mai 1888.

2. Action de donner à quelqu'un un état, une position stable, une situation lui permettant de se suffire ; mariage. La femme peut donner ses biens dotaux pour l'établissement de ses enfants (C. civ., 1555, 1556). Les enfants n'ont point d'action contre leurs père et mère pour un établissement (C. civ., 204). L'héritier doit rapporter ce qui a été employé pour son établissement (C. civ., 851).

Établissement de propriété.

1. Analyse raisonnée des titres en vertu desquels un bien appartient à celui qui le donne, vend ou hypothèque ; partie d'un acte contenant cette analyse.

I. Notions générales.

2. L'établissement du droit de propriété s'applique surtout aux immeubles, il est quelquefois nécessaire pour les meubles incorporels ; à l'égard des meubles corporels, il est généralement inutile (C. civ., 2279).

3. Pour établir la propriété, la méthode généralement suivie consiste à partir de la personne qui traite, puis, de remonter à son auteur immédiat ; de celui-ci, à l'auteur qui l'a précédé, et ainsi de suite jusqu'à la mutation où l'on veut s'arrêter.

4. On ne pourrait rechercher à l'infini le droit de propriété, mais il faut remonter à trente ans au moins. C'est le délai le plus long accordé pour la prescription (C. civ., 2262) ; cependant, il faut remarquer :

1º Que la prescription ne court pas contre les mineurs et interdits (C. civ., 2252), ni entre époux (C. civ., 2253), même après séparation de corps (Paris, 26 juillet 1862) ;

2º Que les immeubles dotaux inaliénables, ou aliénables à charge de remploi, sont imprescriptibles pendant le mariage, à moins que la prescription n'ait commencé auparavant (C. civ., 1561, 225) ;

3° Que les aliénations administratives réservent quelquefois des servitudes d'utilité publique imprescriptibles, et pouvant diminuer notablement la valeur des biens qui en sont affectés (C. civ., 2226).

Par suite, il sera souvent prudent de ne pas s'arrêter à trente ans.

5. Avant de dresser un établissement de propriété, on doit avoir soin : 1° de vérifier la régularité extrinsèque des titres produits (V. ACTE NOTARIÉ, 5 à 47) ; 2° de voir si les personnes qui y ont figuré n'étaient point frappées, soit d'incapacité générale, soit d'une incapacité relative à l'acte fait (V. CAPACITÉ, et les renvois) ; 3° de s'enquérir de l'état des contractants, quant aux mariages et aux tutelles (V. HYPOTHÈQUE LÉGALE) ; 4° d'examiner le précédent établissement de propriété dans ses énonciations comparées, autant que possible, avec les actes à l'appui.

Nous allons indiquer, sommairement, les règles à suivre pour l'analyse des titres de propriété.

II. Succession.

6. Celui qui transmet ou engage un immeuble recueilli par succession, en qualité de seul héritier, justifie de cette qualité par un intitulé d'inventaire, ou par un acte de notoriété, à défaut d'inventaire.

L'acte de notoriété, appuyé de l'acte de décès, doit énoncer qu'il n'a pas été fait d'inventaire, et que le défunt est mort *intestat*.

7. Si la qualité de seul héritier vient de l'indignité ou de la renonciation des cohéritiers, ils sont nommés, avec mention :

1° Pour l'indignité, du jugement qui la déclare et des pièces établissant qu'il est devenu définitif ;

2° Pour la renonciation, de la déclaration passée au greffe du tribunal civil, ou de la convention entre héritiers de laquelle résulte la renonciation ; mais il faut observer que la renonciation conventionnelle n'est opposable aux tiers que comme cession de droits successifs.

8. Lorsque le droit héréditaire résulte d'une adoption, il faut en rappeler les formalités substantielles : acte d'adoption, jugement, arrêt, inscription à l'état civil.

9. Quand le successible, parent dans une seule ligne, recueille toute la succession à défaut d'héritiers dans l'autre ligne, on exige un acte de notoriété spécial pour affirmer la non existence d'héritiers connus.

10. Si plusieurs héritiers, indivis, vendent ou engagent conjointement, ils n'ont pas d'autre justification à faire que l'unique héritier.

11. Lorsque la succession est dévolue à l'enfant naturel, au conjoint survivant ou à l'État, à défaut d'héritier au degré successible, il est indispensable de viser le jugement d'envoi en possession (C. civ., 770, 773).

12. Quand le possesseur d'un immeuble lui provenant de succession n'est pas seul héritier, il doit justifier :

1º De sa qualité héréditaire et de celle de ses cohéritiers, par inventaire ou notoriété ;

2º Et de l'acte lui attribuant la propriété exclusive : partage, licitation, cession de droits.

Pour le partage, il faut qu'il soit fait avec le concours de tous les héritiers, et qu'il ait lieu en justice, s'il y a des incapables parmi les ayants-droit.

Dans le cas de partage avec soulte, dont le paiement ne serait pas justifié, il faut observer que le privilège en résultant est soumis à inscription, dans les quarante-cinq jours du partage, au point de vue du droit de suite contre un tiers détenteur (L. 23 mars 1855, art. 6), et dans les soixante jours du partage, en ce qui concerne le droit de préférence à l'égard d'un autre créancier inscrit (C. civ., 2109).

S'il y a eu licitation, le privilège pour sûreté du prix doit être inscrit dans le même délai que celui résultant du partage. En présence d'une licitation judiciaire, on doit exiger la preuve du paiement, à cause de la folle-enchère ordinairement stipulée dans le cahier d'enchère, car cette action paraît applicable au colicitant comme à l'étranger, et se conserve, sans publicité, pendant trente ans.

Lorsque les droits résultent d'une cession de droits successifs, si elle a fait cesser l'indivision, elle équivaut à partage ; au contraire, si elle a laissé subsister l'indivision, c'est une véritable vente.

III. Donation entre-vifs.

13. Pendant la vie du donateur, le droit de propriété, résultant d'une donation entre-vifs, présente de sérieux dangers pour les tiers ; en effet :

1º La propriété transmise au donataire est résoluble, pour :

inexécution des conditions de la donation ; survenance d'un enfant légitime au donateur ; l'ouverture d'un retour conventionnel stipulé. Dans ces divers cas, les aliénations et hypothèques consenties par le donataire, sont anéanties (C. civ., 952, 954, 963);

2° Les créanciers du donateur peuvent faire révoquer la donation comme faite en fraude de leurs droits (Cass., 30 juillet 1839);

3° Si les biens donnés excédaient la quotité disponible, la réduction pourrait entraîner la dépossession du donataire (C. civ , 929, 930);

4° Dans le cas où le donataire serait obligé de rapporter les biens donnés, le partage pourrait les faire passer dans la main d'une autre personne (C. civ., 846, 859).

14. Après la mort du donateur, les droits se trouvent définitivement fixés : s'il n'existe pas d'héritiers à réserve, et que le donataire soit étranger à la succession, il n'a pas d'autre justification à fournir qu'un acte de notoriété le constatant; si le donateur laisse le donataire comme seul héritier, réservataire ou non, il suffit encore d'une notoriété ; en présence de réservataires, il faut la justification de leur qualité par inventaire ou notoriété, et un acte contenant consentement à l'exécution de la donation ; enfin, si le donataire est héritier, réservataire ou non, conjointement avec d'autres, il doit fournir inventaire ou notoriété et un acte lui attribuant définitivement l'objet donné.

IV. Partage d'ascendants.

15. Un partage d'ascendants entre-vifs ne transfère qu'un droit de propriété résoluble en cas de : inexécution des conditions ; survenance d'enfants ; retour conventionnel ; lésion de plus du quart ; inégale répartition des meubles et des immeubles.

16. En cas de vente ou d'hypothèque pendant la vie des ascendants, si le partage n'est pas transcrit, ils ne sont pas dépouillés de la propriété à l'égard des tiers ; par suite, les ascendants vendant ou hypothéquant, solidairement avec le donataire, donneront toute sécurité aux tiers.

17. Quand le partage d'ascendants est transcrit, les ascendants ayant perdu tout droit de propriété ne peuvent plus vendre ; mais leur renonciation au retour conventionnel et à la révocation, pour inexécution des conditions, serait valable. La survenance d'enfants, la lésion et la répartition des biens, sont des risques appréciables en connaissance de cause.

18. Après le décès des ascendants, un intitulé d'inventaire ou un acte de notoriété, établit qu'ils n'ont pas laissé d'autres héritiers que les enfants donataires.

Il faut, en outre, un acte spécial confirmant le partage entre-vifs, ou un partage mobilier établissant implicitement l'exécution.

19. Pour un partage testamentaire, il est également nécessaire de fournir un intitulé d'inventaire ou un acte de notoriété, et une acceptation du partage.

V. Testament.

20. Le légataire universel, institué par testament authentique, est saisi, de plein droit, en l'absence d'héritiers réservataires ; il n'a donc à fournir, avec le testament, que l'acte de notoriété constatant la non existence de réservataires (C. civ., 1006).

Institué par testament olographe ou mystique, le légataire universel produit : une notoriété établissant qu'il n'y a pas de réservataires, et une ordonnance d'envoi en possession (C. civ., 1008).

Si le legs est conjoint, tous les légataires universels concourent à l'acte, sinon, il faut justifier du partage fait entr'eux.

Lorsqu'il existe des réservataires, le légataire universel produit la délivrance volontaire consentie par eux, ou le jugement, passé en force de chose jugée, en tenant lieu (C. civ., 1004). Souvent, la délivrance résulte d'un partage fait entre les réservataires et le légataire universel.

21. Le légataire à titre universel et le légataire particulier justifient de leur droit de propriété par une délivrance de legs émanant des héritiers à réserve, ou à défaut du légataire universel, ou encore des héritiers simples ; les qualités des uns et des autres doivent être établies.

A défaut de délivrance volontaire, elle résulte d'un jugement devenu définitif.

Le légataire à titre universel d'une quotité produit, en outre, le partage, ou autre acte, qui a fixé la propriété sur sa tête.

22. En l'absence d'héritiers connus et de légataire universel, le légataire à titre universel ou particulier demande la délivrance aux successeurs irréguliers, s'ils ont été envoyés en possession de la succession, sinon, le légataire dirige la demande judiciaire en délivrance contre le curateur qui a fait préalablement nommer à la succession vacante.

VI. Institution contractuelle.

23. Le droit de propriété résultant d'une institution contractuelle, est établi par la représentation : du contrat de mariage contenant l'institution, et d'une notoriété constatant la non existence d'héritiers à réserve.

24. Soit que l'institution ne porte que sur une quotité de biens, soit que l'instituant laisse des réservataires, l'institué doit produire, outre le contrat et la notoriété, l'acte fixant la propriété en sa personne.

VII. Donation entre époux.

25. L'époux donataire de son conjoint, par contrat de mariage ou pendant le mariage, de l'universalité, est saisi de plein droit ; de sorte qu'il établit sa propriété par l'acte de disposition et par un acte de notoriété constatant la non existence de réservataires.

26. Que si la donation est seulement d'une quotité, ou qu'il y ait des réservataires, il faut représenter, outre la disposition et la notoriété, l'acte fixant la propriété sur la tête du donataire.

VIII. Vente.

1° *Vente amiable.*

27. Quand la mutation résulte d'une vente, il faut vérifier l'origine de l'immeuble : propre d'un mari, conquêt, propre d'une femme.

1° Le mari a toujours le droit de vendre ses propres sans le concours de la femme, qui n'a qu'un droit d'hypothèque légale ;

2° Les acquêts de communauté ou société peuvent être vendus par le mari seul durant le mariage, sauf l'effet de l'hypothèque légale de la femme.

Après la dissolution du mariage ou de la communauté, il y a lieu d'examiner comment l'époux vendeur est devenu propriétaire exclusif, et de viser les titres : partage, licitation, cession de droits héréditaires, renonciation par la femme ou ses héritiers, attribution par convention de mariage, donation, legs ;

3° Durant le mariage, les propres de la femme peuvent, en général, être vendus par elle, avec l'autorisation du mari. Cependant, certains contrats de mariage interdisent l'aliénation et l'hypothèque des biens de la femme, ou ne les autorisent que sous des conditions déterminées ; il faut donc rendre compte des prohibitions du contrat, et relater les remplois ou emplois prescrits et leur acceptation ;

4° L'acquisition faite pendant le mariage, à titre de licitation ou autrement, de portions d'un immeuble dont l'un des époux était propriétaire par indivis, ne forme point un acquêt. Si le mari s'est rendu acquéreur, en son nom, d'un immeuble appartenant pour partie à la femme, celle-ci a le droit de le retirer en entier (C. civ., 1408), malgré les aliénations ou hypothèques consenties par le mari sans son concours.

2° Vente à réméré.

28. Au lieu d'être pure et simple, une vente peut avoir lieu avec faculté de retrait, pendant cinq ans, au profit du vendeur (C. civ., 1660, 1662).

L'exercice du retrait anéantit les aliénations et hypothèques consenties par l'acheteur (C. civ., 1673).

29. Si on traite avec le vendeur, il doit justifier du remboursement du prix et des frais (C. civ., 1659, 1673). Quant à l'acquéreur, après l'expiration du délai fixé pour le retrait, il n'a pas de justification à fournir ; néanmoins, si ce délai n'était expiré que depuis peu de temps, il serait imprudent de traiter sans exiger une déclaration du vendeur, relative au non exercice du réméré.

3° Vente judiciaire.

30. Pour les ventes de biens appartenant à un mineur ou à un interdit, il est indispensable de vérifier si le subrogé-tuteur a été appelé à l'adjudication (C. civ., 459 ; C. pr., 962).

31. Ces ventes sont presque toujours autorisées sous des conditions d'emploi ; on doit s'assurer de leur accomplissement.

32. A l'égard d'une vente d'immeubles dotaux, il faut qu'elle ait été autorisée dans les cas prévus par l'article 1558 du Code civil, et que l'emploi du prix soit justifié d'après les prescriptions du jugement.

4° Libération de l'acquéreur.

33. En principe, l'acquéreur doit prouver sa libération par une quittance notariée. Cependant, cette pièce pourrait être remplacée par un acte régulier contenant désistement du privilège et de l'action résolutoire du vendeur.

D'ailleurs, si l'acquisition a été faite à l'amiable, il suffit que sur la transcription de la revente, l'état délivré ne contienne pas l'inscription du privilège du vendeur pour qu'un nouvel acquéreur n'ait rien à craindre ; mais, un prêteur hypothécaire doit toujours exiger, soit la preuve de la libération, soit un désistement des droits privilégiés et résolutoires.

34. Lorsque l'acquisition résulte d'une adjudication, il est indispensable d'avoir une quittance ou un désistement, car il existe alors une action en folle enchère dispensée de publicité (C. pr., 733).

35. Du reste, le désistement de privilège et d'action résolutoire ne peut émaner que par un vendeur jouissant d'une entière capacité ; les tuteurs et les femmes dotales sont incapables de le donner.

Avec ces vendeurs, la libération sera toujours constatée régulièrement, et les emplois ou remplois justifiés.

36. L'énonciation du paiement aux mains des héritiers des vendeurs est accompagnée de l'indication, tant de leur qualité, que de la capacité des femmes mariées.

37. S'il y a eu état-d'ordre, on rappelle la date de sa clôture et son numéro. Quand le prix est distribué par jugement, il est signifié et soumis à opposition et appel : il faut donc établir qu'il a acquis l'autorité de la chose jugée.

38. Le paiement a encore pu avoir lieu aux mains d'un créancier délégataire du vendeur, ou en celles d'un cessionnaire, ce qu'il faut préciser.

39. Il y a quelquefois des compensations entre le vendeur et l'acquéreur, ou même une libération par confusion des qualités de créancier et de débiteur.

40. Enfin, la libération d'un acquéreur peut résulter de la consignation de son prix, acceptée par le créancier, ou validée par jugement passé en force de chose jugée (C. civ., 1257, 1261). On énonce la date de la consignation, celle du jugement, ainsi que la radiation des inscriptions.

Toutefois, on ne doit pas oublier que, malgré la consignation du prix d'un immeuble dotal, l'acquéreur reste tenu de suivre le remploi.

IX. Échange.

41. En général, les règles de la vente s'appliquent à l'échange ; ainsi, quand une soulte est stipulée, le paiement doit en être justifié comme s'il s'agissait d'un prix de vente.

42. L'échangiste évincé de la chose reçue, peut répéter sa chose (C. civ., 1705). Cette action n'étant pas soumise à inscription, on doit vérifier la propriété des biens échangés de part et d'autre, à moins qu'il n'y ait eu renonciation au droit de répétition.

X. Société.

43. Lorsqu'un immeuble provient d'une société, il faut examiner : s'il a été apporté à la société par une personne capable d'aliéner ; si la vente consentie au nom de la société émane d'une personne ayant des pouvoirs suffisants.

XI. Prescription.

44. Quand l'aliénateur est dans l'impossibilité de représenter des titres réguliers, il doit établir sa possession trentenaire publique, paisible, par : des extraits de la matrice cadastrale rappelant l'année de la mutation ; des baux ; des déclarations de succession et des actes de notoriété signés de personnes notables du lieu.

XII. Absence.

45. Les envoyés en possession définitive des biens d'un absent, produisent, outre le jugement d'envoi définitif, celui qui a déclaré l'absence, et le certificat de publicité dans le *Journal officiel.*

Établissement public.

Personne morale ayant pour but de pourvoir à certains besoins d'utilité générale. Les Départements, les Communes, les Hospices et Hôpitaux, les Bureaux de bienfaisance, les Fabriques, les Consistoires, sont les principaux établissements publics.

État.

1. Gouvernement, administration suprême du pays ; nation, pays représenté par son gouvernement.

L'État est un être moral résumant l'universalité des habitants d'un pays, et, à ce titre, ayant des droits et des devoirs.

2. Les biens de l'État se divisent en deux classes : domaine public et domaine privé.

Le domaine public de l'État comprend notamment les chemins de fer, les routes, les places de guerre, les rivages de la mer, les ports, les rivières navigables et flottables, etc. Ces biens sont inaliénables et imprescriptibles (C. civ., 538, 540, 541, 2226).

Le domaine privé de l'État se compose de biens meubles ou immeubles non affectés à l'usage du public : fermes, bois, terres labourables, prés, etc. ; ces biens sont aliénables et prescriptibles (C. civ., 539 — contenant une erreur —, 713, 768, 2227 ; L. 16 septembre 1807, 1er juin 1864).

3. C'est l'administration de l'enregistrement qui est chargée de la régie des biens de l'État.

4. Une hypothèque légale est accordée à l'État sur les biens immeubles des comptables publics, tels que trésoriers-payeurs généraux et receveurs des finances (C. civ., 2121) ; l'État a, en outre, un privilège spécial sur les immeubles acquis, à titre onéreux, par les comptables publics ou leurs femmes (L. 5 septembre 1807). L'hypothèque légale et le privilège de l'État sont soumis à inscription (Même loi ; Pallain, 249 et suiv.).

État civil.

1. Condition légale des individus en ce qui touche la naissance, la filiation, le mariage, le décès. ACTES DE L'ÉTAT CIVIL, registres où sont consignés les faits relatifs à l'état civil des personnes. OFFICIER DE L'ÉTAT CIVIL, magistrat (maire) chargé de dresser les actes de l'état civil. — V. ACTE DE L'ÉTAT CIVIL.

2. Au point de vue de la pratique notariale, renseignements sur : 1o la capacité des parties, — V. CAPACITÉ et les renvois, ÉTRANGER ; 2o les hypothèques légales grevant la personne qui aliène ou hypothèque un immeuble. — V. HYPOTHÈQUE LÉGALE.

État de dettes.

En matière de donation, l'état des dettes du donateur est nécessaire : 1o dans les donations entre-vifs faites à la charge d'acquitter les dettes du donateur (C. civ., 945), — V. DONATION, 29 ; 2o dans les donations cumulatives de biens présents et à venir (C. civ., 1084). — V. DONATION AUX ÉPOUX, 31 à 44.

État de frais.

Pour obtenir la taxe de leurs débours et honoraires, les notaires sont obligés d'en produire un état détaillé, sur timbre de dimension ;

l'état de frais, certifié par le notaire, doit être soumis au visa de la chambre de discipline, avant d'être présenté au président du tribunal civil. — V. Taxe.

État d'immeubles.

1. L'usufruitier ne peut entrer en jouissance qu'après avoir fait dresser, en présence du propriétaire ou lui dûment appelé, un état des immeubles sujets à l'usufruit (C. civ., 600). Le défaut d'état des immeubles fait présumer que l'usufruitier les a reçus en bon état (Nancy, 28 novembre 1824 ; Demolombe, X, 479 ; Laurent, VI, 504). — V. Usufruit.

2. Ceux qui ont obtenu l'envoi en possession provisoire des biens d'un absent peuvent requérir, pour leur sûreté, qu'il soit procédé à la visite des immeubles, à l'effet d'en constater l'état (C. civ., 126). — V. Absence, 21.

État de lieux.

Le preneur à bail est présumé avoir reçu les choses louées en bon état de réparations locatives, et doit les rendre telles, sauf la preuve contraire (C. civ., 1731). S'il a été fait un état des lieux, le preneur rend les choses telles qu'il les a reçues, suivant cet état (C. civ., 1730). — V. Bail, 51.

État de meubles.

1. Toute donation d'effets mobiliers (C. civ., 535), corporels ou incorporels (Cass., 11 avril 1854), n'est valable que pour les effets dont un état estimatif détaillé, signé du donateur et du donataire, ou de ceux qui acceptent pour lui, a été annexé à la minute de la donation (C. civ., 948).

2. Lorsqu'une vente comprend des meubles et des immeubles, le droit d'enregistrement est perçu sur la totalité du prix, au taux réglé pour les immeubles, à moins qu'il ne soit stipulé un prix particulier pour les objets mobiliers, et qu'ils ne soient désignés et estimés, article par article, dans le contrat (L. 22 frimaire an VII, art. 9), ou dans un état annexé à ce contrat (Alençon, 6 décembre 1841).

3. En cas de mutation par décès, les héritiers et légataires sont tenus de rapporter, à l'appui de leur déclaration de biens meubles, à défaut d'inventaire authentique, un état estimatif qui reste déposé au bureau d'enregistrement (L. 22 frimaire an VII, art. 27).

État de minutes.

Les notaires sont responsables envers les parties et envers les tiers, de la conservation de leurs minutes.

En cas de décès, démission, destitution ou suppression, la remise des minutes au nouveau dépositaire est constatée par un état sommaire en triple original : l'un est remis à la chambre de discipline, un autre au notaire déchargé, et le troisième au nouveau dépositaire (V. L. 25 ventôse an XI, art. 58).

État de produits, de recouvrements.

Dans tous les cas de transmission d'un office de notaire, il est nécessaire de fournir à la chancellerie : 1° un état résumant, par nature d'acte, les produits annuels de l'office pendant les cinq dernières années ; 2° un état des débours et honoraires restant à recouvrer au moment de la transmission de la charge. — V. CESSION D'OFFICE, 30.

État de situation.

Tout tuteur, autre que le père ou la mère, peut être tenu, même durant la tutelle, de remettre au subrogé tuteur des états de situation de sa gestion, aux époques que le conseil aurait jugé à propos de fixer, sans, néanmoins, que le tuteur puisse être astreint à en fournir plus d'un chaque année. Ces états de situation sont rédigés et remis sans frais, sur papier non timbré, et sans aucune formalité de justice (C. civ., 470).

État hypothécaire.

Déclaration des privilèges et hypothèques grevant un immeuble. Cette déclaration est insérée dans les obligations pour prêt, les ouvertures de crédit et autres actes contenant affectation hypothécaire.

Autrefois, la fausse déclaration hypothécaire donnait lieu à la contrainte par corps. La contrainte par corps ayant été supprimée, la déclaration inexacte n'entraîne que la résolution de la convention ; néanmoins, il est permis de stipuler une pénalité à titre de dommages-intérêts.

État liquidatif.

On désigne sous ce nom la liquidation dressée par les notaires, en vertu de commission judiciaire (C. pr., 977). — V. LIQUIDATION, PARTAGE.

États d'inscriptions et de transcriptions.

I. Généralités.

1. Le conservateur des hypothèques, dans chaque arrondissement, est obligé de délivrer, à tout requérant, des états des inscriptions portées sur les registres et des transcriptions qui y ont été opérées, ou des certificats constatant l'absence d'inscriptions et de transcriptions (C. civ., 2196; L. 23 mars 1855, art. 5).

Les réquisitions faites à cet effet doivent être présentées par écrit, sur papier libre (Déc. min. fin., 6 janvier 1841).

Si le travail du bureau ne permet pas au conservateur de délivrer de suite le certificat demandé, il est, du moins, obligé de faire la recherche et d'en indiquer le résultat. Dans la pratique, les renseignements sont fournis immédiatement aux hommes d'affaires, moyennant une petite gratification allouée au commis du bureau.

2. Pour éviter les erreurs dans la délivrance des états, il est indispensable que le requérant indique d'une manière très précise : les noms, prénoms, professions et domiciles des personnes sur lesquelles les états sont requis ; les variations du domicile et de la qualification ; la qualité civile : célibataire, marié ou veuf de telle personne ; et, en outre, la désignation complète de chaque immeuble, à l'égard des états sur immeubles.

Quand, malgré ces précautions, le conservateur délivre des inscriptions ne portant pas, on en obtient le retranchement en produisant des pièces justificatives. •

3. Dans aucun cas, le conservateur n'a à se faire juge du mérite des inscriptions portées sur ses registres ; sa seule préoccupation consiste à rechercher si les inscriptions s'appliquent aux biens et aux personnes sur lesquelles l'état est demandé. Que ces inscriptions soient régulières ou irrégulières, efficaces ou insusceptibles de produire effet, peu importe, le devoir du conservateur est de les délivrer. Si les inscriptions sont inopérantes, c'est aux intéressés qu'il incombe d'en demander la radiation amiable ou judiciaire (Cass., 6 décembre 1865).

D'un autre côté, le conservateur ne doit pas délivrer, à moins d'une réquisition spéciale, les inscriptions rayées en totalité ou périmées faute de renouvellement en temps utile.

4. Il est loisible au requérant de restreindre sa demande dans les limites qu'il juge convenable, par exemple, de borner sa réquisition aux inscriptions existant sur un immeuble déterminé et du chef d'une personne seulement, ou d'excepter certaines inscriptions connues de lui, ou encore de demander un certificat de renouvellement ou de son renouvellement d'une inscription précisée (Cass., 26 juillet 1859; Bourges, 30 novembre 1868).

Quels que soient les termes de la réquisition, le conservateur est tenu de s'y conformer, et il n'est pas fondé à insérer des réserves qui auraient pour résultat de rendre incertaine au regard des tiers la situation hypothécaire d'une personne ou d'un immeuble.

5. Toute copie d'inscription ou de transcription est délivrée sur papier au timbre de dimension, et comprend nécessairement celle des diverses mentions se trouvant en marge, sans aucune augmentation de salaire (Cass., 16 juillet 1859).

II. États individuels.

6. On appelle état individuel celui qui comprend les charges hypothécaires existant sur une ou plusieurs personnes désignées, avec le plus grand soin, dans la réquisition.

Cet état ne fait pas connaître les charges grevant les biens par suite d'hypothèques inscrites pendant qu'ils se trouvaient dans la main des précédents propriétaires.

7. L'état individuel peut être requis pour toutes les inscriptions non périmées, ni radiées, ou pour les inscriptions prises pendant une période de temps indiquée ; ou, encore, pour les inscriptions faites depuis une date déterminée.

8. Il est évident que l'état requis sur plusieurs personnes doit être délivré collectivement en un même contexte ; le conservateur ne serait pas fondé à délivrer un état séparé sur chaque personne.

III. États sur immeubles désignés.

9. L'état sur immeubles désignés contient les inscriptions qui frappent certaines propriétés du chef des personnes indiquées dans la réquisition.

10. Tout étant facultatif en matière hypothécaire, l'état sur immeubles désignés peut comprendre, selon la volonté exprimée par la partie, soit toutes les inscriptions non périmées, soit celles requises depuis tel jour jusqu'à tel autre jour inclusivement.

11. Celui qui requiert un état sur immeubles désignés doit avoir soin de signaler les modifications ou transformations subies par les immeubles, à défaut de quoi le conservateur serait exposé à omettre des charges les grevant, sans encourir aucune responsabilité (Bordeaux, 17 août 1874).

Ainsi, un état est demandé sur une maison avec cour et jardin, et le terrain a été hypothéqué avant la construction, ou sur un herbage, grevé alors que l'immeuble était en labour. Il est manifeste que le conservateur ne peut deviner l'identité du labour et de l'herbage, ni, à plus forte raison, du terrain nu avec une habitation et dépendances.

IV. États sur transcription.

12. L'état sur transcription révèle les inscriptions existantes sur les biens qui font l'objet du contrat transcrit, tant du chef de l'aliénateur que des précédents propriétaires dénommés au contrat.

13. Quand une adjudication a eu lieu en détail par un seul procès-verbal, les divers adjudicataires peuvent se réunir pour ne faire transcrire qu'une seule expédition, et requérir, pour eux tous, un unique état sur la transcription du titre commun (Déc. min. fin., 25 juin 1811).

Il en serait autrement de plusieurs acquéreurs par des contrats distincts, consentis par la même personne. Quoique la transcription de ces contrats ait eu lieu le même jour, le conservateur ne peut être contraint de délivrer un seul état. Mais le requérant obtiendra le même résultat en demandant, après la dernière transcription, un état sur les divers immeubles aliénés, du chef du vendeur et des précédents propriétaires qu'il est alors nécessaire de nommer dans la réquisition.

14. Du reste, les demandes d'états sur transcription sont limitées à l'aliénateur, toutes les fois que la transcription de l'aliénation précédente a été suivie de la délivrance d'un état négatif.

15. Pour délivrer l'état sur transcription, le conservateur relève les noms de tous les précédents possesseurs dénommés dans la partie de l'acte appelée *établissement de propriété* ; comme les praticiens ont la mauvaise habitude de nommer : le mari et la femme, quand l'un d'eux a seul possédé ; divers cohéritiers, alors qu'un seul a été approprié par un partage ; un héritier renonçant, un fol enchérisseur évincé, le conservateur certifie l'état sur toutes les

personnes, sans distinction ; de là résulte une surcharge de frais en pure perte.

16. Lorsqu'une transcription doit être suivie de la purge des hypothèques légales, il est nécessaire de délivrer un nouvel état, — appelé état sur purge, — après l'expiration des délais accordés par la loi pour inscrire les hypothèques de cette nature, contre les personnes sur lesquelles la purge a eu lieu.

Cependant, on pourrait se borner à délivrer un seul état après l'accomplissement de la purge, comprenant toutes les charges inscrites, à la date de sa délivrance, contre l'aliénateur et les précédents propriétaires nommés dans la réquisition.

17. En demandant un état sur la transcription d'une vente dont le prix n'est pas payé, le requérant doit avoir soin de dire s'il veut ou non la copie de l'inscription prise d'office contre l'acquéreur, car les conservateurs ont la prétention de délivrer cette inscription quand elle n'est pas exceptée dans la réquisition.

V. États de transcriptions.

18. Le prêteur hypothécaire et l'acquéreur d'un immeuble, qui se borneraient à demander un état d'inscriptions, n'auraient qu'une sécurité trompeuse, parce qu'il peut arriver qu'au moment de la convention l'emprunteur ou vendeur ne soit plus propriétaire, par suite d'aliénation ou d'annulation de son titre, ou qu'il ait créé des droits diminuant la valeur de la propriété.

Pour obtenir une plus grande sécurité, il est indispensable de délivrer un état des transcriptions et des mentions d'annulation.

19. D'ailleurs, il est inutile de requérir un état de transcriptions du chef d'un précédent propriétaire sur lequel un pareil état a été délivré précédemment, lorsqu'il a transmis la propriété.

Le certificat de non-mention constitue une dépense superflue, toutes les fois que l'origine de la propriété ne mentionne aucune transcription.

VI. Extraits d'inscriptions et transcriptions.

20. Il est loisible, à toute personne, d'obtenir la copie sur timbre d'une transcription ou d'une inscription quelconque figurant sur les registres hypothécaires, au lieu d'un état complet.

21. En pratique, les copies d'inscription sont toujours littérales, et celles des transcriptions délivrées par extrait analytique, quoique,

à la rigueur, les conservateurs ne soient pas obligés de fournir de simples extraits.

VII. Salaires.

22. Le salaire, pour chaque extrait d'inscription ou certificat qu'il n'en existe aucune, est de 1 fr. (Décr. 21 septembre 1810).

23. Lorsqu'un état est demandé cumulativement sur plusieurs individus, il doit comprendre toutes les inscriptions qui les concernent. S'il n'en existe pas, le certificat est négatif sur chacun, et il est dû autant de salaires qu'il y a d'individus ; si quelques-uns sont grevés, le conservateur délivre les inscriptions à leur charge et certifie pour les autres qu'il n'en existe pas. Dans ce cas, il est dû 1 fr. pour chaque inscription délivrée, et 1 fr. pour chaque individu sur lequel le certificat est négatif.

24. L'état requis sur une seule personne comprenant une inscription unique contre plusieurs débiteurs, ne donne ouverture qu'à un seul salaire de 1 fr. (Inst., 1654).

Le certificat de non transcription de saisie, requis avec l'état des inscriptions, ne donne ouverture à aucun salaire.

25. Il est alloué au conservateur 1 fr. pour chaque certificat de non transcription d'acte de mutation.

26. Si le certificat est requis sur plusieurs individus, le salaire de 1 fr. est alloué autant de fois qu'il y a de personnes.

27. Pareil salaire serait dû pour des certificats de non transcription de saisie et de non mention de résolution, nullité ou rescision, requis isolément.

Mais, moyennant le salaire de 1 fr., le conservateur est tenu de délivrer le certificat des transcriptions, compris les saisies et les mentions de résolution, nullité et rescision (Caen, 16 mai 1884).

28. Les conservateurs délivrent des extraits sommaires des saisies et des actes transcrits, et perçoivent le salaire de 1 fr. pour chaque extrait. Ce mode de procéder est facultatif; les conservateurs sont fondés à délivrer des copies littérales des transcriptions, moyennant le salaire de 1 fr. par rôle d'écriture contenant 25 lignes à la page et 18 syllabes à la ligne.

Étranger.

1. Celui qui n'appartient pas à la nation chez laquelle il se trouve. Individu qui n'est pas français.

2. L'étranger ne jouit pas des droits civiques ou politiques, quand

même il aurait été admis à établir son domicile en France ; il ne peut y prétendre qu'en se faisant naturaliser (C. civ., 7 et 13).

Ainsi, l'étranger n'est pas apte à figurer comme témoin dans les actes notariés (C. civ., 980 ; L. 25 ventôse an XI, art. 9).

Il n'a pas le droit de gérer une tutelle, ni de faire partie d'un conseil de famille (Paris, 21 mars 1861), à moins qu'il ne s'agisse de ses proches (Cass., 16 février 1875 ; Paris, 21 août 1879).

3. L'étranger, même non résidant en France, peut être cité devant les tribunaux français pour l'exécution des obligations par lui contractées en France avec un français, et pour les obligations par lui contractées en pays étranger envers des français (C. civ., 14).

On assigne l'étranger, n'ayant pas de résidence en France, au parquet du procureur de la République près le tribunal où la demande est portée (C. pr., 69, 9°).

Un français peut être traduit devant un tribunal de France pour des obligations par lui contractées en pays étranger, même avec un étranger (C. civ., 15).

4. En toutes matières, autres que celles de commerce, l'étranger demandeur sera tenu de donner caution pour le paiement des frais et dommages-intérêts résultant du procès, à moins qu'il ne possède en France des immeubles suffisants pour assurer ce paiement (C. civ., 16 ; C. pr., 166, 167, 423).

L'étranger admis à l'assistance judiciaire est dispensé de la caution, en vertu de diverses conventions diplomatiques (Traités avec l'Allemagne, 20 février 1880, art. 3 ; l'Espagne, 17 décembre 1885).

5. L'étranger est régi en France par la loi de son pays, en ce qui concerne son état, sa capacité, sa qualité de majeur ou de mineur, d'enfant légitime ou naturel, et la preuve de sa filiation (Cass., 17 juillet 1833 ; Orléans, 17 mars 1856 ; Cour Martinique, 18 mai 1878 ; Paris, 8 février 1883).

Ainsi, le mineur, suivant les lois de son pays, est incapable de contracter en France, quoiqu'il ait atteint l'âge fixé par la loi française pour la majorité (Paris, 20 février 1858) ; néanmoins, si le français a agi de bonne foi, et dans l'ignorance de la qualité de l'étranger, les engagements sont déclarés valables (Cass., 16 janvier 1861).

En Allemagne, en Angleterre, en Belgique, en Italie et en Russie, la majorité est fixée à 21 ans ; en Hollande, à 23 ans ; en Autriche, à 24 ans ; en Espagne, à 25 ans ; en Suisse, elle varie de 19 à 24 ans.

6. L'étranger a la faculté d'être propriétaire de meubles ou d'immeubles en France, d'être créancier ou débiteur d'après la loi civile française (C. civ., 3, 14, 15).

Il a aussi le droit de succéder, de disposer et de recevoir de la même manière que les français (L. 14 juillet 1819, art. 1).

7. Dans le cas de partage d'une même succession entre des cohéritiers étrangers et français, ceux-ci prélèvent sur les biens situés en France une portion égale à la valeur des biens meubles ou immeubles (Cass., 27 août 1850) situés en pays étranger, dont ils seraient exclus, à quelque titre que ce soit, en vertu des lois et coutumes locales (même loi, art. 2).

8. C'est d'après la loi française que doit être réglé le partage des immeubles délaissés par l'étranger en France (C. civ., 3; Cass., 14 mars 1837, 2 avril 1884; Paris, 12 mai 1874; Pau, 17 janvier 1872; Demolombe, I, 90; Aubry et Rau, § 31).

9. Les conventions matrimoniales dérogeant à la loi française ne sont pas applicables aux immeubles situés en France (Cass., 4 avril 1881).

10. Les meubles qu'un étranger possède en France sont régis par la loi française en ce qui concerne les questions de possession, de privilège et de voies d'exécution (Cass., 19 mars 1872).

11. La succession mobilière de l'étranger est régie par la loi de son pays d'origine, quelles que soient les circonstances de son établissement en France, s'il n'a pas obtenu (C. civ., 13) l'autorisation du gouvernement (Cass., 5 mai 1875, 22 février 1882; Bordeaux, 24 mai 1876; Toulouse, 22 mai 1880).

12. Le principe d'après lequel la succession d'un étranger qui s'ouvre en France serait régie, pour la partie mobilière, par la loi du pays de cet étranger, ne peut être invoqué lorsqu'une telle succession est dévolue à des héritiers étrangers et à des héritiers français; dans ce cas, la loi française est applicable relativement à ces derniers, notamment pour l'exécution d'une promesse d'égalité (Cass., 20 février 1882; Paris, 14 juillet 1871), et ils sont autorisés au prélèvement prévu par la loi du 14 juillet 1819, sur tous les biens meubles et immeubles situés en France (Cass., 20 mai 1879).

13. Si la loi nationale de l'étranger ordonne de suivre en matière de statut personnel la loi de la résidence habituelle, et, en matière de statut réel, la loi de la situation des biens meubles ou immeubles, la loi française est seule applicable au règlement de la succession

exclusivement composée de meubles se trouvant en France (Cass.,
22 février 1882).

14. Le testament olographe et la donation faits en France par un
étranger, conformément aux lois françaises, sont valables, bien que
la loi nationale de cet étranger n'admette pas cette forme de tester
ou soumette la donation à des formalités non requises par le Code
civil (Cass., 25 août 1847, 9 mars 1853, 20 février 1882).

15. Au point de vue fiscal, les valeurs mobilières étrangères dépendant de la succession d'un étranger domicilié en France, avec
ou sans autorisation, sont assujetties aux droits de mutation par
décès (L. 23 août 1871, art. 4).

16. Tout partage comprenant des biens français et des biens
étrangers, est considéré, pour la perception du droit de soulte,
comme si les biens français existaient seuls (Cass., 11 novembre
1844).

17. Les femmes mariées étrangères, les mineurs et les interdits
étrangers, ne jouissent d'aucune hypothèque légale sur les biens
que leurs maris ou tuteurs possèdent en France (Cass., 20 mai
1862, 7 mars 1884]).

18. Des conventions diplomatiques conclues avec les pays suivants : Espagne (7 janvier 1862, art. 20 à 22); Italie (22 juillet
1862, art. 9 à 11); Autriche, 11 décembre 1866, art. 2); Suisse
(19 octobre 1869, art. 5); Russie (1er avril 1874, art. 10); Serbie
(18 janvier 1883, art. 8), dérogent sur plusieurs points à ce qui
vient d'être dit, notamment pour les successions.

19. L'étranger devient apte à jouir des droits civils en France
lorsqu'il obtient du Gouvernement l'autorisation d'y établir son domicile, et que, de fait, il y fixe sa résidence (C. civ., 13).

Alors : l'étranger est dispensé de fournir la caution ; sa femme et
ses pupilles ont le droit d'invoquer l'hypothèque légale ; sa succession, même mobilière, est régie par la loi française (Cass., 5 mai
1875 ; Toulouse, 22 mai 1880).

Étranger (Acte).

1. Les actes faits à l'étranger sont soumis, quant à la forme extrinsèque, aux lois du pays où ils sont passés ; ainsi : 1° un acte fait
sous-seing privé, même entre français, dans un pays dont la législation admet cette forme, est valable, bien que la législation française

exige la forme authentique (Aubry et Rau, § 31, note 70; Demolombe, I, 185), par exemple, une donation (Paris, 11 mai 1816, 22 novembre 1828), ou un contrat de mariage (Cass., 18 avril 1865; *J. de dr. int. privé*, 1881, p. 461); 2° les conventions civiles d'un mariage contracté par un français en pays étranger, sont valables, quoique rédigées après la célébration du mariage, alors que la législation du pays où le mariage a été contracté, autorise cette manière de procéder (Cass., 11 juillet 1855, 24 décembre 1868).

2. Un étranger ne peut disposer hors France par testament olographe, qu'autant que ce mode de tester est reconnu par la loi nationale de cet étranger, ou par la loi territoriale du lieu où le testament a été fait (Aubry et Rau, § 78, note 46; Demolombe, XXI, 485).

3. Le français se trouvant en pays étranger est autorisé à y tester, soit dans la forme olographe, soit dans l'une des formes authentiques établies par les lois du pays où il se trouve (C. civ., 999).

Néanmoins, un pareil testament ne peut être exécuté en France qu'après avoir été enregistré au bureau du domicile du testateur, s'il en a conservé un, sinon, au bureau de son dernier domicile connu. Lorsque le testament contient des dispositions d'immeubles, il doit, en outre, être enregistré au bureau de la situation des biens, sans cependant qu'il puisse être exigé un double écrit (C. civ., 1000).

4. Tout acte de l'état civil des français et des étrangers, dressé en pays étrangers, fait foi s'il est rédigé dans les formes usitées dans ce pays (C. civ., 47).

5. Le mariage contracté en pays étranger entre français, ou entre français et étrangers, est valable s'il a été célébré dans les formes usitées dans le pays, pourvu qu'il ait été précédé des publications prescrites par la loi française (C. civ., 63), et que le français ait rempli les conditions de capacité imposées par la loi nationale (C. civ., 144 et suiv., 170). Enfin, la loi exige que l'acte de mariage soit transcrit littéralement sur les registres de l'état civil en France, dans le délai de trois mois, après le retour du français (C. civ., 171). Le défaut de transcription n'entache pas la validité du mariage (Cass., 12 février 1833), mais le mariage est inopposable aux tiers, tant qu'il n'a pas été transcrit (Bordeaux, 14 mars 1850; Nice, 1er décembre 1873).

6. Les décisions émanées de juges étrangers ne produisent hypothèque sur les immeubles situés en France, qu'autant que l'effet

hypothécaire y est attaché par des traités diplomatiques, ou qu'elles ont été déclarées exécutoires par un tribunal civil français (C. civ., 2123 ; C. pr., 546).

7. Les contrats reçus par des officiers publics étrangers, ne peuvent conférer hypothèque conventionnelle sur des immeubles situés en France, excepté dans le cas où il existerait des dispositions modificatives dans les lois politiques ou dans les traités (C. civ., 2128).

8. Tous actes passés à l'étranger sont soumis au timbre et à l'enregistrement en France, soit avant tout usage dans un acte notarié, soit avec l'acte notarié auquel ils sont annexés.

9. Les actes étrangers, emportant mutation de propriété ou de jouissance d'immeubles, ou de fonds de commerce en France, doivent être enregistrés dans les six mois s'ils sont faits en Europe, dans une année si c'est en Amérique, et dans deux années si c'est en Asie ou en Afrique (L. 22 frimaire an VII, art. 22; 28 février 1872).

10. En principe, avant de faire usage d'un acte passé à l'étranger, il faut vérifier ses légalisations. La légalisation du ministre du pays étranger doit attester que l'acte est conforme à la loi de ce pays. — V. LÉGALISATION.

Étude.

Lieu où un notaire, un avoué ou un autre officier ministériel travaille avec ses clercs. Dépôt des minutes conservées chez un notaire. Clientèle ou charge de l'officier public.

Personnel de l'établissement.

Évêché.

Territoire soumis à l'autorité d'un évêque ; on dit aussi diocèse. Titre ou dignité d'évêque; palais épiscopal.

Considéré comme personne civile, l'évêché comprend l'ensemble des intérêts exprimés sous les noms d'église, diocèse, mense épiscopale et autres établissements diocésains représentés par l'évêque (Ord. 2 avril 1817; Av., Cons. d'État, 13 mai 1871 ; Cass., 23 avril 1883; Ducrocq, II, 1221).

Le palais épiscopal et son mobilier appartiennent à l'État et sont entretenus sur les fonds du Trésor public (Cons. d'État, 21 mars 1837; Ducrocq, 1222).

Éviction.

1. Privation totale ou partielle d'une chose dont on est en possession.

2. Sont tenus de garantir le libre exercice des choses qu'ils transmettent : le vendeur (C. civ., 1626, 1630, 1636); l'échangiste (C. civ., 1705); le cédant d'une créance (C. civ., 1693) ou d'une hérédité (C. civ., 1696) ; le bailleur (C. civ., 1725).

3. Les copartageants sont garants les uns envers les autres des évictions procédant d'une cause antérieure au partage (C. civ., 884, 1476, 1872).

4. Les coobligés sont respectivement garants les uns envers les autres jusqu'à concurrence de la part pour laquelle ils doivent contribuer entr'eux au paiement de cette dette (C. civ., 873, 875, 1213, 1221, 1225).

5. Celui qui constitue une dot est tenu de garantir les biens qui en forment l'objet (C. civ., 1440, 1547).

Exception.

Moyen de défense qui, sans combattre directement l'action et sans discuter le mérite du fonds, tend simplement, soit à faire différer l'examen et la solution du procès, soit à critiquer la forme dans laquelle il a été procédé.

Exception dilatoire : par la femme commune (C. civ., 1456 à 1459, 1463); par l'héritier (C. civ., 759 à 800, 877) ; *exception de discussion :* par la caution (C. civ., 2021, 2022); par le tiers détenteur d'un immeuble hypothéqué (C. civ., 2170) ; *exception de cession d'actions :* par la caution (C. civ., 2037) ; *exception de division :* par les cautions (C. civ., 2025); *exception de prescription* (C. civ., 2223, 2224), etc.

Exclusion de communauté.

1. Régime matrimonial n'établissant aucune société entre les époux, chacun d'eux conservant la propriété de ses biens propres ; néanmoins, ceux de la femme sont aliénables et restent soumis à la jouissance du mari (C. civ., 1530 à 1535).

2. Sous ce régime, la femme n'a point le droit d'administrer ses biens, ni d'en percevoir les fruits ; ces fruits sont censés apportés au mari pour soutenir les charges du mariage (C. civ., 1530).

3. Le mari a l'administration des biens meubles et immeubles de la femme, et, par suite, le droit de percevoir tout le mobilier qu'elle apporte en dot ou qui lui échoit pendant l'union, sauf la restitution qu'il en doit faire sans délai (Laurent, XXIII, 434 ; Aubry et Rau, § 531, note 26) après la dissolution du mariage ou après la séparation qui serait prononcée par justice (C. civ., 1531).

4. En cas de prédécès du mari, la femme a droit aux frais de son deuil (Odier. 972 ; Aubry et Rau, § 531, note 29 ; Guillouard, 1662).

5. Si, dans le mobilier apporté en dot par la femme, ou qui lui échoit pendant le mariage, il y a des choses dont on ne peut faire usage sans les consommer, il en doit être joint un état estimatif au contrat de mariage, ou il doit en être fait inventaire lors de l'échéance, et le mari en doit rendre le prix d'après l'estimation (C. civ., 1532).

6. Les droits du mari sur les biens de la femme sont les mêmes sous ce régime que sous celui de la communauté réduite aux acquêts (Comp. C. civ., 1428).

Spécialement, il peut recevoir les créances et obligations lors de leur remboursement, mais il n'a pas qualité pour les céder ou transférer, sans le concours de la femme (Cass., 4 août 1862 ; Guillouard, 1658).

7. Le mari est tenu de toutes les charges de l'usufruit (C. civ., 1533).

8. Il peut être convenu que la femme touchera annuellement, sur ses seules quittances, certaines portions de ses revenus pour son entretien et ses besoins personnels (C. civ., 1534).

9. Les immeubles de la femme ne peuvent être aliénés sans le consentement du mari ; et, à son refus, sans l'autorisation de la justice (C. civ., 1535). Dans ce dernier cas, la vente ne pourra comprendre que la nue propriété.

Quand le mari a autorisé la vente des biens de sa femme, il est garant envers elle du prix. Lorsque la vente s'est faite avec l'autorisation de justice, la responsabilité du prix ne pèse sur le mari que s'il a signé la quittance (Aubry et Rau, § 531, notes 9 et 10 ; Laurent, XXIII, 420).

10. Si des biens sont acquis à titre onéreux au nom de la femme, elle en est propriétaire, sous réserve de la répétition des deniers fournis à cet effet par le mari. En présence d'un contrat de mariage autorisant la femme à toucher certaines portions de ses revenus, il y aura présomption que le prix a été payé avec les économies de la

femme; au contraire, si la femme n'a la disposition d'aucune portion de ses revenus, les fonds ne peuvent avoir d'autre origine qu'un avantage fait par le mari.

La solution ne serait pas modifiée par la circonstance que les acquisitions auraient été payées avec les produits des talents ou de l'industrie, car ces produits sont des fruits appartenant au mari seul (Bellot des Minières, III, 351; Duranton, XV, 259; Odier, 947; Marcadé, art. 1532, n° 3; Duvergier, XIV, 23; Vazeille, II, 360; Benoît, I, 210; Boileux, I, 548; Massé et Vergé, IV, § 664; Troplong, 2236; Laurent, XXIII, 433; Acollas, 1530; — *Contrà*, Demolombe, IV, 314; Aubry et Rau, § 531, notes 18 et 19; Colmet de Santerre, VI, 200 *bis;* Guillouard, 1660; Alauzet, I, 72).

Exécuteur testamentaire.

1. Mandataire imposé par le testateur à ses héritiers ou légataires universels, dans le but d'obtenir une plus sûre et plus diligente exécution de ses dernières volontés.

I. Nomination de l'exécuteur.

2. Le testateur est autorisé à nommer un ou plusieurs exécuteurs testamentaires (C. civ., 1025).

Cette nomination peut avoir lieu par testament ou par un codicille dans la même forme que le testament (Demolombe, XXII, 22; Laurent, XIV, 324).

3. L'exécuteur testamentaire doit être moralement et légalement capable de s'obliger (C. civ., 1028). Ainsi, le mineur, émancipé ou non, n'a pas capacité pour accepter cette fonction (C. civ., 1030).

La femme mariée, non séparée, ne peut accepter l'exécution testamentaire qu'avec le consentement de son mari (C. civ., 1029; Aubry et Rau, § 711, note 4).

Si la femme est séparée de biens, elle peut accepter, à défaut de l'autorisation maritale, avec l'autorisation de la justice (C. civ., 1029; Demolombe, XXII, 25).

4. Le testateur peut nommer exécuteur l'un de ses héritiers ou légataires (Colmar, 8 novembre 1821; Grenoble, 14 février 1887; Aubry et Rau, § 711, note 6).

5. Une personne incapable de recevoir un legs du testateur peut, néanmoins, être nommée exécuteur; tels sont : le médecin, le

prêtre, un témoin, le notaire rédacteur du testament (Pau, 24 août
1825 ; Aubry et Rau, § 711, note 7 ; Demolombe, XXII, 11) ; mais,
dans ce cas, aucun salaire ne peut être fixé, à peine de nullité
(Douai, 15 janvier 1834 ; Paris, 5 février 1833 ; Cass., 4 juin 1883).

En principe, le testament authentique nommant l'un des témoins
ou le notaire rédacteur exécuteur testamentaire sans salaire spécial,
est valable ; cependant, au point de vue pratique, il est plus prudent de faire nommer un tel exécuteur par codicille spécial.

6. Celui qui est nommé exécuteur, reste libre d'accepter ou de
refuser cette fonction ; après une acceptation, il ne peut se dispenser
de remplir le mandat ; s'il refuse, c'est aux héritiers que revient
le soin d'exécuter le testament (Caen, 13 janvier 1823 ; Demolombe,
XXII, 41, 108).

7. L'exécuteur n'a pas de salaires à réclamer, à moins que le testateur ne lui ait fait un legs ou *diamant* en reconnaissance de ses
soins. Mais il a le droit de répéter les déboursés faits de bonne foi
pour l'accomplissement de ses fonctions (C. civ., 1034, 1999), et les
dépens des instances qu'il a engagées lorsque le juge ne décide pas
qu'il a agi témérairement (Cass., 17 novembre 1885).

II. Droits et devoirs de l'exécuteur.

8. Celui qui nomme un exécuteur testamentaire, lui confère tacitement les pouvoirs nécessaires pour faire exécuter ses dernières
volontés, ainsi :

1º L'exécuteur fait apposer les scellés, s'il y a des héritiers incapables ou absents, et fait procéder, en présence des intéressés, à
l'inventaire des biens de la succession.

En cas de désaccord sur le choix du notaire entre l'exécuteur et
les héritiers c'est au président du tribunal qu'il appartient de faire
cette désignation (Cass., 26 janvier 1886 ; Paris, 31 décembre 1885) ;

2º Quand il n'y a pas de deniers suffisants pour acquitter les legs,
l'exécuteur testamentaire peut provoquer la vente du mobilier (C.
civ., 1031), mais non celle des immeubles (Aubry et Rau, § 711,
note 21) ;

3º Il peut poursuivre, contre les héritiers ou les légataires, l'exécution des charges imposées par le testateur dans son propre intérêt :
monument funèbre, services pieux, etc. (C. civ., 1031) ;

4º Il est autorisé à assurer le droit de préférence des légataires, en prenant inscription sur les immeubles de la succession (C. civ., 1017, 2111) ;

5° L'exécuteur a la faculté d'intervenir dans les contestations relatives à la validité ou à l'exécution des dispositions testamentaires, peu importe qu'elles aient pour objet des meubles ou des immeubles (C. civ., 1031 ; Rennes, 12 juillet 1864).

9. En principe, les héritiers ou légataires universels ont seuls droit de toucher les revenus et les capitaux héréditaires, d'exercer les actions possessoires ou pétitoires et d'y répondre.—V. n° 16.

10. L'exécuteur testamentaire est responsable de sa gestion, aussi bien envers les légataires particuliers, qu'envers les héritiers ou légataires universels.

11. Si le testateur a nommé plusieurs exécuteurs, un seul peut, encore qu'ils aient tous accepté leur mission, agir au défaut des autres. Ceux qui restent dans l'inaction ne répondent point, en général, des faits de ceux qui agissent. Toutefois, s'ils ont reçu la saisine, ils répondent tous solidairement du compte du mobilier, à moins que le testateur n'ait divisé leurs fonctions, et que chacun d'eux ne se soit renfermé dans celles qui lui étaient attribuées (C. civ., 1033 ; Demolombe, XXII, 27 ; Aubry et Rau, § 711, note 49).

12. Quand le testateur ne laisse pas de réservataires, il a le droit d'étendre les pouvoirs de son exécuteur testamentaire, notamment, le charger de trier et détruire, hors la présence des héritiers, ses papiers et ses lettres inutiles (Cass., 26 janvier 1886).

13. Aussi, en l'absence d'héritiers à réserve, le testateur peut charger son exécuteur de vendre les immeubles de sa succession, sans formalités de justice, d'en toucher le prix et de répartir l'actif net en espèces entre les légataires, alors même qu'il y aurait des mineurs ou autres incapables intéressés (Cass., 8 août 1848, 17 avril 1855 ; Paris, 13 août 1849, 8 août 1856 ; Rennes, 22 août 1860 ; Douai, 27 janvier 1864 ; Metz, 13 mai 1869 ; Seine, 25 mars 1885 ; Demolombe, XXII, 93 ; Aubry et Rau, § 711, note 15 ; — *Contra*, Massé et Vergé, § 491 ; Tr. Amiens, 4 décembre 1886).

III. De la saisine.

14. Le testateur a la faculté de donner à ses exécuteurs testamentaires la saisine de tout ou partie de son mobilier pendant une année à compter de son décès (C. civ., 1026), même lorsqu'il laisse

des héritiers réservataires (Paris, 18 décembre 1871; Demolombe, XXII, 51 ; — *Contrà*, Aubry et Rau, § 711, note 22).

D'ailleurs, la saisine ne peut s'appliquer aux immeubles (Lyon, 26 août 1864).

15. La durée de la saisine ne pourrait être prolongée par le testateur (Alger, 20 janvier 1879), ni par le juge. Toutefois, si le testament n'avait été découvert que plusieurs mois après la mort du testateur, ou avait donné lieu à des contestations relatives à sa validité, le délai d'un an ne devrait courir que de la découverte du testament ou de la cessation de l'obstacle qui s'opposait à l'entrée en possession de l'exécuteur (Demolombe, XXII, 50; Aubry et Rau, § 711, note 33 ; Laurent, XIV, 343).

16. La saisine conférée à l'exécuteur testamentaire, l'autorise :

1° A prendre possession du mobilier en qualité de séquestre, et à le faire vendre jusqu'à concurrence de ce qui est nécessaire pour acquitter les legs. Si les héritiers ou légataires universels ne consentent pas à la vente, l'exécuteur est obligé de la faire ordonner par le juge ;

2° A toucher les capitaux dus à la succession, ainsi que les revenus connus au décès du testateur, et à contraindre les débiteurs au remboursement ou à les actionner en justice pour obtenir des condamnations contre eux (Demolombe, XX, 53) ;

3° A employer les deniers comptant et les sommes versées entre ses mains, au paiement des legs, après en avoir fait reconnaître la validité par les héritiers ou légataires universels.

17. Quand l'exécuteur a la saisine, les légataires de sommes d'argent ou d'objets mobiliers peuvent diriger leur demande en délivrance contre l'exécuteur qui devra mettre les héritiers en cause, s'ils n'ont pas donné l'autorisation d'acquitter ces legs.

18. En aucun cas, l'exécuteur testamentaire n'est chargé de payer les dettes de la succession.

19. L'héritier ou légataire universel a toujours la faculté de faire cesser la saisine et les pouvoirs de l'exécuteur testamentaire, en offrant de lui remettre somme suffisante pour l'acquittement des legs, ou en justifiant de leur paiement (C. civ., 1027).

IV. Fin de l'exécution testamentaire.

20. Le mandat de l'exécuteur testamentaire finit lorsque le testa-

ment est complètement exécuté, ou, par le décès, la démission ou la destitution de l'exécuteur testamentaire.

21. Après la cessation de ses fonctions, l'exécuteur testamentaire est tenu de rendre compte, à moins que le testateur ne l'en ait formellement dispensé (Nîmes, 23 mai 1865 ; Aubry et Rau, § 711, note 46). Mais la validité de cette dispense est contestable (Douai, 23 juin 1846 ; Demolombe, XXII, 119) ; en tout cas, elle est nulle si l'exécuteur se trouve incapable de recevoir du testateur, et elle reste inopposable aux réservataires. Au surplus, la dispense de rendre compte n'équivaut pas au legs du reliquat ; elle oblige seulement les héritiers à s'en rapporter à l'exécuteur, et l'affranchit de responsabilité.

Exécution.

Action d'exécuter ; accomplissement, réalisation : l'exécution volontaire d'un acte en couvre la nullité (C. civ., 1338) ; l'exécution forcée d'un jugement ne peut avoir lieu qu'après sa signification (C. pr., 147) ; le titre exécutoire contre le défunt ne peut être mis à exécution contre l'héritier, que huit jours après signification (C. civ., 877).

Exécution parée, celle qui peut avoir lieu en vertu d'un jugement ou d'un acte notarié portant le même intitulé que les lois, et terminé par un mandement aux officiers de justice (C. pr., 545 ; L. 25 ventôse an XI, art. 19). — V. Grosse.

Exécution provisoire, celle que les juges de première instance autorisent en cas d'urgence, nonobstant opposition ou appel contre le jugement qui la prononce (C. pr., 135, 439, 458).

Saisie-exécution, saisie des meubles d'un débiteur au nom de son créancier qui en poursuit la vente à son profit (C. pr., 583 et suiv.). — V. Saisie.

Exécutoire.

1. Mandement accordé par le juge et délivré par le greffier dans la forme des jugements, pour permettre de mettre à exécution la taxe qui a été faite des dépens adjugés, ou des déboursés et honoraires dus à un officier public (C. pr., 220, 319, 535, 769 ; L. 5 août 1881, art. 3).

2. L'exécutoire délivré au notaire, après la taxe de ses frais d'actes, est susceptible d'opposition et d'appel (L. 5 août 1881) ; cet exécutoire ne confère pas hypothèque sur les biens du débiteur des frais

(Langres, 14 mai 1884; Bourges, 21 juillet 1887; Valence, 30 juillet 1884; Didio, 35; Vignancourt, 36; — *Contra*, Privas, 15 juillet 1886; Brives, 18 novembre 1886; Amiaud, 46; Aubertin, p. 180); par suite, le notaire conserve le droit de poursuivre le débiteur devant le tribunal, pour obtenir condamnation (Cass., 3 août 1887). — V. TAXE.

3. Le notaire peut aussi prendre un exécutoire du juge de paix de son canton, pour les avances des droits de timbre et d'enregistrement (L. 22 frimaire an VII, art. 30).

TITRE EXÉCUTOIRE, grosse d'un acte authentique.

Exequatur.

Permission accordée par un tribunal civil français d'exécuter en France un jugement rendu par un tribunal étranger (C. pr., 546; comp. C. civ., 2123).

Autorisation donnée à l'agent diplomatique ou consul d'un gouvernement étranger, d'exercer ses fonctions en France.

Expédition.

1. Copie littérale de la minute d'un acte délivrée par le notaire dépositaire de l'original (L. 25 ventôse an XI, art. 21).

I. Compétence pour la délivrance.

2. Le notaire détenteur de l'acte peut, seul, délivrer l'expédition.

3. Quoique un acte ait été reçu par deux notaires, l'expédition n'a besoin d'être signée que par celui qui est détenteur de la minute (Paris, 25 janvier 1834).

4. Un notaire peut délivrer expédition, non seulement des actes reçus par lui ou ses prédécesseurs, mais encore des pièces déposées pour minute ou simplement annexées à ses actes. Cependant, par convenance, les notaires s'abstiennent de délivrer des expéditions isolées des jugements annexés ou déposés, et des actes existant en minute chez un autre notaire de la même résidence.

5. Le notaire empêché par maladie ou absence, est substitué par un confrère pour la délivrance des expéditions comme pour la réception d'un acte (Montluçon, 12 janvier 1865).

6. Après le décès d'un notaire, et jusqu'à son remplacement,

les expéditions sont délivrées par le notaire dépositaire provisoire des actes de l'étude (L. 25 ventôse an XI, art. 61).

7. Pour prévenir tout soupçon, les expéditions des actes intéressant personnellement le notaire qui en a la garde, ou ses parents au degré prohibé, sont délivrées par un notaire que désigne le président du tribunal civil, sur simple requête.

II. Droit de requérir la délivrance.

8. Les notaires ne peuvent, sans l'ordonnance du président du tribunal de première instance, délivrer expédition des actes à d'autres qu'aux personnes intéressées en nom direct, leurs héritiers ou ayant droit, à peine d'amende et de dommages-intérêts (L. 25 ventôse an XI, art. 23).

Les ayants droit des parties sont les héritiers, donataires ou légataires, les acquéreurs particuliers de la chose faisant l'objet de l'acte.

Ceux qui ne se trouvent pas dans ces catégories, ne peuvent obtenir expédition d'un acte les intéressant, qu'après autorisation du président du tribunal.

Un légataire particulier n'a le droit d'exiger expédition que de la partie du testament concernant son legs (Cass., 11 février 1868).

9. Le notaire qui refuserait de délivrer une expédition à ceux ayant le droit de l'exiger, y serait contraignable par jugement, et se rendrait passible de dommages-intérêts (C. pr., 839, 840 ; Bourges, 17 juin 1829).

10. La remise de l'expédition étant une présomption de paiement des frais de l'acte (Cass., 26 janvier 1858), le notaire peut en refuser la délivrance tant que ces frais ne lui sont pas payés (C. pr., 851), peu importe que l'expédition soit demandée par la partie débitrice des frais ou par les autres parties (Déc. min. just., 15 novembre 1844 ; Vouziers, 14 mai 1886), ou, encore, par un syndic en cas de faillite de l'une des parties (Paris, 23 octobre 1834).

III. Forme des expéditions.

11. Comme les minutes, les expéditions doivent être écrites en un seul et même contexte, lisiblement, sans abréviation, blanc, lacune ni intervalle, et énoncer, en toutes lettres, les sommes et les dates, à peine d'amende.

12. L'expédition est la copie exacte de la minute ; on ne doit rien ajouter, changer ou retrancher.

Alors même que la minute contiendrait des ratures, surcharges, blancs, renvois non paraphés, le notaire copie textuellement ; néanmoins, si les irrégularités lui paraissent graves, il les signale à la fin de l'expédition.

13. A la suite de l'expédition d'un acte dans lequel une partie a été représentée par mandataire, on transcrit expédition ou extrait littéral des pouvoirs, avec les mentions d'enregistrement et de légalisation qu'ils contiennent.

14. Les renvois contenus dans une expédition sont signés ou paraphés par le notaire ; les mots rayés doivent être approuvés.

16. L'usage général est de placer une mention marginale à la fin de chaque expédition, constatant le nombre de rôles, de renvois et de mots rayés ; au-dessus de cette mention, on appose le sceau.

17. Il est aussi d'une bonne pratique de rapporter, dans les expéditions, les signatures apposées sur la minute.

18. Les notaires ne peuvent délivrer expédition d'aucun acte avant l'enregistrement, dont la mention doit être transcrite littéralement, à peine d'amende (L. 22 frimaire an VII, art. 41 et 44).

Par dérogation à cette règle, des expéditions peuvent être délivrées aux testateurs, sans enregistrement de leurs testaments (Déc. min. fin., 25 avril 1809).

Il en est de même pour les donations entre époux.

IV. Timbre.

19. Toutes les expéditions des actes notariés sont soumises au timbre de dimension de 1 fr. 80 c. (L. 13 brumaire an VII, art. 18) débité par la Régie.

Cependant, les notaires sont autorisés à faire timbrer à l'extraordinaire du parchemin pour les expéditions.

20. La délivrance sur papier libre d'une expédition signée, rendrait le notaire passible d'une amende (Cass., 23 mai 1808).

Néanmoins, il est permis de délivrer, sur papier non timbré, des expéditions des actes concernant des administrations publiques, pour les soumettre à l'approbation de l'autorité ; mais ces expéditions doivent mentionner leur destination (Déc. min. fin., 30 fructidor an XIII, 8 mars 1854).

21. Les actes exempts de timbre, ou visés pour timbre gratis, sont expédiés sur papier également exempt de timbre, ou visé pour timbre gratis.

22. Deux actes ne peuvent être expédiés à la suite l'un de l'autre sur la même feuille de timbre, à peine d'amende. Cette règle comporte quelques exceptions. — V. ACTE NOTARIÉ, n° 120.

23. Les expéditions ne doivent pas contenir plus de 25 lignes à la page, et 15 syllabes à la ligne, à peine d'amende (Décr. 16 février 1807, art. 174 ; L. 13 brumaire an VII, art. 20).

La signature de l'expédition, les mots *report*, *à reporter*, ne sont pas considérés comme des lignes (Sol., 30 août 1865).

Quant aux renvois placés en marge, ils sont comptés pour le nombre de lignes normales qu'ils représentent (Senlis, 16 février 1841 ; Châteaubriant, 24 septembre 1842).

Expertise.

1. Opération à laquelle procèdent des personnes (experts) nommées par autorité de justice ou choisies par les parties intéressées, en vue d'estimer ou apprécier certaines choses.

Il faut se garder de confondre l'expertise avec l'arbitrage : les experts expriment un avis auquel le juge ou les parties ne sont pas tenus de se conformer ; les arbitres prononcent sur le fond de la question qui leur est soumise. — V. COMPROMIS.

2. Pour les partages amiables, des personnes notables du pays sont fréquemment chargées de faire les estimations et de préparer les lotissements. Cet usage doit être encouragé, car il évite les froissements qui se produisent trop souvent quand les intéressés procèdent eux-mêmes.

3. Devant les juges de paix, des expertises sont ordonnées pour constater l'état des lieux ou apprécier la valeur des indemnités demandées (C. pr., 41 et 42).

4. Les tribunaux de commerce peuvent renvoyer les parties devant un ou trois experts, nommés arbitres rapporteurs, chargés d'examiner les pièces, d'entendre les parties, de les concilier si faire se peut, sinon donner leur avis (C. pr., 429 à 431).

En matière de commerce maritime, il y a lieu à expertise pour fixer la contribution des choses sauvées, dans la perte de celles jetées à la mer pour le salut du navire (C. comm., 414 à 429).

5. Devant les tribunaux civils, la forme de l'expertise est réglée par les articles 302 à 323 du Code de procédure.

6. Les principaux cas dans lesquels il y a lieu à expertise sont indiqués dans les articles 126, 453, 466, 824, 834, 1559, 1678 du Code civil ; 195, 204, 208, 236, 295, 971 du Code de procédure.

7. Les expertises, en matière d'enregistrement, sont soumises à des règles particulières (L. 22 frimaire an VII, art. 15, 17, 18, 19, 61 ; 27 ventôse an IX, art. 5 ; 15 novembre 1808, art. 1 ; 23 août 1871, art. 11 et 15 ; 28 février 1872, art. 8).

8. Pour les vacations, frais de voyage et nourriture des experts, voir tarifs 16 février 1807, art. 159 à 165 ; 10 octobre 1841, art. 15 et 16.

Exploit.

Acte d'un huissier contenant une assignation ou une notification.

Tout exploit est un acte en double partie : l'une des parties, appelée *original*, reste entre les mains de l'huissier qui la remet au requérant ; l'autre partie, nommée *copie*, est remise à la personne qui reçoit l'assignation.

Les règles relatives aux exploits sont indiquées dans les articles 1, 61, 64 et 65 du Code de procédure civile.

Les exploits sont soumis au timbre et à l'enregistrement.

Expropriation forcée.

Vente par autorité judiciaire des biens immeubles d'un débiteur, sur les poursuites d'un de ses créanciers. Le Code civil fixe les cas et conditions dans lesquels peut avoir lieu l'expropriation forcée (C. civ., 2204 à 2217), et c'est le Code de procédure qui en règle les formalités au titre de la saisie immobilière (C. pr., 673 et suiv.). — V. SAISIE IMMOBILIÈRE.

Expropriation publique.

1. L'expropriation publique est la transmission forcée, moyennant indemnité, d'une propriété immobilière dont l'intérêt général réclame l'acquisition.

2. Le pouvoir d'imposer à un particulier le sacrifice de sa propriété, dans l'intérêt public, est posé par l'article 545 du Code civil, et développé dans la loi du 3 mai 1841, formant le droit commun

de l'expropriation pour cause d'utilité publique, pour tous les cas qui ne sont pas régis par des lois spéciales.

I. Déclaration d'utilité publique.

3. Les grands travaux publics, tels que routes nationales, canaux, chemins de fer, bassins et autres, entrepris par l'État, ou par Compagnies particulières, ne peuvent être autorisés que par une loi (L. 3 mai 1841, art. 3 ; 27 juillet 1870).

4. Un décret, rendu en Conseil d'État, suffit pour autoriser l'exécution des routes départementales, canaux, chemins de fer, ayant moins de 20 kilomètres de longueur, les lacunes et rectifications de routes nationales, ainsi que les ponts et autres travaux de moindre importance (Mêmes lois).

Pour les chemins de fer d'intérêt local, les travaux des départements et des communes, des associations syndicales et le drainage, l'utilité publique est aussi déclarée par un décret délibéré en Conseil d'État (L. 10 juin 1854, art. 4 ; 21 juin 1865, art. 18 ; 12 juillet 1865, art. 2).

5. En matière de chemins vicinaux ou ruraux, l'utilité publique est déclarée, si les travaux n'atteignent pas de terrains bâtis, par délibération du conseil général pour les chemins de grande communication, et par la commission départementale pour les chemins vicinaux ordinaires ou ruraux. Quand l'expropriation s'applique à la propriété bâtie, les formes de la loi du 3 mai 1841, combinées avec celles de la loi du 21 mai 1836, doivent être observées (L. 21 mai 1836, 10 août 1871, 20 août 1881).

6. Le redressement, l'élargissement et la formation des rues à Paris et dans plusieurs grandes villes, sont soumis à des conditions particulières rattachées à la loi du 3 mai 1841, par les décrets des 26 mars 1852, 25 décembre 1858 et 14 juin 1876.

7. Un ensemble de précautions et de garanties est prescrit par la législation spéciale :

1° La loi, le décret ou la délibération, en déclarant l'utilité publique, désigne les localités sur lesquelles doivent porter les travaux ;

2° Un plan parcellaire des terrains ou édifices, dont la cession est nécessaire, doit être déposé à la mairie de chaque commune ;

3° Une commission d'enquête reçoit les observations des intéressés au chef-lieu d'arrondissement ;

4° Un arrêté du préfet détermine les propriétés qui doivent être cédées (L. 3 mai 1841, art. 2, 5 à 11).

8. Pour les travaux de la guerre ou de la marine, l'enquête et l'arrêté de cessibilité sont supprimés. Et à l'égard des chemins vicinaux, une délibération du conseil municipal remplace l'enquête (L. 3 mai 1841, art. 12 et 75 ; 30 mars 1831).

Après ces actes, il intervient une cession amiable ou un jugement d'expropriation.

II. Cession amiable.

9. Si les terrains appartiennent à des personnes capables, les contrats de vente, quittances et autres actes relatifs à l'acquisition, peuvent être passés devant notaires ou dans la forme administrative.

10. Lorsque les terrains appartiennent aux mineurs, interdits, absents, femmes dotales, grevés de substitutions ou titulaires de majorats, l'aliénation a lieu avec l'autorisation du tribunal sur simple requête, en chambre du conseil, et le tribunal peut ordonner les mesures de conservation ou de remploi qu'il juge nécessaires.

11. Les biens des personnes morales sont cédés : par le ministre des finances, sans autorisation, pour les biens de l'État ; par le préfet, avec l'autorisation du conseil général, pour ceux du département ; par les maires et administrateurs des établissements publics, avec l'autorisation du conseil municipal ou du conseil d'administration, approuvée par le préfet en conseil de préfecture (Art. 13, L. 3 mai 1841).

III. Jugement d'expropriation.

12. A défaut de conventions amiables, l'expropriation est prononcée par le tribunal civil, sur la réquisition du procureur de la République, auquel les pièces ont été transmises par le préfet (Art. 2, 13, 14, L. 3 mai 1841).

Le jugement d'expropriation commet un membre du tribunal pour remplir les fonctions de directeur du jury (Art. 14).

Ce jugement renferme l'énonciation des biens et les noms des propriétaires expropriés ; il est publié et affiché dans chaque commune, inséré dans l'un des journaux de l'arrondissement et notifié aux propriétaires et usufruitiers (Art. 14, 15, 22 ; Cass., 2 février 1836).

13. Relativement au propriétaire, le jugement transfère la propriété à l'expropriant, à la charge de payer ou consigner l'indemnité

avant la prise de possession ; l'ancien propriétaire ne peut plus vendre ni hypothéquer (Art. 53).

14. Si le jugement ne comprend qu'une portion des bâtiments et du terrain d'un propriétaire, son effet n'est pas définitif. Lors du règlement de l'indemnité devant le jury, le propriétaire peut requérir que les bâtiments soient achetés en totalité. Il peut user du même droit à l'égard de toute parcelle de terre réduite au quart de la contenance totale, mais à deux conditions : 1° que le propriétaire ne possède aucun terrain contigu à la parcelle réduite ; 2° que la parcelle réduite contienne moins de dix ares (Art. 50).

La réquisition dont il vient d'être parlé ne peut être faite par une femme en dotalité pure ou un autre incapable sans l'autorisation du tribunal (Art. 13 ; Cass., 3 février 1874).

15. A l'égard des tiers, les effets du jugement d'expropriation varient selon leurs droits :

1° Pour les usufruitiers et emphytéotes, le jugement éteint leur droit sur l'immeuble et le transporte sur l'indemnité, à la charge par eux de fournir caution (Art. 21, 22, 39) ;

2° Ceux qui ont des droits d'usage, d'habitation, de tenue convenancière, peuvent réclamer une indemnité qui leur est propre et se distingue de celle du propriétaire du fonds ;

3° Les locataires, fermiers, colons partiaires, subissent la réduction de leur jouissance et ont droit à une indemnité personnelle et indépendante de celle du propriétaire ;

4° Ceux qui prétendent au droit d'exercer des actions en résolution, revendication ou autres actions réelles, ne peuvent empêcher l'effet du jugement d'expropriation, et leur droit est transporté sur l'indemnité (Art. 18) ;

5° Les créanciers privilégiés ou hypothécaires subissent les effets du jugement d'une manière différente, suivant qu'il a été ou n'a pas été transcrit.

16. La loi de 1841 veut que le jugement d'expropriation soit transcrit, au bureau des hypothèques, aussitôt après la notification (Art. 16 ; C. civ., 2181).

Dans la quinzaine de la transcription, les créanciers privilégiés ou hypothécaires doivent prendre inscription, à défaut de quoi l'immeuble en est affranchi (Art. 17).

L'obligation de prendre inscription s'applique aux créanciers à l'hypothèque légale : femmes, mineurs et interdits.

17. Si, à défaut d'inscription et d'opposition, l'expropriant paie l'indemnité au propriétaire, il est valablement libéré.

S'il a été formé opposition, sans inscription des hypothèques, l'indemnité est distribuée par contribution, entre les créanciers, sans aucun droit de préférence entr'eux, sauf à l'égard des hypothèques légales, pour lesquelles le droit de préférence pourra être réclamé.

Enfin, si un ordre est ouvert pour la distribution du prix, par suite d'inscriptions antérieures au jugement, chaque créancier inscrit y est admis à son rang (Art. 17).

Dans aucun cas, les créanciers ne peuvent surenchérir (Art. 17).

18. Malgré le vœu de la loi, le jugement d'expropriation peut n'avoir pas été transcrit, notamment pour les acquisitions dont la valeur ne s'élèverait pas au-dessus de 500 fr. (Art. 19). Le paiement de ces acquisitions a lieu sous réserve des droits des tiers (Décr., 14 juillet 1866, 7 juin 1875).

IV. Notification. — Offres.

19. Le propriétaire ayant reçu notification du jugement, doit faire connaître à l'administration, dans la huitaine, les personnes intéressées aux questions d'indemnité : usufruitiers, usagers, fermiers, locataires, servitudaires, à défaut de quoi le propriétaire resterait seul chargé envers eux des indemnités qu'ils pourraient réclamer (Art. 21).

20. Les offres d'indemnités sont notifiées aux propriétaires et à tous autres intéressés, puis publiées (Art. 22, 23).

Si les offres sont acceptées, il intervient un acquiescement à l'expropriation par les intéressés capables, et par les représentants des incapables autorisés en chambre du conseil par le tribunal (Art. 13, 25, 26).

Au cas d'acceptation, l'indemnité est versée aux ayants droit, ou consignée (Art. 59).

21. L'acceptation ou le rejet des offres doit intervenir, dans les quinze jours de la notification, par les personnes capables, et, dans le mois, par les représentants des incapables.

Le silence des intéressés équivaut au refus.

Si les propriétaires capables et autres intéressés n'acceptent pas les offres, ils sont tenus d'indiquer le montant de leurs prétentions, faute de quoi ils sont condamnés aux dépens, quelle que soit l'estimation du jury (Art. 24, 40).

V. Décision du jury.

22. Le jury d'expropriation, composé de seize membres, est présidé par un juge du tribunal civil (Art. 30 ; décr. 7 août 1848), assisté du greffier.

Les jurés doivent être au nombre de douze au commencement des opérations, mais ils peuvent ensuite statuer au nombre de neuf.

La mission du jury est de fixer définitivement l'indemnité.

23. Les indemnités réglées par le jury sont, avant la prise de possession, acquittées entre les mains des ayants-droit. S'ils refusent de recevoir, la prise de possession a lieu après offres réelles et consignation. En cas d'existence d'inscriptions, ou d'autres obstacles au versement de l'indemnité, elle est versée à la caisse des consignations (Art. 53, 54).

24. Si les travaux projetés ne sont pas exécutés, les anciens propriétaires ou leurs ayants-droit peuvent demander la remise des terrains, par préférence à tous acquéreurs, dans le délai de trois mois, à partir de la publication des terrains à revendre (Art. 60, 61 ; Ord. 22 mars 1835) ; mais ce privilége ne s'applique pas aux excédants acquis sur la réquisition du propriétaire (Art. 62).

25. En ce qui concerne l'ouverture des chemins vicinaux ou ruraux, le jury chargé de régler l'indemnité n'est composé que de quatre jurés et de trois jurés supplémentaires ; ce jury est présidé par l'un des membres du tribunal ou par le juge de paix du canton (L. 21 mai 1836, art. 16 ; 20 août 1881, art. 13).

Pour les travaux de la guerre et de la marine, il y a des règles particulières rarement applicables ; elles sont dans la loi du 30 mars 1831.

VI. Timbre et enregistrement.

26. Les contrats, quittances et autres actes faits en exécution des lois sur l'expropriation publique sont visés pour timbre et enregistrés gratis.

Les droits perçus sur les acquisitions amiables faites avant la déclaration d'utilité publique, par le préfet, sont restitués lorsque, dans le délai de deux ans à partir de la perception, il est justifié que les immeubles acquis sont compris dans l'arrêté préfectoral (L. 3 mai 1841, art. 58).

27. Il est admis que les actes relatifs aux remplois obligatoires

fournis par les expropriés doivent être également visés pour timbre et enregistrés gratis (Cass., 8 décembre 1847, 24 mai 1848 ; Sol., 9 août 1869).

Extrait.

1. Copie conforme d'un acte de l'état civil, tirée des registres. Toute personne a le droit de se faire délivrer des extraits des registres de l'état civil (C. civ. 45).

2. Copie de l'analyse d'un acte portée sur les registres de l'enregistrement. Les receveurs ne peuvent délivrer d'extraits de leurs registres que sur ordonnance du juge de paix, lorsque ces extraits ne sont pas demandés par les parties contractantes ou leurs ayants-cause (L. 22 frimaire an VII, art. 58).

3. Expédition abrégée d'un acte notarié. On distingue deux sortes d'extraits : 1° l'extrait littéral (*parte in qua*) présentant la copie textuelle d'une partie de l'acte ; 2° l'extrait analytique ou raisonné, donnant seulement la substance des dispositions de l'acte. Il est même possible de délivrer un extrait à la fois littéral pour une partie de l'acte, et analytique pour l'autre.

En principe, l'extrait littéral offre plus de garantie que l'extrait analytique.

On délivre des extraits : 1° d'une quittance, pour faire opérer une radiation, une subrogation, ou pour justifier d'un remploi ; 2° d'une procuration pour une affaire particulière ; 3° d'un testament pour un légataire particulier ; 4° d'un intitulé d'inventaire en vue de justifier des qualités héréditaires ; 5° d'un partage pour chacun des intéressés ; 6° d'une adjudication amiable ou judiciaire pour les divers acquéreurs ; 7° des contrats de mariage des commerçants et des actes de société pour leur publicité, etc.

Les notaires peuvent délivrer des extraits littéraux (C. pr., 673) en forme de grosse.

Les extraits ne doivent être délivrés qu'aux parties intéressées, leurs héritiers ou ayants-cause (L. 25 ventôse an XI, art. 23) ; ils sont soumis au timbre de dimension ; ils ne peuvent, en général, être écrits à la suite d'autres extraits ou expéditions (L. 13 brumaire an VII, art. 19, 23). — V. EXPÉDITION, ACTE NOTARIÉ, n° 120.

Tout extrait contient : la relation de l'enregistrement, la date et la nature de l'acte dont il est tiré, et le nom du notaire qui l'a reçu.

Les extraits destinés au bureau des hypothèques doivent être clôturés par une mention spéciale attestant qu'ils reproduisent tout ce qui a rapport à la radiation ou subrogation, et que l'acte ne renferme ni réserve, ni restriction, ni modification (Déc. min. fin., 8 août 1838).

Fabrique d'église.

1. Établissement organisé pour la gestion des biens et revenus d'une église paroissiale, succursale ou autre (Décr. 30 décembre 1809 ; Ord. 12 janvier 1825 ; L. 5 avril 1884, art. 70 et *passim*).

2. La fabrique constitue une personne morale pouvant acquérir, vendre, transiger, recevoir des dons ou legs, avec l'autorisation du gouvernement. — V. ACCEPTATION DE LEGS. p. 26 : ADJUDICATION ADMINISTRATIVE, p. 82 ; BAIL ADMINISTRATIF, p. 142.

3. Les expéditions des actes notariés délivrés aux fabriques, même pour une approbation, doivent être sur papier timbré, à peine d'amende (Déc. min. fin., 14 juin 1864).

Facture.

Écrit dressé par un commerçant et indiquant la nature, la quantité, la description des marchandises livrées à titre de vente, de dépôt ou de commission, avec le prix de l'unité et le prix total.

Pour que la facture fasse preuve de la négociation, il faut qu'elle soit acceptée (C. comm., 109, 339), mais on reconnaît généralement qu'il n'est pas nécessaire que l'acceptation soit écrite (Rivière, p. 331).

Faculté.

1. Droit résultant de la loi ou d'une convention. Les facultés dérivant de la loi (domicile, mariage, etc), sont imprescriptibles ; celles venant d'une convention (créance, réméré, etc.), sont soumises à la prescription.

2. Corps des professeurs d'une branche de l'enseignement supérieur : faculté de droit.

Faillite.

État d'un commerçant qui a cessé ses paiements (C. comm., 437).

I. Généralités.

1. Les commerçants seuls peuvent être déclarés en faillite ; les

non commerçants insolvables sont en déconfiture. — V. Déconfiture.

Il est admis que les notaires, avocats, avoués, qui se livrent habituellement à des opérations de commerce ou de banque, peuvent
être mis en faillite (Cass., 15 avril 1844, 9 août 1849, 14 mars
1888).

2. L'appréciation des faits constituant l'état de cessation des paiements, appartient aux juges du fonds (Cass., 12 juillet 1881, 1er mai
1882); on ne doit pas, en général, y comprendre le refus de la part
du débiteur d'acquitter des engagements civils (Cass., 19 décembre
1831, 2 décembre 1868).

3. La mise en faillite d'une société en nom collectif, entraîne la
faillite personnelle des associés (Cass., 17 avril 1861), mais chaque
faillite est liquidée isolément (Cass., 9 juin 1882).

4. La faillite d'un commerçant décédé peut être déclarée, lorsqu'il
était en état de cessation de paiements avant son décès, mais à la
condition que la faillite soit prononcée d'office ou demandée par les
créanciers dans l'année qui suit le décès (C. comm., 437).

5. Un étranger qui fait le commerce en France, peut être déclaré
en faillite par un tribunal français (Cass., 24 novembre 1857).

II. Déclaration de faillite.

6. Tout failli est tenu de faire au greffe du tribunal de commerce
de son domicile, la déclaration de la cessation de ses paiements,
dans les trois jours. La déclaration du failli doit être accompagnée
du dépôt de son bilan, ou contenir l'indication des motifs qui l'ont
empêché de le déposer (C. comm., 438, 439). Par suite de cette
déclaration, le tribunal de commerce rend un jugement qui déclare
ou constate la faillite (C. comm., 440).

Ce jugement peut aussi être rendu à la requête d'un ou de plusieurs créanciers, même porteurs d'engagements civils, soit d'office
(C. comm., 440; Cass., 9 août 1849).

7. Le jugement proclamant la faillite doit, en outre, déterminer
l'époque à laquelle a eu lieu la cessation de paiement, sinon, elle
est réputée avoir eu lieu le jour du jugement déclaratif (C. comm.,
441), ou, au plus tard. le jour du décès, dans le cas d'une déclaration de faillite après décès.

8. Le jugement déclarant la faillite, et celui qui en fixe ou en
change la date, sont publiés (C. comm., 442, 42).

III. Effets de faillite.

9. Le jugement déclaratif emporte de plein droit, à partir de sa date, dessaisissement pour le failli, de l'administration de tous ses biens, même de ceux qui peuvent lui échoir, tant qu'il est en état de faillite.

10. A compter de cette époque, toute action doit être suivie ou intentée contre les syndics ; le failli ne peut plus intenter que les actions exclusivement attachées à sa personne (Comp. Cass., 16 août 1852, 17 juillet 1865).

11. Après le jugement déclaratif, il y a suspension de toutes poursuites individuelles sur les biens du failli, de la part des créanciers qui ne sont ni hypothécaires, ni privilégiés, ni nantis de gages (C. comm., 443).

Jusqu'à l'expiration des huit jours qui suivent le délai accordé aux syndics pour notifier au bailleur leur intention de continuer le bail, toutes voies d'exécution à la requête du propriétaire de la maison ou des lieux loués au failli pour son commerce et son habitation, sur les effets mobiliers servant à l'exploitation du commerce ou de l'industrie de ce dernier, sont suspendues, à moins que le propriétaire n'ait le droit de reprendre possession des lieux loués (C. comm., 443, 450, 492).

12. Le jugement déclaratif rend exigibles, à l'égard du failli seulement, toutes ses dettes, mêmes hypothécaires (Lyon, 16 février 1881) ; mais, sans que les créanciers de sommes non échues aient le droit d'opposer la compensation (Cass., 14 mars 1854, 9 juillet 1860).

13. Cependant, en cas de faillite du souscripteur d'un billet à ordre, de l'accepteur d'une lettre de change, ou du tireur quand il n'y a pas eu acceptation, les autres obligés sont tenus de donner caution pour le paiement à l'échéance, s'ils n'aiment mieux payer immédiatement (C. comm., 444).

14. Le jugement déclaratif fait aussi cesser, à l'égard de la masse, le cours des intérêts de toute créance non garantie par un privilège, un nantissement ou une hypothèque (C. comm., 445 ; comp. Cass., 17 novembre 1862).

15. Sont nuls, par cela seul qu'ils sont postérieurs à la cessation des paiements, ou qu'ils l'ont précédée de dix jours : les actes trans-

latifs de propriété à titre gratuit ; les paiements pour dettes non échues avant le jugement déclaratif (Cass., 17 février 1845), et les paiements mêmes pour dettes échues, lorsqu'ils ont été faits autrement qu'en espèces ou effets de commerce ; les hypothèques conventionnelles ou judiciaires, et les droits d'antichrèse ou de gage constitués sur les biens du débiteur, pour dettes contractées antérieurement à la constitution de l'hypothèque ou du gage (C. comm., 446 ; Cass., 11 juillet 1881).

16. Les paiements faits pour dettes échues, en espèces ou en effets de commerce, et tous autres actes à titre onéreux passés depuis la cessation des paiements, peuvent être annulés si, de la part de ceux qui ont reçu les paiements ou traité avec le débiteur, il y a eu connaissance de cette cessation (C. comm., 447 ; comp. Cass., 14 avril 1863).

17. Les droits de privilège et d'hypothèque valablement acquis, peuvent être inscrits jusqu'au jour du jugement déclaratif. Quant aux inscriptions prises après l'époque de la cessation des paiements ou dans les dix jours précédents, le tribunal peut en prononcer la nullité lorsqu'il s'est écoulé plus de quinze jours entre la date de l'acte constitutif du privilège ou de l'hypothèque, et celle de l'inscription (C. comm., 448 ; comp. C. civ., 2146).

Il est bien entendu que ce qui précède ne s'applique pas aux inscriptions prises en renouvellement ou pour la conservation des intérêts d'une créance inscrite (Cass., 20 février 1850).

18. Quoique le juge ait la faculté d'annuler le paiement, même de dettes échues, fait en argent ou effets de commerce depuis la cessation de paiements, cependant, le tiers porteur d'une lettre de change ou d'un billet à ordre qui en a reçu le montant après cette époque, mais avant le jugement déclaratif, est dispensé de rapporter les sommes qu'il a reçues, quand même il aurait eu connaissance de la cessation (Cass., 26 novembre 1855). Il n'y a que le tireur ou donneur d'ordre, ou le premier endosseur dans le cas du billet à ordre, qui sont soumis à l'action en rapport, lorsqu'il est prouvé qu'ils avaient connaissance de la cessation à l'époque de l'émission du titre (C. comm., 449).

IV. Du juge-commissaire.

19. Par le jugement déclarant la faillite, le tribunal de commerce nomme, parmi ses membres, un juge-commissaire dont les fonctions

consistent, en général, à surveiller et accélérer les opérations de la faillite (C. comm., 451 à 454).

V. Scellés. — Premières dispositions.

20. Le jugement délaratif ordonne l'apposition des scellés sur les magasins, comptoir, meubles et effets du failli, et son dépôt dans une maison d'arrêt ou la garde de sa personne (C. comm., 455, 458).

Quand le failli a fait lui-même la déclaration de la cessation de ses paiements, en y joignant son bilan, il peut être affranchi du dépôt ou de la garde (C. comm., 456).

Après avoir ordonné l'arrestation du failli, le tribunal de commerce peut ensuite, sur la proposition du juge-commissaire, lui accorder sa mise en liberté et un sauf-conduit provisoire, avec ou sans caution (C. comm., 472, 473).

VI. Nomination et remplacement des syndics.

21. Par le jugement déclaratif, le tribunal nomme des administrateurs appelés syndics provisoires, chargés de faire exécuter les premières mesures et de commencer les opérations les plus urgentes de la faillite.

Ensuite, les créanciers sont consultés sur le choix des syndics définitifs que le tribunal nomme (C. comm., 462 à 467).

VII. Fonctions des syndics.

1° *Généralités.*

22. Les syndics sont les représentants de la masse et du failli. Ils agissent collectivement et sont tenus solidairement par suite de leur administration (C. comm., 465, 469 à 478).

2° *Inventaire.*

23. Les syndics requièrent la levée des scellés et procèdent à l'inventaire des biens du failli (C. comm., 479).

3° *Vente des marchandises. — Recouvrements.*

24. Après l'achèvement de l'inventaire, les syndics procèdent à la vente des effets mobiliers ou marchandises, avec l'autorisation du juge-commissaire, et aux recouvrements des créances sous la surveillance du même juge; ils versent les deniers provenant des ventes

et recouvrements à la Caisse des consignations; transigent, avec l'autorisation du juge-commissaire, sur toutes les contestations intéressant la masse, sauf à obtenir, pour une valeur indéterminée ou excédant 300 fr., l'homologation du tribunal de commerce pour les transactions mobilières, et du tribunal civil pour les transactions immobilières, et, sauf aussi le droit d'opposition accordé au failli, quand il s'agit de biens immobiliers (C. comm., 484 à 489).

25. Malgré l'insaisissabilité des rentes sur l'État, les syndics peuvent prendre des mesures pour empêcher le détournement de celles appartenant au failli. En cas d'union (V. n° 52), ils sont fondés à les transférer (Cass., 8 mai 1859; Orléans, 9 avril 1878; Bordeaux, 1er mars 1880; Paris, 18 janvier 1886; — *Contrà*, Aix, 31 juillet 1882; Rouen, 6 mars 1888; Buchère, 151).

26.. Les syndics ont aussi le droit de revendiquer le bénéfice des polices d'assurances sur la vie, contractées par le failli, quoique payables à son décès à sa veuve ou à ses enfants (Caen, 3 août 1872, 3 janvier 1888; Douai, 6 décembre 1886). Cependant, d'après la dernière jurisprudence de la Cour de Cassation (Arrêts 16 janvier, 6, 8, 22 février et 27 mars 1888), la créance résultant du contrat d'assurance sur la vie ne pourrait former un actif de faillite; elle appartiendrait à la femme et aux enfants, sauf au syndic à exiger la restitution à la masse des primes versées (Bordeaux, 21 mai 1885; Cass., 22 février, 27 mars 1888).

4° *Actes conservatoires.*

27. Les syndics font tous actes pour la conservation des droits du failli, requièrent inscription sur ses immeubles au profit de la masse et au nom de la faillite sur les débiteurs du failli (C. comm., 490).

L'inscription prise dans l'intérêt de la masse sur les immeubles du failli, crée un droit hypothécaire au profit de cette masse (Cass., 29 décembre 1858).

5° *Vérification des créances.*

28. La plus importante des opérations de la faillite a pour objet de vérifier et contrôler les prétentions de ceux qui se présentent comme créanciers.

En principe, tous les créanciers sont soumis à la vérification, mais on admet généralement que les créanciers privilégiés et hypothécaires ne s'y trouvent assujettis que pour prendre part à la répartition des deniers appartenant à la masse chirographaire (C. comm., 552 ; Lyon, 16 février 1881 ; Rivière, p. 730).

29. A partir du jugement déclaratif de la faillite, les créanciers peuvent remettre au greffe du tribunal de commerce leurs titres avec un bordereau, sur papier timbré, indicatif des sommes par eux réclamées : en privilège, hypothèque ou comme créance ordinaire ; il en est donné récépissé (C. comm., 491).

30. Quant aux créanciers qui n'ont pas déposé leurs titres au greffe, des insertions dans les journaux les avertissent de se présenter dans un délai de vingt jours, pour opérer la remise de leurs titres avec le bordereau des sommes dues, entre les mains des syndics ou du greffier (C. comm., 492).

31. La vérification des créances se fait contradictoirement entre les syndics et chaque créancier, ou son mandataire, et en présence du juge-commissaire qui en dresse procès-verbal (C. comm., 493, 494).

32. Lorsque la créance est admise, les syndics signent une déclaration *ad hoc* sur le titre, et le juge-commissaire vise cette déclaration. Cette admission forme un contrat judiciaire qui place la créance à l'abri de toute contestation ultérieure, à moins qu'il n'y ait eu dol ou fraude (**C. comm.**, 497 ; Cass., 14 janvier 1885, 23 février 1885).

33. Chaque créancier, immédiatement après la vérification ou dans la huitaine, est tenu d'affirmer, en présence du juge-commissaire, que sa créance est sincère et véritable (C. comm., 497).

34. Les créanciers dont les droits sont contestés, font juger par le tribunal (C. comm., 498 à 501). Ceux qui ne se sont pas soumis à la vérification et à l'affirmation dans les délais légaux, restent en dehors des répartitions ; mais ils peuvent former, à leurs frais, une opposition par acte extra-judiciaire signifié aux syndics. Le tribunal de commerce statue sur le mérite de l'opposition (C. comm., 503).

35. Après la vérification des créances et le bilan de la faillite dressé, il intervient une tentative d'arrangement ou concordat entre le failli et ses créanciers (C. comm., 504, 507).

VIII. Concordat et union.

1° *Assemblée des créanciers.*

36. Quand les délais fixés pour la vérification et l'affirmation des

créanciers domiciliés en France sont expirés, les créanciers dont les créances ont été vérifiées et affirmées, ou admises par provision, sont convoqués à l'effet de délibérer, après rapport par les syndics sur l'état de la faillite, sur la formation du concordat. Le failli est appelé et entendu (C. comm., 504 à 506).

2° *Concordat.*

A. Formation.

37. Le concordat ne peut être consenti qu'après l'accomplissement des formalités d'inventaire et de vérification des créances ; il ne s'établit que par le concours d'un nombre de créanciers formant la majorité et représentant, en outre, les trois quarts de la totalité des créances vérifiées et affirmées, ou admises par provision (C. comm., 507).

38. Les créanciers hypothécaires inscrits ou dispensés d'inscription, et les créanciers privilégiés ou nantis d'un gage, ne peuvent voter au concordat en vertu de leurs créances, ainsi garanties, qui sont aussi retranchées de l'état pour composer la majorité des trois quarts en sommes. Leur vote emporterait de plein droit renonciation à leurs hypothèques, privilèges ou gages ; ils n'ont que le choix ou de renoncer complètement à ces garanties pour voter, ou de ne pas prendre part au vote (C. comm., 507, 508).

39. Le concordat doit, à peine de nullité, être signé séance tenante (C. civ., 509).

40. Tous les créanciers ayant le droit de concourir au concordat ou dont les droits ont été reconnus depuis, peuvent y former opposition dans la huitaine. Ce droit appartient même aux créanciers signataires du concordat (C. comm., 512).

41. D'ailleurs, le concordat ne devient obligatoire que par l'homologation du tribunal de commerce (C. comm., 513, 515).

B. Effet du concordat.

42. Le concordat homologué est obligatoire pour tous les créanciers (C. comm., 516), sauf les droits des créanciers hypothécaires ou privilégiés. Il fait cesser le dessaisissement produit par le jugement déclaratif ; mais l'homologation conserve à chacun des créanciers, sur les immeubles du failli, le bénéfice de l'hypothèque accordée à la masse (C. comm., 517).

43. Lorsque le jugement d'homologation est passé en force de chose jugée, les fonctions des syndics cessent, et ils rendent au failli leur compte définitif (C. civ., 519).

44. L'arrangement connu sous le nom de concordat par abandon d'actif, restitue aussi au failli sa capacité personnelle (C. comm., 541).

C. Annulation ou résolution du concordat.

45. Le concordat, même homologué, est annulable pour cause de dol découvert depuis.

Il peut aussi être résolu en cas d'inexécution des engagements pris par le failli. Un seul créancier, à l'égard duquel l'inexécution aurait lieu, peut demander la résolution.

46. L'annulation du concordat libère, de plein droit, les cautions ; il en est autrement de la résolution (C. comm., 518, 520).

47. Quand le concordat est annulé ou résolu, la faillite recommence (C. comm., 522, 524).

48. Les actes faits par le failli, postérieurement au jugement d'homologation et antérieurement à l'annulation ou à la résolution, ne sont annulés qu'en cas de fraude aux droits des créanciers (C. comm., 525).

49. Les créanciers antérieurs au concordat rentrent dans l'intégralité de leurs droits à l'égard du failli ; s'ils n'ont pas touché de dividende, ils figurent à la masse pour leurs créances entières ; s'ils ont reçu un dividende, ils ne figurent que pour la portion de leurs créances primitives correspondant à la portion du dividende promis et non touché (C. comm., 526). Ceux qui auraient reçu des dividendes non échus sont tenus de les rapporter à la masse (Cass., 16 juillet 1883).

3° Clôture pour insuffisance d'actif.

50. Lorsque, à quelque époque que ce soit, avant l'homologation du concordat ou la formation de l'union, le cours des opérations de la faillite se trouve arrêté par insuffisance de l'actif, le tribunal peut en prononcer la clôture ; mais l'exécution de ce jugement est suspendue pendant un mois, à partir de sa date, et il peut toujours être rapporté sur la demande d'un seul intéressé (C. comm., 527, 528).

51. Le jugement closant les opérations de la faillite pour insuffisance d'actif, rend aux divers créanciers l'exercice de leurs actions

individuelles contre le failli (C. comm., 527; Cass., 5 novembre 1879); néanmoins, ce jugement ne fait pas cesser le dessaisissement du failli, et ne met pas fin aux fonctions des syndics (Cass., 5 novembre 1879, 11 août, 26 octobre, 10 novembre 1885).

4° *Union des créanciers.*

52. S'il n'a point été consenti de concordat, ou si celui qui a eu lieu est annulé, les créanciers sont de plein droit en état d'union pour procéder à la liquidation définitive de l'actif du failli.

53. Tous les créanciers, sans exception, sont consultés sur le maintien ou le remplacement des syndics qui ont administré jusqu'à cette phase de la faillite (C. comm., 529).

54. Les syndics demeurent, comme dans la période antérieure, les représentants des créanciers; ils poursuivent la vente des biens, la liquidation des dettes actives et passives, transigent sur toute espèce de droit. L'opposition du failli ne fait plus obstacle à la transaction sur les droits immobiliers (C. comm., 532 à 535).

Il y a des convocations annuelles de créanciers ; quand la liquidation de la faillite est terminée, ils s'assemblent pour la reddition du compte des syndics, le failli présent ou dûment appelé (C. comm., 536 à 538).

55. Après le concordat par abandon d'actif, la liquidation de l'actif du failli a lieu comme après l'union (Cass., 10 février 1864); le syndic conserve ses fonctions jusqu'à ce que la liquidation soit terminée (Cass., 21 novembre 1881), et il rend ses comptes aux créanciers en présence du failli (Caen, 23 juillet 1885).

IX. Droits des divers créanciers.

1° *Coobligés et cautions.*

56. Le créancier porteur d'un engagement souscrit ou endossé par plusieurs obligés solidaires qui sont en faillite, peut requérir son admission dans chacune des masses pour la totalité de sa créance, jusqu'à parfait paiement (C. comm., 542).

En matière de faillite, aucun recours, pour raison des dividendes payés, n'est ouvert aux faillites des coobligés, les unes contre les autres. Mais lorsque la réunion des dividendes excède le montant total de la créance, cet excédant est dévolu, suivant la nature des engagements, à ceux des obligés qui avaient les autres pour garants (C. comm., 543 ; comp. Cass., 14 mars 1853).

57. Si le créancier porteur d'engagements solidaires entre le failli et d'autres coobligés a reçu de l'un des codébiteurs, avant la faillite, un à-compte sur sa créance, il n'est plus admis dans la masse du failli que sous la déduction de cet à-compte.

La caution qui a fait le paiement partiel peut se présenter dans la masse du failli pour tout ce qu'elle a payé à la décharge de celui-ci (C. comm., 544). Si la caution avait payé l'à-compte depuis la faillite, le créancier serait compris dans la distribution pour le chiffre nominal de son titre (Cass., 23 novembre 1852, 5 décembre 1866).

58. Quoiqu'il y ait eu des remises consenties par un concordat, les créanciers qui ont adhéré au concordat conservent leur action pour la totalité de leurs créances contre les coobligés du failli (C. comm., 545 ; Rivière, p. 765).

2° *Créanciers privilégiés sur les biens meubles.*

59. Les créanciers nantis de gages fournis par le failli (Cass., 23 novembre 1852), sont inscrits dans la masse pour mémoire ; ils ont le droit de faire ordonner la vente des objets dont ils sont nantis, sauf aux syndics à retirer ces gages, avec l'autorisation du juge-commissaire, et en remboursant la dette (C. comm., 546, 547, 548).

60. Les ouvriers et commis employés directement par le failli, sont privilégiés comme les gens de service habituel (C. civ., 2101): les premiers, pour le salaire acquis pendant le mois qui a précédé la déclaration de faillite ; les seconds, pour les six mois qui ont précédé cette déclaration (C. comm., 549).

61. Les syndics peuvent notifier au propriétaire des immeubles affectés à l'industrie ou au commerce du failli, leur intention de continuer le bail en cours ; de son côté, le propriétaire est libre de former une demande en résiliation du bail (C. comm., 450).

Si le bail est résilié, le propriétaire est privilégié pour les deux années de location échues avant le jugement déclaratif de faillite, pour l'année courante, pour tout ce qui concerne l'exécution du bail et pour les dommages-intérêts qui pourraient lui être alloués par les tribunaux. Au cas de non résiliation, le bailleur, une fois payé de tous les loyers échus, ne peut pas exiger le paiement des loyers en cours ou à échoir, si les sûretés qui lui ont été données lors du contrat sont maintenues, ou si celles qui lui ont été fournies depuis la faillite sont jugées suffisantes. S'il y a vente et enlèvement des meubles garnissant les lieux loués, le bailleur peut exercer son

privilège comme au cas de résiliation, et, en outre, pour une année
à échoir à partir de l'expiration de l'année courante, que le bail ait
ou non date certaine. Les syndics peuvent continuer ou céder le
bail pour tout le temps restant à courir, à la charge par eux ou
leurs cessionnaires de maintenir dans l'immeuble un gage suffisant,
et d'exécuter, au fur et à mesure des échéances, toutes les obligations résultant du droit ou de la convention, mais sans que la destination des lieux puisse être changée. Dans le cas où le bail contiendrait interdiction de céder la location ou de sous-louer, les créanciers
ne pourraient faire leur profit de la location que pour le temps à
raison duquel le bailleur aurait touché ses loyers par anticipation,
et toujours sans que la destination des lieux puisse être changée
(C. comm.. 550).

62. Le privilège et le droit de revendication établis par le n° 4 de
l'article 2102 du Code civil, ne peuvent être exercés contre la
faillite (C. comm., 550).

63. Les syndics présentent au juge-commissaire l'état des créanciers privilégiés sur les meubles, pour qu'il en autorise le paiement,
s'il y a lieu, sur les premiers deniers rentrés (C. comm., 551).

3° Créanciers hypothécaires et privilégiés sur les immeubles.

64. Quand la distribution du prix des immeubles est faite antérieurement à celle des biens meubles, ou simultanément, les
créanciers privilégiés ou hypothécaires non remplis sur le prix des
immeubles, concourent, à proportion de ce qui leur reste dû, avec
les créanciers chirographaires, sur l'actif mobilier, pourvu que leurs
créances aient été vérifiées et affirmées (C. comm., 552).

65. Si la distribution du prix des immeubles est précédée d'une
ou plusieurs distributions de deniers provenant de l'actif mobilier,
les créanciers privilégiés et hypothécaires sur les immeubles sont
admis dans ces distributions pour la totalité de leurs créances et au
marc le franc (C. comm., 553).

66. L'ordre pour la distribution du prix des immeubles venant
ensuite, les créanciers hypothécaires ou privilégiés arrivant en ordre
utile pour la totalité de leurs créances, sont colloqués comme s'ils
n'avaient rien touché. Mais il est retenu sur le montant des collocations une somme égale à celle reçue dans la distribution mobilière,
et cette somme est versée dans la masse chirographaire, au profit de
laquelle il en est fait distraction (C. comm., 554).

67. Quand un créancier hypothécaire n'est colloqué que partiellement sur le prix des immeubles, sa créance est établie comme s'il
n'avait rien encaissé sur le prix du mobilier. Puis ses droits sur la
masse chirographaire sont définitivement réglés d'après les sommes
dont il reste créancier après la collocation immobilière, et les
deniers qu'il a touchés au-delà de cette proportion, dans la distribution antérieure, lui sont retenus sur la collocation hypothécaire et
reversés dans la masse chirographaire, dans laquelle il viendra
ultérieurement concourir au marc le franc avec les autres créanciers
(C. comm., 555).

68. Enfin les créanciers hypothécaires ne venant pas en ordre
utile, sont soumis à toutes les opérations de la masse chirographaire
(C. comm., 556).

4° Droits des femmes.

69. La femme d'un failli a le droit de reprendre, en nature, les
immeubles qu'elle a apportés ou qui lui sont advenus par succession,
donation, ou legs, pourvu qu'elle ne les ait pas mis en communauté (C. comm., 557). Elle peut reprendre les immeubles acquis
en remploi ou emploi par elle et en son nom, si l'origine des deniers
est constatée par inventaire ou tout autre acte authentique, et si
l'acte d'acquisition renferme la déclaration d'emploi (C. comm.,
558).

La présomption légale est que les biens acquis par la femme du
failli ont été payés des deniers de celui-ci et lui appartiennent (C.
comm., 559).

70. Quant aux meubles, la femme peut reprendre, en nature, ceux
détaillés dans son contrat de mariage, et ceux qui lui sont advenus
par succession ou donation et qui ne sont pas entrés en communauté, à la condition de prouver leur identité par inventaire ou tout
autre acte authentique (C. comm., 560).

71. Les reprises de la femme ne sont exercées qu'à la charge des
dettes dont ses biens se trouvent grevés (C. comm., 561). Si la femme
a payé des dettes pour son mari, elle ne pourra exercer d'action qu'à
la condition de prouver que les deniers employés étaient à elle (C.
comm., 562).

72. En cas de faillite, l'hypothèque légale de la femme ne frappe
que les immeubles qui appartenaient au mari à l'époque de la célébration du mariage, ou qui lui sont advenus depuis par succession,

donation ou legs. Mais les créances hypothécaires de la femme d'un
failli sont les mêmes que celle de la femme d'un individu qui ne
serait pas en faillite ; il n'y a d'exception que pour les avantages
faits par le mari failli, dans le contrat de mariage : non seulement
la femme n'a pas d'hypothèque légale pour cette créance, mais elle
ne peut même exercer, à cet égard, aucune action dans la faillite.
La restriction des droits hypothécaires et la déchéance des avantages
portés au contrat de mariage n'a lieu, du reste, que lorsque le mari
était déjà commerçant lors de la célébration du mariage, ou si,
n'ayant pas alors de profession déterminée, il est devenu commerçant dans l'année qui a suivi la célébration (C. comm., 563, 564).

73. L'hypothèque légale de la femme pour les deniers, et pour
effets mobiliers n'existant plus en nature, par elle apportés en
mariage ou recueillis depuis par succession, donation ou legs, ne
peut être exercée qu'à la condition de prouver la délivrance ou le
paiement par acte ayant date certaine (C. comm., 563). En ce qui
concerne les apports en mariage, la mention que l'acte de célébration vaudrait quittance de la dot, fait preuve du paiement (Cass.,
19 janvier 1836, 22 février 1860).

74. L'hypothèque légale garantit l'indemnité des dettes que la
femme a contractées avec son mari, ou payées volontairement pour
lui (Cass., 29 août 1870, 31 mars 1879), même dans les dix jours
qui ont précédé la cessation de ses paiements, à moins qu'il ne soit
prouvé que la femme a agi en connaissance de cause, et en vue
d'assurer une préférence à un créancier au détriment des autres
(Cass., 11 décembre 1876, 27 avril 1881 ; Besançon, 19 mai 1886).

X. Liquidation et répartition du mobilier.

75. La distribution de l'actif mobilier, distraction faite des dépenses de faillite, des secours accordés au failli et des privilèges, a
lieu par les soins des syndics, au marc le franc, entre tous les créanciers vérifiés et affirmés (C. comm., 565).

Dans les faillites importantes, il est fait plusieurs répartitions
(C. comm., 489, 566).

76. Chaque créancier donne quittance en marge de l'état de répartition, et la somme versée est mentionnée par les syndics sur les
titres qui doivent être représentés (C. comm., 569).

77. Les syndics mettent en réserve et consignent les sommes
revenant aux créanciers, sur l'admission desquels il n'a pas été

statué définitivement, et à ceux domiciliés hors France (C. comm., 567, 568).

78. L'union peut se faire autoriser par le tribunal, le failli, dûment appelé, à traiter à forfait de tout ou partie des droits et actions dont le recouvrement n'aurait pas été opéré, et à les aliéner (C. comm., 570). Il s'agit ici de créances d'un recouvrement douteux ; les bonnes créances peuvent être cédées par les syndics, sans jugement, sous l'autorisation du juge-commissaire (C. comm., 534 ; Cass., 25 février 1858).

XI. Vente des immeubles.

79. A partir du jugement déclaratif, les créanciers chirographaires porteurs de titres exécutoires ne peuvent poursuivre l'expropriation des immeubles du failli ; mais ils sont fondés à continuer contre les syndics la procédure en expropriation commencée avant le jugement déclaratif (C. comm., 571).

80. Les créanciers hypothécaires ou privilégiés conservent, même après ce jugement, le droit de poursuivre en leur nom, contre les syndics, l'expropriation des immeubles grevés de leurs hypothèques ou privilèges (C. comm., 571). Mais dès qu'on est dans l'état d'union, les syndics ont seuls le droit de poursuivre la vente des immeubles sans appeler le failli (C. comm., 534, 572).

81. Avant l'union, les syndics ne peuvent faire vendre les immeubles qu'avec le consentement formel du failli (C. comm., 534).

82. Les syndics demandent d'abord au juge-commissaire l'autorisation de vendre les immeubles (C. comm., 572) ; ensuite ils présentent, dans la huitaine, au tribunal civil du lieu de la situation des immeubles, une requête tendant à en faire ordonner la vente.

83. D'après les circonstances, les tribunaux peuvent renvoyer la vente devant un notaire ou la retenir à la barre.

84. Après l'adjudication des immeubles du failli, sur la poursuite des syndics, une surenchère d'un dixième peut être portée par toute personne dans la quinzaine de la vente (C. comm., 573 ; comp. C. pr., 708, 709).

XII. Revendications.

85. On peut réclamer et reprendre, en cas de faillite, les remises et effets de commerce ou autres titres non encore payés, et qui se trouvent en nature à l'époque de la faillite, quand ces remises ont été faites par le propriétaire avec le simple mandat d'en faire le

recouvrement et d'en garder la valeur à sa disposition, ou lorsqu'elles ont été de sa part spécialement affectées à des paiements déterminés (C. comm., 574).

On peut aussi revendiquer tant qu'elles existent en nature, en tout ou en partie, les marchandises déposées ou consignées au failli pour être vendues.

86. Lorsque les marchandises ont été vendues, le commettant exerce contre l'acheteur, à son profit exclusif et par préférence aux créanciers de la masse, l'action en paiement du prix qui n'a été payé ni réglé en valeurs, ni compensé en compte courant entre le failli et l'acheteur (C. comm., 575).

87. Le vendeur de marchandises vendues et non payées peut les revendiquer en prouvant leur identité, à la condition : 1° qu'elles ne soient entrées ni dans les magasins de l'acheteur failli, ni dans ceux du commissionnaire chargé de les vendre pour le compte de celui-ci ; 2° qu'avant leur arrivée, les marchandises n'aient pas été revendues sur factures et connaissements ou lettre de voiture signées par l'expéditeur (C. comm., 576).

88. L'article 577 consacre le droit de rétention au profit du vendeur qui n'a pas encore délivré ou expédié les marchandises.

Les syndics ont le droit d'exiger la remise des marchandises, en payant au vendeur le prix convenu, soit dans le cas où ce dernier peut revendiquer, soit dans le cas où il peut retenir les marchandises (C. comm., 578). Pouvoir d'acquiescer aux demandes en revendication est accordé aux syndics, avec approbation du juge-commissaire (C. comm., 579).

XIII. Recours contre des jugements en matière de faillite.

89. Le failli peut, dans la huitaine, ou, toute autre partie intéressée, pendant un mois, former opposition au jugement déclaratif de la faillite et à celui qui fixe à une date antérieure l'époque de la cessation de paiements. Ces délais courent du jour où les formalités de l'affiche et de l'insertion du jugement ont été accomplies (C. comm., 42, 442, 580).

Tant que dure le délai d'un mois, les créanciers peuvent former leur opposition ; mais ils ne sont plus recevables, si les opérations de la vérification et de l'affirmation sont terminés avant l'expiration de ce délai (C. comm., 580, 581).

90. Le délai d'appel est de quinzaine à partir de la signification,

sauf l'augmentation à raison des distances pour tout jugement rendu en matière de faillite, même par les tribunaux civils (C. comm., 582).

91. Les jugements qui ne sont pas susceptibles de recours par voie d'opposition, d'appel ou de cassation, sont ceux : nommant ou remplaçant le juge-commissaire et les syndics ; relatifs aux secours pour le failli ou sa famille ; autorisant la vente des marchandises ; prononçant un sursis au concordat ; relatifs aux recours contre les ordonnances du juge-commissaire (C. comm., 583).

XIV. Banqueroute.

92. La banqueroute est la position d'un commerçant en état de cessation de paiements, et qui s'est rendu coupable de fautes ou de fraudes (C. comm., 585, 586, 591).

XV. Fraudes commises par d'autres que les faillis.

93. Le conjoint, les descendants ou les ascendants du failli et ses alliés aux mêmes degrés, qui auraient détourné, diverti ou recélé des effets de la faillite, sont punissables correctionnellement, obligés de réintégrer les objets détournés, et passibles de dommages-intérêts (C. comm., 593 à 595).

94. En cas de malversation du syndic, il est passible de peines correctionnelles et d'amende (C. comm., 596 ; C. pén., 406).

95. Le créancier qui a fait un traité au détriment de la masse ou stipulé des avantages particuliers à raison de son vote, est punissable correctionnellement et obligé de rapporter, à qui de droit, les sommes reçues (C. comm., 597 à 599).

XVI. Réhabilitation.

96. La réhabilitation a pour effet de réintégrer le failli dans l'état où il était avant la faillite.

97. Pour l'obtenir, le failli doit justifier qu'il a payé tous ses créanciers, même les remises votées par le concordat, en capital, intérêts et frais (C. comm., 604).

Il présente requête à la Cour d'appel dans le ressort de laquelle il a son domicile, et le procureur général fait rendre un arrêt portant admission ou rejet de la demande (C. comm., 605 et suiv.).

XVII. Capacité du failli.

98. Tant qu'il n'est pas réhabilité, le failli ne peut être témoin

dans un acte notarié (Rouen, 13 mai 1839 ; Amiens, 7 juillet 1873) ;
il n'est ni électeur, ni éligible.

99. Par le concordat homologué, le failli reprend l'administration
et la disposition de ses biens, et il en est ainsi jusqu'au jour de l'annulation ou de la résolution du concordat (C. comm., 525).

100. S'il y a eu concordat par abandon d'actif, les biens abandonnés par le failli sont réalisés par les soins des syndics (C. comm.,
541). Quant aux biens qu'il a recueillis depuis l'abandon, le failli est
libre d'en disposer.

101. Lorsque la faillite a été close pour insuffisance d'actif, ou
après union des créanciers, le failli reste incapable d'aliéner, et
même d'administrer les biens qu'il viendrait à recueillir, notamment
par succession ou legs. C'est une situation pleine de dangers pour
les tiers, à cause de la publicité insuffisante de la faillite.

102. Toutefois, le failli a la faculté de se livrer à une industrie
nouvelle et de l'administrer, sauf aux syndics à prendre les mesures
de protection qu'ils jugent utiles pour la masse (Cass., 2 février
1876, 8 mai 1878 ; Ruben de Couder, *Faillite*, 186, 236).

Fait.

Acte, action, chose faite. Espèce, cas spécial, ce qui est en question. Évènement entraînant une responsabilité (C. civ., 1382 à 1384).

Fait de charge, acte ou omission imputable à un officier public
agissant comme tel (L. 25 ventôse an XI, art. 33 ; 25 nivôse an XIII ;
C. civ., 2060, 2102).

Fait pertinent, celui qui concerne la cause et peut être admis
comme preuve (C. civ., 1353, 1356 ;. C. pr., 324).

Faits et articles, faits articulés par le demandeur et sur lesquels est interrogée la partie adverse (C. pr., 324, 393).

Faits et promesses, en matière de vente, garantie limitée aux
actes personnels du vendeur (C. civ., 1628).

Famille.

1. Ensemble de personnes descendant les unes des autres, ou
d'une souche commune. Progéniture, enfants du même père ou de
la même mère. — V. ALIMENTS, SUCCESSION.

Personnes vivant ensemble sous le même toit et issues du même
sang (Comp. C. civ., 630, 632, 633, 2101, 5°).

2. *Père de famille*, homme marié qui a des enfants. Tous ceux qui ont le droit de jouir de la chose d'autrui doivent en user comme le ferait un bon père de famille, c'est-à-dire en homme soigneux (C. civ., 601, 627, 1728, 1880).

En matière de servitudes, propriétaire unique de deux fonds séparés depuis (C. civ., 692 à 694).

3. *Conseil de famille*, conseils de parents légalement institué pour veiller aux intérêts d'un mineur ou d'un interdit (C. civ., 407. — V. TUTELLE.

Faute.

Manquement à une règle, à une loi ; contravention à une obligation. La faute entraîne généralement une responsabilité pécuniaire (C. civ., 804, 855, 1137, 1374, 1382, 1735, 1792, 1845, 1882, 1929, 1992, etc.).

Faux.

1. Altération, imitation d'un acte, d'une pièce, d'une signature (C. civ., 52 ; C. pén., 145, 147, 150, 407).

Les pièces arguées de faux, dans une procédure civile, sont vérifiées à l'audience par titre et par témoins (C. pr., 214 à 251).

Si un acte notarié doit être produit dans une procédure de faux, le notaire en dresse, au préalable, une copie figurée (C. pén., 221 à 227). — V. COPIE FIGURÉE.

2. Altération de la vérité, mensonge, faux témoignage (C. pén., 361).

Femme.

1. En général : fille majeure, femme mariée, femme divorcée, veuve.

La femme ne participe point à la jouissance des droits civiques ; elle ne peut être témoin (C. civ., 37, 980 ; L. 25 ventôse an XI, art. 9, 11), électeur, juré, etc.

La femme, non mariée, jouit des droits civils ; elle est capable d'aliéner, acquérir, louer, plaider, etc.

2. Épouse, femme en puissance de mari.

La femme mariée ne peut, en général, contracter sans l'autorisation de son mari. — V. AUTORISATION MARITALE.

Elle suit la condition du mari. — V. DOMICILE, FRANÇAIS.

Ses biens sont quelquefois soumis, par conventions matrimoniales, à des règles restrictives. — V. DOTALITÉ.

Fermages.

Redevances payées au propriétaire d'un fonds de terre, par celui (fermier) qui l'exploite. — V. Bail a ferme.

Les fermages sont des fruits civils, s'acquérant jour par jour (C. civ., 584, 586); ils produisent intérêts du jour de la demande ou de la convention (C. civ., 1155); leur paiement est garanti par un privilège (C. civ., 2102).

Fiançailles.

Promesse mutuelle de mariage faite avec solennité.

La rupture, sans cause sérieuse, d'une promesse de mariage, donne ouverture à une action en dommages-intérêts (C. civ., 1382; Cass , 16 janvier 1877).

Fiction.

Objet dont l'existence ou la valeur sont purement conventionnelles. — Fiction légale, fait qui n'a aucune réalité, mais dont la loi suppose l'existence. — Rapport fictif, en moins prenant ou par équivalent (C. civ., 868).

Fidéicommis.

Disposition par laquelle on charge un héritier ou légataire de restituer à un tiers tout ou partie des biens transmis à l'institué. — V. Substitutions.

Filiation.

Descendance directe, qualité de descendant direct. Suite d'individus directement issus les uns des autres par voie de génération (C. civ., 319 et suiv.).

La filiation est légitime, naturelle ou adoptive. — V. Enfant, 5, 12, 14, 22).

Flagrant délit.

Délit commis sous les yeux même de ceux qui le constatent (Inst. crim., 32, 41).

Fleuve.

Grand cours d'eau navigable. Les fleuves dépendent du domaine public de l'État (C. civ., 538, 559, 563, 644, 650).

Flottage.

Transport par eau des bois de chauffage, soit par trains ou radeaux, soit à bûches perdues (Ord. 1672; Décr. 16 vendémiaire an XI).

Folle enchère.

1. Enchère suivie de l'adjudication et à laquelle l'enchérisseur ne peut satisfaire.

La revente à laquelle la folle enchère donne lieu est qualifiée *vente sur folle enchère*.

I. Cas dans lesquels il y a lieu à folle enchère.

2. Le droit de faire revendre à la folle enchère est attaché à toute adjudication judiciaire passée, soit devant le tribunal, soit devant un notaire commis (C. pr., 733 et suiv., 779, 964, 988, etc.).

3. L'adjudicataire contre lequel il y a lieu à la poursuite de folle enchère, peut être en même temps contraint sur ses biens personnels (C. civ., 2092 ; Paris, 20 mars 1810).

4. N'est pas valable la clause d'un cahier des charges pour une adjudication amiable portant, qu'à défaut d'exécution des conditions, le vendeur pourrait poursuivre la revente par folle enchère (C. pr., 742).

5. Il y a lieu à la revente sur folle enchère après adjudication judiciaire : 1° à défaut par l'adjudicataire d'acquitter les frais ordinaires de poursuite, les frais de vente et les autres charges de l'enchère exigibles immédiatement (C. pr., 713, 733 ; Cass., 19 juillet 1858 ; 2° lorsque l'adjudicataire ne paie pas son prix aux mains des vendeurs ou des créanciers colloqués, etc. (C. pr., 779, 964).

6. L'héritier bénéficiaire et le colicitant adjudicataire sont soumis à la folle enchère quand le cahier des charges renferme à cet égard une clause formelle (Cass., 9 mai 1834, 27 mai 1835, 2 janvier 1884).

7. Le droit de poursuite en folle enchère est susceptible de cession expresse (Bordeaux, 25 juillet 1838).

8. Les créanciers hypothécaires colloqués ont, comme le vendeur lui-même, le droit de poursuivre la revente sur folle enchère (C. pr., 735, 739), encore bien que depuis l'adjudication ils aient laissé périmer leurs inscriptions (Chambéry, 12 mai 1869 ; Bourges, 12 janvier 1876).

9. Le notaire qui a procédé à une vente sur licitation, a le droit de poursuivre la revente à la folle enchère de l'adjudicataire, s'il n'est pas payé de ses frais que le cahier des charges met à la charge de ce dernier (Cass., 19 juillet 1858 ; Bourges, 9 août 1862).

II. Forme de procéder.

10. En cas d'adjudication devant le tribunal, si la folle enchère est poursuivie avant la délivrance du jugement, le poursuivant se fait délivrer par le greffier un certificat constatant que l'adjudicataire n'a point justifié de l'acquit des conditions exigibles de l'enchère (C. pr., 734).

11. Quand la vente a eu lieu devant notaire, le même certificat est délivré par le notaire (C. pr., 964).

12. Avant la délivrance du certificat, le poursuivant fait sommation à l'adjudicataire d'accomplir les charges et conditions exigibles de l'enchère. Cette sommation, admise dans la pratique, n'est pas indispensable.

13. Sur le certificat dont il s'agit, et sans autre procédure ni jugement, il est apposé des placards et fait des annonces pour la revente (C. pr., 735).

14. La folle enchère est poursuivie devant le tribunal où l'adjudication a été prononcée, quel que soit le lieu de la situation des biens (Cass., 12 mars 1833).

15. Le notaire commis pour recevoir les enchères dans une vente judiciaire (biens de mineurs, licitation, etc.), a, de plein droit, qualité pour procéder à la revente par folle enchère (C. pr., 739, 964, 965; Bordeaux, 25 juillet 1838; comp. Bordeaux, 8 mai 1848).

16. Si la folle enchère est poursuivie après la délivrance du jugement d'adjudication, et avant l'ordre, le poursuivant n'a qu'une simple sommation à adresser (Cass., 31 décembre 1833, 2 janvier 1884).

17. En cas de folle enchère poursuivie après la délivrance des bordereaux de collocation, les nouveaux placards et les nouvelles insertions n'ont lieu que trois jours après signification du titre et commandement (C. pr., 735; comp. 779; Cass., 17 juin 1863).

18. La revente doit être faite aux charges et conditions du cahier des charges dressé pour la première adjudication (C. pr., 964; Paris, 25 juin 1813). On ne peut le modifier que par des clauses qui seraient la conséquence de l'inexécution des obligations imposées au premier adjudicataire (Cass., 28 décembre 1852, 17 août 1853).

19. Le fol enchérisseur ne peut empêcher l'adjudication qu'à la charge de consigner son prix entier (Montpellier, 15 juin 1870).

III. Effets de la folle enchère.

20. Les adjudications judiciaires sont soumises à la condition suspensive du paiement du prix, de sorte que si l'immeuble est revendu à la folle enchère, les hypothèques conférées et les aliénations consenties par le fol enchérisseur, se trouvent résolues de plein droit (Cass., 16 janvier 1827, 24 juin 1846, 8 août 1854; Besançon, 16 décembre 1857).

21. Toutefois, les baux consentis de bonne foi et pour une durée ordinaire, par le fol enchérisseur, sont maintenus (Cass., 16 janvier 1827; Paris, 22 mai 1847).

22. Au point de vue fiscal, l'adjudication à la folle enchère n'est soumise à l'impôt que sur ce qui excède le prix de la première vente (L. 22 frimaire an VII, art. 68, § 1er, no 8).

Sur les ventes consenties par le fol enchérisseur et que le nouvel acquéreur ne maintiendrait pas, les droits proportionnels perçus ne sont pas restituables (Cass., 24 novembre 1858; Toulouse, 27 mai 1851).

23. Si la revente sur folle enchère donne un prix inférieur à celui de la première adjudication, le fol enchérisseur reste tenu de la différence; il ne peut réclamer l'excédant. S'il y en a, cet excédant appartient aux créanciers inscrits (C. pr., 740; Cass., 12 août 1862; Paris, 17 juillet 1872).

24. Lorsque le fol enchérisseur est en même temps créancier hypothécaire, l'insuffisance de prix résultant de la folle enchère est imputée sur la collocation de sa créance (Cass., 23 janvier 1878; Grenoble, 14 juin 1880; Boitard, 1005).

Fonctionnaire public.

Celui qui concourt dans une sphère plus ou moins élevée à la gestion de la chose publique.

D'après la loi du 25 ventôse an XI, art. 1, les notaires sont fonctionnaires publics; néanmoins, la jurisprudence leur refuse cette qualité (Cass., 23 mai 1862). — V. NOTAIRE.

Fondation.

1. Disposition entre-vifs ou testamentaire dans l'intérêt d'un établissement ou d'un service public.

Tous les établissements d'utilité publique : hospices, écoles, académies, communes, églises, etc., peuvent recevoir des fondations.

2. La fondation entre-vifs est un acte simple par lequel le fondateur s'oblige envers un établissement désigné, soit au service d'une rente perpétuelle, soit au versement d'un capital, sous des conditions déterminées, par exemple :

1º Un hospice se charge de fonder un lit au nom et à la disposition du fondateur ;

2º Un séminaire s'engage à recevoir un jeune homme pauvre que le fondateur se réserve de désigner ;

3º Une fabrique d'église prend l'engagement de faire dire des messes à l'intention du fondateur et de sa famille ;

4º Une commune s'oblige au versement d'une dot à une fille pauvre et vertueuse.

3. Pour accepter définitivement une fondation, l'établissement bénéficiaire est obligé d'obtenir l'autorisation de l'autorité supérieure ; néanmoins, il est préférable de faire faire une acceptation provisoire dans l'acte de fondation par le maire, le trésorier de la fabrique, le président du conseil d'administration de l'hospice. Au surplus, le maire et le président de la commission administrative d'un hospice, hôpital ou bureau de bienfaisance, peuvent accepter à titre-conservatoire (L. 7 août 1851, art. 11 ; 5 avril 1884, art. 113). — V. ACCEPTATION DE LEGS ET DONS, p. 26.

4. Au point de vue fiscal, la fondation au profit d'une fabrique d'église, à la charge de célébrer le nombre de messes à fixer par l'autorité, est considérée comme un marché passible du droit de 1 fr. % (Dél., 6 mai 1862 ; Sol., 2 mai 1885) ; la régie ne veut voir que des donations dans les autres fondations (Sol., 9 octobre 1873 ; Cass., 21 mai 1860 ; — *Contrà*, Cass., 14 avril 1863).

5. L'établissement public qui accepte une fondation, contracte l'obligation de remplir toutes les conditions imposées par le fondateur ; en conséquence, ce dernier ou ses héritiers pourraient demander la nullité de la convention, à défaut d'exécution des charges.

6. La fondation par testament au profit d'un établissement désigné, peut être fait directement à titre de legs, ou, simplement, comme charge imposée à l'héritier.

Il faut toujours que l'établissement se fasse autoriser à accepter le legs (V. ACCEPTATION DE LEGS ET DONS) ; il est obligé d'acquitter

les droits de mutation par décès, lorsque le testateur ne l'en a pas
dispensé formellement.

Fonds.

Sol, terre considérée comme moyen de productions, de récoltes.
Capitaux par opposition à revenus : compte de fonds et de fruits. —
Biens fonds, immeubles ruraux ou urbains (C. civ., 518) —*Fonds
dotal*, biens constitués en dot au profit d'une femme mariée sous
le régime dotal (C. civ., 1541, 1558). — *Fonds perdu*, aliénation
moyennant une rente viagère (C. civ., 1968). — *Fonds de commerce*, établissement commercial avec tous ses accessoires, meubles
spéciaux, marchandises, local, clientèle (V. CESSION DE FONDS DE
COMMERCE). — *Mise de fonds*, capital employé à une exploitation
industrielle ou commerciale (C. civ., 1851; C. comm., 26; L. 24
juillet 1867, art. 3). — *Fonds social*, biens possédés en commun
par une société industrielle ou commerciale (C. civ., 1853; C. comm.,
33, 34). — *Fonds publics*, rentes et autres valeurs composant la
dette de l'État. — *Fonds dominant, fonds servant*, relativement
aux servitudes, le fonds dominant est celui au profit duquel la servitude est établie, et fonds servant, celui qui est assujetti à la charge
au profit d'un autre héritage (C. civ., 640, 698 à 701). — *Fonds de
succession*, tout ce qui compose une succession à la date de son
ouverture.

Force.

Puissance prédominante ; pouvoir de contraindre ; violence.
FORCE DE CHOSE JUGÉE, autorité d'un jugement ou d'un arrêt
contre lequel il ne reste plus aucun moyen de se pourvoir (C. pr.,
443 et suiv.; L. 25 mai 1838, art. 13). — FORCE DE LOI, caractère
obligatoire analogue à celui de la loi. Les conventions légalement
formées tiennent lieu de loi à ceux qui les ont faites (C. civ., 1134).
— FORCE EXÉCUTOIRE, autorité en vertu de laquelle on peut contraindre à exécuter les prescriptions de la loi et les engagements
contractés d'une manière légale. Les actes notariés ont force exécutoire (V. GROSSE). — FORCE MAJEURE, cause à laquelle on ne peut
résister, évènement qu'on ne peut empêcher (C. civ., 855, 1148,
1348, 1722, 1731, 1733, 1754, 1769, 1773, 1784, 1809, 1954 ; C.
comm., 98, 103).—FORCE PUBLIQUE, réunion des forces militaires :
gendarmerie, armée, etc. (L. 15 juin 1791).

Forclusion.

Exclusion de faire une production en justice, faute de l'avoir faite en temps utile. Déchéance prononcée dans une contribution ou dans un ordre contre un créancier qui n'a pas produit ou pris communication dans le délai imparti par la loi (C. pr., 660, 664, 755, 756). — V. DISTRIBUTION PAR CONTRIBUTION, 16; ORDRE.

Forêt.

1. Vaste superficie de terre plantée de bois; ensemble des arbres couvrant une grande étendue de terrain. Les dispositions légales relatives à cette matière sont réglées par le Code forestier; les articles 61 à 85 déterminent les droits d'usage, glandée, panage et paisson.

2. Les particuliers, propriétaires de forêts, sont libres de les administrer comme bon leur semble; mais le défrichement est soumis à une demande d'autorisation (C. for., 219; L. 18 juin 1859).

Forfait.

1. Traité, marché par lequel une des parties s'engage à faire ou à fournir quelque chose pour un certain prix, sans égard au gain ou à la perte (C. civ., 1627, 1793, 1794, 1964, 2057).

2. Convention de mariage attribuant à l'un des époux ou à ses héritiers une somme déterminée pour tout droit à la communauté (C. civ., 1520, 1522, 1523). — V. COMMUNAUTÉ MODIFIÉE, 91 à 101.

Formalités.

Règles établies par la loi pour la régularité et la validité des actes, notamment : l'inscription des priviléges et hypothèques, la transcription des ventes, échanges, donations, etc. ; les significations de transports et nantissements, la publication des actes de société, la purge des hypothèques légales. Ces indications seront développées dans leur ordre alphabétique.

Formule.

1. Modèle invariable par la forme, précis par les termes, d'après lequel tous les actes de même nature doivent être rédigés.

Les recueils de formules sont très précieux pour la pratique notariale ; mais, avant de s'en servir, les jeunes clercs doivent posséder des notions de droit civil et fiscal, suffisamment étendues pour leur permettre de saisir la portée des formules.

2. *Formule exécutoire*, mandement aux officiers de justice de mettre un acte à exécution. — V. GROSSE.

Fosse.

Creux dans la terre, destiné à recevoir des matières nuisibles : fosse d'aisance, fosse à chaux, fosse à fumier. L'établissement des fosses n'est pas réglementé par le Code civil ; il renvoie aux usages locaux (Art. 662, 674).

Pour Paris, il existe une ordonnance du 24 septembre 1819.

Le curement de la fosse d'aisance est à la charge du propriétaire et non du locataire (C. civ., 1756).

Fossé.

1. Fosse longue et plus ou moins profonde, creusée pour clore une propriété ou pour faciliter l'écoulement des eaux.

2. Toute clôture qui sépare des héritages est réputée mitoyenne, à moins qu'il n'y ait qu'un seul des héritages en état de clôture, ou s'il y a titre, prescription ou marque contraire. Pour les fossés, il y a marque de non mitoyenneté, lorsque le rejet de la terre (berge, levée, repare, porte-rouelles, franc-bord) se trouve d'un côté seulement du fossé. Le fossé est censé appartenir exclusivement à celui du côté duquel le rejet se trouve (C. civ., 666).

3. La clôture mitoyenne doit être entretenue à frais communs, mais le voisin peut se soustraire à cette obligation en renonçant à la mitoyenneté. Cette faculté cesse si le fossé sert habituellement à l'écoulement des eaux (C. civ., 667).

4. Le voisin dont l'héritage joint un fossé non mitoyen ne peut contraindre le propriétaire de ce fossé à lui céder la mitoyenneté.

Le copropriétaire d'un fossé mitoyen qui ne sert qu'à la clôture, peut le détruire jusqu'à la limite de sa propriété, à la charge de construire un mur sur cette limite (C. civ., 668).

5. Le Code civil ne s'occupe que du fossé en creux ; dans certaines contrées, il existe un autre genre de clôture appelé fossé en

élévation, levée, masse, banque de terre, sur lequel on plante généralement des haies et des arbres.

6. Celui qui fait sur son fonds un fossé en creux ou une levée, est tenu de laisser, du côté du terrain voisin, une distance pour la réparation. Cette distance varie suivant divers usages locaux non abolis par le Code civil (Cass., 11 avril 1848, 3 juillet 1849 ; Bordeaux, 16 juillet 1879), de 0^m33 à 0^m66. En Normandie, un ancien règlement du 17 août 1751, fixe la distance à 0^m66 le long d'un terrain en labour, et à 0^m50 pour un autre fonds. En Bourgogne, l'espace est de 0^m33 (Dijon, 22 juillet 1836). Dans plusieurs pays, on admet comme obligatoire une berge d'une largeur égale à la profondeur du fossé (Pardessus, 186 ; Proudhon, 589 ; Perrin et Rendu, 2240).

Frais.

1. Débours, dépenses occasionnées par une cause quelconque. Les frais des actes notariés, en déboursés et honoraires, sont dus solidairement par tous les contractants (Cass., 20 mai 1829, 9 avril 1850), quoique la loi mette les frais de cette convention à la charge de l'une des parties (C. civ., 1248, 1593).—V. Exécutoire, Honoraires, Taxe.

2. Les frais de justice faits pour la conservation et la réalisation du gage commun des créanciers, jouissent d'un privilège (C. civ., 2101 ; C. comm., 191).

3. Les frais de justice criminelle et correctionnelle sont privilégiés sur les biens du condamné (L. 5 septembre 1807). — V. Privilège.

4. Les frais funéraires et de dernière maladie sont privilégiés (C. civ., 2101) ; ils incombent au père ou à la mère comme charge de la jouissance légale (C. civ., 385) ; dans les liquidations de communauté, les frais de dernière maladie restent à la charge de la communauté ; les frais funéraires sont supportés par la succession.

5. L'héritier bénéficiaire porte à la dépense de son compte les frais d'inventaire et de reddition de compte (C. civ., 810).

6. En matière de communauté, les frais d'inventaire et liquidation font partie du passif (C. civ., 1482) ; néanmoins, quand les opérations concernent en même temps la succession de l'un des époux, ces frais sont répartis proportionnellement. — V. Liquidation.

7. Dans les bordereaux d'inscription, il est indispensable de faire toujours une évaluation de frais de mise à exécution, car ces frais

ne sont pas conservés de plein droit. Il n'y a que les frais d'expropriation forcée et de saisie qui se prélèvent. — V. Inscription.

8. Les frais de nourriture, éducation, entretien, etc., ne sont pas rapportables (C. civ., 852).

9. Les frais frustratoires de procédure restent à la charge de l'officier ministériel qui les a faits (C. pr., 1031).

Franc.

1. Affranchi, exempt de charge ou d'obligation. Lorsqu'une personne présente comme libre des biens hypothéqués, ou déclare des hypothèques moindres que celles dont ses biens sont chargés, elle perd le bénéfice du terme convenu, et devient passible de dommages-intérêts (C. civ., 1188).

2. *Franc et quitte*, expression employée dans les contrats de mariage : 1° relativement aux apports des époux déclarés exempts de dettes antérieures au mariage (C. civ., 1510, 1511, 1513); 2° pour permettre à la femme de reprendre ses apports intacts, en renonçant à la communauté (C. civ., 1514).—V. Communauté modifiée, 63 à 81.

3. Unité monétaire française, du poids de 5 grammes d'argent au titre de 9/10ᵉ de fin (L. 4 juillet 1837).

Le franc diffère peu de l'ancienne livre tournois ; elle valait 0 fr. 98705.

4. *Marc le franc*, mode de répartition ou de paiement fait à chacun en proportion de sa créance ou de son intérêt dans une affaire.—V. Distribution.

Français.

1. Celui qui est admis en France à l'exercice des droits attachés à la nationalité.

2. Les enfants issus de parents français sont, de plein droit, français, en vertu de leur origine, peu importe qu'ils soient nés en France ou à l'étranger (C. civ., art. 10; Aubry et Rau, § 69).

3. On admet généralement que l'enfant né en France de père et mère inconnus, est français (Cass., 14 juin 1887).

4. L'enfant issu de parents, l'un français, l'autre étranger, suit la condition de son père. Cependant, l'enfant naturel qui n'a été reconnu que par sa mère, suit la condition de celle-ci.

5. Celui qui est né en France de parents étrangers peut, dans

l'année qui suit sa majorité, réclamer la qualité de français, pourvu que, s'il réside en France, il déclare que son intention est d'y fixer son domicile ; et que, s'il réside en pays étranger, il fasse sa soumission devant un fonctionnaire français, de fixer son domicile en France, et qu'il l'y établisse dans l'année, à compter de l'acte de soumission (C. civ., 9).

Il n'est pas nécessaire, dans ce cas, d'obtenir des lettres de naturalisation (Cass., 19 août 1844 ; Demolombe, I, 171).

6. Par exception, l'individu né en France d'un étranger est admis, dans l'année qui suit sa majorité, d'après la loi française (Cass., 20 juin 1888), à réclamer la qualité de français : 1º s'il sert ou a servi dans les armées françaises de terre ou de mer ; 2º s'il a satisfait à la loi du recrutement sans exciper de sa qualité d'étranger (L. 22 mars 1849).

7. L'enfant issu de parents d'origine française, et qui avaient perdu la qualité de français, peut toujours recouvrer cette qualité en se conformant à l'article 9 du Code civil.

8. L'enfant né d'un étranger, ultérieurement naturalisé, est aussi admis à réclamer la qualité de français, à la charge de faire la déclaration prévue par l'article 9 du Code civil (L. 7 février 1851, art. 2).

9. Est français tout individu né en France d'un étranger qui, luimême, y est né, à moins que, dans l'année qui suivra sa majorité, il ne réclame la qualité d'étranger par une déclaration faite, soit devant le maire de sa résidence, soit devant un agent diplomatique ou consulaire de France à l'étranger, et qu'il ne justifie avoir conservé sa nationalité d'origine par une déclaration de son gouvernement (L. 16 décembre 1874).

10. Enfin, les descendants, étrangers d'origine, de français expatriés pour cause de religion, acquièrent la qualité de français en venant habiter la France et en y fixant leur domicile (L. 15 décembre 1790, art. 22 ; Const., 14 septembre 1791, art. 2, titre II).

11. Un étranger acquiert la qualité de français par la naturalisation, soumise à des conditions moins sévères aux colonies que dans la métropole (L. 3 décembre 1849, 14 juillet 1865, 29 juin 1867 ; Décr., 19 novembre 1870, 25 mai 1881, 29 juillet 1887).

12. La réunion d'un pays à la France confère *ipso facto* la qualité de français à tous ceux des anciens sujets qui se trouvaient domiciliés dans ce pays au moment de son annexion (Fœlix, 18 ; Demante, I, 24 *bis*).

13. Enfin, l'étrangère qui épouse un français, devient française par le fait même de son mariage (C. civ., 12).

14. La qualité de français se perd :

1° Par la naturalisation en pays étranger (C. civ., 17). Malgré la naturalisation obtenue en pays étranger par un français, ses enfants mineurs restent français et soumis au service militaire en France (Cass., 5 mai 1862, 19 août 1874, 6 mars 1877) ;

2° Par l'entrée au service militaire d'une puissance étrangère ou l'affiliation à une corporation militaire étrangère, sans autorisation du gouvernement français (C. civ., 21) ;

3° Par l'acceptation, non autorisée par le gouvernement français, de fonctions publiques conférées par un gouvernement étranger (C. civ., 17) ;

4° Par tout établissement fait en pays étranger, sans esprit de retour. Les établissements de commerce ne peuvent jamais être considérés comme ayant été faits sans esprit de retour (C. civ., 17) ; mais un français est toujours présumé avoir conservé l'esprit de retour, et celui qui prétend le contraire doit le prouver (Cass., 27 juin 1876, 5 août 1879) ;

5° Quand un territoire est cédé par la France à un pays étranger (Traité 10 mai 1871; Conv. 11 décembre 1871) ;

6° Pour la française qui épouse un étranger (C. civ., 19). La femme française qui, ayant épousé un étranger, devient veuve, recouvre la qualité de française, pourvu qu'elle réside en France ou qu'elle y rentre avec l'autorisation du chef de l'État, en déclarant qu'elle veut s'y fixer (C. civ., 19; comp. Cass., 13 janvier 1873).

15. Le français qui a perdu sa qualité de français, peut toujours la recouvrer en rentrant en France, avec l'autorisation du chef de l'État, et en déclarant qu'il veut s'y fixer (C. civ., 18; Décr. 26 août 1811).

C'est devant un officier de l'état civil français que la déclaration prescrite doit avoir lieu ; elle n'a point d'effet rétroactif (C. civ., 20).

16. Le français ayant perdu sa qualité par un engagement militaire à l'étranger, ne peut rentrer en France qu'avec la permission du chef de l'État, et ne recouvre la qualité de français qu'en remplissant les conditions imposées à l'étranger pour devenir citoyen (C. civ., 21).

Fraude.

1. Tromperie, acte de mauvaise foi ayant pour but de nuire aux droits d'un tiers.

Les créanciers peuvent faire annuler les actes frauduleux faits par leur débiteur et qui leur portent préjudice (C. civ., 1167). C'est ce qu'on appelle l'action Paulienne ou révocatoire. Les articles 622, 788, 882, 1053, 1447, 1464, 2225 du Code civil, 446 à 449 du Code de commerce, se réfèrent spécialement à cette action.

2. Simulation en vue de se soustraire aux prescriptions et prohibitions légales. La fraude à la loi se prouve par présomptions et témoins (C. civ., 1350, 1353).

3. Simulation pour éluder les droits fiscaux, notamment dans les transmissions de biens.

En matière d'enregistrement, la fraude est généralement punie du double droit sur la valeur dissimulée (L. 22 frimaire an VII, art. 39; 27 ventôse an IX, art. 5; 23 août 1871, art. 12).

Frères et Sœurs.

1. Enfants de sexe différent, nés des mêmes père et mère, ou de l'un des deux seulement.

On appelle *frères germains*, ceux nés du même père et de la même mère; *consanguins*, ceux issus du même père; *utérins*, ceux nés de la même mère.

2. Dans les dispositions de l'homme ou de la loi, le mot *frères* comprend généralement les sœurs (C. civ., 162, 174, 408, 742, 745, 749 à 752, 1049; C. pr., 4, 131, 283).

3. Les frères et sœurs sont placés au deuxième degré dans le mode légal de supputation des générations formant la ligne collatérale (C. civ., 738).

4. L'article 766 du Code civil distingue les frères et sœurs *légitimes* des frères et sœurs *naturels*, à propos de la succession de l'enfant naturel reconnu.

Fret.

Prix du transport de marchandises chargées dans un navire pour un voyage maritime; on dit aussi nolis (C. comm., 286 et suiv.). — V. AFFRÉTEMENT.

Fruits.

1. Ensemble des produits périodiques qu'une chose mobilière ou immobilière est destinée à donner.

2. On distingue deux espèces de fruits : les fruits naturels ou industriels, les fruits civils.

Les fruits naturels ou industriels sont le produit spontané de la chose frugifère, comme le bois, le foin, les céréales, les légumes, les pommes, le produit des animaux, etc. (C. civ., 547, 583).

Les fruits civils ne naissent pas du corps même de la chose ; on les retire à l'occasion de la chose par l'effet d'un contrat dont elle est l'objet : loyers des maisons, fermages des immeubles ruraux, intérêts des capitaux, arrérages des rentes, etc. (C. civ., 584).

3. Les fruits naturels et industriels s'acquièrent dès l'instant où ils sont séparés de la chose frugifère ; au contraire, les fruits civils sont réputés s'acquérir jour par jour (C. civ., 585, 586, 1980).

4. Quand les travaux nécessaires pour obtenir les fruits ont été faits par un simple possesseur, il faut distinguer s'ils sont ou non détachés lors de la revendication intentée par le propriétaire :

1º Si les fruits ne sont pas détachés, le propriétaire prend sa chose avec les fruits dans l'état où ils se trouvent (C. civ., 547), et il doit rembourser les frais des labours, travaux et semences faits par des tiers (C. civ., 548) ;

2º Lorsque les fruits sont séparés au moment de la revendication, le possesseur de bonne foi les a faits siens (Cass., 11 janvier 1887) ; le possesseur de mauvaise foi est tenu de les restituer (C. civ., 549, 550).

5. Les fruits des biens des époux entrent dans la communauté (C. civ., 1401), V. COMMUNAUTÉ. Sous le régime dotal, il existe des règles spéciales (C. civ., 1549, 1568, 1570, 1571, 1577 à 1579). — V. DOTALITÉ.

6. Les céréales, les pommes, les herbes et autres fruits tenant encore à la terre ne peuvent être saisis-brandonnés que dans les six semaines qui précèdent la maturité (C. pr., 626).

Futur.

1. Qui sera, qui arrivera dans un temps à venir. Les choses futures peuvent être l'objet d'une obligation. On ne peut cependant

renoncer à une succession non ouverte, ni faire aucune stipulation sur une pareille succession, même avec le consentement de celui de la succession duquel il s'agit (C. civ., 1130).

2. Choisi, déterminé, décidé pour un avenir prochain : futurs époux, futurs conjoints.

Gage.

1. Sûreté, garantie générale accordée par la loi aux créanciers sur les biens de leur débiteur (C. civ., 2092, 2093).

2. Objet mis entre les mains de quelqu'un pour lui garantir le paiement d'une dette (C. civ., 2072, 2073 ; C. comm., 546, 547).

Abusivement, on appelle quelquefois gage l'immeuble affecté par hypothèque conventionnelle.

3. Objet qui, se trouvant par le fait entre les mains ou à la disposition de quelqu'un, lui sert de garantie pour le paiement de ce qui pourrait lui être dû : les meubles du locataire sont le gage du propriétaire (C. civ., 2102).

4. Contrat par lequel le débiteur ou un tiers remet au créancier un objet destiné à lui servir de sûreté (C. civ., 2072 ; C. comm., 91).

Le contrat ayant pour objet un gage immobilier est appelé antichrèse ; celui comprenant un gage mobilier est souvent nommé nantissement. — V. ANTICHRÈSE, NANTISSEMENT.

5. Salaires, appointements des domestiques et ouvriers : payer *les gages* d'un domestique (C. civ., 1023, 2102, 2271, 2272).

Gains.

1. Produits d'un travail ou d'une industrie quelconque. Les gains espérés sont pris en considération dans l'évaluation des dommages-intérêts (C. civ., 1149 ; comp. C. civ., 1104, 1838).

2. *Gains de survie*, avantages entre époux résultant du contrat de mariage. En cas d'absence de l'un des conjoints, l'époux présent est autorisé, en optant pour la dissolution de la communauté, à réclamer ses gains de survie, à charge de donner caution (C. civ., 124 ; Orléans, 25 juin 1835). La dissolution de communauté opérée par le divorce ou la séparation ne donne pas ouverture aux gains de survie (C. civ., 1452, 1518 ; Cass., 1er juin 1853).

Garantie.

1. Obligation de procurer à une personne la jouissance paisible et utile des droits à elle cédés.

Cette obligation existe de plein droit dans les partages, donations par contrat de mariage, ventes, échanges, baux, sociétés (C. civ., 884, 886, 1440, 1476, 1547, 1625, 1626, 1641, 1693, 1695, 1696, 1721, 1726, 1727, 1845).

Elle résulte quelquefois d'une convention spéciale et est fournie, soit par l'obligé principal, soit par un tiers. Par exemple, une cession de créance peut contenir l'application de l'article 1694 ; un partage pourrait étendre le délai fixé par l'article 886 ; un mandataire garantit personnellement le transport d'une créance, la restitution d'un prix de vente en cas de trouble ; dans un contrat de mariage, le père du futur garantit la dot de la future, etc.

Celui auquel est due la garantie (acquéreur, preneur à bail, etc.) peut recourir contre celui qui doit garantir dès que ses droits se trouvent menacés (C. pr., 175, 179, 181, etc.).

2. Clause résolutoire d'une vente d'objets corporels consistant dans la mauvaise qualité reconnue de l'objet vendu (C. civ., 1641 à 1649 ; L. 2 août 1884).

3. Sûreté, objet qui sert à garantir : hypothèque, gage.

4. Constatation légale du titre des matières et ouvrages d'or et d'argent (L. 19 brumaire an VI, 30 mars 1872).

Garde.

1. Homme qui garde, qui surveille pour défendre.

2. GARDE-CHAMPÊTRE, employé municipal chargé de la surveillance des propriétés rurales (L. 6 octobre 1791, tit. I, sect. VII ; C. inst. crim., 16 ; comp. C. pr., 628).

La nomination du garde-champêtre appartient au maire qui doit le faire agréer par le sous-préfet (L. 5 avril 1884, art. 102).

Les contraventions relevées par le garde-champêtre sont constatées dans un procès-verbal qu'il est obligé de rédiger dans les vingt-quatre heures et d'affirmer devant le juge de paix ou le maire (L. 28 floréal an X, art. 11 ; C. inst. crim., 20).

3. GARDE PARTICULIER, garde agréé par le sous-préfet pour être chargé de la conservation des biens d'un propriétaire, usufruitier

ou fermier (L. 20 messidor an III, art. 4 ; Cass., 27 brumaire an XI).

Le refus par le sous-préfet d'agréer un individu comme garde particulier n'est susceptible d'aucun recours (Cons. d'État, 13 décembre 1878). Après avoir agréé un garde particulier, le sous-préfet ne peut le révoquer (Cons. d'État, 13 juin 1879, 23 novembre 1883).

La commission du garde particulier ne prend pas fin par le décès du propriétaire qui l'a fait assermenter (Orléans, 16 juin 1885 ; Rouen, 26 décembre 1883).

4. GARDE DES SCEAUX, ministre de la justice chargé de la garde et de l'apposition du sceau de l'État.

Gardien.

Celui qui est chargé de veiller à la conservation des choses saisies (C. pr., 596 à 598), séquestrées (C. civ., 1956, 1962), mises sous scellés (C. pr., 914, 10°).

Gendarmerie.

Milice chargée de veiller à la sûreté et à la tranquillité publique, et de prêter main forte aux autorités civiles et judiciaires (L. 28 germinal an VI, art. 125, 132 ; Décr. 1er mars 1854, 24 avril 1858, 24 juillet 1875).

Généalogie.

Science qui a pour objet la recherche de l'origine et de la filiation des familles.

Tableau de la filiation des différents membres d'une famille. Quand une succession est dévolue à des collatéraux éloignés, le tableau généalogique est annexé à l'inventaire ou à l'acte de notoriété établissant leurs qualités.

Génération.

Ensemble d'hommes qui vivent dans le même temps et qui sont à peu près du même âge. Personnes descendant les unes des autres ou d'un auteur commun. Degré de filiation de père à fils (C. civ., 735).

Gens.

1. Personnes en général, hommes ; serviteurs, domestiques, ouvriers, employés : gens de journée, gens de service, gens de travail (C. civ., 1336, 2101, 2271).

2. *Gens de mer*, marins en général; personnes attachées à la conduite d'un navire (C. comm., 191, 250, 433).

3. *Gens de loi*, avocats, avoués, notaires.

4. *Droit des gens*, droit réglant les rapports entre les nations.

Gérant.

Personne qui gère, qui administre pour le compte d'autrui; gérant de société (C. civ., 1856, 1857; C. comm., 27; L. 24 juillet 1867); gérant d'affaires (C. civ., 1372 à 1375); gérant de journal (L. 29 juillet 1881, art. 6, 42, 43).

Germain.

Issu du même père et de la même mère : frères germains (C. civ., 752). Né du frère ou de la sœur du père ou de la mère : cousins germains (C. civ., 738). Parent collatéral dans les lignes paternelle et maternelle, ou du double lien (C. civ., 733).

Gestion.

Action de gérer, administrer en vertu d'un mandat légal ou conventionnel, ou même sans mandat. — V. ADMINISTRATION, MANDAT, TUTELLE.

Gestion d'affaires.

1. Lorsqu'on gère volontairement l'affaire d'autrui, soit que le propriétaire connaisse la gestion, soit qu'il l'ignore, celui qui gère contracte l'engagement tacite de continuer la gestion qu'il a commencée, et de l'achever jusqu'à ce que le propriétaire soit en état d'y pourvoir lui-même; il doit se charger également de toutes les dépendances de cette même affaire (C. civ., 1372).

On peut prouver la gestion d'affaires par témoins (C. civ., 1348).

2. Le gérant se soumet à toutes les obligations qui résulteraient d'un mandat exprès que lui aurait donné le propriétaire (C. civ., 1372; comp. C. civ., 1991, 1993).

Ainsi, l'héritier qui a appréhendé la succession et qui la gère, doit compte de sa gestion à ses cohéritiers, bien qu'il n'ait pas reçu pour cela un mandat exprès (Cass., 10 août 1854). Il en est de même pour la femme séparée qui gère les affaires de son mari (Cass., 27 juillet 1886).

3. Si le mineur ou la femme mariée, non autorisée, s'immiscent aux affaires d'autrui, ils ne peuvent être recherchés que pour les délits ou les quasi-délits (Aubry et Rau, § 441, note 1; Demolombe,

XXXI, 92; Laurent, XX, 312; Colmet de Santerre, V, 347 *bis;* —
Contrà, Dalloz, *Oblig.,* 3514; Larombière, art. 1374, note 9).

4. Le gérant est obligé de continuer la gestion, encore que le
maître vienne à mourir avant que l'affaire soit consommée, jusqu'à
ce que l'héritier ait pu en prendre la direction (C. civ., 1373).

5. Le gérant est tenu d'apporter à la gestion de l'affaire tous les
soins d'un bon père de famille. Néanmoins, les circonstances qui
l'ont conduit à se charger de l'affaire, peuvent autoriser le juge à
modérer les dommages et intérêts qui résulteraient des fautes ou
de la négligence du gérant (C. civ., 1374).

6. Le maître dont l'affaire a été bien administrée, doit remplir
les engagements que le gérant a contractés en son nom, l'indemniser de tous les engagements personnels qu'il a pris, et lui rembourser toutes les dépenses utiles ou nécessaires qu'il a faites (C.
civ., 1375).

7. C'est un point généralement admis que le gérant doit l'intérêt
des sommes qu'il a employées à son usage (Aubry et Rau, § 441;
Demolombe, XXXI, 169; Colmet de Santerre, V, 352 *bis;* comp.
C. civ., 1996; Nîmes, 31 janvier 1833).

D'un autre côté, le gérant a droit, comme le mandataire, à l'intérêt
de ses avances, du jour où elles ont été faites (Paris, 26 novembre
1864; Rennes, 12 février 1880; Aubry et Rau, § 441, note 12),
surtout lorsque la gestion a été approuvée par le maître (Cass., 7
novembre 1864, 6 novembre 1865). — V. AVANCES, p. 118.

Grâce.

Pardon que le chef de l'État accorde à un criminel en lui remet-
tant, en totalité ou en partie, la peine à laquelle il a été condamné
(L. const., 25 février 1785, art. 3).

La grâce fait cesser la peine, mais elle n'abolit pas les conséquences juridiques de la condamnation; les incapacités civiles et
politiques ne cessent que par la réhabilitation (C. Inst. crim., 619
à 634).

Il en est autrement de l'amnistie: elle abolit la condamnation et
ses conséquences (L. 11 juillet 1880, 29 juillet 1881).

Grains.

Nom collectif des céréales : blé, seigle, orge, avoine, etc. (Comp
C. civ., 520, 585, 587; C. pr., 592, 626).

La vente des grains en vert est prohibée (L. 6 messidor an III), même pour livrer à maturité (Cass., 7 septembre 1854), excepté celle qui aurait lieu par suite de tutelle, saisie de fruits, changement de fermier (L. 23 messidor an III). Toute contravention est punie de la confiscation des grains (Comp. Cass., 12 mai 1848, 8 février 1856; Rouen, 3 mai 1873).

Greffe.

1. Dépôt public où se conservent, sous la surveillance du greffier, les minutes des jugements, arrêts, rapports d'experts, et où l'on fait des déclarations, etc.

Les greffes des tribunaux civils de première instance reçoivent en dépôt les doubles : des registres de l'état civil (C. civ., 43 à 45); des répertoires des notaires (L. 6 octobre 1791, 16 floréal an IV); des registres de dépôt tenus par les conservateurs des hypothèques (C. civ., 2200, etc.

2. *Droits de greffe*, impôts perçus par les receveurs de l'enregistrement sur les actes de greffe : mise au rôle de chaque cause ; rédaction et transcription d'actes : droit d'expédition (L. 21 ventôse an VII; 22 prairial an VII; Décr. 12 juillet 1808; L. 16 novembre 1875).

Greffier.

1. Officier ministériel établi près des Cours et Tribunaux, pour écrire les arrêts, sentences, jugements et autres actes prononcés ou dictés par les juges, en garder les minutes, et en délivrer des expéditions.

2. Chaque justice de paix a son greffier, ainsi que chaque tribunal d'arrondissement ou de commerce; chaque Cour d'appel, et, enfin, la Cour de Cassation.

3. Pour être nommé greffier près les justices de paix et les tribunaux d'arrondissement, il faut être âgé de 25 ans (L. 16 ventôse an XI). Les greffiers des Cours d'appel et de la Cour de Cassation doivent être âgés de 27 ans, licenciés en droit, et justifier d'un stage de deux ans comme avocat (L. 28 avril 1810; Ord. 15 janvier 1826).

4. Les greffiers sont nommés directement par le président de la République; ils fournissent un cautionnement.

5. Chaque greffier choisit et présente à l'agrément du tribunal un ou plusieurs commis greffiers. Ces commis greffiers prêtent serment et se trouvent investis d'un véritable caractère public; ils peuvent

remplir toutes les fonctions que la loi attribue au greffier, figurer à sa place aux audiences, délivrer des expéditions ; en un mot, faire tous les actes du ministère des greffiers (L. 21 ventôse an VII ; Décr. 18 août 1810).

6. Les greffiers ne peuvent devenir cessionnaires des procès et droits litigieux qui sont de la compétence du tribunal dans le ressort duquel ils exercent leurs fonctions (C. civ., 1597).

7. Un greffier de justice de paix peut être en même temps agent d'affaires, agent d'assurances et syndic de faillites (Besançon, 29 décembre 1875).

Grosse.

1. Expédition d'un contrat notarié ou d'un jugement délivrée en forme exécutoire par un notaire ou un greffier, et ordinairement écrite en plus gros caractères que la minute.

La remise volontaire de la grosse du titre fait présumer le paiement de la dette (C. civ., 1283).

En cas de perte de l'original d'un titre, la grosse fait la même foi (C. civ., 1335, 1°).

2. Original d'une requête ou d'un cahier des charges, dressé par un avoué (Tarifs 1807, art. 72 ; 1841, art. 14).

3. *Prêt à la grosse*, celui qui est fait sur des objets exposés à la fortune de mer, avec cette condition que s'ils arrivent heureusement à destination, le prêteur aura, outre la somme prêtée, une somme déterminée, qui est plus élevée que l'intérêt ordinaire, et qui est appelée profit maritime (C. comm., 311 à 331). On dit aussi : prêt à grosse aventure, contrat à la grosse (Comp. C. civ., 1964).

Grosse d'un acte notarié.

Copie revêtue de la formule exécutoire, c'est-à-dire portant en tête le même intitulé que les lois, et, à la fin, un mandement aux officiers de justice, pareil à celui employé pour les jugements (C. pr., 545 ; L. 25 ventôse an XI, art. 25).

C'est la formule dont la grosse est revêtue qui donne le privilège de l'exécution parée, consistant dans le droit de saisir les biens du débiteur, sans avoir recours aux tribunaux.

I. Première grosse.

2. On ne peut délivrer grosse que d'un acte notarié passé en minute (L. ventôse, art. 21), contenant engagement formel de payer

une somme d'argent, une rente perpétuelle, une rente viagère, ou de livrer des choses déterminées.

3. Un acte sous-seings privés, déposé et formellement reconnu par les parties ou par leurs héritiers, devient authentique, de sorte que le notaire détenteur est fondé à en délivrer des grosses (Cass., 27 mars 1821; Bourges, 27 juin 1823; Caen, 16 décembre 1819). L'arrêt de Cassation précité décide même que le dépôt, avec reconnaissance par le débiteur seul, serait suffisant.

4. Les actes reçus en brevet ne sont pas susceptibles de délivrance en forme exécutoire, à moins qu'ils n'aient été rapportés pour minute par le débiteur (Issoire, 6 décembre 1887; Rutgeerts et Amiaud, 802; — *Contrà*, Clermont-Ferrand, 17 janvier 1888).

5. Pour qu'un notaire puisse délivrer en forme de grosse l'extrait d'un procès-verbal de vente de meubles ou de produits, il faut nécessairement que la minute porte la signature de l'adjudicataire (Bruxelles, 22 mars 1810; St-Omer, 4 septembre 1853).

6. Un légataire particulier ne peut réclamer la grosse du testament fait en sa faveur, car le legs l'investit bien d'un droit, mais il faut que ce droit soit reconnu par l'héritier ou légataire universel, de sorte que la grosse à délivrer est celle de l'acte exécutant le legs.

7. Pour qu'un acte soit susceptible de délivrance en forme de grosse, il faut qu'il ne porte pas mention de son exécution; ainsi, une vente, moyennant un prix payé comptant, un échange ou un partage sans soulte, ne peuvent être délivrés que dans la forme des expéditions (Déc. min. just., 1er mars 1823).

8. En définitive, on délivre des grosses : du bail au bailleur; du cautionnement au créancier; de l'ouverture de crédit au créditeur; de la donation avec charges au donateur; des échanges et partages (Besançon, 13 août 1864) avec soulte au créancier de la soulte; de la constitution de rente au crédi-rentier; de la vente au vendeur non payé; de l'obligation pour prêt au prêteur; du contrat de mariage au futur époux donataire.

9. Une grosse est délivrée à chacune des parties intéressées, d'un acte contenant des engagements distincts au profit de plusieurs personnes (L. 25 ventôse an XI, art. 26).

Ainsi, une obligation pour prêt au profit de trois prêteurs divis, donne lieu à la délivrance de trois grosses, mais le notaire a soin de mentionner sur chacune le nom du créancier.

10. Les notaires peuvent se substituer pour la délivrance des

grosses comme pour la réception des actes ; cela n'a jamais fait doute en pratique.

11. Toutes les règles de forme concernant les expéditions (V. EXPÉDITION) sont applicables aux grosses, qui n'en diffèrent que pour la formule exécutoire.

12. Quand il y a lieu de copier à la suite de l'expédition un extrait des pouvoirs annexés à l'acte, le mandement aux officiers de justice dans la grosse se place après l'extrait des procurations (Cass., 12 juin 1839).

13. Il est fait mention sur la minute de la délivrance d'une première grosse à chacune des parties intéressées (L. 25 ventôse an XI, art. 26).

Cette mention est signée par le notaire, ou, au moins, paraphée.

En outre, dans les études bien tenues, la remise des grosses est constatée dans un carnet spécial, contenant une case, pour que les intéressés signent une décharge.

14. Les parties étant tenues solidairement au paiement des frais envers le notaire, celui-ci peut refuser la grosse au créancier, lorsque les frais de l'acte et de grosse ne sont pas acquittés (C. pr., 851; Alger, 17 avril 1888).

15. Les grosses délivrées avant le 6 septembre 1870 doivent, avant toute exécution, être revêtues de la formule exécutoire déterminée par le décret du 2 septembre 1871. Cette formule est ajoutée en tête et à la fin de l'acte ; elle peut être faite par un notaire autre que celui ayant délivré la grosse (Déc. min. just., 17 juillet 1848 ; Arg., décr. 2 septembre 1871).

A défaut d'addition de cette formule, les poursuites faites sont nulles (Cass., 22 mai 1828 ; Poitiers, 17 juin 1875 ; Toulouse, 16 mars 1877 ; Chambéry, 12 février 1887).

16. La grosse est exécutoire dans toute la France (C. pr., 547), mais pour l'exécution en dehors : de la Cour d'appel, d'une grosse délivrée par un notaire de première classe ; du département, de la grosse délivrée par un notaire de deuxième ou troisième classe, il faut que la signature du notaire soit légalisée (L. 25 ventôse an XI, art. 28), sinon les poursuites pourraient être arrêtées (Cass., 10 juillet 1817, 8 novembre 1853).

II. Grosse par extrait.

17. La forme par extrait s'applique aux grosses aussi bien qu'aux

expéditions ; l'extrait est même indispensable pour une adjudication par lots et pour un partage.

Il est évident que l'extrait doit être littéral, autrement, il ne constituerait pas une copie de l'acte.

Afin de prévenir toute difficulté dans les actes susceptibles d'être délivrés en forme de grosse à plusieurs, il est bon de faire autoriser le notaire à délivrer des extraits en forme de grosse.

III. Secondes grosses.

18. Quand un créancier a perdu la grosse de son titre, il peut en obtenir une seconde.

Il présente, à cet effet, une requête au président du tribunal civil dans le ressort duquel réside le notaire détenteur de la minute (C. pr., 844 ; L. 25 ventôse an XI, art. 26 ; comp. Paris, 6 juillet 1885).

En vertu de l'ordonnance du président, la partie fait sommation au notaire de faire la délivrance aux jour et heure indiqués, et aux parties intéressées pour y être présentes (C. pr., 844).

Si le débiteur ne comparaît pas au jour et à l'heure fixés par la sommation, défaut est prononcé, puis il est passé à la délivrance de la seconde grosse.

Quand le débiteur se présente et conteste la délivrance, le notaire délaisse les parties à se pourvoir en référé devant le président du tribunal (C. pr., 845).

Lorsque sur le référé la délivrance est ordonnée, le créancier fait signifier au notaire l'ordonnance ou le jugement, avec certificat de non opposition ni appel (C. pr., 548).

19. En toute circonstance, le notaire dresse un procès-verbal constatant le fait ; il est facultatif de l'expédier avec la grosse.

20. La seconde grosse mentionne l'ordonnance en vertu de laquelle elle est délivrée et le procès-verbal qui en a été dressé (C. pr., 844).

Il est convenable de mentionner sur la minute la délivrance de la seconde grosse.

21. Le notaire peut-il délivrer une seconde grosse, sans autorisation judiciaire, pourvu que les parties, toutes capables, donnent leur consentement à cet effet par acte authentique ? On serait tenté de répondre affirmativement (Toullier, VIII, 454 ; Delvincourt, II, p. 619 ; Duranton, XIII, 62). Néanmoins, l'article 844, Code procé-

dure, prescrivant de mentionner l'ordonnance du président sur la seconde grosse, il nous paraît prudent de s'abstenir.

Les frais de requête et autres étant assez élevés, dans les petites affaires, un notaire *très prudent* peut tourner la difficulté en rédigeant un acte recognitif, qui forme un titre complet, en y relatant spécialement la teneur du titre primordial dans ses clauses principales, avec dispense formelle de le représenter (C. civ., 1337 ; Cass., 15 avril 1867).

22. Les frais occasionnés par la seconde grosse sont à la charge de celui qui l'a requise.

23. Toutes les fois qu'une grosse devient commune à plusieurs personnes, par suite de division de la créance primitive, ce qui arrive dans les successions, cessions partielles, etc., elle peut être déposée à un notaire qui en délivre des copies appelées ampliations. — V. AMPLIATION, p. 98.

24. La délivrance de l'ampliation est assimilée à une seconde grosse pour les formalités (C. pr., 844).

' Grossesse.

État d'une femme enceinte ; durée de cet état. L'enfant né avant le cent quatre-vingtième jour du mariage, ne peut être désavoué par le mari s'il a eu connaissance de la grossesse avant le mariage (C. civ., 314).

La femme en grossesse, condamnée à mort, ne subit sa peine qu'après sa délivrance (C. pén., 27).

Un enfant naturel peut être reconnu pendant la grossesse de la mère (Cass., 16 décembre 1811 ; Colmar, 25 janvier 1859).

Si la femme est grosse au décès de son mari, un curateur spécial est nommé à l'enfant dont elle est enceinte (C. civ., 393).

Habile.

Apte, capable, propre ; qui peut avoir droit : habile à succéder (C. civ., 725, 727, 774, 775) ; à contracter (C. civ., 1123, 1124).

Dans les inventaires, les héritiers et les légataires sont toujours qualifiés : habiles à se porter héritiers ; habiles à se dire légataires, parce qu'en faisant inventaire, ils se réservent d'accepter ou de répudier ces qualités.

Habitation.

Lieu où l'on réside, maison, logement (C. civ., 103).—V. DOMICILE.

DROIT D'HABITATION, usage d'un logement personnel à l'usufruitier et à sa famille (V. ci-après) :

HABITATION DE LA VEUVE, droit accordé à la veuve d'habiter gratuitement, pendant un certain temps, la maison qu'elle occupait avec son mari (C. civ., 1465, 1570).

Habitation (Droit d').

1. C'est le droit appartenant à une personne de jouir, avec sa famille, de tout ou partie d'une maison appartenant à autrui.

2. Le droit d'habitation peut être constitué à titre gratuit ou onéreux (C. civ., 625) ; il est toujours présumé accordé pour la vie de *l'habituaire*.

3. A défaut d'explication dans le titre constitutif (C. civ., 628), celui qui a un droit d'habitation dans une maison peut y demeurer avec sa famille, quand même il n'aurait pas été marié à l'époque où ce droit lui a été donné (C. civ., 632 ; comp. Pau, 30 novembre 1874).

4. D'un autre côté, le droit d'habitation se restreint à ce qui est nécessaire pour l'habitation de celui à qui ce droit est concédé et de sa famille (C. civ., 633).

5. Le droit d'habitation ne peut être ni cédé, ni loué (C. civ., 634).

En conséquence, ce droit n'est pas susceptible d'hypothèque par l'habituaire, ni de saisie par ses créanciers ; peu importe, à cet égard, que le droit ait été constitué à titre gratuit ou à titre onéreux (Chambéry, 8 mars 1862 ; Demolombe, X, 786 ; Aubry et Rau, § 237, note 10 ; Laurent, VII, 114).

6. L'habituaire est obligé de faire dresser état des bâtiments soumis à son droit, et de fournir caution (C. civ., 626) s'il n'en a pas été dispensé ; cependant, le vendeur ou donateur, sous réserve d'habitation, ne sont pas tenus de donner caution (C. civ., 601).

Il doit jouir en bon père de famille (C. civ., 627), ce qui comporte l'obligation de faire les réparations d'entretien et d'acquitter les charges au prorata de la partie de maison qu'il occupe (C. civ., 635 ; comp. Cass., 1er juillet 1846 ; Aubry et Rau, § 237, 2°).

7. Le droit d'habitation prend fin de la même manière que l'usufruit (C. civ., 617, 618).

8. A l'extinction du droit d'habitation, l'habituaire ne peut réclamer aucune indemnité pour les améliorations qu'il aurait faites, encore que la valeur de la chose en fût augmentée (C. civ., 599; Demolombe, X, 807; Laurent, VII, 119; — *Contrà*, Proudhon, 2789).

9. L'acte entre-vifs constitutif d'habitation est soumis à la transcription hypothécaire, ainsi que l'acte portant renonciation à ce droit (L. 23 mars 1855, art. 2).

Haie.

1. Clôture faite avec des arbrisseaux ou des branchages. On nomme *haie vive* celle formée d'arbustes ayant pris racine et qui sont en végétation; *haie morte*, ou *sèche*, celle composée d'épines ou autres bois morts entrelacés.

2. La haie sèche peut se planter à l'extrême limite du terrain de celui qui l'établit.

Au contraire, la haie vive ne peut être plantée qu'à la distance fixée par les usages reconnus dans chaque lieu, et à défaut de statuts locaux, à 0^m50 de l'héritage du voisin (C. civ., 671).

3. La haie séparative de deux héritages est réputée mitoyenne, avec les arbres s'y trouvant (C. civ., 671), à moins qu'il n'y ait qu'un seul des héritages en état de clôture, ou s'il y a titre, prescription ou marque contraire (C. civ., 666; comp. Cass., 10 avril 1853).

4. La haie mitoyenne doit être entretenue à frais communs, mais le voisin peut se soustraire à cette obligation en renonçant à la mitoyenneté (C. civ., 667).

5. Le voisin dont l'héritage joint une haie non mitoyenne ne peut contraindre le propriétaire de cette haie à lui céder la mitoyenneté (C. civ., 668).

6. Le copropriétaire d'une haie mitoyenne peut la détruire jusqu'à la limite de sa propriété, à la charge de construire un mur sur cette limite (C. civ., 668).

7. Tant que dure la mitoyenneté de la haie, les produits en appartiennent aux propriétaires par moitié (C. civ., 669).

Héritage.

1. Action d'hériter, acquisition de biens par voie de succession.

2. Biens que laisse une personne en mourant ; biens recueillis par voie de succession.

3. Héritage, hérédité, hoirie, succession, sont des mots synonymes, lorsqu'ils sont employés pour désigner la chose transmise ; mais *héritage* ne s'emploie que dans le langage ordinaire ; *hérédité* est un terme d'érudition peu usité dans le langage des affaires ; *hoirie* est une expression archaïque ; *succession* est le mot en usage.

4. Immeuble foncier : terre, maison (C. civ., 608, 637, 638, 647, 666).

Héritier.

1. Celui qui recueille à titre successif les droits actifs et passifs d'un individu décédé.

2. Les héritiers sont légitimes ou institués selon qu'ils se trouvent appelés à la succession par la loi ou par la volonté du défunt.

3. Les héritiers légitimes sont réguliers ou irréguliers. On appelle héritiers réguliers les descendants, les ascendants et les collatéraux (C. civ., 724, 731). Les héritiers irréguliers sont les enfants naturels, le conjoint survivant et l'État (C. civ., 723, 758, 767, 768).

4. Ce qui distingue les héritiers réguliers des héritiers irréguliers, c'est que les premiers succèdent à la personne comme aux biens dont ils sont saisis de plein droit (C. civ., 724), tandis que les seconds ne succèdent qu'aux biens et sont tenus de se faire envoyer en possession (C. civ., 769, 773).

5. Il y a encore une classe spéciale d'héritiers par retour successoral (C. civ., 351, 352, 747, 766).

6. Les héritiers institués tiennent leurs droits de la volonté de l'homme, par contrat de mariage, donation ou testament (C. civ., 893 à 895, 943, 1002, 1082) ; ils sont ordinairement appelés légataires et donataires.

7. L'héritier présomptif est supposé devoir succéder à un individu encore vivant.

8. L'héritier pur et simple est celui qui, ayant accepté la succes-

sion sans réserve, se trouve tenu des dettes *ultra vires* (C. civ., 778, 780, 873).

9. L'héritier bénéficiaire est celui qui n'a accepté qu'avec certaines formalités et ne répond des dettes que jusqu'à concurrence de son émolument (C. civ., 793, 794, 802).

10. On distingue encore les héritiers en réservataires et ordinaires ; les héritiers à réserve ont droit à une certaine portion des biens du défunt, malgré les donations ou legs qu'il a pu faire ; au contraire, les héritiers ordinaires peuvent être entièrement dépouillés par des dispositions entre-vifs ou testamentaires (C. civ., 913 à 916).

11. Sont incapables d'être héritiers : celui qui n'est pas encore conçu ; l'enfant qui n'est pas né viable (C. civ., 725).

12. Enfin, l'héritier apparent est celui qui passe pour l'héritier véritable du défunt, soit à titre de successibilité, soit en vertu d'un testament régulier en la forme (Cass., 16 janvier 1843, 26 février 1867, 3 juillet 1877).

Les aliénations onéreuses consenties par l'héritier apparent et les hypothèques qu'il a conférées sont valables (Cass., 16 janvier 1843, 25 novembre 1862, 13 mai 1879, 3 juillet 1877), pourvu que les tiers aient été de bonne foi (Cass., 4 août 1875, 13 mai 1879, 4 août 1885 ; Chambéry, 31 mars 1884 ; Limoges, 7 décembre 1886).

A plus forte raison, les actes d'administration faits par l'héritier apparent sont à l'abri de toute critique.

13. La qualité d'un héritier est suffisamment établie à l'égard de tout tiers par un inventaire, ou, à défaut, par un acte de notoriété dans la forme des actes notariés (Paris, 23 juillet 1831).

C'est l'usage général dans la pratique de n'admettre l'acte de notoriété comme justification suffisante des qualités héréditaires, que lorsqu'il n'a pas été dressé d'inventaire.

Quand, à défaut d'héritiers dans une ligne, les biens sont dévolus en entier à l'autre ligne, les praticiens très prudents font un acte de notoriété spécial, avec annexe des pièces justifiant les recherches faites des héritiers.

Homologation.

1. Action d'approuver, de donner à un acte fait pour des incapables la force et la valeur d'un acte judiciaire.

2. L'homologation est de rigueur pour les délibérations de conseil

de famille concernant : 1° l'exclusion d'un tuteur (C. civ., 448) ; 2° l'emprunt ou la vente dans l'intérêt du mineur (C civ., 457, 458, 483 ; C. pr., 955) ; 3° la transaction (C. civ., 467) ; 4° le mariage de l'enfant d'un interdit (C. civ., 511).

3. Les partages dressés par les notaires, lorsqu'ils doivent être faits en justice, sont également soumis à l'homologation (C. pr., 981, 982).

4. Le mandat intervenu entre le failli et ses créanciers ne devient obligatoire que par l'homologation (C. comm., 516).

Honoraire.

Qualification donnée aux magistrats, aux notaires et aux avoués qui, après avoir exercé leurs fonctions pendant un certain nombre d'années et s'en être démis, en conservent le titre et les prérogatives honorifiques (Décr., 2 octobre 1807, art. 3 ; 6 juillet 1810, art. 77 ; L. 4 janvier 1843, art. 29 et 30 ; 7 novembre 1861).

Honoraires (1).

1. Nom que l'on donne, pour éviter le mot salaire, aux rétributions des notaires et autres personnes exerçant des professions libérales.

2. Les honoraires des notaires comprennent : la rémunération pour la passation des actes, la garde des minutes, les voyages et la délivrance des expéditions, extraits et grosses. Les notaires ont également droit à des honoraires pour la préparation d'actes non réalisés (Dijon, 3 janvier 1884).

3. Des dispositions légales ont fixé les honoraires de quelques natures d'actes ; pour les actes non prévus par les tarifs légaux, les honoraires sont réglés à l'amiable entre le notaire et son client, d'après les tarifs arrêtés par la Compagnie. — V. TARIF.

4. Toutes les parties qui ont concouru à un acte sont obligées solidairement envers le notaire, peu importe que l'acte indique, soit la part de frais à la charge de chaque partie, soit que les frais resteront à la charge de l'une des parties (Cass., 7 novembre 1882).

5. Les honoraires d'un testament, contenant un legs universel et des legs particuliers, peuvent être réclamés en entier au légataire universel, sauf son recours contre les légataires particuliers pour la

---

(1) V. Amiaud, *Le Tarif général et raisonné des Notaires*, 2 vol. in-8°, 1881.

part leur incombant (Gap, 3 février 1885 ; Vienne, 5 novembre 1886 ; — *Contrà*, Grenoble, 19 juin 1868, 14 novembre 1868 ; Fontainebleau, 23 juin 1887).

6. Une jurisprudence, maintenant unanime, décide que la taxe est d'ordre public, et peut toujours être demandée malgré le règlement amiable des honoraires, dans les deux ans qui suivent le paiement ou règlement (L. 5 août 1881, art. 2). — V. Taxe.

7. Les honoraires des notaires, et même leurs déboursés, ne produisent intérêts que du jour de la demande en paiement ; cependant : 1º un client s'engage valablement envers le notaire, avant toute taxe, à lui payer les intérêts de ses honoraires (Cass., 29 juin 1880) ; 2º est licite et obligatoire, la clause d'un acte portant que les intérêts des frais courront, de plein droit, après un délai déterminé (Cass., 24 janvier 1853 ; Orléans, 2 décembre 1853).

8. L'action des notaires en paiement de leurs honoraires se prescrit par cinq ans, à partir de la date des actes, à moins qu'il ne s'agisse de testaments ou donations entre époux, auquel cas les cinq ans ne datent que du décès de l'auteur de la disposition (L. 5 août 1881, art. 1).

Toutefois, la prescription cesse de courir lorsqu'il y a eu compte arrêté, reconnaissance, obligation ou citation en justice non périmée (même article).

9. Quand deux notaires concourent à un même acte, les honoraires se partagent par moitié (Cass., 7 janvier 1879). Le notaire qui assiste à un acte en dehors de son ressort ne peut prétendre au partage des honoraires. Quelques règlements de Chambres rejettent le partage et attribuent tous les honoraires au notaire qui a la garde de la minute.

Hospice, Hôpital.

1. Établissement public destiné à recevoir des pauvres, des orphelins et d'autres personnes que leur âge ou leurs infirmités mettent hors d'état de gagner leur vie : hospice de la vieillesse.

2. Maison établie pour recevoir et traiter gratuitement les malades indigents : hôpital militaire, hôpital civil.

3. Les hospices et hôpitaux constituent des personnes morales (Dijon, 20 décembre 1877 ; Dufour, VI, 21 ; Batbie, V, 238), capables de vendre, acquérir, emprunter, accepter des dons et legs (L. 7 août 1851, art. 8, 9 ; 5 avril 1884, art. 70). — V. Acceptation de legs, nº 9 ; Adjudication, 23 ; Bail administratif, 8.

4. Ces établissements sont administrés par des commissions spéciales (L. 5 août 1879). Un receveur proposé par la commission administrative et nommé par le ministre de l'intérieur est chargé des recettes et des dépenses (L. 16 vendémiaire an V, art. 3 ; 7 août 1851, art. 14).

5. Les enfants admis dans un hospice sont sous la tutelle de la commission administrative, qui désigne un de ses membres pour exercer la tutelle (L. 15 pluviôse an XIII). — V. ENFANT, n⁰ˢ 3 et 4.

Huissier.

1. Officier ministériel dont les fonctions consistent à assigner les parties devant les tribunaux ; à signifier et exécuter les jugements et ordonnances de justice ; enfin, à faire entre les particuliers tous les actes extra-judiciaires que ceux-ci peuvent juger utiles à la conservation de leurs droits (Décr. 14 juin 1813).

2. La police des audiences des justices de paix, des tribunaux civils et de commerce, des Cours d'appel et de la Cour de Cassation, est faite par des huissiers choisis parmi ceux de l'arrondissement, et qu'on appelle huissiers-audienciers. Ce titre confère un privilège pour la signification des actes dans le cours d'une instance.

3. Tous les huissiers, quelle que soit leur résidence, qu'ils soient audienciers ou non, ont le droit d'instrumenter dans le ressort du tribunal de leur arrondissement.

4. Les huissiers sont nommés par le chef de l'État ; ils doivent être âgés de 25 ans et avoir fait un stage de deux ans dans une étude de notaire ou d'avoué, sinon avoir travaillé pendant trois ans dans un greffe de Cour d'appel ou de tribunal civil.

5. Dans les communes n'ayant pas de commissaires-priseurs, les huissiers ont le droit de faire des prisées dans les inventaires et de procéder aux ventes publiques de meubles et de récoltes.

Hypothèque.

I. Nature de l'hypothèque.

1. L'hypothèque est un droit réel et indivisible, emportant droit de suite et de préférence, en vertu duquel une chose immobilière (ou un navire) se trouve affectée à l'acquittement d'une obligation (C. civ., 2114, 2134, 2166 ; L. 10 juillet 1885).

2. Par essence, l'hypothèque est un droit accessoire ne survivant pas à l'extinction de l'obligation qu'il garantit (C. civ., 2180).

3. De ce que l'hypothèque est indivisible et existe en entier sur tous et sur chacun des biens grevés, il ne résulte aucun obstacle à la division de l'obligation principale entre les héritiers du créancier ou du débiteur, car l'action hypothécaire et l'action personnelle sont distinctes (C. civ., 1220; Cass., 12 février 1829, 9 novembre 1847).

Ainsi, entre les héritiers du débiteur, le principe de la division des dettes n'empêche pas que celui qui se trouve détenteur des immeubles hypothéqués, ou de l'un d'eux, puisse être poursuivi pour le tout sur ces immeubles (C. civ., 873, 1009, 1012, 1221).

4. Un créancier peut, en conservant sa créance, céder son rang hypothécaire ou son hypothèque; ces cessions sont fréquentes à l'occasion de l'hypothèque légale de la femme (L. 23 mars 1855, art. 9; Bourges, 20 juillet 1832; Caen, 11 mars 1854).

5. Les hypothèques n'ont lieu que dans les cas et suivant les formes autorisées par la loi (C. civ., 2115).

6. Le Code civil fait une division tripartite des hypothèques : légale, judiciaire, conventionnelle. L'hypothèque légale résulte de la loi; l'hypothèque judiciaire des jugements ou actes judiciaires, et l'hypothèque conventionnelle dépend des conventions et de la forme extérieure des actes et contrats (C. civ., 2116, 2117, 2121, 2122, 2124).

7. En général, l'hypothèque n'est qu'un droit inerte, à l'égard des tiers, tant qu'il n'a pas été vivifié par la publicité résultant de l'inscription sur les registres hypothécaires (C. civ., 2134; comp. 2135).

II. Biens susceptibles d'hypothèque.

8. Pour qu'un bien puisse être grevé d'hypothèque, il faut, avant tout, qu'il soit dans le commerce; c'est ainsi que les choses du domaine public de l'État, des départements ou des communes, ne pourraient être hypothéquées (C. civ., 538, 2118).

9. L'énumération limitative des biens susceptibles d'hypothèque comprend :

1° Les immeubles par nature et leurs accessoires réputés immeubles, c'est-à-dire les immeubles par destination; toutefois, ces derniers biens ne se trouvent en état d'être soumis à l'hypothèque qu'avec l'héritage dont ils dépendent, et s'ils en sont séparés, sans opposition de la part du créancier, ils cessent d'être frappés de son droit hypothécaire (C. civ., 524, 2118; Cass., 31 janvier 1870, 20 décembre 1875, 2 août 1886; Douai, 16 décembre 1886).

2º L'usufruit des immeubles et accessoires pendant le temps de sa durée, de sorte que l'hypothèque s'éteint à la cessation de l'usufruit (C. civ., 2118). Cependant, le droit hypothécaire continuerait de frapper l'usufruit s'il se consolidait avec la propriété dans la main de l'usufruitier ;

3º Les mines, considérées séparément et indépendamment de la surface du terrain (L. 21 avril 1810, art. 19);

4º La nue propriété séparée de l'usufruit ;

5º Les actions immobilisées de la Banque de France (Décr. 16 janvier 1808) ;

6º Le droit résultant pour le preneur d'un bail emphytéotique, d'un contrat de superficie ou d'un bail à domaine congéable (Cass., 19 juillet 1832, 23 février 1853, 26 janvier 1864) ;

7º Les navires de 20 tonneaux et au-dessus, mais seulement par convention (L. 10 juillet 1885) ;

8º Les constructions élevées par le locataire sur un terrain qui lui a été donné à bail (Cass., 13 février 1872), mais seulement lorsque le propriétaire n'a pas le droit de les conserver sans indemnité (Paris, 4 novembre 1886).

10. Ne peuvent être hypothéqués : 1º les droits d'usage et d'habitation ; 2º les servitudes ; 3º l'usufruit légal des père et mère ; 4º l'usufruit du mari sur les biens de la femme ; 5º le droit résultant d'un bail, même à long terme ; 6º la part d'un associé dans les immeubles d'une société subsistante ; 7º le droit de péage sur un pont ; 8º les biens meubles (excepté les navires) ; 9º les actions tendant à revendiquer un immeuble.

III. Étendue de l'hypothèque.

11. L'hypothèque acquise s'étend à toutes les améliorations survenues à l'immeuble grevé, ce qui comprend : 1º les accroissements et atterrissements provenant de l'alluvion ; 2º les constructions édifiées (Cass., 11 avril 1838), les plantations et assainissements (sauf l'exercice du privilège du constructeur) ; 3º les avantages résultant de l'extinction de charges telles que servitudes et usufruit (C. civ., 2118, 2133).

12. Mais l'hypothèque ne saurait s'étendre : 1º à la nue propriété acquise par l'usufruitier ; 2º aux adjonctions faites de terrains avoi-

sinant la propriété grevée : 3° au trésor découvert sur la propriété grevée (Demolombe, XIII, 46 *bis*) ; 4° à l'indemnité allouée en cas d'incendie (Cass., 28 juin 1831 ; Grenoble, 27 février 1834).

IV. Rang des hypothèques.

13. Le droit de préférence des créanciers entr'eux se détermine en général par la date de la publicité des hypothèques, résultant de leur inscription sur les registres du conservateur (C. civ., 2134).

14. A défaut d'inscription, les hypothèques sont inefficaces à l'égard des tiers, excepté cependant les hypothèques légales des femmes mariées, des mineurs et des interdits, durant qu'elles sont dispensées de publicité (L. 23 mars 1855, art. 8) ; mais cette exception est étrangère aux créanciers subrogés dans l'hypothèque légale de la femme mariée, qui ne peuvent invoquer la préférence sans inscription de cette hypothèque prise à leur profit, même pendant qu'elle est dispensée de la publicité (L. 23 mars 1855, art. 9).

15. L'hypothèque générale, légale ou judiciaire, prend rang par son inscription, tant sur les immeubles que le debiteur possédait au moment où elle a été opérée, que sur ceux qu'il a acquis ultérieurement ; de sorte qu'à moins de restriction dans le bordereau d'inscription, la priorité de rang sur les biens présents implique priorité sur les biens à venir (Cass., 5 novembre 1873).

Il en est ainsi pour les hypothèques légales dispensées d'inscription : celle qui se trouve être la première en date a la préférence, même sur les biens que le débiteur n'a acquis qu'après la naissance de la seconde.

16. Quant aux hypothèques conventionnelles constituées sur les biens présents et à venir, elles n'affectent les immeubles advenus au débiteur qu'à la date des inscriptions prises sur chaque immeuble nouvellement acquis (C. civ., 2130 ; Cass., 27 avril 1846 ; Aubry et Rau, § 273, note 4) ; d'où il suit que ces hypothèques sont toujours primées, sur les immeubles à venir, par les hypothèques légales ou judiciaires précédemment inscrites, fussent-elles postérieures en date à l'hypothèque conventionnelle des biens à venir.

17. C'est à la date de l'inscription que prennent rang les hypo thèques éventuelles, conditionnelles ou sous condition suspensive, quelle que soit l'époque à laquelle l'obligation sera devenue certaine (C. civ., 1179, 1181 ; Cass., 21 novembre 1849).

18. Toutes les hypothèques inscrites le même jour viennent par

concurrence et à rang égal, sans distinction entre l'inscription du matin et celle du soir, quand même la différence serait marquée par le conservateur et sans égard pour la date du titre constitutif (C. civ., 2147).

Cette règle s'applique à toutes les hypothèques soumises à inscription et aux privilèges dégénérés en hypothèques, faute d'avoir été conservés en temps utile.

Elle s'applique également au conflit des hypothèques légales dispensées d'inscription, soit entre elles, soit avec des hypothèques soumises à l'inscription, quand ces dernières ont été inscrites le jour auquel remonte l'effet des premières (Aubry et Rau, § 291).

19. Le rang des hypothèques peut se trouver modifié conventionnellement entre créanciers ayant la capacité de disposer de leurs droits hypothécaires.—V. Cession d'antériorité, Cession de concurrence.

V. Effets de l'hypothèque.

1^{ent}. *Effets généraux.*

20. Outre le droit appartenant à tout créancier de saisir et faire vendre les biens entre les mains du débiteur, les créanciers hypothécaires ont, sur les immeubles affectés à leurs créances, deux droits spéciaux : le droit de suite, consistant à pouvoir saisir et faire vendre les immeubles entre les mains d'un tiers détenteur ; le droit de préférence, qui leur procure l'avantage d'être payés sur le prix des immeubles grevés, par priorité aux créanciers inférieurs en rang et à tous créanciers chirographaires (C. civ., 2114, 2166).

21. En général, le droit de préférence est subordonné comme le droit de suite, à la condition d'une inscription prise et renouvelée utilement.

Cependant, le droit de préférence survit au droit de suite pour les hypothèques légales des femmes, des mineurs et des interdits, dans le cas d'expropriation publique, de vente sur saisie immobilière et de vente volontaire suivie de la purge des hypothèques légales (C. civ., 2114, 2166 ; C. pr., 717, 838 ; L. 3 mai 1841, art. 17).

Le droit de préférence du copartageant ou colicitant survit aussi au droit de suite quand l'inscription est prise entre le quarante-cinquième et le soixantième jour (C. civ., 2109 ; L. 23 mars 1855, art. 6).

22. Mais le droit de préférence, qui a survécu au droit de suite,

s'éteint dès que l'acquéreur a payé son prix ou que le débiteur a cédé ce prix à un tiers ou l'a délégué à d'autres créanciers (C. civ., 2198; C. pr., 717, 772).

23. Le droit réel hypothécaire autorise le créancier à poursuivre, par voie de saisie, la vente des immeubles grevés pour se faire payer sur le prix, mais il ne peut se les approprier à défaut de paiement, ni même convenir avec le débiteur qu'en cas d'inexécution des engagements, le créancier aura le droit de vendre les immeubles sans remplir les formalités légales (C. pr., 742).

24. Quel que soit le rang hypothécaire du créancier, il est fondé à poursuivre la vente des immeubles de son débiteur par voie de saisie, sans que les créanciers d'un rang préférable puissent s'opposer (C. civ., 2169).

25. L'indivisibilité de l'hypothèque s'applique à la créance garantie comme aux immeubles sur lesquels l'hypothèque frappe (C. civ., 2114, 2133).

26. L'étendue de l'hypothèque sur l'immeuble grevé comprend les accessoires mobiliers' réputés immeubles par destination, les accessions naturelles, ainsi que les constructions et améliorations provenant du fait du propriétaire (C. civ., 2133; Rennes, 16 février 1866).

27. En cas de saisie, les fruits et revenus de l'immeuble hypothéqué sont immobilisés à partir de la transcription de la saisie, et la distribution en est faite avec le prix de l'immeuble entre les créanciers hypothécaires. Pour en empêcher la réception ou la disposition, les créanciers hypothécaires peuvent : soit provoquer la nomination d'un sequestre chargé de percevoir les fruits et revenus des immeubles non loués, soit faire un simple acte d'opposition aux mains des locataires ou fermiers des immeubles loués (C. pr., 681, 682, 685).

28. Quand la vente a eu lieu à l'amiable, l'immobilisation des fruits commence au jour de la sommation adressée au tiers détenteur de payer ou de délaisser, ou des notifications faites par ce dernier aux créanciers inscrits (C. civ., 2176).

29. L'immobilisation des fruits ne prive pas le locataire ou fermier du droit de retenir les indemnités qui peuvent lui être dues par le locateur, relativement à l'exécution du bail (Cass., 8 avril 1863).

30. Quand le prix de la totalité ou d'une partie des immeubles soumis à des hypothèques générales et spéciales, se distribue par

un seul ordre, les collocations des hypothèques générales doivent être réparties au marc le franc sur tous les immeubles, sans égard à la date des inscriptions spéciales qui les grèvent (Cass., 5 août 1847, 26 décembre 1853).

31. Le créancier qui a dégrevé une partie des biens affectés à sa créance, peut, néanmoins, exercer son droit hypothécaire contre le tiers détenteur des immeubles restant grevés (Cass., 22 décembre 1846, 17 février 1852).

32. En cas d'état d'ordre, le propriétaire d'une créance hypothécaire non exigible peut demander une collocation actuelle et définitive sur le prix de l'immeuble grevé (C. civ., 2134 ; Paris, 13 février 1858).

33. Pour une créance soumise à une condition résolutoire ou suspensive, le créancier a le droit de demander une collocation éventuelle dont le montant restera provisoirement entre les mains de l'adjudicataire, ou sera consigné pour être remis aux ayants-droit à l'accomplissement de la condition (Cass., 4 avril 1815, 29 août 1870).

34. A l'égard d'une rente viagère, le crédi-rentier venant en ordre utile est fondé à exiger que le capital nécessaire pour produire des intérêts équivalents aux arrérages de la rente, reste entre les mains de l'acquéreur, ou soit placé avec des sûretés suffisantes (C. civ., 1878 ; Cass., 5 novembre 1862 ; Poitiers, 7 décembre 1885).

Quand la collocation ne fournit pas un capital suffisant pour le service des arrérages, le crédi-rentier est autorisé à prélever annuellement sur ce capital le complément des arrérages. Un pareil résultat est nuisible aux créanciers postérieurs ; aussi bien ont-ils le droit de se substituer au débiteur pour le service de la rente, en fournissant des sûretés hypothécaires suffisantes à concurrence de la somme colloquée (Agen, 3 février 1836 ; Riom, 24 août 1863 ; Aubry et Rau, § 285, note 7).

D'ailleurs, quand le titre constitutif de la rente viagère stipule la résolution du contrat à défaut de paiement des arrérages, le crédi-rentier qui a aliéné, soit un capital, peut en demander la restitution, soit un immeuble, est fondé à exiger la résolution de la vente (Aubry et Rau, § 390, note 22 ; Pont, 763).

2mt. Effets sur les droits du propriétaire grevé.

35. Le débiteur, propriétaire de l'immeuble hypothéqué, a le

droit de disposer et de jouir de sa chose, pourvu qu'il ne lèse pas les droits des créanciers (C. civ., 2131, 2175).

36. Que leurs créances soient pures et simples, à terme ou conditionnelles, les créanciers peuvent prendre les mesures nécessaires pour sauvegarder leurs intérêts compromis par les actes du débiteur (Orléans, 24 mars 1859).

37. Si le propriétaire entreprend la démolition des bâtiments, fait des coupes de bois avant terme, ou abat les arbres, la diminution de valeur du gage autorise les créanciers à poursuivre leur remboursement immédiat en faisant déclarer le débiteur déchu du bénéfice du terme (C. civ., 1188).

38. Les servitudes créées par le propriétaire sur les immeubles grevés ne sont pas opposables aux créanciers hypothécaires inscrits antérieurement.

Il en serait ainsi de la remise en antichrèse des immeubles hypothéqués (L. 23 mars 1855, art. 2).

39. Le débiteur peut vendre ses immeubles, mais s'il les aliène au profit d'un grand nombre d'acquéreurs non solidaires, la réalisation du gage devenant plus difficile, les créanciers à hypothèques conventionnelles pourraient poursuivre la déchéance du terme (Cass., 4 mai 1812 ; Poitiers, 28 décembre 1841).

40. Pour les créances éventuelles ou conditionnelles, les actes consommés par le débiteur qui entraîneraient diminution du gage, autorisent les créanciers à demander un supplément d'hypothèque, ou la consignation d'une somme égale à l'estimation des dégradations commises (Orléans, 24 mars 1859).

41. Celui dont l'immeuble a été frappé de saisie ne peut plus, après la transcription de la saisie, aliéner cet immeuble au préjudice du saisissant et des créanciers hypothécaires (C. pr., 686).

Toutefois, la vente consentie par le saisi ne pourrait pas être attaquée si, avant le jour fixé pour l'adjudication, l'acquéreur consignait une somme suffisante pour désintéresser complètement les créanciers inscrits et le saisissant (C. pr., 687).

42. Tant que les créanciers ne saisissent pas les immeubles hypothéqués, le débiteur perçoit les fruits; c'est seulement à partir de la transcription de la saisie que les fruits naturels ou civils sont immobilisés au profit des créanciers hypothécaires, et leur prix distribué entre eux avec celui de l'immeuble (C. pr., 682, 683).

43. Les quittances ou cessions de loyers ou fermages non échus

peuvent être opposés aux créanciers inscrits si elles représentent moins de trois années (Cass., 6 mai 1867; Bourges, 29 décembre 1887).

Si la quittance ou cession a été transcrite antérieurement aux inscriptions hypothécaires, elle est opposable aux créanciers pour toute sa durée (Pont, 366).

44. Les baux consentis par le propriétaire de l'immeuble saisi peuvent être annulés à la demande des créanciers ou de l'adjudicataire, lorsqu'ils n'ont pas acquis date certaine avant le commandement servant de base à la poursuite (C. pr., 684; comp. Cass., 9 décembre 1878).

Quant aux baux antérieurs au commandement tendant à la saisie, les créanciers sont obligés de les respecter s'ils n'excèdent pas le terme de dix-huit ans, qu'ils soient antérieurs ou postérieurs aux inscriptions des créanciers; si leur durée excède dix-huit ans, ils ne sont opposables aux créanciers que pour le restant de la période de dix-huit ans dans laquelle se trouve le preneur à la date du commandement (Cass., 8 avril 1863).

Les baux de plus de dix-huit ans, transcrits avant les inscriptions des créanciers hypothécaires, sont opposables pour toute la durée (L. 23 mars 1855, art. 2).

45. Quand les immeubles hypothéqués par convention viennent à périr ou subissent des dégradations telles qu'ils ne suffisent plus à la sûreté de la créance, le débiteur est obligé de rembourser immédiatement la créance, à moins de fournir un supplément d'hypothèque. Cette solution s'applique seulement au cas fortuit ou de force majeure; si les sûretés diminuent par le fait du débiteur ou du tiers détenteur, il est privé du bénéfice du terme, et ne peut arrêter l'action en remboursement en offrant un supplément d'hypothèque (Orléans, 24 mars 1859; Aubry et Rau, § 286, note 29).

3ont. *Effets contre les tiers détenteurs.*

1° Droit de poursuite.

46. En vertu du droit de suite engendré par les hypothèques, la charge de la créance reste sur les immeubles et les suit en quelques mains qu'ils passent par suite des aliénations consenties par le débiteur (C. civ., 2114, 2166).

Quand les immeubles grevés ont passé entre les mains d'un tiers détenteur, le créancier inscrit peut les saisir contre ce tiers, comme il eût pu le faire contre le débiteur personnel de la créance (C. civ., 2169).

47. Les adjudications sur saisie immobilière, et plusieurs autres, transforment le droit de suite sur l'immeuble en un simple droit de préférence sur le prix (C. pr., 717, 838 ; L. 3 mai 1841, art. 17 et 19 ; comp. Cass., 31 mars 1884).

48. Dans les aliénations ordinaires, le tiers détenteur jouissant des délais accordés au débiteur, le recouvrement de la dette hypothécaire ne peut être poursuivi que lorsqu'elle est devenue exigible (C. civ., 2167).

49. Avant la poursuite contre le tiers détenteur, le créancier doit faire au débiteur direct un commandement tendant à saisie immobilière. Ensuite, le créancier adresse au tiers détenteur une sommation de payer la dette ou de délaisser l'immeuble (C. civ., 2169 ; C. pr., 673).

50. Trente jours après le commandement au débiteur et sommation au tiers détenteur, il peut être donné suite à la saisie.

51. Si le commandement n'a pas été suivi de saisie dans les quatre-vingt-dix jours de sa date, et non de celle de la sommation (sans augmentation à raison des distances), il est atteint de péremption et doit être renouvelé. La péremption du commandement entraîne celle de la sommation au tiers détenteur (C. civ., 2169 ; C. pr., 674 ; Cass., 25 novembre 1862).

52. A défaut par le tiers détenteur de faire les notifications aux fins de purger son acquisition, dans les trente jours qui suivent la sommation, il doit payer l'intégralité de la dette hypothécaire ou délaisser l'immeuble hypothéqué, sinon il est obligé de subir l'expropriation forcée de ce qu'il détient (C. civ., 2168, 2172, 2183).

2° Exceptions.

53. Le tiers détenteur peut s'opposer à la vente de l'immeuble qui lui a été transmis au moyen des exceptions de discussion et de garantie (C. civ., 2170).

54. L'exception de discussion déroge au principe de l'indivisibilité de l'hypothèque : en effet, elle permet au tiers détenteur d'arrêter la saisie des immeubles se trouvant entre ses mains jusqu'après la vente des immeubles, hypothéqués à la même dette et restés en la possession du débiteur direct, mais non de la caution, à moins qu'elle ne soit solidaire (Aubry et Rau, § 287, note 20).

55. Cette exception n'est opposable qu'au créancier à hypothèque générale, légale ou judiciaire (C. civ., 2171 ; Cass., 14 novembre 1881) ; le tiers détenteur ne serait pas fondé à l'opposer au créancier dont l'hypothèque est spéciale, sans qu'il y ait à distinguer entre l'hypothèque conventionnelle ordinaire et celle constituée sur les biens à venir en cas d'insuffisance des biens présents (Grenoble, 10 janvier 1870).

56. Le tiers détenteur ne jouit pas du bénéfice de discussion lorsqu'il se trouve personnellement obligé à la dette en qualité de débiteur principal, de codébiteur, ou de caution solidaire (C. civ., 2170 ; Pont, 1160).

57. Quand un débiteur meurt, laissant plusieurs héritiers ou légataires, celui qui détient les immeubles hypothéqués se trouve personnellement obligé à la dette, et ne peut forcer le créancier à recevoir sa part divise, et s'assurer pour le surplus le bénéfice de discussion. Il n'en serait autrement que dans le cas où le créancier aurait accepté le paiement de la part proportionnelle de l'héritier (C. civ., 873, 1221 ; Cass., 17 janvier 1882 ; Aubry et Rau, § 287, 2°).

58. Il faut que le détenteur oppose l'exception de discussion aussitôt après la dénonciation de la saisie ; qu'il indique les biens à discuter, situés dans le ressort de la Cour d'appel, et non litigieux, et qu'il avance, sur la réquisition du créancier, les fonds nécessaires pour la discussion (C. civ., 2023, 2170).

59. Enfin, l'exception de discussion ne devrait pas être admise si les biens restés en la possession du principal obligé étaient grevés d'hypothèques préférables à celle du créancier poursuivant, et pour une somme devant en absorber le prix (Pont, 1158).

60. En ce qui concerne l'exception de garantie, elle est admise en faveur du tiers détenteur, lorsque le créancier poursuivant se trouve personnellement obligé envers lui à la garantie de l'éviction qu'il lui ferait subir, soit comme héritier du vendeur, soit en qualité de caution de l'aliénation (Pont, 1167 ; Thézard, 170).

61. Mais le tiers détenteur ne peut s'opposer aux poursuites dirigées contre lui en se fondant sur l'existence d'hypothèques antérieures à celles du poursuivant, et dont le chiffre absorberait en entier le prix de l'immeuble ; peu importe que les hypothèques ayant la priorité profitent au tiers détenteur de son chef ou par subrogation (Pont, 1143 ; Aubry et Rau, § 287, notes 27 et 28).

62. Pour résister aux poursuites, le tiers détenteur ne pourrait se

prévaloir des clauses de son contrat relatives à l'époque de paiement de son prix (Cass., 7 juin 1859).

63. Cependant, il a la faculté de former opposition à la sommation de payer ou de laisser, pour mettre en cause les détenteurs des autres immeubles hypothéqués à la même dette, afin de les faire contribuer au paiement de cette dette en proportion de la valeur des immeubles détenus par chacun d'eux (Douai, 27 mai 1840).

3° Alternatives accordées au tiers détenteur.

64. Lorsque le tiers détenteur poursuivi par les créanciers inscrits ne pourra ou ne voudra opposer les exceptions de discussion ou de garantie, il aura à choisir l'un des quatre partis suivants :

1° Payer la totalité des dettes inscrites pour conserver l'immeuble ;

2° Délaisser l'immeuble aux créanciers et, par là même, se trouver libéré ;

3° Purger les hypothèques, pour libérer l'immeuble des charges qui se trouveront transférées sur le prix ;

4° Se laisser exproprier de l'immeuble grevé.

A. Paiement.

65. Tout tiers détenteur a la faculté absolue, avant ou après la mise en demeure des créanciers, d'acquitter les dettes auxquelles l'immeuble est affecté, pour être subrogé de plein droit dans les créances qu'il paie (C. civ., 1251, 2167).

66. En cas de transmission par vente de l'immeuble grevé, lorsque les créances hypothécaires n'atteindront pas le prix dû par le tiers détenteur, le paiement des créances permettra d'éviter des frais de procédure.

67. Au contraire, si les hypothèques dépassent le prix, le tiers détenteur usera rarement de la faculté de payer ; toutefois, en payant les créanciers premiers inscrits, à concurrence de ce qu'il doit, il y trouverait probablement l'avantage de ne pas être attaqué par les créanciers d'un rang inférieur qui ne viendraient pas en ordre utile, en supposant que le prix de la vente représente la valeur réelle de l'immeuble.

68. Ce que le tiers détenteur doit payer aux créanciers inscrits, ce sont les sommes en capitaux et accessoires conservées hypothécai-rement, quand même le débiteur personnel devrait davantage, car en acquittant des sommes qui ne seraient pas garanties par l'ins-

cription, le tiers n'aurait qu'un recours personnel contre le débiteur (Pont, 1130).

Il sera prudent d'appeler le débiteur au paiement, afin de lui faire reconnaître la légitimité de la dette.

69. Si le tiers détenteur paie les créances avant la purge des hypothèques inscrites, ou l'acceptation par les créanciers de la délégation contenue dans son contrat, il acquitte, non sa dette, mais celle de son vendeur, envers lequel il ne se trouve libéré que jusqu'à concurrence de la somme réellement déboursée.

70. A l'égard du Crédit foncier, créancier hypothécaire, le tiers-acquéreur, sur aliénation volontaire ou sur saisie immobilière, est obligé, dans la huitaine de la vente, de payer à titre de provision le montant des annuités dues. Après les délais de surenchère, le surplus du prix doit être versé au Crédit foncier jusqu'à concurrence de ce qui lui est dû, malgré toutes oppositions et inscriptions, sauf le recours des créanciers contre le Crédit foncier pour ce qu'il aurait indûment reçu (Décr. 28 février 1852, art. 38 ; L. 10 juin 1853, art. 7).

B. Délaissement.

71. On entend par délaissement l'abandon de la possession de l'immeuble hypothéqué, fait par le tiers détenteur aux créanciers inscrits, pour éviter que la poursuite en saisie soit dirigée contre lui-même (C. civ., 2172).

72. Le tiers détenteur peut délaisser, même après qu'une procédure en saisie a été commencée contre lui, mais à la charge de payer au saisissant le coût des formalités régulièrement accomplies, en tant que les actes ne profiteraient pas au saisissant (Lyon, 4 décembre 1860 ; Pont, 1186).

73. Il n'y a pas obstacle au délaissement par cela seul que le tiers détenteur a reconnu la dette hypothécaire ou s'est laissé condamner à la payer en qualité de détenteur (C. civ., 2173).

74. Si le tiers détenteur se trouvait personnellement engagé au paiement de toute la dette comme codébiteur ou caution solidaire, il ne pourrait être admis à délaisser (C. civ., 2172).

75. Le tiers détenteur mettrait lui-même obstacle au délaissement à l'égard des créanciers envers lesquels il prendrait l'engagement de les satisfaire, ou auxquels il aurait fait l'offre de payer son prix, ou, encore, s'il était soumis à la folle enchère (Cass., 14 mars 1838 ; Pont, 1187).

76. Quand un contrat de vente contient délégation aux créanciers inscrits, si ceux-ci acceptent, expressément ou implicitement, la délégation, et poursuivent le tiers détenteur en paiement, il ne peut recourir au délaissement (Cass., 6 juillet 1881).

77. D'ailleurs, étant autorisé uniquement pour que le possesseur ne soit pas tenu, contre sa volonté, envers les créanciers au-delà de son prix, le délaissement ne peut être un moyen pour l'acquéreur de rompre le contrat, quand les charges hypothécaires sont inférieures au prix, ou, si les charges étant supérieures, les créanciers déclarent accepter le prix comme définitif (Cass., 12 février 1867 ; Pont, 1135).

78. Dans ces cas, et en l'absence de toute délégation, les créanciers peuvent, en exerçant les droits de leur débiteur, contraindre le tiers détenteur au paiement de son prix. De son côté, le vendeur pourrait, en pareil cas, s'opposer au délaissement (Cass., 1er juillet 1850).

79. Le délaissement doit émaner d'une personne ayant la capacité d'aliéner, de sorte que le tuteur ne peut délaisser au nom de son pupille sans une autorisation du conseil de famille homologuée par le tribunal ; ni la femme mariée, sans l'autorisation de son mari (Pont, 1171, 1172).

80. Quant à la forme, le délaissement est fait par le tiers détenteur au greffe du tribunal de première instance dans le ressort duquel l'immeuble est situé, il est signifié au créancier poursuivant et au vendeur, avec sommation de se présenter à l'audience pour en voir donner acte. Le délaissement reçu, le tribunal, sur la demande de la partie la plus diligente, nomme un curateur à l'immeuble délaissé. C'est contre ce curateur et contre le vendeur, que la procédure de vente doit être dirigée (C. civ., 2174).

81. Le délaissement n'est qu'une abdication de la possession ; le droit de propriété dans la personne du tiers détenteur ne cesse que par le jugement d'adjudication. De là découlent les conséquences suivantes :

1° Le tiers détenteur peut, jusqu'à l'adjudication, reprendre l'immeuble en payant les frais du délaissement et les sommes dues aux créanciers hypothécaires (C. civ., 2173) ;

2° Si l'immeuble périt par cas fortuit avant l'adjudication, la perte est pour le compte du tiers détenteur ;

3° Lorsque le prix d'adjudication est supérieur au montant des créances hypothécaires, l'excédant appartient au délaissant ;

4° Le vendeur peut contraindre le tiers détenteur à reprendre l'immeuble et à exécuter les conditions de la vente s'il parvient, avant l'adjudication, à dégrever l'immeuble ou à réduire les charges à une somme inférieure au prix (Cass., 28 avril 1874) ;

5° Le délaissant n'est assujetti au droit de mutation, pour l'adjudication prononcée à son profit, que sur ce qui dépasse le prix de la première vente (Cass., 3 juillet 1849).

C. Purge.

82. La purge des hypothèques inscrites est le troisième parti offert au tiers détenteur pour prévenir ou arrêter les poursuites auxquelles l'expose le droit de suite.

Par la purge, le tiers détenteur offre aux créanciers le prix de l'immeuble ou sa valeur estimative. Si les créanciers trouvent l'offre insuffisante, ils portent une surenchère qui est suivie d'une adjudication. A défaut de surenchère, le droit des créanciers n'affecte plus que le prix offert qui se trouve ainsi définitif. — V. PURGE.

D. Expropriation.

83. Enfin, si le tiers détenteur n'a ni payé, ni délaissé, ni purgé, l'immeuble sera exproprié sur lui par voie de saisie (C. civ., 2169, 2204).

La poursuite en saisie contre le tiers détenteur a lieu suivant les règles de la procédure, pour aboutir à une adjudication publique dont le prix sera versé aux créanciers. — V. SAISIE IMMOBILIÈRE.

4° Rapport du tiers détenteur avec les créanciers.

84. Tant que le tiers détenteur n'a pas reçu la sommation de payer ou délaisser, il fait les fruits siens, comme conséquence de son droit de propriété. Au contraire, à partir de la sommation, le tiers détenteur doit compte aux créanciers, comme étant immobilisés : des fruits naturels recueillis et des fruits civils courus, ou des intérêts de son prix représentatifs des fruits, mais pourvu que les poursuites n'aient pas été interrompues pendant trois ans, car, dans ce cas, il faudrait une nouvelle sommation pour immobiliser les fruits (C. civ., 2176).

Quant aux intérêts courus avant la sommation, ils constituent une valeur mobilière à répartir entre tous les créanciers, c'est-à-dire qu'ils peuvent être réclamés par les créanciers chirographaires (Cass., 1er mars 1870).

85. Les détériorations, procédant du fait ou de la négligence du tiers détenteur, donnent lieu contre lui à une action en indemnité qui peut être exercée par tout créancier hypothécaire, avant l'exigibilité de sa créance ; l'action appartient même à ceux dont le droit serait conditionnel. Le montant de l'estimation est consigné pour être distribué avec le prix de l'immeuble (C. civ., 2175 ; Aubry et Rau, § 287, note 55).

86. D'un autre côté, le tiers détenteur peut répéter ses impenses et améliorations, dans la limite de la plus-value en résultant au moment de l'adjudication sur expropriation (C. civ., 2175 ; Cass., 28 novembre 1838).

87. Pour la garantie de son action en répétition, le tiers détenteur n'a ni privilège, ni droit de rétention ; il jouit d'une créance qu'il exerce par voie de distraction d'une partie du prix, soit au moyen d'un dire dans le cahier des charges, soit par une demande lors de l'état d'ordre (Nancy, 19 février 1881 ; Pont, 1208).

88. Les aliénations faites par le tiers détenteur, les constitutions de droits réels par lui consenties, et les baux qu'il a passés antérieurement à la sommation de payer ou délaisser, subissent le sort des actes de même nature émanant du débiteur originaire.

89. Malgré l'éviction résultant du jugement d'expropriation, le tiers détenteur a été propriétaire depuis son acquisition jusqu'au jugement d'adjudication, et les conséquences de la propriété ne sont effacées que dans les limites nécessaires aux droits du tiers détenteur et des créanciers.

Par suite de ce principe :

1° Les servitudes constituées par le tiers détenteur ne s'éteignent pas de plein droit par l'expropriation, mais les créanciers hypothécaires du précédent propriétaire sont autorisés à demander que l'immeuble soit vendu en exemption de ces servitudes ;

2° Les hypothèques procédant du chef du tiers détenteur continuent de subsister, et ses créanciers peuvent faire valoir leurs droits à l'ordre ouvert pour la distribution du prix de l'immeuble exproprié, après tous ceux inscrits sur les précédents propriétaires ;

3° Après le paiement des créanciers inscrits, l'excédant du prix appartient au tiers détenteur, à l'exclusion du précédent propriétaire et de ses créanciers chirographaires ;

4° Si le tiers détenteur avait acquis des hypothèques sur l'immeuble exproprié, il peut les faire valoir dans l'ordre, pourvu qu'elles aient été dûment conservées ;

5° Les servitudes actives ou passives de l'immeuble exproprié revivent après l'adjudication au profit ou contre le tiers détenteur évincé ;

6° Après l'expropriation, le tiers détenteur évincé peut demander indemnité aux détenteurs des autres immeubles hypothéqués, à chacun dans la proportion de la valeur de l'immeuble qu'il détient (C. civ., 2177).

5° Recours du tiers détenteur.

90. Quand le tiers détenteur a payé la dette hypothécaire, délaissé l'immeuble, ou subi l'expropriation, il est fondé à recourir contre le débiteur principal (C. civ., 2178).

91. Quand, par suite de l'existence des charges hypothécaires, l'acquéreur est évincé en totalité, le vendeur est tenu de restituer le prix qu'il a reçu et d'indemniser l'acquéreur : 1° des frais de contrat ; 2° des fruits ou intérêts dont il serait obligé de tenir compte aux créanciers, contrairement aux stipulations de son contrat ; 3° du préjudice que l'éviction cause à l'acheteur en le privant de l'augmentation de valeur que la chose peut avoir acquise depuis la vente, soit par des évènements indépendants du fait de ce dernier, soit par suite d'améliorations qu'il a effectuées et pour lesquelles il ne recevrait qu'une indemnité incomplète des créanciers ; 4° des frais occasionnés, tant par la demande principale que par la demande en garantie (C. civ., 1630, 1633, 1634).

92. Entre les héritiers du vendeur, la restitution du prix et le paiement des dommages-intérêts sont divisibles, de sorte que chacun d'eux n'en est tenu que pour sa part héréditaire (Cass., 18 avril 1860, 22 décembre 1873).

93. L'obligation de garantie cesse lorsque l'éviction provient d'une faute imputable à l'acheteur, par exemple : 1° s'il se laisse condamner sans avoir appelé en cause le vendeur et que celui-ci prouve qu'il y avait des moyens de faire rejeter la demande ; 2° si, ayant dissimulé une partie du prix dans le contrat de vente, il est établi que la dissimulation est la cause unique de l'éviction (C. civ., 1640 ; Dijon, 5 août 1879).

94. L'obligation de garantie indivisible entre les vendeurs subsiste même après le partage amiable ou judiciaire qu'ils feraient posté-

rieurement à la vente ; par suite ils restent, malgré ce partage,
indivisiblement tenus de dégrever l'immeuble vendu de toutes les
charges hypothécaires, peu importe qu'elles soient prises contre
tous ou contre l'un d'eux, à moins toutefois d'une stipulation formelle contraire dans le contrat de vente (Cass., 21 juin 1881 ; Lyon,
8 mai 1873).

VI. Transmission des hypothèques.

95. Simple accessoire de la créance au paiement de laquelle elle
est affectée, l'hypothèque se transmet avec cette créance à ceux qui
ont le droit de l'exercer comme successeurs universels ou particuliers du créancier : héritiers, donataires, légataires, cessionnaires
(C. civ., 883, 938, 1004, 1429, 1692, 2112).

96. L'hypothèque est susceptible de cession, au profit d'un autre
créancier du même débiteur, indépendamment des créances qu'elle
garantit.

Ces cessions isolées résultent des conventions connues en pratique
sous les noms de cession d'antériorité, cession de concurrence, et de
subrogation dans l'hypothèque légale de la femme.

97. Pour son efficacité complète, toute transmission des hypothèques doit être rendue publique par une mention spéciale en
marge des inscriptions existantes.

A défaut d'accomplissement de cette formalité, les subrogés
seraient exposés à ne pas recevoir les actes de procédure signifiés
au domicile élu en cas de purge, saisie et ordre (C. civ., 2183 ;
C. pr., 692, 753).

98. La transmission, au point de vue hypothécaire, doit résulter
d'actes authentiques. Si elle était constatée par actes sous-seings
privés, ils ne pourraient être mentionnés sur les registres hypothécaires qu'après avoir été vérifiés en justice et reconnus sincères ou
déposés à un notaire avec reconnaissance de signature par toutes les
parties. Cependant, le tiers subrogé par acte sous signatures privées
serait fondé à requérir une inscription en son nom personnel pour
renouveler celle dans laquelle il aurait obtenu subrogation (C. civ.,
1322 ; Cass., 11 août 1819).

99. Les partages, donations ou délivrances de legs ayant pour objet
des créances ou droits auxquels sont attachés des hypothèques, emportent légalement dévolution de ces hypothèques au profit des
copartageants, donataires ou légataires ; néanmoins, il est utile de

formuler la transmission ou subrogation par l'énonciation des dates, volumes et numéros des inscriptions, afin qu'elle puisse être mentionnée sur les registres de la conservation des hypothèques, en marge de chacune des inscriptions.

100. Cette mention est nécessaire pour mettre le nouveau créancier à l'abri d'un paiement, d'une cession ou d'une main-levée frauduleux, et pour lui faciliter la réception de tous actes de procédure relatifs à l'inscription.

101. D'ailleurs, les substitutions faites soit par donation, soit par testament, doivent être mentionnées en marge des inscriptions hypothécaires (C. civ., 1069).

102. Pour faire opérer la subrogation, le requérant dépose au conservateur des hypothèques les actes justificatifs de la qualité du successeur.

Un seul héritier est admis à faire mentionner la subrogation résultant de sa qualité héréditaire sur la production d'un acte de notoriété ou d'un intitulé d'inventaire ; mais, comme le conservateur pourrait refuser d'opérer la subrogation en marge des inscriptions sans une réquisition formelle, l'unique héritier devra faire dresser un acte spécial requérant les subrogations et rappelant les dates, volumes et numéros des inscriptions à émarger.

103. En cas de paiement avec subrogation, les hypothèques attachées à la créance, passent, avec tous autres droits et actions du créancier, au tiers qui fait le paiement ou qui a fourni au débiteur les deniers nécessaires pour l'effectuer (C. civ., 1249).

104. La subrogation a lieu tant contre les cautions que contre les débiteurs ; elle ne peut nuire au créancier lorsqu'il n'a été payé qu'en partie ; en ce cas, il exerce ses droits pour ce qui lui reste dû, par préférence à celui dont il n'a reçu qu'un paiement partiel (C. civ., 1252).

105. La substitution du subrogé à tous les droits du créancier s'applique même à l'action résolutoire appartenant au vendeur pour défaut de paiement du prix. Ce point ne paraît faire aucun doute, en ce qui concerne la subrogation conventionnelle ; mais il en es autrement pour la subrogation légale : il a été jugé que l'action résolutoire ne passe pas au créancier de l'acquéreur qui paie le vendeur, ni à l'acquéreur payant un précédent vendeur, parce qu'il ne s'agit ni de privilège, ni d'hypothèque ; par suite, l'action résolutoire ne peut être transmise que par l'effet d'une subrogation

conventionnelle (Cass., 3 juillet 1854, 13 mai 1873 ; Demolombe, XXVII, 463).

106. Il ne suffit pas au subrogé de veiller au renouvellement des inscriptions, il lui importe, de plus, de se faire connaître aux tiers en déposant une expédition de son titre au bureau des hypothèques pour qu'il en soit fait mention en marge des inscriptions existantes.

107. Le subrogé n'est pas tenu de signifier son titre au débiteur ou de le lui faire accepter par acte authentique ; cependant, la prudence exige qu'il remplisse cette formalité pour empêcher un paiement entre les mains du créancier originaire (Aubry et Rau, § 321, notes 21 et 22).

108. La cession (ou transport) des choses incorporelles telles que créances, fait passer au cessionnaire tous les accessoires qui y sont attachés comme cautionnement, privilèges et hypothèques (C. civ., 1692).

109. En ce qui concerne les créances, le cessionnaire n'est saisi, à l'égard des tiers, que par la signification du transport au débiteur cédé, à domicile réel, ou au moyen de son acceptation par acte authentique (C. civ., 1295, 1692).

110. Si un acte notarié, contenant constitution d'hypothèque, énonce que la créance se trouve représentée par des lettres de change ou des billets à ordre souscrits par le débiteur, le bénéfice de l'hypothèque passe, par le seul effet de l'endossement, au porteur de ces billets ou lettres de change, de sorte que les paiements faits au créancier primitif ne pourraient être opposés aux tiers auxquels les effets auraient été passés, même postérieurement aux paiements (Cass., 12 mars 1825, 29 mars 1852).

VII. Extinction des hypothèques.

111. L'extinction des hypothèques anéantit le droit de suite à l'encontre des tiers détenteurs, et, dans certains cas, le droit de préférence contre les créanciers.

112. Les causes extinctives de l'hypothèque sont : l'extinction de l'obligation principale ; la renonciation du créancier à son hypothèque ; l'accomplissement des formalités de purge ; la prescription (C. civ., 2180) ; la perte de l'immeuble hypothéqué ; la résolution du droit de propriété ; la réduction prononcée en justice ; le défaut d'inscription en temps utile ; la déchéance pour défaut de production à l'ordre ; l'effet d'une collocation devenue inutile ; l'omission

de l'inscription par le conservateur dans l'état requis par l'acquéreur après la transcription de son titre (C. civ., 2198).

113. Il ne faut pas oublier que l'annihilation des privilèges et hypothèques, excepté lorsqu'elle a lieu par extinction de l'obligation principale ou par prescription au profit du débiteur direct, n'anéantit pas le droit de créance, c'est-à-dire l'action personnelle contre le débiteur.

1^{ent}. *Extinction de l'obligation principale.*

114. Quand une dette est garantie par une hypothèque, le créancier a deux droits : un droit principal qui est l'action personnelle contre le débiteur ; un droit accessoire qu'il tient de l'hypothèque.

Comme l'hypothèque est un droit accessoire, elle suit le sort de l'obligation principale ; lorsque l'obligation est éteinte, la garantie hypothécaire, qui est destinée à en assurer l'exécution, n'a plus de raison d'être.

115. L'extinction implique anéantissement complet de l'obligation ; mais, si l'extinction n'est que partielle, l'hypothèque subsistera sur tous les biens grevés, en vertu du principe d'indivisibilité, à moins que les parties n'y aient dérogé (C. civ., 2114).

116. Le paiement fait par le débiteur ou par un tiers sans subrogation, éteint l'obligation si toute la dette est payée (C. civ., 1236).

117. En cas de paiement avec subrogation, l'obligation subsiste, au profit du payant, avec les privilèges et hypothèques qui y sont attachés (C. civ., 1249 à 1252).

118. L'application du paiement aux hypothèques légales des femmes mariées, des mineurs et des interdits, donne lieu à des particularités qu'il faut signaler ici :

1° Quand une liquidation intervient entre le mari et les héritiers de la femme, il arrive fréquemment que le mari reste en possession des reprises garanties par l'hypothèque légale, en qualité de donataire ou de légataire en usufruit des biens de sa femme. L'hypothèque légale ne garantit plus les sommes conservées par le mari, qui ne continue pas de détenir comme mari, mais bien en qualité d'usufruitier (Cass., 15 novembre 1837, 27 juin 1876 ; Pont, 441) ;

2° L'apurement du compte de tutelle et le paiement du reliquat n'éteignent pas l'hypothèque légale du mineur qui peut l'invoquer pendant dix ans, à compter de la majorité, pour faire rectifier le compte (Cass., 21 février 1838, 9 août 1882).

119. Les offres réelles, suivies de consignation, tiennent lieu de paiement et libèrent le débiteur ; mais le débiteur peut retirer la consignation tant qu'elle n'a pas été acceptée par le créancier, ou déclarée valable par un jugement passé en force de chose jugée. C'est donc l'acceptation de la consignation par le créancier, ou le jugement de validité ayant acquis l'autorité de la chose jugée, qui éteint définitivement la dette, avec les hypothèques qui y étaient attachées (C. civ., 1257, 1261 à 1263 ; comp. C. pr., 814).

120. La remise volontaire de la dette, consentie par le créancier et acceptée expressément ou tacitement par le débiteur, éteint l'obligation à l'égard de celui auquel elle a été accordée, comme à l'égard de ses cautions et des autres codébiteurs solidaires (C. civ., 1285, 1287).

121. Cependant, la remise accordée par le créancier au failli dans un concordat, moyennant un dividende, ne libère pas les coobligés solidaires, parce qu'elle n'est pas considérée comme volontaire. La solution est applicable au créancier hypothécaire, bien qu'il renonce virtuellement à son hypothèque en prenant part au concordat (C. comm., 508, 545 ; Paris, 16 avril 1864).

122. La novation éteint l'ancienne obligation et les hypothèques ou autres accessoires qui s'y trouvaient attachés (C. civ., 1271, 1279, 1280).

123. En cas de novation par dation en paiement, l'éviction de l'immeuble que le créancier a reçu ne fait pas revivre, à son profit, l'ancienne obligation ; elle ne donne lieu qu'à un recours en garantie contre celui qui a livré l'immeuble (C. civ., 1275, 1276).

124. Si la novation a lieu par délégation, l'insolvabilité du tiers délégué laisse subsister tous les effets de la novation (Aubry et Rau, § 324, 5°). — V. DÉLÉGATION.

125. La novation opérée à l'égard du débiteur principal libère les codébiteurs solidaires et les cautions ; mais celle intervenue entre le créancier et la caution, même solidaire, n'emporte pas la libération du débiteur principal (C. civ., 1281 ; Cass., 18 juin 1866).

126. Les privilèges et hypothèques qui garantissaient l'ancienne créance ne passent pas à la nouvelle, à moins d'une réserve expresse dans le contrat même de novation (C. civ., 1278).

127. L'acceptation par le vendeur de billets en paiement du prix de vente, n'opère pas novation, alors du moins que le contrat de

vente mentionne la souscription des billets et la réserve du privilège (Cass., 24 juillet 1828, 22 juin 1841).

128. N'opère pas non plus novation, la souscription de billets par un tuteur pour le paiement du reliqual de son compte (Cass., 5 août 1878).

129. L'indication de paiement individuelle contenue dans un contrat de vente, ne devient délégation parfaite que par l'acceptation du créancier délégataire, signifiée au délégué (Cass., 7 mars 1865).

130. La compensation tient lieu de paiement, de sorte qu'elle éteint, au moment où elle s'opère, les deux créances avec leurs privilèges et hypothèques (C. civ., 1289, 1290, 1299). — V. COMPENSATION.

131. La confusion a pour effet de dégager de l'obligation le débiteur dans la personne duquel elle s'opère ; c'est ce qui a lieu quand le débiteur succède au créancier, ou le créancier au débiteur (C. civ., 1300). — V. CONFUSION.

132. La collocation pure et simple obtenue dans un ordre, ne libère pas le débiteur ; elle ne constitue qu'une indication de paiement ; par suite, les droits hypothécaires du créancier continuent de subsister jusqu'à la réalisation du paiement (C. civ., 1277).

2^{ent}. Renonciation.

133. La renonciation directe par le créancier à l'hypothèque n'entraîne pas extinction de la créance elle-même. Il faut se garder de confondre cette renonciation avec la remise de la dette. En effet, quand le créancier renonce à sa dette entière, la remise de la dette entraîne extinction de la sûreté hypothécaire, tandis que la renonciation à l'hypothèque laisse subsister la créance (C. civ., 2180, 2°).

134. La renonciation par acte unilatéral est parfaite et efficace vis-à-vis de tous, pourvu qu'elle émane d'une personne ayant la libre disposition de la créance (C. civ., 2157).

135. La renonciation, en général, peut être tacite ; ainsi : le consentement du créancier à la vente de l'immeuble hypothéqué implique renonciation au droit de suite, au profit de l'acquéreur, mais non au droit de préférence à l'égard d'autres créanciers (Pont, 1237).

136. Quand le créancier concourt dans un acte par lequel le débiteur consent une nouvelle hypothèque sur l'immeuble qui lui est affecté, il en résulte une priorité de rang en faveur du nouveau

créancier, plutôt qu'une renonciation à l'hypothèque (Aubry et Rau, § 202).

137. Si, dans la faillite du débiteur, le créancier hypothécaire ou privilégié prend part aux opérations du concordat, son vote emporte de plein droit renonciation au droit de préférence (C. comm., 508).

138. Au surplus, la main-levée de l'inscription hypothécaire, sans extinction de la créance, n'emporte pas renonciation à l'hypothèque elle-même, à moins de clause contraire (Cass., 2 mars 1830, 1er décembre 1852).

3ent. *Purge.*

139. L'extinction des hypothèques résulte de l'accomplissement des formalités de purge. Toutefois, la purge doit plutôt être considérée comme un acheminement à l'affranchissement de l'immeuble que comme entraînant par elle-même l'extinction des hypothèques, parce qu'elle n'éteint que le droit de suite, et laisse subsister le droit de préférence sur le prix, jusqu'au paiement aux créanciers ou la consignation qui en tient lieu.

Il y a deux sortes de purge : celle des hypothèques inscrites et celle des hypothèques légales non inscrites. — V. PURGE.

4ent. *Prescription.*

140. Les hypothèques sont soumises à la règle générale d'après laquelle toutes les actions s'éteignent par la prescription (C. civ., 2180, 2262).

Le laps de temps déterminé par la loi pour la prescription diffère selon que l'immeuble grevé est dans les mains du débiteur ou dans celles d'un tiers détenteur.

141. Il est à observer que les inscriptions prises par le créancier n'interrompent pas le cours de la prescription établie en faveur du débiteur ou du tiers détenteur (C. civ., 2180).

A. Immeuble en la possession du débiteur.

142. Dans le cas où l'immeuble reste aux mains du débiteur ou de ses successeurs à titre universel, le droit hypothécaire est prescrit en même temps que la créance dont il est l'accessoire (C. civ., 2180, 2257, 2262).

143. En général, la prescription de l'action personnelle attachée à la créance est acquise au bout de trente ans (C. civ., 2262).

144. Lorsqu'il s'agit d'une créance, sans terme, productive d'inté-

rêts, d'une rente perpétuelle ou viagère, la prescription court de la date même du titre (Cass., 5 août 1829).

145. En ce qui concerne les créances conditionnelles et les créances à terme, la prescription ne commence à courir que de l'accomplissement de la condition ou de l'échéance du terme ; ainsi, pour une créance stipulée exigible au bout de cinq ans, l'action personnelle durera trente-cinq ans de la date du titre (C. civ., 2257).

146. Par exception, l'hypothèque légale du mineur ou de l'interdit se prescrit, comme l'action en reddition de compte, par dix années, à compter de la majorité ou de la main-levée d'interdiction (C. civ., 475 ; Toulouse, 7 mars 1855).

147. A l'égard des rentes perpétuelles ou viagères, le moyen normal d'interrompre la prescription consiste à faire passer un titre nouvel de la rente, aux frais du débiteur ; cet acte peut être exigé, après vingt-huit ans de la date du précédent titre, tant du débiteur hypothécaire que du débiteur personnel de la rente (C. civ., 2263).

148. Pour les créances, le créancier n'est pas fondé à exiger du débiteur la passation d'un titre nouvel ; son droit se borne à une demande de remboursement ; au surplus, il peut convenir d'un nouveau délai avec le débiteur.

149. L'acte prorogeant l'exigibilité de la créance, donne toute sécurité au créancier, pourvu qu'il ait soin de s'assurer, au préalable, qu'il n'a été fait aucune transcription relative à son gage.

B. Immeuble aux mains d'un tiers détenteur.

150. Quand l'immeuble grevé d'hypothèque a passé dans la main d'un tiers détenteur qui n'est pas personnellement obligé à la dette, l'action hypothécaire se prescrit à son profit par une possession continue et non interrompue, paisible, publique, non équivoque et à titre de propriétaire.

151. La prescription est accomplie au profit du tiers détenteur au bout de trente ans, du jour où il a pris possession, en vertu de la possession même, sans qu'il soit obligé d'en rapporter un titre (C. civ., 2229, 2262).

152. Si le tiers détenteur a acquis à juste titre et de bonne foi l'immeuble grevé, il prescrira l'hypothèque par dix à vingt ans, commençant à courir du jour de la transcription du titre d'acquisition (C. civ., 2180, 2265).

153. Il suffit que la bonne foi ait existé au moment de l'acquisition. D'ailleurs, la bonne foi est toujours présumée en faveur du tiers détenteur, et c'est aux créanciers hypothécaires à prouver la mauvaise foi (C. civ., 2268, 2269).

154. Le cours de la prescription par le tiers détenteur est suspendu :

1° Pour les créances hypothécaires, soumises à une condition ou à un terme, jusqu'à l'arrivée de la condition ou du terme (C. civ., 2257 : Cass., 30 décembre 1879) ;

2° Pour les hypothèques légales des femmes mariées, des mineurs ou interdits pendant le mariage ou la tutelle (C. civ., 2252, 2256).

155. Quant au calcul du délai de dix à vingt ans, on doit prendre en considération le domicile du créancier hypothécaire ; ainsi : la prescription sera acquise au bout de dix ans, si pendant ce temps le créancier a eu son domicile dans le ressort de la Cour d'appel où se trouve situé l'immeuble grevé ; elle ne sera forcément acquise qu'au bout de vingt ans lorsque ce créancier aura toujours été domicilié en dehors du ressort de la Cour d'appel ; enfin le créancier a-t il eu son domicile, tantôt dans le ressort de la Cour, tantôt en dehors, il faudra compter chaque année d'absence pour une demi-année de présence (C. civ., 2265, 2266).

En supposant plusieurs copropriétaires d'une créance hypothécaire, les uns domiciliés dans le ressort de la Cour d'appel, les autres en dehors, la prescription sera acquise par dix ans à l'égard des premiers pour leur part.

156. La prescription de l'hypothèque est interrompue : 1° par l'interruption de la possession ; 2° par une sommation de payer ou de délaisser : 3° par une reconnaissance formelle de la part du tiers détenteur des droits du créancier hypothécaire (C. civ., 2242, 2248 ; Cass., 27 décembre 1854).

Cette reconnaissance peut résulter d'un acte spécial contenant déclaration d'hypothèque, mais non de la notification de son titre par le tiers détenteur aux créanciers (Cass., 6 mai 1840 ; Caen, 23 mars 1847). — V. DÉCLARATION D'HYPOTHÈQUE.

157. Dès que le tiers détenteur a été chargé de l'hypothèque ou l'a reconnue, il ne prescrit plus que par trente ans (Cass., 11 mai 1863).

Pour conserver pleinement ses droits, le créancier doit faire souscrire le titre recognitif de la dette hypothécaire, tant par le débiteur personnel ou ses représentants que par le tiers détenteur des immeubles grevés.

C. Prescription quinquennale.

158. La prescription quinquennale s'applique aux intérêts : d'une créance hypothécaire, d'un reliquat de compte de tutelle rendu et apuré, ou d'un compte de gestion approuvé ; d'une condamnation, d'un bordereau de collocation, d'une dot ; aux arrérages des rentes et pensions perpétuelles ou viagères (C. civ., 2277 ; Aubry et Rau, § 774, 2°).

159. Les cinq années auxquelles le créancier est réduit se comptent en remontant du jour de la demande par lui formée, sans tenir compte de la dernière échéance annuelle (Cass., 5 février 1868, 4 mars 1878).

160. Cette prescription est inapplicable aux intérêts : d'une créance non liquidée (Cass., 9 janvier 1867) ; d'un compte non arrêté.

161. D'ailleurs, la prescription dont il s'agit est susceptible d'interruption, mais l'acte interruptif n'a pas pour effet de la convertir en prescription trentenaire (C. civ., 2244 ; Toulouse, 18 décembre 1874).

5^{ent}. *Causes diverses d'extinction.*

A. Perte de la chose grevée.

162. Les hypothèques s'éteignent par la perte de la chose qui en est grevée. Il va sans dire que si la perte est seulement partielle, ce qui reste de la chose continue d'être soumis à l'hypothèque.

163. Quand un bâtiment grevé est incendié, le sol reste affecté à l'hypothèque. L'indemnité due par la Compagnie d'assurance forme une valeur mobilière sur laquelle les créanciers hypothécaires n'ont aucun droit de préférence à exercer (Cass., 28 juin 1831, 20 décembre 1859).

Toutefois, il en serait autrement si le créancier hypothécaire avait lui-même fait assurer l'immeuble grevé, ou était approprié de l'indemnité par une cession anticipée, dûment signifiée (Cass., 23 novembre 1824 ; Aubry et Rau, § 359, note 4).

164. En cas d'expropriation publique, le droit de préférence du créancier se reporte sur le prix (L. 3 mai 1841, art. 18).

165. La perte totale ou partielle des immeubles hypothéqués, provenant d'une cause indépendante de la volonté du débiteur, autorise

le créancier à hypothèque conventionnelle à exiger son remboursement, si mieux n'aime le débiteur fournir des sûretés nouvelles
(C. civ., 2131).

B. Résolution de la propriété.

166. L'hypothèque conférée par un propriétaire dont les droits
sont résolubles, est soumise à la même condition, de sorte que
l'hypothèque tombe lorsque la résolution s'accomplit (C. civ., 865,
929, 952, 954, 963, 1054, 1673, 2135).

167. Il en est ainsi des hypothèques consenties : par l'acheteur à
réméré lorsque le réméré est exercé ; par un acquéreur ordinaire si
la vente est résolue pour défaut de paiement du prix, ou rescindée
pour cause de lésion ; par un donataire, quand la donation est révoquée pour inexécution des conditions, survenance d'enfant, retour
conventionnel ; par un copropriétaire, sur un immeuble indivis qui
est mis au lot d'un autre, par le partage ou la licitation. — V.
HYPOTHÈQUE CONVENTIONNELLE.

C. Réduction de l'hypothèque.

168. Les hypothèques s'éteignent partiellement par l'effet de leur
réduction prononcée en justice (C. civ., 2140 à 2145, 2161, 2163;
L. 16 septembre 1807).

169. Toutes les hypothèques légales et judiciaires sont susceptibles de réduction. Les hypothèques conventionnelles ne peuvent
être réduites que dans deux cas : 1° lorsqu'il y a eu hypothèque des
biens à venir ; 2° si la créance étant éventuelle ou indéterminée a
été évaluée à un chiffre excessif dans l'inscription (C. civ., 2130,
2132, 2148, 4°).

D. Défaut d'inscription dans les délais prescrits.

170. Le créancier est déchu du droit hypothécaire quand il ne
prend pas inscription en temps utile ; ainsi :

L'inscription prise après la transcription de l'aliénation consentie
par le débiteur, ou après l'adjudication sur saisie, ou encore plus de
quinze jours après la transcription du jugement d'expropriation
publique, est inefficace.

Le défaut d'inscription avant la mort du débiteur, lorsque la
succession est acceptée bénéficiairement ou déclarée vacante, ou
avant la déclaration de faillite, prive le créancier hypothécaire de
tout droit de préférence. — V. INSCRIPTION.

E. Défaut de production à un ordre.

171. Si le créancier hypothécaire néglige de produire à l'ordre ouvert pour la distribution du prix de l'immeuble grevé, dans les quarante jours de la sommation signifiée à cet effet, il est déchu aussi bien du droit de suite que de son droit de préférence à l'égard des créanciers qui ont produit ; mais il est fondé à exercer son droit de priorité sur les fonds non absorbés par les créances des produisants, à l'encontre des créanciers chirographaires, ou même hypothécaires, qui n'auraient pas produit (C. pr., 754, 755 ; Cass., 15 février 1837, 10 juin 1879 ; Aubry et Rau, § 293, note 20).

F. Collocation devenue inutile.

172. Emporte extinction du droit hypothécaire sur les immeubles dont le prix est en distribution, l'effet d'une collocation déclarée inutile à raison de l'épuisement des sommes à distribuer (C. pr., 759, 769).

Pourtant, ce mode d'extinction ne serait pas définitif si l'un des créanciers utilement colloqués avait été désintéressé sur le prix d'un autre immeuble, et que la somme à lui attribuée fût ainsi devenue disponible. Dans ce cas, le créancier inutilement colloqué conserverait son droit de préférence sur la somme restée libre, à l'égard des créanciers hypothécaires postérieurs en rang, et du vendeur (Cass., 20 juin 1838, 23 novembre 1885).

G. Omission de l'inscription.

173. Le créancier hypothécaire dont l'inscription a été omise par le conservateur dans l'état délivré à l'acquéreur, après la transcription de son titre (*état sur transcription*), se trouve déchu du droit de suite ; l'acquéreur est dispensé de lui notifier son contrat, et, comme conséquence, le créancier est privé de la faculté de surenchérir (C. civ., 2198 ; Aubry et Rau, § 293, note 19).

174. Cette déchéance, étrangère aux hypothèques dispensées d'inscription, ne porte pas atteinte au droit de préférence : le créancier oublié est fondé, en cas d'état d'ordre, à intervenir avant la clôture pour y être colloqué à la date de son inscription ; à défaut d'ordre, à exercer son droit de préférence sur le prix tant qu'il reste aux mains de l'acquéreur (Cass., 14 novembre 1882, 25 avril 1888 ; Aubry et Rau, § 283, note 5).

175. De ce qui précède, on peut tirer les conclusions suivantes :

Le droit de suite du créancier omis ne serait pas perdu si l'acquéreur avait requis l'état d'inscriptions avant la transcription de son contrat (Grenoble, 21 août 1882) ; en effet, l'omission d'une inscription dans un *état individuel* n'a aucune influence sur les droits hypothécaires du créancier omis, mais le tiers victime de l'erreur du conservateur a, contre lui, une action en responsabilité.

Après la clôture de l'ordre, le créancier omis n'a le droit ni de former opposition à l'ordre, ni de répéter des créanciers colloqués dont l'hypothèque est postérieure à la sienne, les sommes par eux touchées (Cass., 18 janvier 1853 ; Angers, 27 mars 1878 ; — *Contrà*, Aix, 21 juillet 1874).

Le droit de préférence est aussi éteint lorsque, sans état d'ordre, l'acquéreur a payé son prix au débiteur hypothécaire, ou que ce prix a été, soit cédé à un tiers, soit délégué à d'autres créanciers (Grenoble, 8 février 1842 ; Aubry et Rau, § 283, note 5).

176. Au surplus, le créancier omis a une action en responsabilité contre le conservateur des hypothèques pour la réparation complète du préjudice éprouvé, toutes les fois que l'omission est imputable au conservateur (C. civ., 2198 ; Cass., 26 avril 1882).

Hypothèque conventionnelle.

1. Le type normal de l'hypothèque conventionnelle est l'affectation volontaire émanant du débiteur ou d'un tiers, par acte devant notaire, dans la forme ordinaire des actes notariés.

Les autres hypothèques résultent d'actes administratifs et d'actes passés par des autorités étrangères.

Toute hypothèque conventionnelle ne prend rang que du jour de l'inscription prise par le créancier (C. civ., 2134).—V. INSCRIPTION.

§ 1er.

HYPOTHÈQUE ORDINAIRE.

I. Capacité du constituant.

2. Pour constituer une hypothèque, il ne suffit pas d'avoir la capacité de s'obliger ; il faut, de plus, être propriétaire ou usufruitier des immeubles que l'on entend affecter, et avoir la capacité de les aliéner (C. civ., 2118, 2124).

A. Capacité personnelle.

3. Les immeubles appartenant à un mineur, émancipé ou non, ou à un interdit judiciairement ou légalement, ne peuvent être hypothéqués qu'avec l'autorisation du conseil de famille, homologuée par le tribunal civil, sur les conclusions du procureur de la République (C. civ., 457, 458, 509).

4. Toutefois, le mineur autorisé à faire le commerce a capacité pour hypothéquer ses immeubles en ce qui concerne les faits relatifs à son commerce (C. civ., 487 ; C. comm., 6).

5. La personne pourvue d'un conseil judiciaire doit être assistée de son conseil pour conférer une hypothèque valable (C. civ., 513).

6. Quant à la femme mariée, même séparée de corps et de biens, elle ne peut consentir une hypothèque sans l'autorisation de son mari, ou celle du tribunal si le mari la refuse ou est dans l'impossibilité de la donner (C. civ., 217 à 219).

7. Il y a exception pour la femme marchande publique, à l'égard des actes concernant son commerce (C. civ., 220 ; C. comm., 4 à 7).

8. La femme mariée sous le régime dotal ne peut, en général, hypothéquer ses biens dotaux, à moins que le contrat de mariage ne lui en ait donné la faculté expresse (C. civ., 1557 : Cass., 1er décembre 1868). — V. Dotalité, 87, 107.

9. Cependant, la femme a la faculté d'hypothéquer ses biens dotaux, avec l'autorisation de son mari, ou de justice, pour l'établissement des enfants communs ou de ceux qu'elle aurait eus d'un précédent mariage (C. civ., 1555, 1556 ; Cass., 1er avril 1845).

10. Sous le régime de la communauté, la condition du contrat de mariage portant que les propres de la femme ne pourront être aliénés que sous condition de remploi, et alors même que les tiers acquéreurs seraient rendus responsables du remploi, ne peut créer pour la femme une incapacité de s'engager envers les tiers et d'hypothéquer ses biens personnels (Cass., 6 novembre 1854, 8 juin 1858). Bien plus, cette incapacité expressément stipulée d'une manière absolue ne serait pas valable (Cass., 22 décembre 1879), à moins d'une dotalité formelle.

11. Les immeubles acquis par la femme d'un commerçant en son nom personnel, durant le mariage, ne doivent être acceptés comme gage qu'avec l'affectation hypothécaire des deux époux, car ces immeubles sont réputés avoir été payés par le mari, à moins de

preuve authentique contraire, et le droit de propriété de la femme peut s'évanouir en cas de faillite (C. comm., 558, 559).

12. En ce qui concerne le failli, il faut observer : 1° que l'hypothèque qu'il aurait consentie depuis la cessation de ses paiements, même avant le jugement de déclaration de faillite, pour une dette antérieure à l'acte constitutif, serait frappée de nullité ; 2° que l'hypothèque valablement acquise, par un prêt actuel, peut être annulée si elle a été inscrite plus de quinze jours après l'obligation, bien qu'antérieurement au jugement de déclaration de faillite (C. comm., 446, 448 ; Cass., 11 juillet 1881).

13. Le non commerçant en état de déconfiture n'est pas privé de la faculté d'hypothéquer ses immeubles, alors même qu'ils seraient saisis et la saisie transcrite (Cass., 25 novembre 1856 ; Aubry et Rau, § 266, note 37).

14. Ceux qui sont envoyés en possession provisoire des biens d'un absent ne peuvent les hypothéquer sans autorisation de justice (C. civ., 128, 2126).

15. Le propriétaire apparent d'un immeuble peut valablement le grever d'hypothèques au profit d'un tiers de bonne foi, mais non celui qui ne posséderait qu'en vertu d'un acte faux ou radicalement nul (Cass., 3 juillet 1877, 13 mai 1879, 4 août 1885).

16. Le mandataire doit avoir un pouvoir exprès pour hypothéquer les immeubles du mandant (C. civ., 1988). Pour être valable, ce pouvoir sera donné par acte notarié (Cass., 15 novembre 1880), et les emprunts hypothécaires obligatoires pour le mandant, quoique le mandat n'en indique pas la quotité (Cass., 6 février 1861). Il est plus correct de préciser le chiffre total, et cette indication est indispensable quand le mandat est donné par une femme mariée, soit pour hypothéquer, soit pour subroger dans son hypothèque légale (Cass., 10 mai 1853, 1er février 1854 ; comp. Cass., 19 juin 1888).

17. Le gérant et le liquidateur d'une société n'ont pas capacité pour hypothéquer les immeubles sociaux (Cass., 21 avril 1841, 3 mai 1843), il leur faut un mandat spécial par délibération prise avec le concours d'un notaire qui lui donne l'authenticité, sinon l'hypothèque serait nulle (Cass., 27 juin 1881, 23 décembre 1885).

18. Il y a liberté complète pour le mari d'hypothéquer ses biens personnels et ceux de la communauté pendant sa durée, sans le concours de la femme, sauf l'effet de l'hypothèque légale de cette dernière (C. civ., 1421, 2121).

19. S'il s'agit d'un immeuble appartenant par indivis à la femme et acquis par le mari, elle a le droit de retirer l'immeuble à la dissolution de la communauté, de sorte que l'hypothèque s'évanouirait dans ce cas ; il y aurait donc un danger sérieux à l'accepter comme gage du mari seul (Cass., 17 février 1886 ; Guillouard, 559).

B. Immeubles hypothéqués.

20. L'hypothèque constituée sur l'immeuble d'autrui est nulle et ne serait pas validée par l'acquisition que le constituant ferait ultérieurement de cet immeuble, à titre gratuit ou onéreux (Bordeaux, 24 janvier 1833 ; Dijon, 25 avril 1855).

21. Si, en hypothéquant l'immeuble d'autrui, on se porte fort du propriétaire, la ratification de celui-ci fait produire effet à l'hypothèque du jour de l'inscription, vis-à-vis des créanciers qui n'avaient pas d'inscription valable avant la ratification (Cass., 3 août 1859, 13 décembre 1875).

22. Quand un mineur ou une femme mariée, non autorisée, confère une hypothèque qui a été inscrite, la confirmation donnée par le mineur devenu majeur ou par la femme devenue veuve, doit avoir lieu par acte authentique (Dijon, 28 avril 1888) ; elle rétroagit au jour de la constitution hypothécaire, sans nouvelle inscription, et l'hypothèque prime les inscriptions prises postérieurement à la ratification, mais non celles inscrites antérieurement (Cass., 25 novembre 1856 ; Montpellier, 6 janvier 1866 ; Demolombe, XXIX, 788, 800 ; — *Contrà*, Aubry et Rau, § 266, note 31).

23. Il n'est pas nécessaire, pour pouvoir hypothéquer un immeuble, d'en avoir la propriété pure et simple et définitive : celui qui n'a sur l'immeuble qu'un droit suspendu par une condition, ou résoluble dans certains cas, ou sujet à rescision, peut conférer une hypothèque soumise aux mêmes conditions (C. civ., 2125).

24. Ainsi, un immeuble vendu sous condition suspensive se trouve appartenir à deux propriétaires alternatifs, et rien n'empêche que chacun d'eux l'hypothèque, mais l'évènement de la condition décidera par lequel les hypothèques auront été valablement consenties (Aubry et Rau, § 266, note 12 ; Demolombe, XXV, 410 ; Pont, 625). Ce qui s'applique spécialement au vendeur et à l'acquéreur à réméré (Pont, 639 ; Demolombe, XXV, 411 *bis* ; Laurent, XXIV, 302) ; toutefois, un parti considérable enseigne que le vendeur à réméré ne peut pas hypothéquer avant l'exercice du retrait (Cass., 21 décembre

1825; Paris, 12 août 1871). En tout cas, l'hypothèque par le cessionnaire du vendeur à réméré ne serait pas valablement conférée avant le retrait (Cass., 14 juillet 1847; Grenoble, 17 février 1849; Alger, 2 novembre 1885).

25. Les immeubles grevés de substitution rendue publique par la transcription ne constituent pas une garantie certaine, car l'hypothèque conférée par le grevé est nulle à l'égard de l'appelé (C. civ., 1048, 1069 à 1074).

26. Quand l'immeuble hypothéqué provient d'une donation, tant que vit le donateur, le donataire n'a qu'un droit résoluble, soit pour inexécution des conditions de la donation, survenance d'enfant légitime, ouverture du retour conventionnel (C. civ., 951, 953, 960); soit en vertu de l'action en réduction (C. civ., 920, 929; Bordeaux, 29 décembre 1887); ou du rapport en nature auquel le donataire pourrait être tenu (C. civ., 859). Enfin, l'immeuble donné sous condition d'incessibilité, n'est pas valablement hypothéqué par le donataire (Cass., 27 juillet 1863, 11 décembre 1864).

27. Lorsque la donation n'a pas été transcrite, si l'hypothèque a été conférée conjointement par le donataire et le donateur, la garantie est certaine (C. civ., 941), mais, en présence d'une donation transcrite, le concours du donateur serait insuffisant pour mettre le prêteur à l'abri de la révocation pour survenance d'enfants (C. civ., 960, 1076).

28. S'agit-il d'un immeuble provenant d'une vente? le droit de propriété est soumis à l'action résolutoire et au privilège du vendeur, et même à l'action en folle enchère si la vente a eu lieu judiciairement, l'hypothèque conférée ne donne donc pas sécurité au créancier s'il n'est pas justifié du paiement du prix (C. civ., 1654, 2103; C. pr., 723; Cass., 6 mai 1868).

29. La même remarque s'applique à l'échange; en outre, il faut observer que l'échangiste a une action en répétition de sa chose (C. civ,, 1705).

30. L'héritier bénéficiaire peut, avec l'autorisation de justice, contracter un emprunt dans l'intérêt de la succession, et, pour sûreté, donner hypothèque sur les biens héréditaires (Cass., 12 juin 1865; Douai, 29 janvier 1880).

31. Un immeuble indivis entre plusieurs personnes est susceptible d'être hypothéqué par chacun des copropriétaires, soit pour sa part indivise, soit pour la totalité. Quand le communiste hypothèque

seulement sa part aliquote, si l'évènement du partage ou de la licitation met l'immeuble au lot d'un cohéritier, l'hypothèque disparaît
en entier; si, au contraire, l'immeuble est attribué en entier au constituant, l'hypothèque demeure restreinte à la part qu'il a engagée
(Cass., 6 décembre 1826; Caen, 8 août 1871). Lorsque le communiste confère hypothèque sur la totalité de l'immeuble, l'efficacité
de l'hypothèque est subordonnée à l'évènement du partage : si l'immeuble entier ou une partie est attribuée au constituant, l'hypothèque a son effet dessus ; mais si l'immeuble est dévolu à un autre
copropriétaire, l'hypothèque s'évanouit (Cass., 16 avril 1888; Pont,
640 ; Thézard, 52).

32. Au point de vue pratique, il est de la plus haute importance
de faire toujours hypothéquer la totalité de l'immeuble indivis par
le communiste emprunteur. Pour obvier au danger de la dévolution
de l'immeuble à un autre copropriétaire, l'emprunteur s'interdit de
procéder au partage ou à la licitation, sans y appeler le prêteur, et
lui cède les prix de licitation ou soultes de partages ; puis, cette
convention est signifiée aux copropriétaires (Cass., 14 décembre
1887, 16 avril 1888).

Toutefois, ces précautions ne donnent qu'une sécurité relative au
prêteur, notamment parce que l'emprunteur peut se trouver rempli
de ses droits par l'effet de rapports ; le prêteur n'obtient sécurité
complète qu'en faisant intervenir tous les copropriétaires pour consentir à ce que l'hypothèque soit inscrite éventuellement contre eux ;
mais ce concours est difficile à obtenir.

33. On ne peut, en général, hypothéquer que les biens présents.
Néanmoins, le débiteur, dont les biens présents et libres sont insuffisants pour la sûreté de la créance, peut, en exprimant cette insuffisance, consentir que chacun des immeubles qu'il acquerra par la
suite, à titre gratuit ou onéreux, demeure, à mesure des acquisitions, affecté hypothécairement à son obligation (C. civ., 2129, 2130).

34. L'hypothèque des biens à venir ne constitue qu'une garantie
subsidiaire ou complémentaire, qui n'est valable qu'autant que le
débiteur affecte d'abord, et principalement, ses biens présents. Par
suite, la faculté d'hypothéquer les biens à venir ne peut être exercée
par le débiteur qui ne possède actuellement aucun immeuble, ou
qui, n'engageant pas ses immeubles présents, ne voudrait hypothéquer que ceux à venir (Cass., 30 janvier 1872 ; Nancy, 22 août
1867 ; Pont, 688).

Pourtant, celui qui n'a pas d'immeubles présents prendrait valablement l'obligation d'hypothéquer ses biens à venir, dans un délai précis, à partir des acquisitions, à peine d'exigibilité de la créance ; mais un pareil engagement ne constitue pas une garantie certaine.

35. Il ne faut pas oublier que l'hypothèque conventionnelle sur les biens présents et à venir, ne frappe les biens à venir qu'au moment de son inscription sur chacun de ces biens, après leur acquisition (Cass., 27 avril 1846 ; Paris, 20 janvier 1888). De là une inégalité de situation entre le créancier à hypothèque conventionnelle et celui qui est muni d'une hypothèque générale, légale ou judiciaire, car l'hypothèque générale atteint les biens à venir, sans nouvelle inscription, au moment même où le débiteur en devient propriétaire, alors que l'hypothèque conventionnelle nécessite une inscription spéciale qui est forcément primée par l'hypothèque générale judiciaire (C. civ., 2122, 2123, 2148 ; Aubry et Rau, § 273).

II. Forme de la constitution.

36. L'hypothèque conventionnelle n'est valablement consentie que par un acte passé en forme authentique devant deux notaires ou devant un notaire et deux témoins, suivant la forme générale des actes notariés, de sorte que la présence réelle du notaire en second ou des témoins n'est pas exigée (C. civ., 2127 ; L. 25 ventôse an XI, art. 8).

37. Un procès-verbal dressé par le juge de paix, en bureau de conciliation, est insuffisant pour conférer hypothèque, aussi bien qu'un acte sous-seings privés (Cass., 1er décembre 1852 ; Pont, 662 ; Aubry et Rau, § 266, note 42). Cependant, l'acte sous-seing privé contenant constitution d'hypothèque, deviendrait authentique par son dépôt devant notaire, effectué avec reconnaissance d'écriture et de signature, par le débiteur, en présence du créancier. Le dépôt fait par le créancier, sans mandat régulier du débiteur, serait inefficace (Cass., 15 février 1832, 8 août 1864 ; Aubry et Rau, § 266).

38. L'acte constitutif d'hypothèque est valable délivré en brevet, même sous forme de billet à ordre ; mais il a le désavantage de ne pouvoir former titre exécutoire sans avoir été rapporté pour minute ou déposé par le débiteur. — V. GROSSE.

39. Il va sans dire que l'hypothèque conférée, par acte notarié, peut garantir une créance constatée par acte sous-seing privé.

40. La promesse de fournir une hypothèque peut résulter d'un

acte sous-seing privé, ou même d'une lettre, et elle produit en faveur du créancier une action pour contraindre le débiteur à constituer l'hypothèque (Cass., 5 novembre 1860 ; Pont, 658).

41. La constitution est valablement acceptée pour le créancier par un tiers sans mandat exprès ; l'acceptation tacite du créancier serait même suffisante (Cass., 4 décembre 1867, 13 décembre 1875). Mais le notaire rédacteur de l'acte ne peut, à peine de nullité, accepter la constitution pour le créancier (Cass., 11 juillet 1859).

42. Le notaire doit recevoir lui même la signature du débiteur sur l'acte constitutif d'hypothèque ; cette signature reçue par un clerc en l'absence du notaire, alors même qu'il aurait signé l'acte après coup, entraînerait la nullité de l'hypothèque (Lyon, 13 août 1867 ; Caen, 9 janvier 1877).

43. La créance, civile ou commerciale, garantie par hypothèque, peut être stipulée payable à l'ordre du créancier ; dans ce cas, l'endossement du brevet original ou de la grosse du titre emporte subrogation dans l'hypothèque qui est l'accessoire de la créance, sans qu'il soit besoin d'en faire la signification au débiteur (Cass., 8 mai 1878, 7 mai 1879).

44. Les parties ont aussi la faculté de rendre la créance transmissible au porteur par la simple tradition du titre, sans écrit ni signification (Cass., 10 novembre 1829 ; Paris, 15 mai 1878).

45. L'hypothèque peut également être attachée à une créance déterminée, divisée en un grand nombre de titres ou obligations, payables à ordre ou au porteur ; pour l'utilité pratique d'une telle opération, il est nécessaire de conférer à une personne, dénommée dans l'acte, les pouvoirs les plus étendus à l'effet de recevoir les remboursements partiels et de donner main-levée des inscriptions.

III. Spécialité de l'hypothèque.

46. Il n'y a d'hypothèque conventionnelle valable que celle qui, soit dans le titre constitutif de la créance, soit dans un acte authentique postérieur, déclare spécialement la nature et la situation de chacun des immeubles actuellement appartenant au débiteur, sur lesquels il consent l'hypothèque de la créance. Chacun de tous ses biens présents peut être nominativement soumis à l'hypothèque (C. civ., 2129).

47. La nature des biens hypothéqués est indiquée en disant si ce sont des bâtiments, jardins, vignes, labours, prés, bois, etc.

La situation est la dénomination de la commune dans laquelle se trouvent les biens hypothéqués (Cass., 26 avril 1852, 12 mars 1867, 25 novembre 1868).

48. Il y a désignation suffisante lorsque le débiteur donne hypothèque sur tous ses immeubles situés en telle commune, consistant en bâtiments, terres labourables, prés et bois, sans autre détail (Cass., 25 novembre 1868 ; Montpellier, 6 janvier 1866).

Au contraire, est insuffisante, l'hypothèque conférée sur tous les immeubles situés dans un arrondissement déterminé, ou dans plusieurs communes désignées (Cass., 26 avril 1852).

Pour une ferme, un domaine ou une métairie, il suffit d'indiquer le nom particulier du fonds hypothéqué et la commune (Cass., 18 juillet 1825).

Mais un praticien soigneux ne doit pas se borner à fournir les indications vagues admises par la jurisprudence ; il désignera toujours chaque immeuble séparément par la nature, la contenance et les numéros du cadastre, ou les tenants et aboutissants : c'est là un moyen bien simple d'éviter les actions en nullité de l'hypothèque.

49. Du reste, l'indication de la nature et de la situation des immeubles hypothéqués constitue une formalité essentielle qui ne peut être suppléée ni par le renvoi à un acte antérieur contenant la désignation détaillée, ni par les indications de l'inscription prise postérieurement (Cass., 26 avril 1852 ; Paris, 9 avril 1869 ; Pont, 672).

50. La question de savoir si la désignation contenue dans l'acte hypothécaire est suffisante, rentre dans les attributions des juges du fait, et leur décision échappe à la censure de la Cour suprême (Cass., 8 avril 1844, 12 juillet 1881).

51. Par la force même des choses, la spécialité de l'hypothèque est étrangère aux biens à venir.

IV. Supplément d'hypothèque.

52. Lorsque les immeubles présents, soumis à l'hypothèque, viennent à périr ou éprouvent des dégradations telles qu'ils ne suffisent plus à la sûreté de la créance, non exigible, le créancier peut exiger son remboursement immédiat, à moins que le débiteur ne lui consente un supplément d'hypothèque qui prend rang du jour de l'inscription formalisée sur les immeubles affectés nouvellement (C. civ., 2131).

53. Cette règle s'applique seulement à la perte ou à la dégradation provenant de cas fortuit ou de force majeure, ou encore du fait d'un tiers : incendie, inondation (Aubry et Rau, § 286, note 29) ; mais non à celle provenant du fait du débiteur, par exemple : démolition de bâtiments, vente des immeubles par destination, abattage anticipé d'un bois, défaut d'entretien des bâtiments ; dans ces cas, le débiteur peut être contraint à rembourser immédiatement, alors même qu'il offrirait une hypothèque supplémentaire (C. civ., 1188).

Il en est de même si le débiteur vend en détail les biens hypothéqués (Cass., 4 mai 1812 ; Pau, 23 avril 1834 ; — *Contrà*, Paris, 11 février 1815). La vente en bloc couvrant la créance hypothéquée ne la rend exigible que si l'acquéreur purge (Cass., 9 janvier 1810 ; Pont, 694).

54. Le créancier n'est pas admis à demander son remboursement ou un supplément d'hypothèque, si la perte provient d'un fait prévu : coupe ordinaire d'un bois, extraction de minerai, rachat d'un immeuble acquis sous condition de réméré, licitation ou partage d'immeubles indivis (Caen, 25 février 1837 ; Orléans, 24 mars 1859 ; Demolombe, XXV, 658).

55. Quand il y a expropriation publique de l'immeuble hypothéqué, le créancier conserve son droit de préférence sur l'indemnité que le débiteur ne peut se faire verser en offrant un supplément d'hypothèque (L. 3 mai 1841, art. 18 ; Paris, 13 février 1858).

56. Si le gage était insuffisant lors de la constitution de l'hypothèque, ou si son insuffisance provient d'une diminution de valeur, sans détérioration ou dégradation matérielle, le créancier ne serait pas fondé à exiger son remboursement ou un supplément de garantie hypothécaire (Aubry et Rau, § 286 ; Pont, 693).

57. Enfin, ce qui précède est inapplicable à la perte ou dégradation atteignant les biens à venir hypothéqués pour insuffisance des biens présents.

V. Translation d'hypothèque.

58. Le créancier et le débiteur, d'accord entre eux, peuvent convenir que l'hypothèque grevant un immeuble sera reportée sur un autre.

59. Cette convention exige un double consentement : 1° le débiteur confère hypothèque, pour garantie de la créance, sur des immeubles déterminés ; 2° le créancier renonce à son hypothèque

sur tel immeuble et consent à la radiation de l'inscription prise, toutefois avec cette restriction que la radiation ne pourra être opérée qu'après justification du rang promis pour la nouvelle hypothèque.

60. Quand la translation n'a pas été prévue et stipulée dans le titre constitutif de la créance, il est nécessaire que le créancier ait capacité de donner main-levée sans paiement, et le débiteur celle d'hypothéquer.

61. Le transfert d'une hypothèque appartenant à un incapable doit être autorisé par le conseil de famille dont la délibération est soumise à l'homologation du tribunal civil, par jugement sur requête non soumis à appel (L. 27 février 1880).

VI. Applications de l'hypothèque conventionnelle.

62. Toutes les créances, quelles qu'en soient la nature et les modalités, peuvent être garanties par l'hypothèque conventionnelle (C. civ., 2132).

63. Les principales créances résultent : 1° du prêt à intérêt ; 2° de la constitution d'une rente perpétuelle ; 3° de la constitution de rente viagère ; 4° d'une ouverture de crédit ou promesse de prêt ; 5° du trouble ou de l'éviction dont un acquéreur peut se trouver menacé ; 6° des engagements pris par un fermier, un entrepreneur, un mandataire, etc.

64. Il est utile de donner ici quelques renseignements pratiques sur l'hypothèque appliquée à ces diverses créances.

65. Et d'abord, lorsqu'il s'agit d'une créance éventuelle ou indéterminée, l'acte hypothécaire doit préciser la somme pour laquelle le créancier pourra prendre inscription, afin d'éviter une action en réduction (C. civ., 2132, 2148, 4°).

66. Au point de vue de l'intérêt du créancier, il est très important, dans tout engagement, de stipuler la solidarité entre les débiteurs conjoints et l'indivisibilité à l'égard de leurs héritiers et successeurs, car, si l'hypothèque est indivisible, il n'en est pas de même pour la dette qu'elle garantit. A défaut de stipulation contraire, l'obligation contractée par plusieurs individus se divise de plein droit entre eux par portions égales, et leurs héritiers n'en sont tenus personnellement que chacun pour sa part et portion virile (C. civ., 872, 1200, 1217, 1220, 1225, 2114). Tout le monde comprend les ennuis d'un créancier obligé de s'adresser à plusieurs débiteurs pour obtenir de chacun sa part aliquote de la dette. La prudence conduira donc à

dire toujours que *la dette sera solidaire et indivisible entre les débiteurs et leurs héritiers ou représentants.*

67. Les immeubles donnés en gage hypothécaire doivent être désignés de manière à satisfaire amplement aux prescriptions légales ; il faut aussi que le droit de propriété soit examiné avec soin en la personne de l'affectant et de ses auteurs pendant trente ans au moins, surtout quant au paiement du prix des acquisitions et à l'exécution des donations et partages d'ascendants.

68. Quand l'hypothèque repose sur des bâtiments ou des bois (spécialement s'ils comprennent des arbres résineux), il est nécessaire de demander une assurance contre l'incendie. L'affectant doit céder au creancier, par préférence, les indemnités qui seraient dues en cas de sinistre, et cette cession est signifiée à la Compagnie d'assurances. Une police, aux noms collectifs du débiteur et du créancier ou au nom direct du créancier, est ce qui vaut le mieux, en ayant soin de la rappeler dans l'acte, et d'obliger le débiteur à indemniser le créancier du montant des primes.

69. L'affectant déclarera dans l'acte : 1° si les immeubles qu'il donne en garantie sont déjà grevés d'hypothèques conventionnelles, judiciaires ou légales ; 2° s'il est marié, divorcé, veuf, tuteur.

Supposons l'obligé marié. Sa femme a une hypothèque légale primant le créancier. Il est nécessaire d'exiger son concours solidaire et une subrogation dans l'hypothèque légale, à moins que la femme ne soit soumise à la dotalité avec constitution de tous biens présents et à venir. Dans ce dernier cas, elle interviendra seulement pour affirmer les causes et le montant des créances et droits garantis par l'hypothèque légale. Ce n'est pas à dire que l'intervention de la femme dotale donne sécurité au créancier, mais elle aura du moins cet effet de fixer le montant de l'hypothèque légale à son égard.

En cas de dissolution du mariage (par décès ou divorce) ou de cessation de la tutelle depuis plus d'un an, les hypothèques légales se trouvent soumises à inscription pour prendre rang à l'égard des tiers.

Pendant la tutelle, il n'existe aucun moyen pratique de mettre le créancier à l'abri des dangers résultant de l'hypothèque légale d'un mineur ou d'un interdit.

Au surplus, il sera quelquefois possible d'obtenir la restriction des hypothèques légales des femmes, mineurs et interdits.

70. Après avoir fait inscrire son hypothèque, le créancier délivre

des certificats confirmatifs des déclarations passées par le débiteur :
l'un de ces certificats est relatif aux transcriptions d'actes ; il a pour
but d'établir que les biens donnés en garantie n'ont pas changé de
propriétaire, et ne sont soumis à aucune restriction de propriété ;
l'autre certificat concernant les inscriptions fait connaître s'il existe
d'autres charges inscrites que celles déclarées.

1° *Prêt à intérêt.*

71. La stipulation des intérêts dans un prêt ne se supplée pas ;
elle doit être formelle et porter qu'ils courront jusqu'au remboursement effectif.

72. En matière civile, le taux légal de l'intérêt est fixé à 5 % par
an, et ne peut être dépassé (L. 3 septembre 1807) ; en matière
commerciale, le taux légal est de 6 % ; mais les conventions sur le
taux de l'intérêt commercial sont entièrement libres (L. 10 juillet
1885, art. 38 ; 12 janvier 1886).

73. Le caractère civil ou commercial d'un prêt se détermine par
la destination de la somme prêtée (Cass.. 21 avril 1852), abstraction
faite de la qualité des parties ; tout au plus, cette qualité pourra-
t-elle former une présomption, selon que l'emprunteur sera ou non
commerçant (Cass., 7 mai 1845). Ainsi, on doit considérer comme
prêt commercial : celui fait par un non commerçant, soit à un négo-
ciant pour son négoce, soit à un non commerçant pour une opération
de commerce, et celui fait par un banquier à un non commerçant
(Cass., 29 janvier 1868, 10 janvier 1870).

74. On peut stipuler d'avance, dans une obligation, que les intérêts non payés seront, à la fin de chaque année, capitalisés avec la
somme principale, et produiront eux-mêmes intérêt (C. civ., 1154 ;
Cass., 11 décembre 1844 ; Dijon, 26 avril 1866 ; Aubry et Rau,
§ 308, note 58). Cependant, la validité de cette stipulation étant
contestée par des autorités considérables (Nancy, 16 décembre
1880 ; Demolombe, XXIV, 656 ; Laurent, XVI, 344), il pourra
être prudent, lorsqu'en faisant un prêt, on aura des doutes sur le
paiement exact des intérêts, d'en faire la défalcation jusqu'à l'époque
fixée pour le remboursement du capital, qui sera alors non productif d'intérêts.

75. La loi sur le taux de l'intérêt ne régit que les contrats réalisés
en France ; ceux passés à l'étranger ou dans les colonies sont régis

par la loi du pays dans lequel ils doivent s'exécuter (Cass., 21 décembre 1874 ; Chambéry, 19 février 1875).

76. Le contrat de prêt doit fixer expressément la date et le lieu de remboursement ; et, en outre, prévoir si l'emprunteur pourra ou non anticiper le remboursement, car le terme est toujours présumé en faveur du débiteur, et à défaut de convention contraire, le paiement a lieu au domicile du débiteur (C. civ., 1187, 1247).

Il est essentiel d'aviser au cas où le créancier serait forcé de recevoir avant terme, ou de se déplacer pour toucher, et de fixer des indemnités aussi bien pour déplacement que pour la perte d'intérêt résultant d'un paiement anticipé.

77. Une autre mesure de précaution consiste à stipuler dans l'acte de prêt qu'à défaut de remboursement à l'époque convenue, le créancier aura la faculté de transporter sa créance aux frais du débiteur, sans qu'il soit nécessaire de lui adresser une mise en demeure. En effet, notre système hypothécaire est ainsi fait, qu'un créancier ayant besoin de son argent à l'échéance peut être forcé d'attendre deux ou trois ans l'expropriation du gage hypothécaire et la distribution du prix entre les créanciers.

78. Pour satisfaire à la volonté des prêteurs, les notaires insèrent souvent des clauses interdisant au débiteur de rembourser en billets ou autres signes représentatifs de la monnaie, et mettant à la charge du débiteur les impôts qui seraient créés sur les créances hypothécaires. Ces conventions n'ont qu'une valeur morale.

79. Le prêt à intérêt donne lieu fréquemment à des actions en responsabilité. En principe, le notaire ne peut encourir aucune responsabilité lorsqu'il se renferme strictement dans l'exercice de son ministère de rédacteur des conventions ; mais le notaire est responsable des suites d'un placement hypothécaire conclu par lui, sans le concours de son client, et après avoir pris personnellement les renseignements nécessaires. — V. OBLIGATION, PRÊT.

2° Constitution perpétuelle.

80. La constitution de rente perpétuelle résulte, soit de l'aliénation d'un capital ou d'un immeuble, soit d'une disposition gratuite par donation ou legs. — V. CONSTITUTION DE RENTE.

3° Constitution viagère.

81. La rente viagère peut être constituée à titre onéreux, moyen-

nant une somme d'argent, ou pour une chose mobilière appréciable, ou pour un immeuble. Elle peut aussi résulter d'une disposition à titre gratuit. — V. CONSTITUTION DE RENTE VIAGÈRE.

4° *Promesse de prêt.*

82. L'engagement de prêter ou de fournir une somme d'argent, ou des objets spécifiés jusqu'à concurrence d'un chiffre déterminé, est connu en pratique sous les noms d'ouverture de crédit (V. CRÉDIT, p. 324) et de prêt conditionnel.

83. Dans le prêt soumis à une condition suspensive, l'emprunteur contracte l'engagement de prendre en entier la somme prêtée, de même que le prêteur est obligé de la livrer dès que la convention se trouve consommée par l'accomplissement de la condition (C. civ., 1180, 1181).

84. Le contrat conditionnel renferme toutes les clauses ordinaires du prêt, et précise la condition à laquelle la réalisation de la convention est soumise.

En vertu du contrat conditionnel, le créancier est fondé à inscrire l'hypothèque conférée, et l'effet de l'inscription remonte à la date à laquelle elle a été prise (C. civ., 2132, 2134, 2148).

A la réalisation de la condition, la délivrance du montant du prêt est constatée par un acte spécial devant notaire ou même sous-seing privé.

85. Le contrat conditionnel de prêt est rare entre particuliers. Si la réalisation du prêt est seulement subordonnée à la vérification de la situation hypothécaire annoncée par l'emprunteur, la pratique notariale dresse un seul acte constatant le prêt, comme si les fonds étaient immédiatement remis au débiteur, bien qu'en fait ils restent dans la caisse du notaire en attendant l'accomplissement des formalités nécessitées par l'opération.

86. Tous les prêts faits par la Société de Crédit foncier sont précédés d'un contrat conditionnel, en vertu de la législation exceptionnelle régissant cet établissement.

Parmi les faveurs accordées au Crédit foncier, il suffit de rappeler ici : 1° la dispense du renouvellement décennal des inscriptions ; 2° la faculté de purger les hypothèques légales connues et inconnues; 3° la capitalisation, de plein droit, de chaque semestre d'annuité non payé à l'échéance ; 4° la mise sous séquestre et la vente des biens immeubles du débiteur, et la faculté d'en toucher le prix, sans l'accomplissement des formalités du droit commun (Décr. 28 février 1852 ; L. 10 juin 1853).

5° *Garantie de trouble ou d'éviction.*

87. Il arrive fréquemment dans la pratique qu'une personne confère hypothèque à une autre pour lui garantir l'exécution d'une vente ou toute autre convention entachée d'un vice quelconque ; ainsi :

1° Un immeuble est vendu par un porte fort qui donne hypothèque sur ses biens pour assurer à l'acquéreur la ratification du propriétaire :

2° Des biens grevés d'une rente viagère étant aliénés, si le créancier de la rente refuse la main-levée de son inscription, le vendeur qui possède d'autres immeubles peut les hypothéquer au profit de l'acquéreur, afin de le mettre à l'abri de tout recours de la part du crédi-rentier ;

3° Les biens immeubles d'une femme dotale sont vendus à l'amiable, en vertu de la réserve contenue au contrat de mariage, sans que le remploi prescrit soit fourni. Afin de garantir l'acquéreur contre l'action révocatoire de la femme, le mari donne hypothèque sur ses immeubles personnels.

Ou, encore, le contrat de mariage de la femme dotale, en autorisant la vente, impose la condition de garantir la reprise du prix par une hypothèque sur les immeubles du mari ; l'acquéreur du bien dotal doit, en général, assurer l'accomplissement de cette condition en prenant des inscriptions sur les immeubles spécialement hypothéqués par le mari. — V. DOTALITÉ, 255.

88. Dans ces divers cas, l'acte d'affectation hypothécaire doit déterminer la somme à concurrence de laquelle l'inscription sera prise, pour les dommages-intérêts et indemnités de toute sorte que l'acquéreur ou autre intéressé, pourrait avoir à prétendre en cas de trouble (C. civ., 2132).

6° *Loyers ou fermages.*

89. Quand le preneur, ou sa caution, donne hypothèque au bailleur, pour sûreté des fermages et de l'exécution des conditions du bail, la garantie hypothécaire peut être limitée, sans inconvénient, à deux ou trois années de fermages à prendre au choix du bailleur.

S'il en est ainsi, le rédacteur de l'acte doit avoir soin de préciser la somme pour laquelle le bailleur aura la faculté d'inscrire l'hypothèque, tant à raison des fermages que pour les charges, impôts, indemnités et restitutions de toute nature ; à défaut de détermination de la somme à inscrire, le bailleur serait exposé à une action en réduction de son inscription.

90. Après l'expiration du bail, s'il est continué par tacite reconduction ou en vertu d'une nouvelle convention, l'hypothèque primitivement conférée ne garantit pas le paiement des fermages et l'exécution des conditions applicables au nouveau bail (C. civ., 1740). — V. Bail.

7° *Entreprise.*

91. L'hypothèque donnée relativement à l'exécution d'un marché de travaux par l'une ou l'autre des parties, a une portée différente, selon qu'elle est conférée par le propriétaire ou par l'entrepreneur.

Est-ce le propriétaire qui consent l'hypothèque au profit de l'entrepreneur, dans le but d'éviter les formalités compliquées prescrites pour le privilège de constructeur ? Elle portera ordinairement sur le terrain à bâtir et sur les constructions qui y seront édifiées, et garantira le prix des travaux et de la main-d'œuvre, qu'il sera nécessaire d'évaluer dans l'acte.

92. Au contraire, si l'entrepreneur fournit une hypothèque au propriétaire, son objet consistera à garantir la perte totale ou partielle de l'édifice, résultant des vices de construction ou malfaçons. La créance ainsi gagée est conditionnelle pour son existence, puisqu'elle ne naîtra que s'il y a vice de construction, et indéterminée dans sa valeur, car la responsabilité de l'entrepreneur ne deviendra appréciable que lors de la découverte des vices ou malfaçons. Par suite, il est indispensable d'évaluer dans l'acte constitutif de l'hypothèque la somme pour laquelle elle sera inscrite.

8° *Mandat.*

93. En matière de mandat salarié, la constitution d'une hypothèque par le mandataire garantira la restitution des sommes reçues et les fautes de la gestion.

94. Une hypothèque dans ces conditions est demandée par les compagnies d'assurances à leurs receveurs de primes, qui ne peuvent fournir un gage en numéraire.

Il est toujours indispensable de préciser la somme à concurrence de laquelle l'hypothèque sera inscrite.

9° *Cautionnement.*

95. Le cautionnement est conventionnel, judiciaire ou légal, selon qu'il est fourni en vertu d'une convention, d'un jugement ou d'une disposition légale. — V. CAUTIONNEMENT.

Des cautionnements en immeubles peuvent être fournis par divers comptables de l'État, des départements, communes et établissements publics, pour garantie de leur gestion, soit que les immeubles appartiennent au comptable lui-même, soit qu'ils soient la propriété d'un tiers.

96. Le conservateur des hypothèques qui fournit son cautionnement en immeubles, est tenu d'en faire dresser acte devant notaire, et, dans le mois de son installation, de faire recevoir ce cautionnement par le tribunal du lieu de la situation des biens, et de déposer une expédition du jugement d'admission au greffe du tribunal civil de sa résidence (L. 21 ventôse an VII, art. 5 et 8 ; 8 juin 1864).

Qu'il soit fourni par le conservateur ou par un tiers, le cautionnement doit être consenti pour toute la durée des fonctions, et dix ans après.

97. Il est nécessaire, dans l'acte de cautionnement : 1° de désigner exactement chacun des immeubles hypothéqués par nature, contenance, situation, avec les numéros et la section du cadastre ; 2° d'établir le droit de propriété pendant trente ans au moins ; 3° de faire déclarer l'état civil de la caution et la situation hypothécaire des biens ; 4° de faire consentir par la femme de la caution, subrogation dans son hypothèque légale ; 5° de faire cession des indemnités en cas d'incendie, s'il s'agit d'immeubles susceptibles d'être assurés.

98. Quand l'acte de cautionnement est régularisé : prise de l'inscription, délivrance de certificats négatifs d'inscriptions et de transcriptions, et, s'il y a lieu, signification à la Compagnie d'assurances, une requête, avec pièces à l'appui, est présentée au tribunal civil pour qu'il reçoive la caution (L. 21 ventôse an VII, art. 5, § 2).

§ 2.

HYPOTHÈQUES PARTICULIÈRES.

I. Actes étrangers.

99. Les contrats reçus par des officiers publics étrangers, ne peuvent conférer d'hypothèque conventionnelle sur des immeubles situés en France, excepté dans le cas où il existerait des dispositions modificatives dans les lois politiques ou dans les traités (C. civ., 2128; comp. 2123).

100. Divers traités ont été faits avec les gouvernements voisins, mais ils ont trait aux jugements, et sont muets sur les conventions conférant hypothèque ; de sorte que les actes passés devant les officiers publics étrangers restent assimilés aux actes sous-seings privés au point de vue hypothécaire. Pourtant, on trouve un ancien traité sarde de 1760, — devenu applicable à toute l'Italie, — et deux traités avec la Suisse, de 1767 et 15 juin 1869, qui reconnaissent l'effet des hypothèques entre les nationaux de ces divers pays.

II. Actes administratifs.

101. Les actes des autorités administratives, relatifs à la gestion des domaines nationaux et aux marchés faits au nom de l'État, sont susceptibles de contenir constitution d'hypothèque pour sûreté des engagements contractés envers l'État (L. 5 novembre 1790, 4 mars 1793) ; la jurisprudence décide même que l'hypothèque résulte de plein droit des adjudications administratives (Cass., 3 juillet 1817, 12 janvier 1835, 12 juin 1835).

102. Quant aux baux des biens des communes, hospices et établissements de bienfaisance ou d'instruction publique, ils doivent être passés aux enchères devant notaires, et le droit d'hypothèque sur tous les biens du preneur y est stipulé par leur désignation (Décr. 12 août 1807 ; Ord. 7 octobre 1818). Si ces baux sont faits sans le concours de notaires, ils ne peuvent conférer hypothèque et n'emportent point exécution parée (Cass., 27 novembre 1833).

Hypothèque judiciaire.

1. L'hypothèque judiciaire s'établit par l'autorité de la loi, en dehors de toute manifestation de la volonté des parties. C'est une garantie attachée, de plein droit, aux jugements et aux actes judiciaires, destinée à en assurer l'exécution (C. civ., 2117, 2123).

2. Pour qu'un jugement emporte hypothèque, il suffit qu'en reconnaissant à la charge de l'une des parties l'existence d'une obligation appréciable en argent, ce jugement contienne, au profit de l'autre, le germe ou le principe d'une condamnation, même

future ou éventuelle (Cass., 31 décembre 1867, 4 août 1879, 1er août 1881).

3. Il importe peu d'ailleurs que le jugement soit par défaut ou contradictoire, provisoire ou définitif, convenu ou sur contestation sérieuse (Cass., 6 janvier 1845 ; Rouen, 20 mars 1877).

4. Les actes et jugements, émanés d'une juridiction française, produisent hypothèque aussi bien en faveur des étrangers que des français (Aubry et Rau, § 78, note 56).

5. Les jugements rendus à l'étranger par des magistrats français, par exemple des consuls, emportent hypothèque comme les jugements rendus en France par une juridiction française (Pont, 583 ; Aubry et Rau, § 265, note 5).

6. Quant aux décisions émanées de juges étrangers, elles ne produisent hypothèque sur les immeubles situés en France qu'autant que l'effet hypothécaire y est attaché par des traités diplomatiques, ou qu'elles ont été déclarées exécutoires par un tribunal civil français, alors même qu'elles auraient statué en matière commerciale (C. civ., 2123 ; C. pr., 546 ; Bordeaux, 16 décembre 1867).

En principe, le tribunal français a toujours le droit et le devoir de réviser la décision étrangère au fond et en la forme; de sorte que la demande en révision doit se former par voie d'ajournement (Cass., 27 décembre 1852, 28 juin 1881, 21 août 1882).

7. Les sentences rendues par des arbitres français peuvent servir de base à l'hypothèque judiciaire, après qu'elles ont été revêtues de l'ordonnance d'exécution du président du tribunal (C. civ., 2123 ; C. pr., 1020, 1021 ; Aubry et Rau, § 265, note 7).

8. Toutes les décisions émanées des tribunaux français ou des autorités investies du pouvoir judiciaire en France, peuvent produire l'hypothèque : arrêts des Cours d'appel, jugements des Tribunaux de première instance, sentences des Tribunaux de commerce, des Conseils de prud'hommes et des Juges de paix, même avec prorogation de juridiction (Cass., 6 janvier 1845 ; Caen, 26 mai 1875) ; arrêtés rendus en matière contentieuse par les Ministres, le Conseil d'État et les Conseils de préfecture ; arrêts ou jugements des Tribunaux de répression (Pont, 579, 580 ; Aubry et Rau, § 265).

9. Les contraintes décernées par l'administration des douanes sont assimilées à des jugements de condamnation et emportent, à ce titre, hypothèque judiciaire (Cons. d'État, 12 décembre 1811 ; Pallain, 288).

10. Mais l'hypothèque judiciaire ne résulte pas : des jugements préparatoires ou interlocutoires (Cass., 22 février 1864); des actes de soumission de caution faits au greffe; des bordereaux de collocation délivrés dans un ordre (Paris, 10 août 1850); des jugements portant nomination de curateurs à succession; de conseils judiciaires ou d'administrateurs provisoires (Comp. L. 30 juin 1838, art. 34); des jugements d'adjudication sur expropriation forcée; des jugements ordonnant une mise en cause ou se bornant à renvoyer les parties devant notaires ou arbitres pour compter (Cass., 18 avril 1845); des procès-verbaux dressés par les juges de paix en bureau de conciliation, quoiqu'ils contiennent des aveux, des conventions ou des reconnaissances de signatures (C. pr., 54; Boitard, 118); des contraintes décernées par les administrations de l'enregistrement (Cass., 28 janvier 1828); des contributions directes ou indirectes (Cass., 9 novembre 1880); des exécutoires délivrés aux notaires sur la taxe de leurs frais par le président du tribunal civil (L. 5 août 1881; Cass., 3 août 1887).

11. Les jugements portant reconnaissance ou vérification des signatures apposées à un acte obligatoire sous-seing privé, entraînent l'hypothèque judiciaire, même lorsqu'ils émanent d'un juge de paix dont les parties ont prorogé la juridiction (Cass., 6 janvier 1845; Caen, 26 mars 1875).

12. Lorsque le jugement portant reconnaissance ou vérification de signature est obtenu avant l'exigibilité de l'obligation, l'hypothèque ne peut être inscrite qu'à partir de l'échéance de la dette, à moins qu'il n'y ait eu convention contraire (L. 3 septembre 1807; Nimes, 23 février 1829).

13. L'hypothèque judiciaire est acquise de plein droit par le seul fait du jugement, sans que la partie ait à la requérir, ni le juge à la formuler (Pont, 596).

14. Elle affecte les biens à venir, comme ceux présents du débiteur, du jour de son inscription (C. civ., 2123, 2134).—V. INSCRIPTION.

15. Lorsqu'un jugement est rendu contre le mari pendant le mariage, l'hypothèque judiciaire frappe les acquêts aussi bien que les propres du mari, même après la dissolution de la communauté, et encore que les biens fussent échus dans le lot de la femme (C. civ., 1409).

S'il s'agissait d'une hypothèque résultant d'un jugement rendu contre le mari avant le mariage, les biens échus à la femme dans le partage de la communauté, même conventionnelle, n'en seraient pas affranchis (Douai, 6 janvier 1846; Pont, 593; — *Contrà*, Aubry et Rau, § 265, note 29).

16. Le créancier, porteur d'un titre exécutoire, contenant ou non hypothèque conventionnelle, est fondé, après l'exigibilité de sa créance, à provoquer un jugement pour se procurer l'avantage d'une hypothèque générale (Paris, 8 décembre 1854, 15 mai 1855; Nancy, 8 mars 1854; Pont, 594; Aubry et Rau, § 265, note 30; — *Contrà*, Seine, 23 mai 1876, 14 juillet 1877, 16 mars 1878).

17. Quoique résultant de plein droit des jugements, l'hypothèque judiciaire n'existe réellement que par l'inscription; la date de cette inscription lui donne la préférence sur les immeubles à venir, comme sur ceux présents, à l'égard des hypothèques judiciaires ou légales d'une origine postérieure à l'inscription (C. civ., 2134; Cass., 5 novembre 1873).

18. Les hypothèques judiciaires sont susceptibles de deux sortes de réductions : 1° si elles frappent sur plus d'immeubles présents qu'il n'est nécessaire pour sûreté de la créance (C. civ., 2161, 2165); 2° quand la condamnation est indéterminée et que le créancier a fait une évaluation exagérée en requérant inscription (C. civ., 2163, 2164).

19. A défaut de réduction convenue entre le créancier et le débiteur, la demande est portée : dans le premier cas (réduction quant aux immeubles grevés), devant le tribunal dans le ressort duquel l'hypothèque a été inscrite (C. civ., 2159, 2161; Cass., 19 février 1866); dans le second (réduction du chiffre de la créance), devant le tribunal qui serait appelé à connaître de la liquidation de la créance (C. civ., 2159; Cass., 5 mai 1812).

La demande en réduction de l'hypothèque judiciaire est soumise au préliminaire de conciliation (Caen, 13 novembre 1839; Pont, 1086; Thézard, 264).

Le jugement ordonnant la réduction doit être signifié à domicile réel (Cass., 29 août 1815; Paris, 8 janvier 1831; Aubry et Rau, § 281, note 26).

Hypothèque légale.

§ 1er.

GÉNÉRALITÉS.

1. Les hypothèques légales sont celles qui existent de plein droit par la seule volonté du législateur, sans stipulation ni jugement, au profit de certaines personnes, en considération de leur condition juridique et des rapports établis par la loi entre ces personnes et celles sur les biens desquelles frappent ces hypothèques.

2. Les droits et créances auxquels l'hypothèque légale est attribuée sont :

1° Ceux des femmes mariées sur les biens de leurs maris ;

2° Ceux des mineurs et interdits sur les biens de leurs tuteurs ;

3° Ceux de l'État, des communes et des établissements publics sur les biens des receveurs et administrateurs comptables (C. civ., 2121).

Il y a encore d'autres hypothèques légales qui diffèrent des précédentes sous le rapport de la garantie y attachée ; ce sont :

1° Les hypothèques des légataires particuliers sur les immeubles composant la succession du testateur (C. civ., 1017 ; Toulouse, 23 décembre 1870 ; Rennes, 21 mars 1875) ;

2° Celles des créanciers de la faillite sur les immeubles qui appartiennent au failli, au jour du jugement déclaratif, et sur ceux qui lui adviennent tant que dure l'état de faillite (C. comm., 490, 517) ;

3° Et celles accordées aux créanciers privilégiés, faute d'avoir pris inscription dans les délais légaux (C. civ., 2113).

3. Les hypothèques légales des femmes, de mineurs et interdits ; celles de l'État, des communes et établissements publics, frappent non seulement les immeubles que les maris, tuteurs et comptables, possédaient au moment où est née l'hypothèque légale, mais encore tous ceux qui leur adviennent à titre gratuit ou onéreux, même après la dissolution du mariage, la cessation de la tutelle, la démission ou la révocation du comptable (C. civ., 2122 ; Cass., 17 juillet 1844, 24 mai 1869).

4. Quand le mari, le tuteur, ou le comptable, échange un immeuble, celui qu'il reçoit est affecté de l'hypothèque légale, sans

que celui qu'il cède en soit affranchi, s'il n'y a eu ni purge, ni main-
levée (Cass., 9 novembre 1815 ; Pont, 515).

5. Après le décès du mari, du tuteur ou du comptable, l'hypothèque légale qui grève leurs biens ne s'étend pas aux immeubles
personnels de leurs héritiers (Agen, 15 janvier 1825 ; Aubry et Rau,
§ 264).

6. Supposons qu'au moment où naît l'hypothèque légale, le mari,
le tuteur ou le comptable fasse partie d'une société possédant des
immeubles, l'hypothèque légale frappera-t-elle ces immeubles? Non,
puisqu'ils sont la propriété de la société, et, qu'en attendant la
liquidation, les associés n'ont qu'un droit purement mobilier. Mais
l'hypothèque légale atteindra les immeubles échus au mari, au tuteur
ou au comptable, par le partage de la société (Cass., 10 mai 1831,
17 juillet 1861, 29 mai 1865).

7. Les immeubles aliénés avant la naissance de l'hypothèque
légale, et qui rentrent, par l'effet d'une condition résolutoire, soit
un réméré, dans les mains du mari, du tuteur ou du comptable,
sont soumis à l'hypothèque légale dès le jour où elle a pris naissance ; mais ils en restent affranchis si le retrait est exercé par un
tiers cessionnaire, même en vertu d'un acte postérieur à l'époque à
laquelle remonte l'hypothèque légale (Cass., 21 décembre 1825 ;
Pont, 516).

8. Les hypothèques légales des femmes, mineurs et interdits,
jouissent d'une prérogative spéciale consistant en ce qu'elles sont
efficaces à l'égard des tiers, sans inscription pendant le mariage et
la tutelle, et durant l'année qui suit la dissolution du mariage ou la
cessation de la tutelle, sauf le cas de purge (C. civ., 2135, 2195 ;
L. 23 mars 1855, art. 8).

Toutes les autres hypothèques légales sont soumises à la formalité
de l'inscription.

9. En principe, l'hypothèque légale attribuée à la femme mariée,
au mineur et à l'interdit, est une institution du droit civil qui n'appartient pas aux étrangers, mais uniquement aux français (Cass.,
20 mai 1862, 5 février 1872, 4 mars 1884 ; Alger, 20 décembre
1886).

10. La femme et le mineur étrangers n'ont pas d'hypothèque
légale sur les immeubles de leurs mari ou tuteur, situés en France,
à moins qu'un traité international ne confère la réciprocité (Cass.,
20 mai 1862 ; Douai, 20 décembre 1881).

Des traités de cette nature ont été signés avec l'Espagne (7 janvier 1862), la Suisse (30 mai 1827), et l'Italie (24 août 1860; C. civ. ital., 1969), de sorte que les femmes et les mineurs de ces pays peuvent réclamer l'hypothèque légale en France (Cass., 5 février 1872, 5 novembre 1878).

11. Quand une femme française d'origine épouse en France un étranger, et déclare, par conventions matrimoniales, se soumettre à la loi française, elle ne peut, néanmoins, réclamer une hypothèque légale sur les immeubles de son mari situés en France (Cass., 4 mars 1884).

12. Mais la femme mariée à un étranger admis à établir son domicile en France, a hypothèque légale sur les biens de son mari situés en France, du moins pendant que les époux résident sur le territoire français (Alger, 31 janvier 1868).

13. Du reste, la femme étrangère qui se marie en pays étranger avec un français, est assimilée à la femme française d'origine, encore bien que l'acte de mariage n'ait pas été transcrit en France (Cass., 30 novembre 1840; Douai, 21 août 1851).

14. En ce qui concerne le mineur étranger, il ne paraît pas possible d'admettre l'hypothèque légale, même dans le cas où le tuteur aurait été nommé en France (Cass., 14 mars 1877).

La législation belge accorde l'hypothèque légale au mineur et à la femme étrangère (L. hyp., 16 décembre 1851, art. 2 additionnel).

§ 2.

FEMMES MARIÉES.

15. L'hypothèque légale de la femme est invariablement attachée au fait du mariage, qu'il y ait ou non un contrat en réglant les conditions civiles (C. civ., 2135; Cass., 22 janvier 1878).

16. Cette hypothèque est accordée à toute femme, quelles que soient les stipulations contenues au contrat de mariage. Elle existe au profit de la femme contractuellement séparée de biens, comme de celle mariée sous le régime dotal ou en communauté (Paris, 16 mars 1839; Pont, 429). Bien plus, la femme séparée de corps et de biens conserve son hypothèque légale, alors même que la liquidation de ses droits n'a établi à son profit l'existence d'aucune créance (Cass., 20 mai 1878; Thézard, 89).

43

1° Droits et créances garantis par l'hypothèque légale.

17. La femme a hypothèque contre son mari pour la généralité des faits ou actes relatifs à ses biens (C. civ., 2121, 2135), ce qui comprend :

1° Les indemnités dues par le mari pour malversations ou fautes commises dans l'administration des biens personnels de la femme, alors même que cette administration, appartenant à la femme en vertu des conventions matrimoniales, n'aurait été exercée par le mari qu'en vertu d'un mandat exprès ou tacite (Cass., 27 décembre 1859 ; Montpellier, 27 avril 1846 ; Pont, 439) ;

2° Les dépens auxquels le mari est condamné sur les demandes en séparation de biens ou de corps, en divorce, en autorisation maritale, et pour liquidation des reprises de la femme (Cass., 4 février 1868 ; Aubry et Rau, § 264 *ter*, note 9) ;

3° La dot ou apport en mariage dont la femme s'est réservé la reprise, à la condition d'en justifier l'existence, par état en forme ou une quittance du mari (Cass., 16 juillet 1817, 30 mars 1831) ; quant au mobilier advenu pendant le mariage, la preuve peut avoir lieu par inventaire, par témoins ou par commune renommée (C. civ., 1499, 1502 ; Aubry et Rau, § 264 *ter*) ;

4° Les créances de la femme contre le mari comme administrateur de ses biens, en vertu du mandat formel contenu dans le contrat de mariage, ou des pouvoirs résultant du régime matrimonial (Cass., 4 février 1868) ;

5° Le préciput conventionnel stipulé pour le cas de renonciation à la communauté (C. civ., 1515 ; Cass., 12 juin 1872).

Il n'y a pas d'hypothèque légale pour la part de la femme dans la communauté (Cass., 9 janvier 1855, 27 décembre 1859), ni pour le préciput à exercer sur les biens communs en cas d'acceptation (Pont, 435) ;

6° La reprise d'apport franc et quitte stipulée en cas de renonciation (C. civ., 1514 ; Thézard, 91) ;

7° Les avantages assurés à la femme par le contrat de mariage sur les biens du mari : donation pure et simple, institution contractuelle, don d'une somme ou d'une rente à prélever sur l'actif de la succession du mari (Cass., 27 décembre 1859 ; Grenoble, 8 février 1879 ; Montpellier, 9 août 1886 ; Aubry et Rau, § 264 *ter*, note 23).

Cependant, à raison de l'institution contractuelle et de la donation d'une somme à prendre sur la succession, la femme ne serait pas admise à rechercher les acquéreurs à titre onéreux, ni à contester le rang des hypothèques acquises sur le mari (Cass., 21 décembre 1852, 16 mai 1855, 12 mai 1875) ;

8° Le deuil de la femme (Cass., 29 août 1838 ; Pont, 437), et, sous le régime dotal, les aliments qu'elle est fondée à exiger pendant l'année de deuil en renonçant aux intérêts de sa dot (Alger, 6 mars 1882 ; Aubry et Rau, § 264 *ter*, note 25). Mais les aliments que la femme pourrait réclamer au mari, en cas de séparation de fait, et la pension alimentaire mise à la charge du mari, par un jugement de séparation de corps, ne sont pas garantis par l'hypothèque légale (Grenoble, 6 février 1868 ; Lyon, 16 juillet 1881 ; Caen, 21 août 1883 ; Rouen, 1er février 1888 ; — *Contrà*, Nancy, 3 juin 1882) ;

9° L'indemnité des dettes que la femme a contractées avec son mari, ou payés volontairement pour celui-ci (Cass., 24 mai 1869, 29 août 1870, 31 mars 1879), même dans les dix jours qui ont précédé la cessation de ses paiements, à moins qu'il ne fût prouvé que la femme a agi en connaissance de cause et en vue d'assurer une préférence à un créancier au détriment des autres (Cass., 11 décembre 1876, 27 avril 1881 ; Besançon, 19 mai 1886) ;

10° Les sommes perçues par le mari au cours du mariage, provenant de successions échues à la femme ou de dons à elle faits (Cass., 28 janvier 1879) ;

11° Le prix des propres de la femme aliénés pendant le mariage avec le concours du mari (Cass., 9 août 1852, 2 mai 1855) ;

12° La responsabilité encourue par le mari pour défaut de transcription d'une donation faite à la femme, soit par un tiers, soit par lui-même (Cass., 10 mars 1840 ; Demolombe, XX, 274) ;

13° Le prix de ses biens dotaux aliénés, et cela indépendamment de l'action révocatoire (Cass., 21 mai 1855 ; Nîmes, 2 avril 1884).

2° Immeubles grevés de l'hypothèque légale.

18. L'hypothèque de la femme mariée frappe tous les immeubles possédés par le mari au jour du mariage, et ceux qu'il a recueillis depuis, n'importe à quel titre, mais cette hypothèque subit, en général, l'influence des modalités affectant le droit de propriété, telles que conditions suspensives ou résolutoires. Cependant, deux modifications sont à noter :

1° Les biens donnés au mari, par le contrat de mariage, sous réserve d'un droit de retour, sont, malgré l'exercice du retour, soumis à l'hypothèque légale de la femme, à moins de convention contraire, pour sa dot et ses conventions matrimoniales qui ne se trouveraient pas suffisamment garanties par les autres biens du mari (C. civ., 952 ; comp. Versailles, 12 mai 1887) ;

2° Les biens laissés à charge de substitution peuvent rester affectés à l'hypothèque légale de la femme du grevé, pour les capitaux qu'elle a apportés en mariage, dans le cas où le donateur ou disposant l'aura expressément ordonné, mais seulement en cas d'insuffisance des biens libres du mari (C. civ., 1054).

19. Sous le régime de la communauté légale ou conventionnelle, l'hypothèque légale de la femme frappe les immeubles communs, comme ceux propres du mari (Cass., 8 novembre 1813) ; pourtant, ce n'est que d'une manière conditionnelle.

Si la femme renonce à la communauté, toute différence disparaît entre les propres et les conquêts, et son hypothèque qui remonte sur ces biens, au jour où sont nées ses créances, s'exerce à l'encontre de toute aliénation ou hypothèque consentie par le mari (Cass., 30 mars 1869 ; Rouen, 11 mars 1846 ; Orléans, 16 mars 1850).

Quand la femme accepte la communauté, elle est tenue de respecter les actes passés par le mari comme chef de la communauté ; par suite, elle ne peut exercer son hypothèque contre les acquéreurs ou créanciers hypothécaires avec lesquels il a contracté, sans le concours effectif de la femme (Cass., 16 février 1841 ; Paris, 6 juin 1882).

20. La solution qui précède est applicable au cas de société d'acquêts stipulée sous le régime dotal ; l'acceptation de la société après dissolution du mariage (mais non après séparation de corps ou de biens) implique adhésion complète aux actes du chef de la société (Cass., 28 juin 1847 ; Aubry et Rau, § 541, notes 7 et 9).

21. D'ailleurs, la femme commune acceptante est fondée à faire valoir son hypothèque légale au préjudice des créanciers chirographaires du mari ou de la communauté, envers lesquels elle sera libérée de sa part contributive des dettes (Pont, 521).

22. Les immeubles échus à la femme acceptante, par le partage de la communauté, sont considérés comme n'ayant jamais été grevés de son hypothèque légale (Cass., 1er août 1848) ; par suite, les créanciers qu'elle y a subrogés, sans s'obliger personnellement envers eux, ne peuvent la faire valoir au préjudice des autres

créanciers ou des tiers détenteurs (Aubry et Rau, § 264 *ter*, note 36).

23. Il en est de même des immeubles de communauté cédés à la femme pendant le mariage en remploi de ses propres ; mais la cession en remploi des biens de société d'acquêts, faite à la femme dotale, ne les affranchirait de l'hypothèque légale que si le contrat de mariage contenait une clause spéciale à cet égard, ou si, plus tard, c'est-à-dire après la dissolution du mariage, elle acceptait la société.

24. Du reste, il est bien entendu que la femme, acceptante ou renonçante, qui aurait vendu ou hypothéqué solidairement avec son mari, ne pourrait faire valoir son hypothèque légale contre les acquéreurs ou créanciers envers lesquels elle se serait obligée dans les limites de sa capacité (Cass., 26 août 1862).

25. Si, avant la dissolution de la communauté, un ordre est ouvert sur le mari, pour la distribution du prix de conquêts, la femme sera colloquée à titre provisoire ; les fonds représentant ses reprises devront être consignés pour lui être attribués en cas de renonciation, et pour être versés aux créanciers hypothécaires du mari si elle accepte (Rouen, 11 mai 1846 ; Lyon, 7 avril 1854).

Les créanciers subrogés à l'hypothèque légale de la femme et ses créanciers personnels ont à cet égard les mêmes droits (Cass., 24 mai 1869).

26. En cas de faillite ou de déconfiture du mari, les créanciers de la femme, subrogés ou non dans son hypothèque légale, sont fondés, malgré la continuation de la communauté entre les époux, à réclamer des collocations définitives dans l'ordre ouvert sur le mari, pour la distribution du prix des immeubles conquêts, comme sur ceux propres du mari (Cass., 4 février 1856 ; Aubry et Rau, § 274 *ter*, note 39).

3° *Réduction de l'hypothèque légale de la femme.*

I. Par contrat de mariage.

27. Quand la femme est majeure au moment du contrat de mariage, les futurs époux ont la faculté de réduire l'hypothèque légale à un ou plusieurs immeubles du mari (C. civ., 2140 ; Cass., 19 juillet 1820 ; Caen, 15 juillet 1836).

28. Cette réduction, qui doit résulter d'une clause du contrat de

mariage, est permise, quel que soit le régime adopté, mais la femme mineure ne peut la consentir, et il est défendu aux époux de supprimer complètement l'hypothèque légale (Pont, 547).

29. La réduction de l'hypothèque a lieu suivant deux formules : soit au moyen de la spécialisation à un ou plusieurs immeubles déterminés ; soit par élimination de certains immeubles qui en sont affranchis (Cass., 6 décembre 1865).

30. Il est toujours nécessaire de dire si la réduction s'applique à tous les droits et créances présents et futurs de la femme, ou seulement à la dot et aux conventions matrimoniales. A défaut d'explication précise, la restriction ne s'appliquerait pas aux reprises futures et éventuelles de la femme (Cass., 18 août 1856).

31. Serait nulle, la faculté réservée à la femme dans le contrat de mariage, de cantonner pendant le mariage son hypothèque légale (Cass., 5 mai 1852, 18 août 1856 ; Nîmes, 4 mai 1888 ; Pont, 547 ; Aubry et Rau, § 264 *ter*, note 46).

<h3 style="text-align:center">II. Pendant le mariage.</h3>

32. Lorsque l'hypothèque n'a pas été réduite par contrat de mariage, le mari peut, du consentement de la femme majeure, et après avis des quatre plus proches parents de celle-ci,—à défaut de parents des alliés ou amis, — réunis en conseil de famille, demander que l'hypothèque légale soit restreinte aux immeubles suffisants pour la conservation entière des droits de la femme (C. civ., 2144).

33. Le consentement de la femme majeure, qui n'est soumis à aucune forme, est indispensable. La femme dotale a, d'ailleurs, capacité pour donner ce consentement (Cass., 23 juin 1868, 9 mars 1886 ; Caen, 26 décembre 1867). Si elle était interdite, son subrogétuteur la représenterait (Caen, 7 février 1863 ; Aubry et Rau, § 282, note 17).

34. La demande en réduction est portée devant le tribunal du domicile du mari et jugée contradictoirement avec le procureur de la République, qui peut interjeter appel (Cass., 3 décembre 1844 ; Pont, 565).

35. Il n'est pas nécessaire que l'avis des parents soit favorable à la réduction ; le tribunal peut passer outre (Chambéry, 28 mars 1874), mais si la femme n'avait consenti la réduction que sous certaines conditions, le tribunal devrait s'y conformer (Cass., 2 juin 1862).

36. Du reste, les effets de la réduction ne sont pas irrévocables : si les immeubles deviennent insuffisants, la femme peut demander un supplément d'hypothèque ; toutefois, les effets de la réduction restent acquis aux tiers (Cass., 6 novembre 1860, 28 avril 1875).

37. L'hypothèque restreinte demeure dispensée d'inscription (Grenoble, 6 juillet 1882) ; si elle avait été inscrite, la radiation partielle en serait opérée, en justifiant que le jugement a acquis l'autorité de la chose jugée (Pont, 565).

38. En pratique, la réduction de l'hypothèque légale est nécessaire lorsque le mari cède ses biens personnels en remploi, ou même des biens de société d'acquêts, sous un régime dotal n'autorisant pas formellement une pareille cession. En effet, dans la dotalité, on peut craindre une renonciation à la société, et l'absorption des biens du mari et des biens communs par des reprises antérieures à la créance ayant motivé la cession en remploi.

Quand le mari ne possède qu'un seul immeuble, il se trouve dans l'impossibilité de le céder à sa femme, parce qu'il n'est pas permis de le dégrever de l'hypothèque légale. Cependant, des personnes sans scrupules obtiendraient un résultat identique au moyen d'une opération oblique consistant à vendre à un homme de paille l'unique immeuble du mari ; et, après la purge de l'hypothèque légale, le prête-nom revend à la femme l'objet qui se trouve dégrevé par la purge.

Il est bien entendu que tout ce qui précède n'est applicable, en général, que dans le cas où la femme n'a pas capacité suffisante pour renoncer à son hypothèque légale.

III. Faillite du mari.

39. Le droit commercial déroge au droit civil, en ce qui concerne l'hypothèque légale de la femme, au cas de faillite du mari, si celui-ci était commerçant lors du mariage, ou, si n'ayant pas alors d'autre profession déterminée, il est devenu commerçant dans l'année (C. comm., 563, 564 ; comp. Paris, 9 mai 1888).

40. Dans ces cas, il existe une double restriction au droit hypothécaire de la femme, dans l'intérêt des créanciers chirographaires et hypothécaires du failli (Nancy, 27 mai 1865 ; Nîmes, 17 juillet 1867).

41. D'une part, la femme n'a d'hypothèque que pour : 1° les deniers et effets mobiliers qu'elle a apportés en dot ou qui lui sont

advenus depuis le mariage par succession, donation entre-vifs ou testamentaire, à la charge de prouver la délivrance ou le paiement par acte ayant date certaine ; 2° le remploi des biens aliénés pendant le mariage ; 3° l'indemnité des dettes contractées avec son mari (C. comm., 563 ; Cass., 13 août 1868).

42. Quant aux conventions matrimoniales ou avantages faits par le mari à la femme dans le contrat de mariage, celle-ci ne peut les exercer dans la faillite (C. comm., 564).

43. D'autre part, l'hypothèque légale ne frappe que les immeubles qui appartenaient au mari au jour de la célébration du mariage ou qui lui sont échus depuis, à titre de succession, donation ou legs (C. comm., 563 ; Cass., 26 janvier 1876).

Par suite, tout droit de préférence est refusé à la femme sur les immeubles acquis par le mari à titre onéreux.

44. On doit considérer comme affranchies de l'hypothèque légale :

1° Les constructions et améliorations faites pendant le mariage sur les immeubles du mari qui lui appartenaient avant le mariage ou lui sont advenus depuis à titre gratuit (Montpellier, 29 juillet 1865 ; Pont, 535 ; Aubry et Rau, § 264 *ter*, note 51 ; — *Contrà*, Caen, 3 juin 1865 ; Rouen, 29 décembre 1865) ;

2° Les portions indivises, acquises par le mari, d'immeubles dont une part lui était échue à titre de propre (Paris, 8 avril 1853 ; Caen, 21 avril 1866). Sauf le cas où ses copropriétaires auraient été remplis de leurs droits en valeurs indivises, sans soulte. Il faut dire cependant qu'un parti considérable admettant dans ce cas l'effet déclaratif du partage ou de la licitation, considère, à tort selon nous, comme biens recueillis par le mari à titre gratuit, la totalité des immeubles dans lesquels il avait des droits indivis et dont il s'est rendu adjudicataire par licitation, ou qui lui ont été attribués à titre de partage (Cass., 10 novembre 1869 ; Angers, 27 mai 1864 ; Douai, 26 novembre 1868) ;

3° La valeur représentative de la soulte versée par le mari lors de l'échange de l'un de ces immeubles contre un immeuble plus considérable (Pont, 535).

45. Les restrictions apportées par la faillite à l'hypothèque légale de la femme s'appliquent aux immeubles aliénés avant la déclaration de faillite (Agen, 22 juillet 1859 ; Nancy, 27 mai 1865).

46. Cette restriction reste aussi applicable après le concordat,

tant qu'il n'a pas été entièrement exécuté (Cass., 1er décembre 1856 ; Toulouse, 7 avril 1865).

47. Au surplus, la faillite du mari ne met pas obstacle à la compensation entre les reprises de la femme et les récompenses par elle dues ; il en est ainsi dans le cas où la liquidation de ses droits serait postérieure à la déclaration de faillite (Caen, 27 mai 1874 ; Amiens, 16 mai 1877). — V. FAILLITE, 69 à 74.

4° Date à laquelle remonte l'hypothèque légale.

48. Le point de départ de l'hypothèque légale de la femme mariée n'est point invariable : la loi a, au contraire, fixé des dates différentes, suivant le moment où se produit le principe de la créance de la femme, c'est-à-dire à l'époque où le mari est investi du pouvoir d'administrer un bien ou une valeur connue et déterminée appartenant à la femme, soit présentement, soit dans l'avenir (C. civ., 2135).

49. Il n'est pas au pouvoir des parties d'assigner à l'hypothèque légale une date antérieure ou postérieure à celle fixée par la loi (Grenoble, 7 mars 1868).

50. En ce qui concerne les apports mobiliers, les constitutions de dot, les conventions matrimoniales et les indemnités résultant de l'administration des biens de la femme, l'hypothèque remonte au jour du mariage, quoique les apports et dot n'aient été touchés par le mari qu'à une époque postérieure (Cass., 19 août 1840, 27 décembre 1859, 4 février 1868).

51. Pour les sommes provenant de successions échues à la femme et de donations à elle faites durant le mariage, la date de l'hypothèque est fixée au jour de l'ouverture des successions et à celui où les donations ont eu leur effet (Cass., 5 mai 1841 ; Caen, 18 août 1871).

52. L'hypothèque, pour l'indemnité des dettes que la femme a contractées avec son mari et pour le remploi de ses propres aliénés, prend rang du jour des obligations (et non du paiement) ou des ventes (Cass., 16 novembre 1829, 27 avril 1852) (et non du versement du prix), excepté dans deux cas : 1° si le mari se porte fort de la femme, l'hypothèque ne date que de la ratification (Cass., 6 juillet 1831 ; — *Contrà*, Paris, 18 juin 1863) ; 2° quand les obligations ou aliénations sont constatées par des actes sous-seings privés, l'hypothèque de la femme ne prend rang que du jour où ces

actes ont acquis date certaine (Cass., 5 février 1851, 15 mars 1859, 21 novembre 1887).

53. Quand le contrat de mariage, contenant adoption du régime dotal, confère au mari le pouvoir de vendre les immeubles dotaux sans le concours de la femme, l'hypothèque prend rang du jour du mariage, ou, au moins, au jour de la donation, ou à celui de l'ouverture de la succession d'où proviennent les immeubles (Cass., 27 juillet 1826, 16 mai 1865).

Au contraire, si le contrat de mariage ne déclare pas les immeubles aliénables, ou s'il ne permet l'aliénation qu'avec le concours de la femme, avec ou sans charge de remploi, l'hypothèque remonte seulement à la date des actes d'aliénation (Caen, 7 juillet 1851, 29 novembre 1872; Agen, 10 juillet 1859; Grenoble, 23 novembre 1870; — *Contrà*, Riom, 16 juin 1877; Nîmes, 28 janvier 1879).

54. L'hypothèque légale, à raison des créances extra-dotales ou paraphernales touchées par le mari, en vertu du mandat à lui conféré par le contrat de mariage, prend rang du jour du mariage même (Cass., 4 février 1868). Il en serait autrement dans le cas où le mari aurait opéré le recouvrement en vertu d'un mandat exprès ou tacite donné par la femme durant le mariage (Aubry et Rau, § 264 *ter*).

55. A l'égard des frais de séparation de biens, l'hypothèque légale de la femme existe à partir de la date des créances dont la séparation a pour but d'assurer le paiement, et proportionnellement à chacune d'elles (Cass., 4 février 1868; Grenoble, 6 juin 1882).

56. Si, dans un ordre ouvert sur le mari, la femme obtient collocation utile pour la totalité de ses apports et reprises, elle ne peut être admise ultérieurement à faire valoir son hypothèque légale de ce chef, à la date du mariage, alors même, qu'en fait, la collocation ne lui profite pas personnellement, mais à un créancier colloqué en sous-ordre, en vertu de l'obligation solidaire contractée envers lui par le mari et la femme. Seulement, la femme se trouvant avoir acquitté la dette de son mari, a son hypothèque légale à la date de l'obligation solidaire souscrite par les époux (Paris, 3 décembre 1838; Bourges, 30 juillet 1853).

5° *Subrogation dans l'hypothèque légale.*

57. La femme autorisée de son mari ou de justice, a la faculté de subroger à son hypothèque légale les tiers envers lesquels elle s'est

engagée, conjointement avec son mari, aussi bien que les créanciers de celui-ci, et ses créanciers à elle même.

58. Cependant, la femme soumise au régime dotal ne peut ni subroger à son hypothèque légale, ni même céder la priorité de son rang hypothécaire. Il en serait ainsi, alors même que la femme aurait la faculté d'aliéner ses biens dotaux (Cass., 2 juillet 1866, 14 novembre 1866, 7 avril 1868).

Pour que la femme dotale ait le droit de subroger à son hypothèque légale, il faut qu'il s'agisse de l'établissement de ses enfants (C. civ., 1556 ; Cass., 1er avril 1845) ; hors ce cas, elle ne peut subroger qu'eu vertu d'une réserve formelle dans le contrat de mariage.

Cette incapacité de la femme dotale subsiste même après séparation de biens (Cass., 14 novembre 1846, 29 juillet 1862).

59. Sous tout autre régime, la femme jouit de la faculté de subroger à son hypothèque légale ; elle n'en serait pas privée par la réserve de reprendre son apport en exemption de toute dette (Cass., 29 juillet 1866, 21 décembre 1869).

60. A défaut de limitation des effets de la subrogation dans l'hypothèque légale, elle porte sur tous les immeubles présents et à venir du mari (Cass., 3 juillet 1866 ; Lyon, 27 décembre 1882).

Quoique dans la pratique les effets de la subrogation soient limités généralement aux biens spécialement hypothéqués par le mari, il faut se garder de faire une telle restriction, quand l'hypothèque conventionnelle doit porter subsidiairement sur les biens à venir.

61. Quand la femme s'oblige solidairement avec son mari qui confère une hypothèque, l'engagement de la femme emporte virtuellement subrogation à son hypothèque légale au profit du créancier, mais seulement sur les immeubles compris dans l'affectation hypothécaire (Cass., 2 avril 1829, 25 février 1862 ; Verdier, 750).

En pareil cas, à défaut de constitution d'hypothèque, le créancier ne peut prétendre à une subrogation non formulée (Paris, 8 avril 1851 ; Amiens, 26 mai 1874), quand même il obtiendrait plus tard une condamnation solidaire contre les deux époux (Cass., 14 mars 1865 ; Orléans, 9 juin 1874).

62. Les subrogations, expresses ou tacites, à l'hypothèque légale, ne sont efficaces, à l'égard des tiers, que du jour où elles ont été rendues publiques par inscription directe, au profit des subrogés ou par la mention de la subrogation en marge de l'inscription préexis-

tante. Les dates de ces inscriptions ou mentions déterminent l'ordre dans lequel les subrogés exercent les droits hypothécaires de la femme (L. 23 mars 1855, art. 9).

63. Quant à ses effets, la subrogation est irrévocable, mais elle ne confère au subrogé, ni la propriété des créances de la femme, ni de l'hypothèque légale ; elle ne l'investit que du droit d'exercer éventuellement, jusqu'à concurrence de sa créance, les droits hypothécaires de la femme ; en d'autres termes, c'est une délégation en garantie consentie au subrogé (Bordeaux, 10 août 1854 ; Pont, 475).

64. Au lieu d'une subrogation, la femme peut se borner à consentir en faveur du créancier : soit une cession d'antériorité, de sorte que celui-ci exercerait les droits de la femme au rang de son hypothèque légale, et cette dernière au rang de l'hypothèque du créancier (Lyon, 11 août 1855) ; soit encore une renonciation au droit d'exercer son hypothèque légale au préjudice du créancier (Cass., 26 juin 1855). Mais ces stipulations sont moins sûres que la subrogation formelle, et doivent être abandonnées par la pratique comme étant susceptibles de donner lieu à des interprétations contraires à la volonté des parties.

65. Il est à remarquer : d'une part, que la subrogation par la femme dans son hypothèque légale ne peut résulter d'un acte sousseing privé (L. 23 mars 1855, art. 9), et que cette subrogation n'est valable qu'autant qu'elle émane d'une femme majeure (Seine, 24 avril 1883) ; d'autre part, que le mandat donné par la femme à l'effet de subroger dans son hypothèque légale doit être spécial et authentique (Cass., 24 mai 1886).

6° Inscription de l'hypothèque légale.

66. L'hypothèque légale de la femme existe indépendamment de toute inscription pendant le mariage , et jusqu'à l'expiration de l'année qui suit sa dissolution (C. civ., 2135 ; L. 23 mars 1855, art. 8).

En cas de purge, de saisie immobilière et d'expropriation publique, la dispense d'inscription cesse (C. civ., 2193, 2195 ; C. pr., 717 ; L. 3 mai 1841, art. 17).

67. Quant aux tiers subrogés par la femme dans son hypothèque légale, ils ne sont saisis, à l'égard des tiers, que par une inscription de cette hypothèque prise à leur profit, ou par une mention de la

subrogation en marge de l'inscription préexistante (L. 23 mars 1855, art. 9). — V. INSCRIPTION.

7° *Renonciation.*

68. La femme majeure et capable de disposer de son hypothèque légale, donne souvent son concours solidaire à l'aliénation des immeubles du mari ou de la communauté d'acquêts, pour éviter aux acquéreurs les frais d'une purge (L. 23 mars 1855, art. 9. — V. RENONCIATION, VENTE.

8° *Purge.*

69. Les tiers acquéreurs d'immeubles ont la faculté de purger l'hypothèque légale de la femme du vendeur et des précédents propriétaires (C. civ., 2193). — V. PURGE LÉGALE.

§ 3.

MINEURS ET INTERDITS.

1° *Personnes qui jouissent de cette hypothèque.*

70. L'hypothèque légale des mineurs et interdits, contre leurs tuteurs, s'attache au fait même de la tutelle (C. civ., 2121); de sorte que cette hypothèque n'appartient pas :

1° A l'individu pourvu d'un conseil judiciaire contre son conseil (Aubry et Rau, § 264, note 2);

2° A la personne, non interdite, placée dans un établissement d'aliénés sur les biens de l'administrateur provisoire, nommé par le tribunal, ni sur ceux des membres de la commission administrative de l'établissement (L. 30 juin 1838, art. 31 à 34) ;

3° A la personne dont l'interdiction est poursuivie contre l'administrateur provisoire commis pour prendre soin de ses biens (C. civ., 497 ; Cass., 27 avril 1824 ; Pont, 496);

4° Au mineur émancipé sur les biens de son curateur (Aubry et Rau, § 264 *bis*, note 8) ;

5° A l'enfant légitime, pendant le mariage, sur les immeubles de son père administrateur légal ; ni après le mariage dissous par le divorce, tant que le père et la mère vivent (Cass., 3 décembre 1821 ; Grenoble, 4 février 1850 ; Toulouse, 2 janvier 1863).

71. D'un autre côté, ne sont pas soumis à l'hypothèque légale :

1° Le subrogé-tuteur, même dans le cas où il aurait, soit rempli les fonctions de tuteur pour une affaire dans laquelle le pupille avait des intérêts opposés avec son tuteur, soit géré provisoirement la tutelle après le décès du tuteur (Aubry et Rau, § 264 *bis*, note 5 ; Thézard, 116 ; Laurent, XXX, 269) ;

2° Le tuteur *ad hoc* donné au mineur dont l'état est contesté, ou qui a des intérêts opposés avec un autre mineur, représenté par le même tuteur (Pont, 496 ; Laurent, XXX, 268) ;

3° Le tuteur à la substitution (Aubry et Rau, § 264 *bis*, note 2) ;

4° Ceux qui gèrent volontairement la tutelle, sans titre effectif (Aubry et Rau, § 264 *bis*, note 9 ; — *Contrà*, Pont, 500).

72. L'hypothèque légale profite au mineur tant contre son tuteur principal que contre le protuteur et le cotuteur (Pont, 499 ; Demolombe, VII, 135 ; Thézard, 117).

73. Du reste, l'hypothèque légale s'attache aux tutelles testamentaires, datives, officieuses, comme aux tutelles légales (Aubry et Rau, § 264 *bis*, note 12).

74. Le père survivant est tenu d'accepter la tutelle de ses enfants ; au contraire, la mère est libre de la refuser ; elle doit seulement en remplir les devoirs en attendant la nomination d'un tuteur ; c'est alors une simple gestion provisoire à laquelle l'hypothèque légale n'est point attachée (Aubry et Rau, § 99 *bis ;* Demolombe, VII, 107).

75. La déclaration d'absence de l'un des époux donne ouverture à la tutelle ; le conjoint présent, s'en trouvant investi, est par là même grevé de l'hypothèque légale de ses enfants mineurs (Aubry et Rau, § 160, note 8 ; Laurent, II, 145, 219).

76. Les père et mère naturels ayant la tutelle légale de leurs enfants naturels reconnus, sont soumis à l'hypothèque légale (Cass., 29 avril 1850 ; Douai, 15 mars 1865 ; Poitiers, 1ᵉʳ août 1870 ; Alger, 17 mars 1875 ; Aubry et Rau, § 572, note 12 ; Laurent, IV, 404 ; — *Contrà*, Rennes, 6 janvier 1867 ; Toulouse, 14 mars 1868 ; Paris, 19 mai 1882 ; Nîmes, 15 février 1887 ; Demolombe, VIII, 382).

77. Quand la mère survivante convole à de secondes noces sans se faire maintenir dans la tutelle par le conseil de famille, et continue de fait à la gérer, l'hypothèque légale qui grève ses biens s'applique à la gestion postérieure au second mariage (Cass., 15 décembre 1825), elle s'étend aussi aux biens du second mari, qui est solidairement responsable des suites de la tutelle (Cass., 27 janvier 1877), même pour la gestion antérieure à son mariage (Caen,

22 mars 1860 ; Aubry et Rau, § 99 *bis ; — Contrà*, Demolombe, VII, 126).

78. L'hypothèque légale accordée aux interdits s'applique aux interdits légalement en vertu de condamnations pénales, aussi bien qu'aux interdits judiciairement (Pau, 19 août 1850 ; Pont, 491).

2° *Date de l'hypothèque.*

79. En principe, l'hypothèque légale des mineurs et interdits prend rang au jour même où commence la responsabilité du tuteur par l'obligation où il se trouve de gérer les biens de l'incapable (C. civ., 2135) ; ainsi :

1° Pour le tuteur datif, c'est à la date même de sa nomination, lorsqu'il est présent à la délibération qui lui défère la tutelle, et, au cas contraire, à la date de la notification à lui faite de cette délibération (Laurent, V, 6 ; Pont, 747) ;

2° Pour le tuteur légal, la responsabilité commence le jour de l'évènement qui donne ouverture à la tutelle, quand il se trouve sur les lieux ; en cas d'absence, l'obligation de gérer ne commencera que du jour où il en aura eu connaissance (Aubry et Rau, § 110 ; — *Contrà*, Demolombe, VII, 325) ;

3° Pour le tuteur testamentaire, à l'instant même de l'ouverture du testament qui lui défère la tutelle, s'il y était présent, ou dans le cas contraire, du jour où il en aurait été informé (Thézard, 225 ; Pont, 748).

80. Le point de départ de l'hypothèque légale est invariablement fixé au jour où le tuteur a dû entrer en gestion, et pour tous les droits et créances du pupille, sans distinction entre les diverses causes d'où précèdent ces droits et les époques auxquelles ils ont pris naissance (C. civ., 2135, 2194).

Sous ce rapport, l'hypothèque légale des mineurs et interdits diffère de celle des femmes mariées.

81. L'hypothèque légale des mineurs et interdits survit même à l'apurement du compte de tutelle, pour tous redressements, et à la date de l'ouverture de la tutelle (Cass., 21 février 1838, 9 août 1882), mais sous réserve de l'effet des main-levées qui auraient été données (Toulouse, 18 juillet 1839), et à la charge d'inscrire dans le délai légal (L. 23 mars 1855, art. 8).

3° *Créances garanties.*

82. L'hypothèque légale des mineurs et interdits garantit toutes les créances, indemnités, et même les dommages-intérêts, qui peuvent leur appartenir contre leurs tuteurs, comme se rattachant à l'administration de ces derniers.

83. Ainsi, on doit comprendre parmi les créances conservées par l'hypothèque légale :

1° Les sommes que le tuteur a réellement perçues et celles qu'il aurait dû toucher, à cause de leur exigibilité pendant ses fonctions (Pont, 501 ; Thézard, 119) ;

2° Les sommes dont le tuteur était redevable envers le pupille avant de commencer sa gestion (Cass., 12 mars 1811 ; Pau, 17 juin 1837), ou dont il est devenu débiteur durant la tutelle, pour des causes indépendantes de la gestion, si ces sommes sont devenues exigibles au cours de la tutelle (Paris, 26 mars 1836 ; Pont, 501 ; Aubry et Rau, § 264 *bis*, note 20).

84. Notamment à l'égard du père tuteur, l'hypothèque légale existe pour : 1° les sommes dont il est redevable en qualité d'adjudicataire d'immeubles indivis, pour soultes et retours de lots (Cass., 16 janvier 1878, 30 janvier 1883) ; 2° celles qu'il a touchées en qualité d'usufruitier, avec dispense de caution, comme donataire de son conjoint, et dont il a négligé de faire emploi ; 3° les revenus qu'il devrait à ses enfants, à défaut d'inventaire après le décès de sa femme (C. civ., 1442 ; Cass., 9 août 1865).

85. L'hypothèque légale s'applique aussi au paiement des sommes dont un tiers ou même le tuteur aurait fait donation au pupille (Rouen, 18 janvier 1839 ; Thézard, 119).

86. Tous les dommages-intérêts que le pupille peut avoir à exercer contre le tuteur pour faute, négligence, malversation dans l'exercice de la gestion, sont couverts par l'hypothèque pupillaire (Cass., 23 décembre 1856, 24 février 1879 ; Alger, 12 mai 1880).

87. L'hypothèque du mineur ou de l'interdit garantit même la gestion postérieure à la cessation de la tutelle, à moins qu'il ne résulte des circonstances que cette gestion ne se lie pas à l'administration tutélaire, ce qui est laissé à l'appréciation du juge (Pau, 9 août 1850 ; Demolombe, VIII, 27 ; Pont, 502 ; Aubry et Rau, § 120, note 3).

4° Réduction de l'hypothèque.

88. L'hypothèque légale pupillaire n'est pas, en cas de faillite du tuteur, soumise à la restriction établie par le droit commercial pour l'hypothèque légale de la femme; elle frappe indistinctement tous les immeubles dont le tuteur était propriétaire au jour de l'ouverture de la tutelle, ou qu'il a acquis depuis à un titre quelconque (Grenoble, 7 juin 1834; Colmar, 2 février 1857).

89. Quand le père, par suite de la mort de la mère, devient tuteur de son enfant, les reprises de la mère se trouvent garanties, non seulement par l'hypothèque légale de celle-ci, mais aussi par l'hypothèque légale du mineur qui reste dispensée d'inscription pendant la minorité, et un an après (Alger, 12 mai 1880; Aubry et Rau, § 264 *bis*, note 25).

90. Comme l'hypothèque légale de la femme mariée, celle du mineur ou de l'interdit est susceptible d'une double réduction :

Le conseil de famille appelé à nommer un tuteur peut, dans l'acte de nomination, restreindre l'hypothèque légale à certains immeubles ou dégrever des immeubles désignés; mais son droit ne va pas jusqu'à permettre de dégrever tous les immeubles présents (C. civ., 2141; Pont, 543).

Si le tuteur n'a pas assisté à la délibération du conseil de famille, il est fondé à demander la réduction de l'hypothèque dans le délai que la loi lui accorde pour réclamer contre sa nomination (C. civ., 439).

Ce mode de réduction ne s'applique pas aux tutelles légales ou testamentaires (Pont, 549; Aubry et Rau, § 264 *bis*, note 17).

Dans la tutelle dative, quand l'hypothèque légale n'a pas été réduite par l'acte de nomination, et dans les tutelles légale ou testamentaire, le tuteur peut, pendant sa gestion, demander que l'hypothèque soit restreinte aux immeubles suffisants pour opérer une pleine garantie en faveur du mineur ou de l'interdit (C. civ., 2143, 2145).

91. La demande, qui se forme contre le subrogé tuteur, doit être précédée d'un avis du conseil de famille et jugée en la forme contentieuse, par le tribunal du domicile de la tutelle (Cass., 3 juin 1834), sur les conclusions du ministère public, qui peut interjeter appel du jugement admettant la réduction (Cass., 3 décembre 1844; Grenoble, 7 avril 1849).

92. Le jugement doit être signifié non seulement au subrogé-tuteur, défendeur au procès, et qui se trouve remplir les fonctions de tuteur, mais encore à un subrogé-tuteur *ad hoc*. A défaut de cette seconde signification, le délai d'appel ne court pas contre le mineur ou l'interdit qui peut interjeter appel, quel que soit le temps écoulé (C. pr., 444 ; Cass., 1er avril 1833, 1er juin 1833 ; Caen, 10 mars 1871 ; Paris, 27 juin 1879).

5° *Inscription*.

93. Pendant la minorité ou l'interdiction, et jusqu'à l'expiration de l'année qui suit la majorité du mineur, la main-levée de l'interdiction ou le décès du pupille, l'hypothèque légale du mineur et de l'interdit existe sans inscription (L. 23 mars 1855, art. 8), sauf les cas de purge, de saisie immobilière ou d'expropriation publique. — V. INSCRIPTION.

6° *Purge*.

94. L'hypothèque légale du mineur et de l'interdit peut être purgée par les tiers détenteurs des biens du tuteur (C. civ., 2193). — V. PURGE LÉGALE.

§ 4.

ÉTABLISSEMENTS PUBLICS.

95. Les personnes morales jouissant d'une hypothèque légale sur les biens de leurs receveurs et administrateurs comptables, sont : l'État, les Départements, les Communes et les Établissements publics, tels que Hospices, Hôpitaux, Bureaux de bienfaisance, Monts-de-Piété, Université (C. civ., 2121 ; L. 5 septembre 1807 ; Décr. 15 novembre 1811, 31 mai 1862).

96. Il ne faut pas comprendre dans cette catégorie les établissements d'origine privée, bien qu'ils soient autorisés comme d'utilité publique. Ces êtres moraux ne jouissent d'aucune hypothèque sur les biens de leurs receveurs ou caissiers ; tels sont, en particulier : les caisses d'épargne, les sociétés de secours mutuels, les congrégations reconnues (Cass., 5 mars 1856, 8 juillet 1856).

97. L'hypothèque légale n'atteint pas non plus les biens des comptables des chapitres cathédraux ou collégiaux, des séminaires et des fabriques d'église (Langres, 9 mars 1864 ; Pont, 505 ; Affre, 50).

98. Quant aux personnes mêmes dont les biens sont soumis à

l'hypothèque, il faut entendre par receveurs ou administrateurs comptables tous les fonctionnaires qui ont une gestion en deniers dont ils doivent compte à la personne morale à qui ces deniers appartiennent : tels sont les receveurs, caissiers, trésoriers-payeurs, agents comptables (L. 5 septembre 1807 ; Cons. d'État, 25 février 1808), etc. Cette définition exclut les fonctionnaires qui n'ont pas de maniement de fonds : ordonnateurs, inspecteurs, vérificateurs, contrôleurs, comptables en matières (Cass., 19 février 1856). Les percepteurs des contributions directes, simples préposés des trésoriers-payeurs généraux, ne rendent pas compte au Trésor et ne sont pas soumis à ce titre à l'hypothèque légale ; mais ceux qui cumulent les fonctions de receveurs municipaux se trouvent grevés d'hypothèque légale au profit des communes (Comp. Colmar, 10 juin 1820 ; Nancy, 8 mars 1884).

99. L'hypothèque légale dont nous parlons est générale, c'est-à-dire qu'elle s'étend à tous les immeubles possédés par les comptables lors de leur nomination, et à tous ceux acquis depuis autrement qu'à titre onéreux ; sur les biens acquis par les comptables à titre onéreux, l'État a un privilège spécial (L. 5 septembre 1807, art. 5 et 6).

100. L'hypothèque légale dont il s'agit ne produit effet que par son inscription sur les immeubles du comptable (Même loi ; Pallain, 252, 256).

101. D'ailleurs, elle est susceptible de réduction par arrêt de la Cour des Comptes (L. 16 septembre 1807, art. 15 ; Décr. 31 mai 1862, art. 421).

§ 5.

LÉGATAIRES.

102. Le légataire particulier acquiert, dès le jour du décès du testateur, le privilège de la séparation des patrimoines, et, en outre, une hypothèque légale sur tous les immeubles de la succession (C. civ., 1017 ; Toulouse, 23 décembre 1870 ; Rennes, 21 mai 1875 ; Pont, 424 ; Demolombe, XVI, 673 ; — *Contrà*, Aubry et Rau, § 722, note 24).

103. Cette hypothèque ne prend rang et n'a d'effet qu'à dater de son inscription (C. civ., 2134) ; elle est accordée, non seulement contre les héritiers du testateur, mais encore contre tous autres débiteurs du legs.

104. Il résulte de l'hypothèque légale du légataire une conséquence pratique importante, contre les débiteurs du legs : d'une
part, celui qui n'est tenu personnellement du legs que pour partie,
peut être forcé hypothécairement d'abandonner les immeubles de la
succession compris dans son lot, si mieux il n'aime acquitter le legs
pour le tout ; d'autre part, celui que le testateur aurait affranchi de
l'obligation de contribuer à l'acquittement du legs, n'en serait pas
moins tenu hypothécairement pour le tout, à moins que le testateur
n'eût déclaré l'affranchir aussi de l'action hypothécaire du légataire
(Demolombe, XXI, 675).

105. L'hypothèque légale du légataire est susceptible de réduction
si elle porte sur plus de domaines qu'il n'est nécessaire pour la
sûreté du legs, mais seulement dans le cas où le testateur ne l'a pas
spécialisée (Angers, 23 juillet 1830 ; — *Contrà*, Rennes, 21 mai
1875).

106. Nous devons constater ici, en ce qui concerne cette hypothèque légale :

1º Que le testateur est libre de priver le légataire de toute action
hypothécaire (Bordeaux, 27 février 1840 ; Angers, 22 novembre
1850) ;

2º Que le légataire ne peut puiser dans son hypothèque légale
un droit de préférence sur les créanciers du défunt (Bordeaux, 26
avril 1864) ;

3º Que le légataire ne pourrait plus se prévaloir de l'hypothèque
légale s'il avait été rempli de son legs, alors même que la somme
à lui attribuée serait soumise à un usufruit (Cass., 9 août 1882).

107. En définitive, l'hypothèque légale du légataire sur tous les
immeubles du testateur constitue un droit exorbitant, car elle assure
à celui qui n'a d'autre titre que la libéralité du défunt, une condition préférable à celle des créanciers chirographaires du testateur.

Tout rédacteur d'un testament doit donc prévoir cette hypothèque
légale, et insérer des clauses précises pour éviter aux héritiers les
ennuis qu'elle peut occasionner, particulièrement pour les legs de
rentes viagères.

§ 6.

FAILLITE.

108. Une hypothèque légale, attachée au fait même de la déclaration de faillite, est accordée aux créanciers du commerçant failli

sur les immeubles qu'il possède au moment du jugement déclaratif
(C. comm., 490), et sur ceux à venir (Cass., 29 décembre 1858 ;
Paris, 21 avril 1861, 27 mai 1865).

109. L'efficacité de cette hypothèque est subordonnée à la prise
d'une inscription, au nom de la masse des créanciers, par les syndics qui encourraient une responsabilité en n'inscrivant pas sur les
immeubles dont ils connaissent l'existence (C. civ., 2134 ; C. comm.,
490).

110. L'hypothèque ainsi prise profite à chacun des créanciers
individuellement par l'homologation du concordat, qui doit être
mentionnée, à moins qu'il n'en ait été décidé autrement, au bureau
des hypothèques, soit en marge de la première inscription, soit par
inscription nouvelle. Si une deuxième inscription est prise, elle ne
frappe pas les biens à venir à défaut de mention expresse (C. comm.,
517 ; Paris, 27 mai 1865).

§ 7.

PRIVILÈGES DÉGÉNÉRÉS EN HYPOTHÈQUES.

111. Quand les créances privilégiées sur les immeubles n'ont pas
été inscrites suivant les prescriptions légales, elles conservent néanmoins leur nature hypothécaire, mais l'hypothèque ne date, à l'égard
des tiers, que du jour de l'inscription. En d'autres termes, le droit
de préférence résultant du privilège dégénère en hypothèque légale
(C. civ., 2113).

Il est de toute évidence que cette règle est applicable seulement
aux créances privilégiées soumises à la formalité de l'inscription. —
V. INSCRIPTION, PRIVILÈGE.

Hypothèque maritime.

1. Les navires de 20 tonneaux et au-dessus sont susceptibles
d'être hypothéqués conventionnellement ; ils ne peuvent être frappés
d'hypothèque légale ou judiciaire (L. 10 juillet 1885, art. 1 et 36).

2. Un acte écrit est nécessaire pour constituer l'hypothèque maritime, mais la forme authentique n'étant point prescrite, l'acte sous-
seings privés suffit (Art. 2).

3. L'hypothèque est consentie par le propriétaire ou par son
mandataire justifiant d'un pouvoir spécial sous-seing privé (Art. 3 ;
comp. Rennes, 25 mars 1879).

Si l'un des copropriétaires du navire veut hypothéquer sa part, il ne peut le faire qu'avec l'autorisation de la majorité.

Le navire ayant plusieurs propriétaires peut être hypothéqué par l'armateur titulaire, pour les besoins de l'armement ou de la navigation, avec l'autorisation de la majorité et celle du juge (Art. 3).

4. L'hypothèque sur le navire ou sur portion de navire s'étend à tous les accessoires, à moins de conventions contraires (Art. 4).

5. On peut hypothéquer un navire en construction, après déclaration faite au receveur principal des douanes : du chantier où le navire est en construction, de la longueur de la quille du navire, et approximativement ses autres dimensions, ainsi que son tonnage présumé (Art. 5).

6. Si le titre constitutif de l'hypothèque est à ordre, sa négociation par voie d'endossement emporte la translation du droit hypothécaire (Art. 12).

7. Les hypothèques consenties durant l'indivision par un ou plusieurs des copropriétaires, sur une portion du navire, continuent de subsister après le partage ou la licitation (Art. 17 ; comp. C. civ., 883).

8. L'hypothèque sur un navire étranger produit ses effets en France, lorsqu'elle a été constituée suivant les formalités de la loi du pays auquel le navire appartient, car le navire étranger, portant sa nationalité avec son pavillon, est réputé faire partie de son pays d'origine (Grenoble, 11 mai 1881; comp. Cass., 25 novembre 1879).

9. L'hypothèque maritime ne produit effet que par inscription sur un registre spécial, tenu par le receveur des douanes du lieu où le navire est en construction, ou de celui où il est immatriculé (L. 10 juillet 1885, art. 6). — V. INSCRIPTION.

10. Les créanciers ayant hypothèque inscrite sur un navire ou portion de navire le suivent, en quelque main qu'il passe, pour être colloqués et payés suivant l'ordre de leurs inscriptions.

11. Si l'hypothèque ne grève qu'une portion de navire, le créancier ne peut saisir et faire vendre que la portion qui lui est affectée. Toutefois, si plus de la moitié du navire se trouve hypothéquée, le créancier pourra, après saisie, le faire vendre en totalité, à charge d'appeler à la vente les copropriétaires (Art. 17).

Identité.

Fait consistant en ce qu'un individu, sur lequel il pourrait y avoir erreur, est bien réellement une personne déterminée et connue. — V. INDIVIDUALITÉ.

En pratique notariale, l'identité d'une personne est établie par acte de *notoriété*, notamment pour des titres de rentes sur l'État contenant des erreurs de noms ou de prénoms. L'acte de naissance de la personne intéressée est toujours annexé à la notoriété établissant l'identité.

Idoine.

Apte, habile, capable ; réunissant les conditions prescrites par la loi : témoin idoine.

Ignorance.

Défaut de connaissance d'une disposition légale, d'une règle prescrite par l'autorité publique. Nul n'est censé ignorer la loi.

Ile, Ilot.

Espace de terre entouré d'eau de tous côtés.

1. Les îles, îlots, atterrissements, qui se forment dans le lit des fleuves ou des rivières navigables ou flottables, appartiennent à l'État, s'il n'y a titre ou prescription contraire (C. civ., 560 ; comp. 2227).

2. Les îles formées dans les fleuves et rivières navigables ne cessent de faire partie du domaine public pour passer dans le domaine privé de l'État, qu'à partir du moment où elles ont acquis la hauteur et la solidité nécessaires pour se trouver à l'abri des plus fortes eaux dans les crues normales ; par conséquent, c'est à partir de ce moment seulement qu'elles deviennent prescriptibles (Grenoble, 25 juillet 1866 ; Lyon, 19 juillet 1877).

3. Les îles et atterrissements qui se forment dans les rivières non navigables et non flottables, appartiennent aux propriétaires riverains du côté où l'île s'est formée ; si l'île n'est pas formée d'un seul côté, elle appartient aux propriétaires riverains des deux côtés, à partir de la ligne qu'on suppose tracée au milieu de la rivière (C. civ., 561).

4. Si une rivière ou un fleuve, en se formant un bras nouveau, coupe et embrasse le champ d'un propriétaire riverain, et en fait une

île, ce propriétaire conserve la propriété de son champ, encore que l'île se soit formée dans un fleuve ou dans une rivière navigable ou flottable (C. civ., 562).

Immatriculer.

Inscrire sur un registre public ou matricule, le nom d'une personne. Les huissiers sont immatriculés sur un registre tenu au greffe du tribunal (C. pr., 1, 61 ; Décr. 6 juillet 1810, art. 117). Les clercs de notaire sont soumis à une sorte d'immatricule (Ord. 4 janvier 1843, art. 31). Les rentes sur l'État nominatives sont immatriculées sur le Grand-Livre de la dette publique (L. 28 floréal an VII). Les français résidant à l'étranger, qui veulent s'assurer la protection du Consul dans l'arrondissement duquel ils sont établis, doivent se faire immatriculer, après justification de leur nationalité, sur un registre matricule tenu dans la chancellerie de chaque consulat (Art. 1er, ord. 28 novembre 1833).

Immeuble.

Bien qui n'est pas meuble; fond de terre, maison (C. civ., 518 et suiv.). — V. DISTINCTION DES BIENS, nos 3 à 7.

Immixtion.

Action de se mêler, de s'ingérer dans les affaires d'une succession ou d'une communauté (C. civ., 780, 792, 1454, 1459).

Immobilisation.

Transformation fictive d'objets mobiliers en immeubles par l'accomplissement de certaines formalités.

Les rentes sur l'État pouvaient être immobilisées pour la formation d'un majorat (Décr. 1er mars 1808).

Il est permis aux actionnaires de la Banque de France d'immobiliser leurs actions (Décr. 16 janvier 1808).

Les fruits des immeubles saisis sont immobilisés à partir de la transcription de la saisie (C. pr., 682, 685).

Impenses.

Sommes dépensées pour la conservation, l'amélioration ou l'agrément d'un bien.

Les impenses sont nécessaires, utiles ou voluptuaires. On appelle impenses nécessaires, celles sans lesquelles la chose aurait péri ; elles doivent toujours être remboursées. Les impenses utiles rendent la chose meilleure ; celui qui les a faites peut les réclamer à concurrence de la plus value. Les impenses voluptuaires ornent la chose, en augmentent l'agrément, mais non la valeur ; en général, elles ne donnent pas lieu à indemnité.

L'application de ces principes varie suivant le titre de celui qui a fait les impenses : possesseur (C. civ., 555) ; usufruitier (C. civ., 599) ; héritier ou donataire tenu de rapporter (C. civ., 861, 862, 867) époux (C. civ., 1437) ; acquéreur (C. civ., 1635, 2175).

Impôts.

Droits imposés par l'État aux citoyens, pour subvenir aux dépenses des services publics.

Les principaux impôts comprennent : contribution foncière, contribution mobilière, patente, douanes, boissons, enregistrement, hypothèques, timbre, valeurs mobilières, octrois, etc.

Imprescriptibilité.

Caractère des biens qu'on ne peut prescrire, qui ne peuvent être acquis par prescription. — V. PRESCRIPTION.

Imputation.

1. Accusation, inculpation fondée ou non.

2. Détermination de la dette qui doit être considérée comme payée par un débiteur, lorsque celui-ci ayant plusieurs dettes envers le même créancier n'en a acquitté qu'une partie (C. civ., 1253 à 1256).

3. Déduction que subit un héritier sur sa réserve légale, pour les choses qui lui ont été données sans dispense de rapport (C. civ., 843, 859 à 869). — V. RAPPORT.

Imputation des paiements.

1. Le débiteur soumis envers le même créancier à plusieurs obligations ayant pour objet des prestations de même espèce, a le droit de déclarer lors du paiement et de faire indiquer dans la quittance, quelle est celle de ces obligations qu'il entend acquitter (C. civ., 1253).

2. Cependant cette faculté comporte plusieurs exceptions :

1° Lorsque la dette produit des intérêts ou des arrérages, le débiteur ne peut imputer le paiement sur le capital par préférence aux intérêts et arrérages (C. civ., 1254), échus (Cass., 18 janvier 1832 ; Lyon, 30 août 1861) ;

2° S'il existe plusieurs dettes également productives d'intérêts, l'imputation doit se faire d'abord sur les intérêts de toutes ces dettes indistinctement (C. civ., 1254 ; Cass., 22 novembre 1862 ; Aubry et Rau, § 320. — *Contrà*, Demolombe, XXVIII, 26) ;

3° Le débiteur n'est pas admis à diriger l'imputation sur une dette non échue, si le terme a été stipulé en faveur du créancier (C. civ., 1258) ;

4° Le débiteur ne pourrait faire l'imputation sur le principal d'une dette, de préférence aux frais exposés par le créancier à l'occasion de cette dette (Larombière, art. 1254, n° 3 ; Aubry et Rau, § 320 ; Demolombe, XXVIII, 14).

3. A défaut par le débiteur de déclarer quelle est l'obligation qu'il entend acquitter, l'imputation faite par le créancier, au moment où il reçoit le paiement, lie les parties, et le débiteur ne peut demander une imputation différente de celle qui se trouve dans la quittance qu'il a acceptée, à moins qu'il n'y ait eu dol ou surprise de la part du créancier (C. civ., 1255).

4. Le paiement qui, d'après la quittance, est déclaré fait sur le capital et sur les intérêts, s'impute d'abord sur les intérêts quand il n'est point intégral (C. civ., 1254).

5. L'imputation conventionnelle d'un paiement qui a opéré, en tout ou en partie, l'extinction d'une dette, ne peut être rétractée au préjudice des tiers, et reportée sur une autre dette dans le but de faire revivre les accessoires attachés à la première (Cass., 25 juillet 1864 ; Caen, 17 avril 1869 ; Demolombe, XXVIII, 61, 62 ; Laurent, XVII, 613).

6. Lorsque la quittance n'indique pas quelle est la dette sur laquelle le paiement a été fait, la loi règle l'imputation de la manière suivante :

1° Le paiement s'impute, en premier lieu, sur la dette échue, de préférence à celle qui ne l'est pas ;

2° Quand les dettes sont toutes également, soit échues, soit non échues, l'imputation a lieu sur la dette que le débiteur avait le plus d'intérêt à acquitter (Laurent, XVII, 617).

En présence de deux dettes échues dont l'une est cautionnée, le paiement partiel fait par le débiteur s'impûte légalement sur la dette cautionnée (Orléans, 3 avril 1851 ; Dijon, 20 décembre 1878 ; Colmet de Santerre, V, 201 *bis*).

Pour une seule dette en partie cautionnée, les paiements faits par le débiteur s'imputent sur la partie de la dette non cautionnée (Cass., 12 janvier 1857 ; Demolombe, XXVIII, 22 ; Laurent, XVII, 619).

De même, si une partie de la dette est hypothéquée, le paiement partiel s'impute sur la partie non garantie par hypothèque (Paris, 8 décembre 1871 ; Demolombe, XXVIII, 23 ; — *Contrà*, Larombière, art. 1256, n° 7) ;

3° Si les dettes sont toutes échues et que le débiteur ait autant d'intérêt à acquitter les unes que les autres, l'imputation se fait sur la plus ancienne ;

4° Enfin, toutes choses égales, l'imputation doit se faire proportionnellement sur les différentes dettes.

7. Ces diverses règles posées par l'art. 1256 du Code civil cesseraient de recevoir application si, d'après les circonstances, les juges admettaient en fait que le débiteur a entendu acquitter une dette autre que celle sur laquelle le paiement se serait imputé, d'après les présomptions légales (Cass., 25 novembre 1867, 8 décembre 1874).

Pratiquement, il est très important de préciser, dans les quittances partielles, le mode d'imputation.

8. Les règles relatives à l'imputation des paiements sont inapplicables au compte-courant (Cass., 24 mai 1854, 29 juillet 1868), et en matière de faillite (Cass., 26 décembre 1871, 12 juillet 1876 ; — *Contrà*, Cass., 17 novembre 1862).

Inaliénabilité.

1. Caractère de ce qui ne peut être aliéné, à quoi on ne peut renoncer, dont on ne peut se priver volontairement.

2. Sont inaliénables, en principe :

1° Les biens hors du commerce. — V. VENTE.

2° Les biens des mineurs, interdits, et femmes dotales. — V. DOTALITÉ, MINEURS.

3° Ceux des communes, hospices, établissements publics. — V. ADJUDICATION.

4° Les biens frappés de substitution. — V. SUBSTITUTION.

5° Ceux érigés en majorat. — V. MAJORAT.

3. La condition d'inaliénabilité contenue dans une donation ou un testament est nulle lorsqu'elle s'applique à la réserve légale appartenant au bénéficiaire.

4. Quant à la défense d'aliéner portant sur la quotité disponible, il faut distinguer entre la prohibition permanente et celle qui est seulement temporaire :

1ent. La défense absolue d'aliéner est réputée non écrite (C. civ., 900; Cass., 20 mai 1879; Seine, 15 mai 1886; Demolombe, XVIII, 292).

2ent. Est valable la défense d'aliéner les biens donnés ou légués lorsqu'elle est temporaire et a pour objet :

1° De garantir un droit d'usufruit réservé par le disposant (Cass., 20 avril 1858, 27 juillet 1863) ;

2° D'assurer l'effet d'un droit de retour (Paris, 15 avril 1858 ; Angers, 18 décembre 1878) ;

3° De garantir un avantage conféré à un tiers (Cass., 12 juillet 1865, 9 mars 1868) ; par exemple, à un enfant du légataire (Cass., 9 mars 1868 ; Aubry et Rau, § 692, note 34).

4° L'intérêt du donataire ou légataire (Paris, 16 février 1859 ; Aubry et Rau, § 692, note 37).

5. Un telle interdiction d'aliéner comprend indistinctement, dans la généralité de ses termes, tous les modes d'aliénation à titre gratuit ou onéreux (Cass., 11 juillet 1877 ; Angers, 18 décembre 1878).

Elle a pour effet de rendre insaisissables, pendant la durée de l'interdiction, les biens donnés ou légués (Cass., 27 juillet 1863). — V. INSAISISSABILITÉ.

In bonis.

En possession, en jouissance.

Incapacité.

Défaut des qualités légales requises pour l'exercice de certains droits ou l'accomplissement de certains actes. — V. CAPACITÉ et les renvois.

Incendie.

1. Feu qui se développe sur une étendue considérable et qui est causé par malveillance, par imprudence ou par cas fortuit.

2. L'incendie occasionné par malveillance ou désir de nuire, est punissable des peines portées articles 434 à 436, 439 du Code pénal.

Quand l'incendie provient de la négligence ou de l'imprudence d'une personne, elle est responsable du dommage (C. civ., 1382 à 1384).

Si l'incendie a pour cause un cas fortuit ou de force majeure, il n'y a aucune responsabilité encourue.

3. Le soin de prévenir les incendies est confié à l'autorité municipale (L. 5 avril 1884, art. 97 ; comp. ord. 15 novembre 1781).

4. En cas d'incendie, celui qui, requis de porter secours et le pouvant, a négligé ou refusé de le faire, est passible d'une amende de 6 à 10 fr. (C. pén., 475, 12°).

5. Le propriétaire d'une maison brûlée par suite de l'incendie qui a éclaté dans une maison voisine, ne peut réclamer des dommages-intérêts contre son voisin qu'en prouvant qu'il y a eu faute ou négligence de la part de ce dernier (Cass., 1er juillet 1834 ; Bourges, 5 février 1841).

6. A l'égard du propriétaire, le locataire répond de l'incendie, à moins qu'il ne prouve : que l'incendie est arrivé par cas fortuit, ou force majeure, ou par vice de construction, ou que le feu a été communiqué par une maison voisine (C. civ., 1733).

7. S'il y a plusieurs locataires, tous sont responsables de l'incendie, proportionnellement à la valeur locative de la partie de l'immeuble qu'ils occupent, à moins qu'ils ne prouvent que l'incendie a commencé dans l'habitation de l'un d'eux, auquel cas celui-là seul en est tenu ; ou que quelques-uns ne prouvent que l'incendie n'a pu commencer chez eux, auquel cas ceux-là n'en sont pas tenus (C. civ., 1734 ; comp. d'Orléans, janvier 1888 ; Bordeaux, 11 mai 1888).

8. L'assuré incendié doit faire immédiatement sa déclaration devant le juge de paix du canton, et avertir le directeur de l'assurance par lettre recommandée.

Incessibilité.

Caractère de ce qui est incessible, qui ne peut être cédé, qui est absolument personnel. — V. INALIÉNABILITÉ, INSAISISSABILITÉ.

Incident.

Fait qui, dans le cours d'une instance principale, entrave, arrête, complique la discussion et le jugement : déclinatoire, enquête, interrogatoire, etc. (C. pr., 166, 193, 214, 252, 295, 302, 324, 337).

La procédure de saisie immobilière peut donner lieu à sept incidents : jonction, subrogation, radiation, distraction, nullité, folle enchère, conversion (C. pr., 719, 720, 721 à 723, 724, 725 à 727, 728, 729, 733 à 740, 742 à 748).

Incommunité.

Convention ayant pour but de constater que deux personnes, occupant le même logement, auront des intérêts distincts, et quels sont les meubles appartenant à chacune d'elles. — V. DÉCLARATION DE MEUBLES.

Incompatibilité.

Impossibilité légale de l'exercice de deux fonctions par une même personne.

Les fonctions de notaires sont incompatibles avec celles de juges, procureurs généraux, procureurs près les tribunaux, substitut, greffier, avocat, avoué, huissier, préposés à la recette des contributions directes ou indirectes, commissaire de police, commissaire-priseur (L. 25 ventôse an XI, art. 7 ; Ord. 20 novembre 1822, art. 42 ; 20 juillet 1822).

Un notaire peut-être juge suppléant d'un tribunal, suppléant d'un juge de paix ; maire, conseiller général, député, sénateur, etc.

Le notaire suppléant de juge de paix ne pourrait pas procéder en même temps à la levée des scellés et à l'inventaire.

Indemnité.

Somme accordée comme dédommagement, soit en vertu d'une convention, soit en vertu d'une disposition de la loi, à titre de réparation d'un dommage causé (C. civ., 369, 421, 424, 545, 555, 643, 658, 682, 1120, 1375, 1382, 1403, 1406, 1438, 1468, 1483, 1493, 1513, 1744 à 1747, 2000, 2121 ; C. com., 102, 252, 267 ; C. pén., 51, 429).

Indication de paiement.

1. Convention par laquelle une tierce personne est désignée par le créancier pour recevoir le prix d'une vente, ou le montant d'une obligation, et en donner quittance au débiteur.

2. Presque toujours l'indication est faite par un débiteur au

profit de son créancier, hypothécaire ou privilégié, dans un contrat de vente des immeubles grévés. C'est une délégation imparfaite qui acquiert sa perfection par l'acceptation du créancier délégataire. — V. DÉLÉGATION, p. 338 ; ACCEPTATION DE DÉLÉGATION, p. 23.

3. L'indication faite au profit d'une personne envers laquelle le stipulant n'est pas débiteur, constitue, en général, une libéralité. — V. DONATION INDIRECTE, p. 436.

Indigent.

1. Personne qui manque des choses nécessaires à l'existence.

2. Pour faciliter à l'indigent la poursuite et la défense de ses droits devant la justice, il peut obtenir l'assistance judiciaire, c'est-à-dire la dispense d'avancer les droits fiscaux et les honoraires des officiers ministériels et avocats (L. 22 janvier 1851). — V. ASSISTANCE JUDICIAIRE, p. 108.

2. Les indigents peuvent se marier sans frais ; à cet effet, ils doivent délivrer un certificat du percepteur de leur commune portant qu'ils ne sont pas imposés au rôle des contributions ou qu'ils paient moins de 10 fr. d'impôts (L. 10 décembre 1850, art. 6).

3. Sur le vu du certificat du percepteur, le commissaire de police, ou le maire, dans les communes n'ayant pas de commissaire de police, délivre un certificat d'indigence qui est visé et approuvé par le juge de paix du canton.

Le certificat d'indigence est délivré en plusieurs originaux lorsque la production doit en être faite dans divers endroits (Art. 7).

4. Au moyen de la représentation du certificat d'indigence, les extraits des registres de l'état civil, les actes de notoriété, de consentement, de publication, les délibérations de conseil de famille, les dispenses d'âge ou de parenté, et généralement toutes les pièces nécessaires pour le mariage sont visées pour timbre et enregistrées gratis (Art. 4). Cependant l'administration de l'enregistrement décide que les actes respectueux ne sont pas compris au nombre des pièces à timbrer et enregistrer gratis (Inst. 1876 ; Avignon, 15 décembre 1859).

5. La taxe des expéditions des actes de l'État civil est réduite, pour les indigents, quels que soient les détenteurs de ces pièces, à 30 c., sans légalisation, et à 50 c. lorsque cette formalité doit être accomplie (Art. 5).

6. Les indigents ne sont même pas obligés de réclamer et réunir les pièces dont ils ont besoin pour se marier : la loi les autorise à charger de ce soin le maire de la commune dans laquelle le mariage doit être célébré et le procureur de la République, près le tribunal civil (L. 10 décembre 1850, art. 1 et 2 ; Déc. min. just., 29 mars 1851).

7. D'ailleurs, il existe dans presque toutes les villes des sociétés laïques ou religieuses qui donnent leur concours gratuit aux indigents, à l'effet de réunir les pièces et remplir les formalités prescrites par la loi pour arriver au mariage.

8. Le mariage des indigents n'intéresse directement la pratique notariale que pour les actes de consentement, à viser par timbre et enregistrer gratis, et que les notaires, en général, dressent gratuitement.

Indignité.

1. État d'une personne déchue d'une succession, à cause d'un acte qui offense la mémoire du mort ou qui lui a été nuisible de son vivant.

2. Sont indignes de succéder, et, comme tels, exclus des successions : 1º Celui qui est condamné pour avoir donné ou tenté de donner la mort au défunt ; ce qui exclut l'homicide involontaire (Aubry et Rau, § 593 ; Laurent, IX, 4) ; 2º celui qui a porté contre le défunt une accusation capitale jugée calomnieuse ; 3º l'héritier majeur qui, instruit du meurtre du défunt, ne l'a pas dénoncé à la justice (C. civ., 727).

3. Le défaut de dénonciation ne peut être opposé aux ascendants et descendants du meurtrier, ni à ses alliés au même degré, ni à son époux ou à son épouse, ni à ses frères ou sœurs, ni à ses neveux et nièces (C. civ., 728).

4. L'héritier exclu de la succession pour cause d'indignité, est tenu de rendre tous les fruits et les revenus dont il a eu la jouissance depuis l'ouverture de la succession (C. civ., 729).

Mais les hypothèques et les aliénations onéreuses consenties par l'indigne à des tiers de bonne foi, avant le jugement l'excluant de la succession, sont valables (Comp. Aubry et Rau, § 594, texte et note 13 ; Massé et Vergé, § 356, note 6 ; Demolombe, XIII, 311 ; Laurent, IX, 29).

5. Les enfants de l'indigne, venant à la succession de leur chef,

et, sans le secours de la représentation, ne sont point exclus par la faute de leur père ; mais celui-ci ne peut, en aucun cas, réclamer sur les biens de cette succession, l'usufruit que la loi accorde aux pères et mères sur les biens de leurs enfants (C. civ., 730).

6. Les enfants de l'indigne ne sont pas admis à le représenter lorsqu'il a survécu au *de cujus* (Bordeaux, 1er décembre 1853) ; au contraire, si le coupable meurt avant le *de cujus*, l'action en indignité est éteinte (Demolombe, XIII, 225), et alors les enfants de l'indigne le représentent (Demolombe, XIII, 292 ; Marcadé, art. 730 ; Demante, III, 39 *bis* ; Massé et Vergé, § 356, note 8 ; Mourlon, II, 32 ; — *Contrà*, Aubry et Rau, § 597, note 12 ; Dalloz, *Succ.*, 60).

Individualité.

Ce qui distingue un individu d'un autre individu. Preuve qu'une personne agit sous ses véritables noms, profession et demeure (L. 25 ventôse an XI, art. 11). — V. IDENTITÉ ; ACTE NOTARIÉ, nos 51 à 59).

Quand le notaire ne connaît pas les noms, la profession et la demeure d'une partie, il est tenu de se les faire attester par deux témoins. Le notaire n'est pas obligé, en principe, de rechercher la capacité des personnes, du moins pour les actes synallagmatiques et lorsqu'il s'est strictement renfermé dans ses fonctions de rédacteur des conventions (Orléans, 24 janvier 1856 ; Pau, 17 mars 1860 ; Seine, 27 janvier 1869). Mais lorsque le notaire fait une adjudication amiable, à la requête d'un incapable, on lui procure un emprunt hypothécaire, il est responsable des conséquences de l'incapacité résultant de faillite, conseil judiciaire, minorité, etc.

Indivisibilité.

1. Caractère, nature d'une obligation, d'un droit qui ne peut être divisé, légalement ou conventionnellement.

Une obligation est indivisible légalement lorsqu'une impossibilité, juridique ou physique, s'oppose à ce que l'objet de la prestation puisse être divisé matériellement ou intellectuellement (C. civ., 1217 ; Aubry et Rau, § 301). Par exemple, l'obligation de concéder une servitude, celle de constituer une hypothèque et celle de livrer un cheval (Demolombe, XXVI, 515 ; Colmet de Santerre, V, 154 *bis*).

Une obligation est aussi indivisible, légalement, lorsque la chose ou le fait qui en forment la matière, quoique divisibles en eux-mêmes, cessent de l'être, à raison du rapport sous lequel ils sont devenus l'objet de la prestation (C. civ., 1218). Telle est l'obligation de construire une maison (Demolombe, XXVI, 516, 525 ; comp. Cass., 30 janvier 1878).

L'obligation divisible en elle-même, devient indivisible par la convention (C. civ., 1221). Ce point est important en pratique dans deux hypothèses : 1º quand l'engagement est pris par plusieurs débiteurs conjoints (C. civ., 1222) ; 2º lorsque le débiteur unique dans l'origine, se trouve, avant l'extinction de la dette, représenté par plusieurs héritiers (C. civ., 1220, 1223). — V. HYPOTHÈQUE, OBLIGATION.

Chacun de ceux qui ont contracté conjointement une dette indivisible en est tenu pour le tout, encore que l'obligation n'ait pas été contractée solidairement (C. civ., 1222). Il en est de même à l'égard des héritiers de celui qui a contracté une pareille obligation (C. civ., 1223).

2. L'aveu (C. civ., 1354 à 1356) est indivisible ; ainsi, quand une personne assignée en paiement d'une dette en avoue l'existence et allègue en même temps qu'elle en a soldé le montant (Cass., 21 avril 1856, 8 avril 1874).

3. Le droit de rétention résultant du nantissement (C. civ., 2083), l'hypothèque (C. civ., 2114), les servitudes réelles (C. civ., 709, 710), sont des droits indivisibles.

Indivision.

1. État d'une chose possédée en commun par plusieurs personnes : il n'existe pas d'indivision entre l'usufruitier et le nu-propriétaire (Cass., 27 juillet 1869 ; Laurent, X, 230).

En principe, nul n'est tenu de demeurer dans l'indivision (C. civ., 815). Cependant, les choses affectées à l'usage commun de plusieurs héritages appartenant à des propriétaires différents restent en état d'indivision forcée (Cass., 10 décembre 1823, 10 janvier 1842 ; Aubry et Rau, § 221 ter) ; telles sont les avenues, allées, puits, abreuvoirs, servant à divers fonds. — V. PARTAGE, SERVITUDES.

Il y a aussi indivision forcée lorsque les différents étages d'une maison appartiennent à plusieurs propriétaires (C. civ., 664).

2. INDIVISION CONVENTIONNELLE, acte par lequel les copropriétaires

conviennent de surseoir, pendant cinq ans, au partage des choses communes, et chargent l'un d'eux de les administrer.

3. RETRAIT D'INDIVISION, faculté accordée à la femme, lors de la dissolution de la communauté, de prendre, en totalité, l'immeuble dont son mari s'est rendu acquéreur en son nom personnel, et dans lequel elle avait un droit indivis (C. civ., 1408).

Ingratitude.

Outrage fait à un bienfaiteur par un donataire ou légataire (C. civ., 953, 955, 1046, 1047). — V. DONATION, p. 397 ; LEGS.

Injure.

Offense, outrage ; terme de mépris ou invective ne renfermant l'imputation d'aucun fait (L. 17 mai 1819, art. 13 ; 29 juillet 1881, art. 29 ; C. pén., 376, 471, 11°).

Insaisissable.

Chose qu'on ne peut saisir, soit en vertu d'une réserve de la loi, soit d'après une stipulation du titre.

En principe, tous les biens du débiteur forment le gage de ses créanciers (C. civ., 2092, 2093), et ceux-ci peuvent en poursuivre la réalisation par voie de saisie. — V. SAISIE.

Mais le législateur a apporté de graves dérogations à ce principe en déclarant insaisissables :

1° Les provisions et pensions alimentaires (C. pr., 581) ;

2° Les sommes ou objets déclarés insaisissables par un donateur ou testateur, dans les limites de la quotité disponible (C. pr., 581 ; comp. C. civ., 915).

Toutefois, les provisions alimentaires, sommes et objets insaisissables peuvent être saisis par des créanciers postérieurs à l'ouverture du legs ou de la donation, mais seulement pour cause d'aliments et sur permission du juge et dans la limite qu'il détermine (C. pr., 582) ;

3° Les pensions de retraite et les traitements de réforme (Arr. 6 thermidor an X ; Décr. 1er janvier, 6 février 1808 ; Cass., 10 juillet 1883).

Cependant les pensions sont soumises à l'action des créanciers pour fournitures d'aliments postérieures au titre de la pension et à concurrence d'un tiers (L. 11 avril 1831, art. 28 ; 18 avril 1831, art. 30 ; 19 mai 1834, art. 20 ; 9 juin 1853, art. 26 ;

4° Les habits, le coucher, les outils et équipements du débiteur (C. pr., 592) ; les lettres missives (Dijon, 18 février 1870) ; les manuscrits non livrés à la publicité (Paris, 11 janvier 1828 ; Boitard, 852), et les navires prêts à faire voile (C. comm., 215) ;

5° Le traitement des fonctionnaires, si ce n'est pour un cinquième sur les premiers mille francs, un quart sur les sommes excédant jusqu'à 5,000 fr., et un tiers sur le surplus (L. 21 ventôse an IX ; Décr. 19 pluviôse an III ; comp. Cass., 13 février 1884).

On admet généralement la même restriction pour les appointements des employés des particuliers (Cass., 29 mai 1878) ;

6° Les traitements des ecclésiastiques en entier (Arr. 18 nivôse an XI) ; ainsi que ceux des matelots (Décr. 2 prairial an XI, art. III; Cass., 11 mai 1873) ;

7° Les rentes sur l'État, nominatives ou au porteur, et les obligations du Crédit foncier (Arr. 8 nivôse an VI, art. 4 ; 22 floréal an VII ; Décr. 28 février 1852, art. 18).

Il y a exception à l'égard de la faillite, pendant l'union (Cass., 8 mai 1859 ; Paris, 18 janvier 1886 ; Pallain, 119 ; — *Contrà*, Aix, 31 juillet 1882).

D'un autre côté, l'insaisissabilité des rentes sur l'État n'a d'effet qu'à l'égard du Trésor public ; au regard des tiers, elles sont susceptibles d'être saisies-arrêtées (Tr. Bordeaux, 11 mars 1887 ; Seine, 16 juin 1888) ;

8° Les droits d'usage et d'habitation, constitués à titre gratuit (Comp. C. civ., 634, 639) ;

9° L'usufruit légal des père et mère (C. civ., 385 ; Paris, 19 mars 1823 ; Douai, 4 mai 1859) ;

10° Les rentes viagères, sur la caisse des retraites pour la vieillesse à concurrence de 360 fr. (L. 20 juillet 1886, art. 8) ;

11° Les offices ministériels (Cons. d'État, 30 juin 1876), et les cautionnements des fonctionnaires publics et officiers ministériels pendant la durée de leurs fonctions, excepté pour faits de charge (Bordeaux, 25 août 1833 ; Bourges, 5 juin 1852 ; Pallain, 193).

12° Les biens dotaux, même après la dissolution du mariage, pour les dettes créées durant le mariage, à moins qu'elles ne l'aient été en vertu des exceptions à l'inaliénabilité de la dot. — V. DOTALITÉ, p. 455, 457.

Inscription.

Action d'inscrire un nom, une mention, un acte, sur une liste ou un registre destiné à cet usage.

1. INSCRIPTION DE FAUX, acte légal par lequel on soutient la fausseté d'une pièce fournie par la partie adverse (C. pr., 214). — V. FAUX.

2. INSCRIPTION D'OFFICE, celle qu'effectue le conservateur en vertu de sa charge, et sans qu'il en soit requis, lors de la transcription d'une vente immobilière (C. civ., 2108).

3. INSCRIPTION DES CLERCS, mention au registre tenu par le secrétaire de la Chambre pour constater le stage des clercs. — V. CLERC DE NOTAIRE.

4. INSCRIPTION HYPOTHÉCAIRE, mention faite aux registres du conservateur des hypothèques, de l'hypothèque ou du privilège dont une propriété est dûment grevée (C. civ., 2146, 2148).

5. INSCRIPTION SUR LE GRAND-LIVRE, titre de rente sur l'État certifié au Grand-Livre (L. 24 août 1793, 8 nivôse an VI). — V. RENTE SUR L'ÉTAT.

Inscription des privilèges et hypothèques.

I. Généralités.

1. Les privilèges immobiliers et les hypothèques restent généralement à l'état de droits inertes, à l'égard des tiers, tant qu'ils n'ont pas été inscrits sur les registres de la conservation des hypothèques (C. civ., 2106, 2134, 2146, 2154, 2166).

2. L'inscription est, en principe, indispensable pour assurer au créancier le double effet des privilèges et hypothèques : droit de suivre les immeubles grevés entre les mains des tiers détenteurs ; droit de préférence au détriment d'autres créanciers.

Il ne saurait être suppléé à l'inscription par la connaissance que les tiers auraient eue, par une voie quelconque, de l'existence du privilège ou de l'hypothèque.

3. Cependant, il faut rappeler que la loi dispense, dans certaines limites, de la formalité de l'inscription : 1° les hypothèques légales des femmes mariées, des mineurs et des interdits (C. civ., 2135 ; L. 23 mars 1855, art. 8) ; 2° les privilèges généraux sur les meu-

bles (C. civ., 2101, 2107); 3° le privilège du vendeur (C. civ., 2108); L. 23 mars 1855, art. 6).

4. Par rapport au débiteur personnel et à ses héritiers ou successeurs universels, les droits privilégiés et hypothécaires sont opposables sans inscription. De là suivent deux conséquences :

1° Le débiteur ne pourrait demander la radiation d'une inscription irrégulière, incomplète ou non renouvelée en temps utile (Cass., 16 avril 1839; Paris, 16 mai 1833; Pont, 730);

2° Le créancier hypothécaire est fondé, sans avoir pris inscription, à poursuivre pour le tout, l'un des héritiers du débiteur, s'il est détenteur de tout ou partie des immeubles hypothéqués (C. civ., 873, 1221, 2114); Aubry et Rau, § 267, note 8).

5. Simple instrument de la publicité des privilèges et hypothèques, l'inscription ne répare pas les vices ou omissions du titre constitutif, comme, d'un autre côté, les irrégularités de l'inscription ne sont pas susceptibles d'être couvertes par les énonciations de l'acte d'où résulte le privilège ou l'hypothèque (Cass., 8 février 1810, 18 décembre 1822, 26 avril 1852).

6. Les inscriptions conservent l'hypothèque et le privilège pendant dix ans, leur effet cesse si elles n'ont pas été renouvelées avant l'expiration de ce délai. Mais la péremption de l'inscription n'a pas pour effet d'éteindre le privilège ou l'hypothèque : le créancier conserve le droit de prendre une inscription nouvelle qui aura effet à compter de sa date, s'il n'y a pas eu acte d'aliénation transcrit de l'immeuble grevé (Cass., 16 janvier 1884; Aubry et Rau, § 272, C; Verdier, 522).

7. Dès que le droit privilégié ou hypothécaire existe, on peut le faire inscrire; la loi ne fixe point de délai; elle s'en rapporte à la vigilance du créancier.

8. Si, en général, le créancier a le droit d'inscrire le privilège ou l'hypothèque tant qu'ils existent, il y a cependant des circonstances où l'inscription n'est plus utilement prise.

C'est ainsi que les inscriptions effectuées depuis l'ouverture de la succession du débiteur grevé, ne produisent aucun effet entre les créanciers héréditaires : 1° Lorsque la succession est acceptée sous bénéfice d'inventaire, peu importe que l'acceptation en cette forme ait lieu volontairement de la part de l'héritier, ou soit imposée à un mineur ou à un interdit (C. civ., 2146); 2° quand la succession est

vacante par la renonciation des héritiers (Paris, 24 juin 1862 ;
Orléans, 26 août 1869 ; Demolombe, XV, 461).

D'ailleurs, les inscriptions prises dans ces circonstances devien-
draient efficaces, si l'héritier bénéficiaire était déclaré héritier pur
et simple, ou si la vacance de la succession cessait (Caen, 16 juillet
1834 ; Pont, 920).

9. Les inscriptions opérées après la cessation des paiements du
failli, ou dans les dix jours qui précèdent, peuvent être déclarées
nulles s'il s'est écoulé plus de quinze jours entre la date de l'acte
constitutif du privilège ou de l'hypothèque et celle de l'inscription.
Ce délai est augmenté d'un jour, à raison de 5 myriamètres de distance entre le lieu où le droit d'hypothèque a été acquis et le lieu
où l'inscription est prise (C. comm., 448).

Enfin, les privilèges et hypothèques, valablement acquis sur les
immeubles d'un failli, resteraient sans effet à l'égard des créanciers
de la masse s'ils n'avaient pas été inscrits, au plus tard, la veille du
jour où a été rendu le jugement déclaratif de la faillite (C. comm.,
443, 448).

Ces principes sont particulièrement applicables aux hypothèques
conventionnelles et judiciaires, mais ils restent étrangers : 1° aux
inscriptions ayant pour objet la conservation des intérêts d'une
créance inscrite (Cass., 20 février 1850) ; 2° aux renouvellements,
en temps utile, d'inscriptions antérieures (C. civ., 2154 ; Pont, 925) ;
3° aux hypothèques légales des femmes mariées, des mineurs et des
interdits, pendant qu'elles sont dispensées d'inscription (C. civ.,
2135 ; L. 23 mars 1855, art. 8 ; comp. Alger, 23 juin 1879 ; Caen,
18 juin 1879).

10. D'un autre côté, on peut inscrire après le jugement déclaratif
de faillite, ou après l'ouverture de la succession bénéficiaire ou vacante, certains privilèges, lorsque le délai imparti par la loi n'est pas
écoulé ; ainsi : 1° le privilège du copartageant, dans les soixante
jours du partage (Pont, 899 ; Aubry et Rau, § 278, note 27 ; Thézard, 314 ; Verdier, 583 ; — Contrà, Demangeat, p. 289) ; 2° celui
de l'État, pour les frais de justice, dans les deux mois de la condamnation (Besançon, 30 août 1856) ; 3° celui de la séparation des
patrimoines, dans les six mois du décès (Cass., 29 décembre 1858 ;
Paris, 23 mars 1824 ; Aubry et Rau, § 272, note 34).

11. En ce qui concerne le privilège du vendeur, la jurisprudence
décide : que la faillite et le décès — suivi d'acceptation bénéficiaire

ou de vacance — de l'acheteur, suspendent le droit d'inscrire utilement le privilège ; que ces évènements, eussent-ils lieu le lendemain de la vente, font passer le vendeur au rang des simples créancïers chirographaires (Cass., 2 décembre 1863 ; Alger, 10 mai 1865 ; Orléans, 26 août 1869).

Mais, la faillite, l'acceptation bénéficiaire ou la vacance de la succession de l'acquéreur, en enlevant au vendeur la faculté de rendre son privilège efficace à l'égard des autres créanciers, ne l'éteignent pas, de sorte que le vendeur conserve le droit d'exercer l'action résolutoire à l'encontre des autres créanciers de l'acheteur (Cass., 1er mai 1860, 27 mai 1861 ; Lyon, 6 avril 1865).

12. C'est au bureau de la conservation des hypothèques, dans l'arrondissement duquel sont situés les biens soumis au privilège ou à l'hypothèque, que les inscriptions doivent être opérées, à peine de nullité.

13. Toute inscription est opérée sur la représentation d'un bordereau fait double ; l'un des originaux est gardé dans les archives du conservateur, qui remet l'autre, au pied duquel il certifie avoir fait l'inscription (C. civ., 2148, 2150).

Quoique la rédaction des bordereaux soit très simple, les praticiens doivent y apporter une grande attention, car la plus légère omission, pouvant entraîner la nullité de l'inscription, aurait des conséquences désastreuses pour le créancier aussi bien que pour le rédacteur.

14. Les hommes d'affaires ayant une grande tendance à faire des élections de domicile en leurs études, pour les inscriptions qu'ils requièrent au nom de leurs clients, il est utile de leur rappeler qu'en agissant ainsi, ils acceptent un mandat les obligeant, sous peine de responsabilité, à faire parvenir au créancier les actes de procédure adressés au domicile élu (Cass., 9 mars 1837 ; Angers, 28 avril 1885).

15. La loi ne prescrit pas de signer les bordereaux, excepté pour les inscriptions maritimes.

16. Les frais d'inscription et de renouvellement sont à la charge du débiteur, s'il n'y a convention contraire ; l'avance en est faite par le requérant (C. civ., 2155).

Cependant la tutelle étant une charge gratuite, le tuteur est autorisé à répéter contre son pupille les frais d'inscription de l'hypothèque légale de celui-ci (Aubry et Rau, § 275, note 9 ; Colmet de Santerre, IX, 135 *bis* ; — *Contrà*, Pont, 1065).

Les frais à réclamer au débiteur comprennent le timbre des bordereaux et les droits versés au conservateur ; le créancier ne serait pas fondé à répéter les honoraires payés pour les bordereaux, à défaut d'une clause spéciale dans le titre hypothécaire.

17. Pour participer à l'hypothèque ou au privilège du capital, les frais d'inscription doivent être évalués dans le bordereau, soit sous un article spécial, soit avec les frais d'acte relatifs à la créance (Cass., 14 août 1883).

18. Les inscriptions des hypothèques légales des incapables èt des personnes morales ont lieu sans paiement des droits et salaires, pour raison desquels le conservateur a son recours contre le débiteur (C. civ., 2155).

19. Quand une inscription, à raison du caractère de la créance, a eu lieu sans paiement du droit proportionnel, si ce droit devient exigible plus tard, la régie a action aussi bien contre le créancier que contre le débiteur pour le recouvrement (Cass., 19 janvier 1869).

20. Les actions en nullité des inscriptions sont intentées devant le tribunal civil dans l'arrondissement duquel se trouvent les immeubles grevés, et par exploits donnés au créancier, soit à personne ou à domicile réel, soit au dernier des domiciles élus sur le registre des hypothèques (Cass., 2156, 2159 ; Caen, 19 février 1866).

II. Hypothèques conventionnelles.

21. Le conservateur des hypothèques opère l'inscription sur la représentation de l'original en brevet, ou d'une expédition authentique, ou encore d'un extrait littéral de l'acte qui donne naissance à l'hypothèque (C. civ., 2148 ; Caen, 18 janvier 1837).

L'inscription est requise, soit par le créancier lui-même, soit par un tiers porteur du titre, sans justification de mandat (Cass., 13 juillet 1841 ; Pont, 936).

Il est joint au titre deux bordereaux, écrits sur papier timbré, dont l'un peut être porté sur l'expédition du titre (C. civ., 2148), alors même que le timbre n'en serait plus en usage (Déc. min. fin., 5 octobre 1858 ; Sol., 12 juin 1863).

22. Le notaire qui reçoit un acte contenant constitution d'hypothèque est obligé, comme conseil des parties, de prendre inscription ; il serait responsable envers le créancier s'il négligeait d'inscrire l'hypothèque ou s'il la prenait tardivement (Cass., 14 février 1855, 15 décembre 1874).

23. Plusieurs créanciers, non solidaires, en vertu d'un titre commun, peuvent faire inscrire leurs créances contre le débiteur, ou les débiteurs solidaires, par un seul bordereau collectif (Cass., 17 mai 1845 ; Sol., 14 avril 1866 ; Inst., 10 août 1888, n° 2758).

Quant au créancier ayant, en vertu d'un même acte, plusieurs débiteurs non solidaires, il doit présenter un bordereau pour chaque créance (Sol., 22 juin 1877).

24. Le double bordereau contient l'indication : du créancier, du domicile élu, du débiteur, du titre, de la créance et de son exigibilité, des biens grevés.

1° Créancier.

25. Le bordereau doit renfermer les nom, prénoms et domicile du créancier, sa profession, s'il en a une (C. civ., 2148, 1°).

26. L'indication de la raison sociale suffit pour l'inscription d'une créance appartenant à une société en nom collectif ou en commandite (Cass., 1er mars 1810 ; Rennes, 7 mars 1820).

27. Une inscription est valablement prise au nom d'un créancier décédé (Cass., 19 février 1809). Quand le décès est connu, l'inscription est formée au nom de la succession et des héritiers qu'il est utile de nommer. Du reste, l'inscription prise par un héritier profite aux autres (Cass., 15 mai 1809, 17 mars 1852).

28. Le cessionnaire d'une créance peut prendre inscription à son profit avant la signification du transport (Cass., 20 janvier 1867). Mais une délégation ou une indication de paiement ne permettrait pas au délégataire de prendre inscription avant l'acceptation de la délégation (Cass., 21 février 1810 ; Aix, 27 juillet 1846).

29. Si le titre de la créance est au porteur, l'inscription contient les nom, prénoms, profession et domicile du requérant (Paris, 15 mai 1878 ; Aix, 8 avril 1878 ; Jalouzet, 44).

30. Tout créancier peut inscrire les créances appartenant à son débiteur, au nom de celui-ci (C. civ., 1166 ; C. pr., 778), à moins que le créancier ne soit approprié par une saisie validée, auquel cas il pourrait inscrire en son propre nom (Cass., 20 mai 1839).

31. Une erreur dans les prénoms du créancier, l'omission de son domicile réel, ne sont pas des causes de nullité de l'inscription (Cass., 26 juillet 1825 ; Rennes, 27 janvier 1874 ; Pont, 969 ; Aubry et Rau, § 276, note 20).

2° *Domicile élu.*

32. L'inscription doit comprendre l'élection d'un domicile pour le créancier, dans un lieu quelconque de l'arrondissement du bureau des hypothèques ; peu importe que le créancier ait son domicile réel dans cet arrondissement. L'élection peut d'ailleurs être faite à ce domicile réel (C. civ., 2148, 1°; Cass., 8 février 1874).

33. D'après l'opinion dominante, l'élection de domicile est une formalité substantielle dont l'omission entraîne la nullité de l'inscription, alors même que le créancier domicilié dans l'arrondissement hypothécaire a indiqué ce domicile dans son inscription (Cass., 26 juillet 1858, 28 mars 1882 ; Chambéry, 22 mars 1872 ; Douai, 4 juillet 1884 ; Colmet de Santerre, IX, 130 *bis*).

34. Une autre opinion décide que le défaut d'élection de domicile n'emporte pas nullité quand le créancier est domicilié dans l'arrondissement, et que l'inscription indique expressément ce domicile (Cass.,—Ch. réun.,—14 janvier 1863 ; Aix, 8 février 1860).

En présence des incertitudes de la jurisprudence, les praticiens ne doivent jamais oublier de faire une élection de domicile pour les créanciers domiciliés dans l'arrondissement, aussi bien que pour ceux habitant en dehors.

35. Il est loisible au créancier de changer le domicile élu, par une déclaration formelle. A défaut de déclaration, le domicile élu n'est pas modifié par le décès, soit du créancier, soit de la personne chez laquelle il a fait élection (C. civ., 2152, 2156).

3° *Débiteur.*

36. Il est indispensable que le bordereau contienne les nom, prénoms, domicile du débiteur, sa profession, s'il en a une connue, ou une désignation individuelle spéciale telle que le conservateur puisse reconnaître et distinguer, dans tous les cas, l'individu grevé d'hypothèque (C. civ., 2148, 2°).

37. Le débiteur, dont les noms et qualités doivent être énumérés dans l'inscription est celui qui a créé l'hypothèque, comme obligé principal ou comme caution (Pont, 976). Lorsque les immeubles grevés ont été aliénés, il n'est pas prescrit de désigner le tiers détenteur, à moins qu'il n'ait été chargé de la dette (Cass., 27 mai 1816), mais ce renseignement sera toujours utile.

38. En cas de décès de la personne sur laquelle l'inscription

devait être prise, le créancier a le choix de la prendre sur le défunt même ou sur ses héritiers désignés individuellement (C. civ., 2149 ; Cass., 2 mars 1812) ; cependant il est bon de nommer le défunt et ses héritiers.

39. Une erreur portant sur la désignation du débiteur n'entraîne pas la nullité de l'inscription, si l'indication prise dans son ensemble contient une désignation individuelle et spéciale permettant sans difficulté de reconnaître et distinguer le débiteur (Cass., 13 juillet 1841 ; Bordeaux, 22 août 1862). Ainsi une erreur de prénom n'entache pas la validité de l'inscription alors qu'il n'y a aucun doute sur l'identité du débiteur (Rouen, 24 avril 1874 ; Toulouse, 24 août 1883).

Si l'erreur dans la désignation du débiteur a pu tromper les tiers, il y a nullité de l'inscription à leur égard (Caen, 19 février 1875 ; Jalouzet, 62, 63).

4° *Titre.*

40. L'inscription doit énoncer la date et la nature du titre constitutif de l'hypothèque (C. civ., 2148, 3°).

41. L'erreur sur la date du titre ne vicie pas l'inscription, si elle renferme des indications pouvant y suppléer, ou si l'erreur n'a causé aucun préjudice à celui qui s'en prévaut (Cass., 9 novembre 1815 ; Toulouse, 27 mai 1830 ; Lyon, 20 juillet 1847).

L'absence de date entraîne nullité de l'inscription (Cass., 1er mai 1860, 9 janvier 1888).

42. Quant à la nature du titre, elle consiste dans l'indication du nom de l'engagement donnant naissance à l'hypothèque : prêt, cautionnement, crédit, bail, constitution de rente, etc. Cependant on considère généralement que l'omission de la nature du titre n'emporte pas nullité de l'inscription (Cass., 26 juillet 1825 ; Pont, 982 ; Aubry et Rau, § 276, note 15).

43. Si le titre constitutif de l'hypothèque est irrégulier et a été suivi d'une ratification ou d'une confirmation, il est nécessaire d'énoncer les deux actes (Paris, 11 août 1808 ; Pont, 981).

44. C'est toujours le titre créatif de l'hypothèque qui doit être énoncé. Il n'est pas indispensable de relater les divers titres qui ont suivi, tels que transports, prorogations, titres nouvels ; mais l'énumération des actes de mutation a une utilité certaine ; il est prudent de les rappeler (Cass., 11 août 1815, 2 août 1820 ; Bordeaux, 6 mai 1848).

5° *Créance.*

45. Il faut mentionner dans l'inscription le montant du capital des créances exprimées dans le titre, ou évaluées par l'inscrivant, pour les rentes et prestations, ou pour les droits éventuels, conditionnels ou indéterminés, comme aussi le montant des accessoires de ces capitaux, et l'époque de l'exigibilité (C. civ., 2148, 4°).

Ainsi, trois choses sont à déclarer : 1° le montant de la créance en capital, soit par la somme portée au titre s'il l'a détermine, soit par une somme à laquelle l'inscrivant évalue sa créance, si le titre ne précise pas de somme ; 2° les accessoires du capital ; 3° l'époque de l'exigibilité de la créance.

46. En ce qui concerne le capital, si l'inscription porte une somme supérieure ou inférieure à celle due, l'erreur ne vicie pas l'inscription ; mais, dans le premier cas, il est évident que le créancier ne peut prétendre qu'à la somme qui lui est réellement due, sans compter qu'il s'expose à subir les frais d'une action en réduction de la part du débiteur (C. civ., 2132 ; Cass., 9 juillet 1879) ; dans le second cas, le créancier n'aura droit, hypothécairement, qu'à la somme portée dans son inscription ; pour le surplus, il sera simple créancier chirographaire, à moins qu'il n'ait fait une inscription rectificative qui prendra rang du jour de sa date (Toulouse, 3 avril 1840 ; Pont, 987).

Lorsque la créance est éventuelle et indéterminée dans sa valeur, ou a pour objet des prestations en nature ou en argent, l'inscrivant est obligé de faire une évaluation en capital, sinon, l'inscription est sans effet (Riom, 18 janvier 1844 ; Caen, 24 janvier 1851 ; Chambéry, 22 décembre 1879 ; Laurent, XXVII, 323 ; Aubry et Rau, § 294, note 3 ; Jalouzet, 74 ; — *Contrà*, Poitiers, 7 décembre 1885).

47. Par accessoires de la créance, on entend les intérêts ou arrérages, les frais et dépens, les indemnités et les dommages-intérêts.

48. L'inscription conserve, de plein droit, deux années d'intérêts, et l'année courante, au jour où elle produit son effet ; il est inutile de les évaluer dans l'inscription, mais il faut dire que la créance produit des intérêts à tel taux (Cass., 1er juillet 1850, 24 février 1852).

49. Quant aux intérêts échus au jour de l'inscription, ils doivent être mentionnés et chiffrés, sinon, le créancier ne peut les réclamer hypothécairement en sus de ceux conservés de droit.

50. On doit aussi faire mention et évaluer, pour qu'ils soient conservés, les frais d'acte, d'inscription et tous autres que le créancier peut avoir à faire, et auxquels la qualification de frais de justice privilégiés pourrait être refusée; à défaut d'évaluation, ces divers frais ne sont pas garantis par l'inscription (Cass., 14 août 1883; Pont, 991; Laurent, XXXI, 64).

51. Les autres accessoires à estimer dans l'inscription comprennent, s'il s'agit d'un prêt, les intérêts des intérêts, les frais de commission et d'administration, les indemnités de remboursement anticipé, celle de déplacement du créancier, les frais de cession de la créance, après exigibilité, etc. (Cass., 8 juillet 1879; Grenoble, 20 mai 1870).

52. Pour un bail, l'évaluation à faire comprendra : les impôts, redevances en nature, restitutions de paille et engrais, dégradations, dommages-intérêts, etc.

En résumé, il faut chiffrer, dans l'inscription, tout ce que le créancier peut avoir à réclamer en sus du principal et des intérêts conservés de plein droit.

53. Il y a nullité absolue de l'inscription si elle ne mentionne pas l'époque d'exigibilité de la créance (Cass., 15 juillet 1864, 26 mars 1872; Nancy, 27 décembre 1879; Caen, 23 juillet 1863; Bordeaux, 12 janvier 1887).

54. L'erreur, dans l'énonciation de l'époque d'exigibilité, ne vicie pas l'inscription, s'il n'en est résulté aucun préjudice pour les tiers (Cass., 3 janvier 1814; Bourges, 20 novembre 1852; — Contrà, Pont, 993).

D'un autre côté, la mention de l'époque d'exigibilité peut résulter d'équipollents. Il suffit qu'elle puisse s'induire des termes non-équivoques de l'inscription (Cass., 8 mars 1853; 1er mai 1876; Limoges, 27 février 1879; Chambéry, 22 décembre 1879).

55. Ajoutons que la mention d'exigibilité ne s'applique pas aux intérêts ou arrérages, cependant cette solution ayant été contestée, la prudence commande à la pratique d'indiquer les époques de paiement de ses intérêts ou arrérages (Cass., 2 avril 1811; Nîmes, 28 novembre 1832; Pont 994).

56. Si l'époque d'exigibilité est passée, il suffit de dire dans l'inscription que la créance est exigible, sans indication de l'époque (Cass., 26 juillet 1825; Aubry et Rau, § 276).

57. D'ailleurs, l'inscription prise pour une rente perpétuelle ou

viagère énoncera les époques de paiement des arrérages, ainsi que les conditions du titre constitutif pouvant autoriser le créancier à demander le capital; pour l'exigibilité du capital, on se borne à dire qu'il est inexigible, *excepté dans les cas prévus par la loi et ceux stipulés dans l'acte de constitution* (Cass., 2 avril 1811; Caen, 17 juillet 1825).

58. Quand l'inscription est prise pour des fermages ou loyers, il est nécessaire d'indiquer : le point de départ et la durée du bail; les époques d'échéance de ces loyers ou fermages; en outre, si l'hypothèque ne comprend qu'une partie des fermages, on doit dire que cette partie est à prendre au choix du bailleur (Cass., 15 novembre 1852; Riom, 13 mai 1854).

6° *Biens hypothéqués.*

59. Enfin l'inscription doit contenir l'indication de l'espèce et de la situation des biens sur lesquels le créancier entend conserver son hypothèque (C. civ., 2148, 5°).

60. L'omission de cette formalité entraîne la nullité de l'inscription, mais il n'y a point de formes sacramentelles; l'essentiel est que les immeubles grevés soient désignés de telle sorte qu'ils puissent être distingués de tous autres. Les juges du fait apprécient souverainement si la désignation de l'inscription est suffisante (Cass., 8 avril 1844; 4 mars 1873).

En général, le mieux est de copier la désignation contenue dans l'acte constitutif de l'hypothèque.

61. Quant à la situation des biens, elle se fait en dénommant la commune où ils sont situés. La jurisprudence décide que l'indication erronée de la commune n'emporte pas nullité si les tiers n'en ont pas éprouvé de préjudice (Cass., 14 juin 1831; Pont, 1005).

62. Pour l'espèce, elle est suffisamment indiquée lorsqu'on dit que les biens consistent en : *maison, jardin, pré, vigne, labour, bois,* etc. Il a même été jugé qu'il y a indication suffisante de l'espèce, lorsque l'inscription est prise sur *tous les biens* appartenant au débiteur dans telle commune déterminée (Cass., 15 février 1836, 4 mars 1873; Paris, 21 février 1850), surtout quand il y a les numéros du cadastre (Lyon, 21 juillet 1853; Montpellier, 7 juillet 1849). Toutefois, l'inscription prise sur *différents immeubles,* appartenant au débiteur dans telle commune ou dans tel

arrondissement, ne serait pas valable (Cass., 19 février 1828; Angers, 16 août 1826; Pont, 1005).

III. Hypothèques maritimes.

63. Les hypothèques conventionnelles conférées sur les navires sont rendues publiques par l'inscription sur un registre spécial, tenu par le receveur des douanes du lieu où le navire est en construction, ou de celui où il est immatriculé (L. 10 juillet 1885, art. 6).

64. Pour opérer l'inscription, il est présenté au bureau du receveur des douanes un des originaux du titre constitutif d'hypothèque, lequel y reste déposé s'il est sous-seing privé ou reçu en brevet, ou une expédition s'il en existe minute.

Il est joint deux bordereaux, signés par le requérant, dont l'un peut être porté sur le titre présenté; ils contiennent :

1º Les nom, prénoms et domicile du créancier et du débiteur, et leur profession s'ils en ont une;

2º La date et la nature du titre;

3º Le montant de la créance exprimée dans le titre ;

4º Les conventions relatives aux intérêts et au remboursement;

5º Le nom et la désignation du navire hypothéqué, la date de l'acte de francisation ou de la déclaration de sa mise en construction;

6º Élection de domicile, par le créancier, dans le lieu de la résidence du receveur des douanes (L. 10 juillet 1885. art. 8).

IV. Hypothèques judiciaires.

65. L'inscription de l'hypothèque judiciaire est valablement prise en vertu d'un jugement contradictoire ou par défaut, aussitôt après la prononciation du jugement, et avant qu'il ait été expédié, enregistré ou signifié (Cass., 29 novembre 1824, 19 juin 1833; Rouen, 27 mars 1834).

66. Le créancier est fondé à prendre inscription sans attendre l'expiration du délai de huitaine pendant lequel l'exécution du jugement est suspendue, car l'inscription constitue une mesure simplement conservatoire (Bordeaux, 22 août 1854; Chambéry, 22 décembre 1879 ; Boitard, 310).

S'il y a opposition ou appel du jugement en vertu duquel l'inscription est prise, elle suit le sort du jugement : elle subsiste avec le jugement s'il est maintenu, elle tombe s'il est réformé (Cass., 17 mars 1880).

Dans le cas où le jugement serait réformé, l'inscrivant pourrait être condamné à des dommages-intérêts pour le préjudice causé à son prétendu débiteur par l'inscription, si la créance a été évaluée avec exagération (Paris, 9 janvier 1861, 7 février 1866).

67. Le mandataire *ad litem* est obligé de prendre inscription en vertu du jugement qu'il a obtenu (Cass., 6 août 1855, 5 août 1879). Cependant, le contraire a été décidé plusieurs fois, mais à raison de circonstances particulières qui laissent le principe intact (Cass., 23 novembre 1857; Agen, 18 février 1873).

68. L'inscription de l'hypothèque judiciaire est opérée sur la représentation au conservateur du jugement qui donne naissance à l'hypothèque (C. civ., 2148).

69. Le requérant exhibe une expédition ou un extrait littéral du jugement, mais le conservateur peut opérer l'inscription sur le vu de la minute non enregistrée (Sol., 31 mai 1879).

70. Au jugement d'où résulte l'hypothèque, le requérant doit joindre deux bordereaux, dont l'un peut être porté sur l'expédition ou l'extrait de ce jugement.

Les bordereaux contiennent :

1° Les nom, prénoms, profession et domicile du créancier;

2° L'élection de son domicile dans l'arrondissement du bureau des hypothèques;

3° Les nom, prénoms, profession et domicile, ou désignation précise du débiteur;

4° La date et la nature du titre;

5° L'indication du montant de la dette avec ses accessoires et celle de l'époque de son exigibilité (C. civ., 2148).

71. Ce qui a été dit plus haut pour l'inscription des hypothèques conventionnelles est, en général, applicable aux inscriptions d'hypothèques judiciaires.

72. L'obligation imposée au créancier qui prend inscription pour sûreté d'une créance indéterminée, d'évaluer le montant de sa créance, est applicable à l'hypothèque judiciaire, car c'est un élément nécessaire à la réalisation complète du principe de publicité, et sa détermination n'est pas plus difficile pour la créance dérivant d'un jugement, que pour celle qui résulte d'une convention (Cass., 11 novembre 1811; Chambéry, 22 décembre 1879; Pont, 989; Thézard, 143; Colmet de Santerre, IX, 128 *bis*; — *Contrà*, Cass., 4 août 1825; Rouen, 8 février 1851).

73. En ce qui concerne la mention de l'époque d'exigibilité de la créance, elle doit être faite dans l'inscription d'hypothèque judiciaire à peine de nullité ; néanmoins, cette mention n'est pas assujettie à une forme sacramentelle, il suffit qu'elle résulte des indications contenues dans le bordereau (Cass., 30 juin 1863, 26 mars 1872).

Il a été jugé que la mention d'exigibilité résulte suffisamment de l'énonciation que l'inscription est prise :

1° Pour un *capital exigible* ou pour *effets de commerce protestés* (Cass., 1er février 1825, 26 juillet 1825) ;

2° En vertu d'un jugement *par défaut*, portant condamnation en principal au paiement d'une somme productive d'intérêt à partir d'une époque déterminée (Cass., 8 mars 1853 ; Nancy, 27 déc. 1879) ;

3° Pour une créance exigible à la fin de l'instance pendante entre les parties (Cass., 15 mars 1852 ; Chambéry, 22 décembre 1879).

74. En principe, l'hypothèque judiciaire est générale ; il n'est donc pas nécessaire d'indiquer, dans l'inscription, les immeubles grevés. Il suffit que l'inscription énonce qu'elle est prise sur la généralité des immeubles présents et à venir (C. civ., 2148). Ainsi formulée, l'inscription frappe à sa date tous les immeubles que le débiteur possède ou qu'il pourra acquérir, à un titre quelconque, dans l'arrondissement du bureau où elle est prise, sans qu'il soit nécessaire de requérir des inscriptions successives à mesure des acquisitions (Cass., 3 août 1819, 5 novembre 1873).

Il est indispensable d'exprimer, dans l'inscription judiciaire, qu'elle est prise *sur tous les biens présents et à venir*, car le défaut d'explication précise pourrait faire décider que l'inscription ne frappe pas les biens à venir.

Ainsi, l'inscription formée sur tous les biens appartenant au débiteur, ne porte pas sur ceux acquis depuis (Cass., 21 novembre 1827 ; Limoges, 3 juin 1871 ; Pont, 598 ; Jalouzet, 83).

V. Hypothèques légales.

1^{nt}. Femmes mariées.

1° Inscription au profit de la femme.

75. L'hypothèque légale de la femme existe indépendamment de toute inscription pendant le mariage et jusqu'à l'expiration de l'année qui suit sa dissolution (C. civ., 2135 ; L. 23 mars 1855, art. 8) : décès de l'un des époux ou divorce (C. civ., 227).

76. La dispense d'inscription cesse en cas de purge, de saisie immobilière ou d'expropriation pour cause d'utilité publique (C. civ., 2193, 2195; C. pr., 717; L. 3 mai 1841, art. 17).

77. Sont toutefois les maris tenus de rendre publiques les hypothèques dont leurs biens sont grevés, et, à cet effet, de requérir eux-mêmes, sans aucun délai, inscription aux bureaux à ce établis, sur les immeubles à eux appartenant et sur ceux qui pourront leur appartenir par la suite.

Le mari qui, ayant négligé de prendre inscription sur lui-même, aurait consenti ou laissé prendre des privilèges ou des hypothèques sur ses immeubles, sans déclarer expressément qu'ils étaient affectés à l'hypothèque légale de sa femme, serait réputé stellionataire et devenait autrefois contraignable par corps; mais la contrainte par corps étant abolie en matière civile, le stellionat, délit civil, n'a plus d'autre sanction que la déchéance du terme encourue par le mari, comme n'ayant pas fourni les sûretés implicitement promises par la convention au créancier (C. civ., 2136, 1188; Aubry et Rau, § 303, note 15; Thézard, 157).

78. A défaut par les maris de faire inscrire les hypothèques légales, elles sont requises par le procureur de la République, près le tribunal civil de première instance du domicile du mari ou du lieu de la situation des biens (C. civ., 2138).

Les procureurs de la République n'ont à intervenir qu'après s'être assurés *qu'il y a lieu* de prendre inscription afin de ne pas exposer les parties à des frais frustatoires, et les tiers qui auraient légitimement contracté, à de vaines difficultés et à des lenteurs préjudiciables (Circ. min. just., 15 septembre 1806). C'est spécialement dans le cas de mise en vente d'immeubles saisis sur le mari, que le procureur doit inscrire l'hypothèque légale de la femme sur les biens compris dans la saisie (C. pr., 692).

79. D'ailleurs, les parents du mari ou de la femme et les créanciers de cette dernière sont autorisés à requérir l'inscription, que la femme peut aussi prendre sans le consentement de son mari (C. civ., 2139; C. pr., 775; Paris, 18 avril 1855).

80. Aucune autre personne n'a qualité pour inscrire l'hypothèque légale de la femme, et le tiers qui aurait pris l'inscription sans mandat pourrait être actionné en dommages-intérêts (Cass., 4 août 1874).

81. Si l'hypothèque légale de la femme n'a pas été inscrite avant

'expiration de l'année qui suit la dissolution du mariage, elle ne date à l'égard des tiers que du jour de l'inscription prise ultérieurement (L. 23 mars 1855, art. 8).

La dissolution du mariage résulte seulement du décès de l'un des époux ou du divorce, de sorte que la séparation de corps ou de biens ne fait pas cesser la dispense d'inscription (Pont, 808).

82. Quand le mariage est dissous par la mort de la femme, ses héritiers sont tenus de prendre inscription dans l'année, alors même qu'ils seraient mineurs sous la tutelle légale du mari (Cass., 22 août 1876, 2 juillet 1877 ; Douai, 22 juillet 1879 ; Alger, 12 mai 1888 ; — *Contrà*, Lyon, 11 février 1876).

En ce qui concerne les héritiers mineurs sous la tutelle du mari, leur créance pour les reprises de la femme est garantie par l'hypothèque pupillaire qui prend rang du jour de l'ouverture de la tutelle (Paris, 21 janvier 1875 ; Alger, 12 mai 1880).

83. Les droits d'hypothèque légale des femmes mariées sur leurs époux sont inscrits sur la représentation de deux bordereaux, contenant seulement :

1º Les nom, prénoms, profession et domicile réel du créancier, et le domicile qui sera par lui, ou pour lui, élu dans l'arrondissement ;

2º Les nom, prénoms, profession, domicile ou désignation précise du débiteur ;

3º La nature des droits à conserver et le montant de leur valeur quant aux objets déterminés, sans être tenu de le fixer quant à ceux qui sont conditionnels, éventuels ou indéterminés (C. civ., 2153 ; Cass., 29 mars 1872, 25 avril 1882).

84. L'indication de l'espèce et de la nature des biens n'est pas nécessaire dans l'inscription de l'hypothèque légale de la femme : cette inscription frappe tous les immeubles présents et à venir du mari compris dans l'arrondissement du bureau (C. civ., 2148, 5º). A l'égard des immeubles déjà sortis des mains du mari, en vertu d'un acte transcrit, au moment où l'inscription est prise, cette inscription ne les atteint pas, à moins qu'elle ne porte *sur tous les biens possédés par le mari depuis le mariage.*

Quand l'hypothèque légale a été restreinte par le contrat de mariage ou par jugement, elle devient spéciale, et il est alors obligatoire de désigner les immeubles grevés ou d'éliminer ceux qui ont été dégrevés.

85. Si l'inscription est requise antérieurement à toute liquidation,

les reprises, créances et droits matrimoniaux de la femme mariée, sont à considérer comme indéterminés, aussi bien pour ses apports en mariage que pour les actes ou faits déjà consommés (Cass., 4 février 1856; Rouen, 13 juin 1850).

86. Au contraire, si les droits de la femme ont été fixés, l'inscription doit en indiquer le chiffre (Caen, 18 juin 1879).

87. L'hypothèque légale de la femme qui n'a pas été inscrite dans le délai imparti par la loi, conserve néanmoins son caractère d'hypothèque légale; par suite, il n'est pas nécessaire que l'inscription contienne l'indication du montant de la créance, si elle n'a pas été fixée (Cass., 20 mars 1872; Caen, 21 juin 1887).

88. L'inscription de l'hypothèque légale de la femme mariée a toujours lieu sans représentation d'aucun titre (Pont, 939; Jalouzet, 9).

89. Il est à remarquer que la femme séparée de corps qui, après renonciation à communauté, a reçu le montant de ses reprises, est néanmoins fondée à inscrire son hypothèque légale, alors même qu'elle n'aurait aucune créance actuelle contre son mari (Cass., 20 mai 1878; Seine, 13 mai 1884; — *Contrà*, Bordeaux, 22 juillet 1869).

2° Inscription au profit des créanciers subrogés.

90. Quand la femme cède ses reprises et créances contre son mari à un tiers et le subroge dans son hypothèque légale, le créancier subrogé n'en est saisi à l'égard des tiers que par une inscription de cette hypothèque prise à son profit, ou par une mention de la subrogation en marge de l'inscription préexistante.

Les dates des inscriptions ou mentions déterminent l'ordre dans lequel ceux qui ont obtenu des cessions exercent les droits hypothécaires de la femme (L. 23 mars 1855, art. 9).

Ainsi, l'hypothèque est-elle inscrite, l'acte contenant la subrogation l'énonce, et un extrait de cet acte est déposé au bureau des hypothèques pour faire mentionner le droit du créancier subrogé.

Au contraire, si l'hypothèque n'est pas inscrite, — c'est le cas le plus fréquent — le créancier subrogé doit faire opérer l'inscription directement à son profit; à cet effet, un bordereau collectif de l'hypothèque conventionnelle et de l'hypothèque légale est suffisant. Le conservateur ne serait pas fondé à exiger un bordereau pour chacune des hypothèques (Cass., 9 décembre 1872; Aubry et Rau, § 288, note 22; Thézard, 233; Inst., 10 août 1888, n° 2758).

91. Lorsque le créancier subrogé requiert l'inscription, il n'est

pas nécessaire d'énoncer dans le bordereau le montant et la cause des reprises de la femme, car le créancier a les mêmes droits qu'elle, et les exerce comme elle l'aurait fait elle-même. Par suite, le créancier se borne à requérir inscription des créances, reprises et droits matrimoniaux de la femme contre son mari, à concurrence du montant de la créance de l'inscrivant subrogé (Cass., 4 février 1856. 9 décembre 1872).

92. Du moment où le créancier subrogé a inscrit l'hypothèque légale à son profit direct, l'inscription ne profite qu'à lui, et il peut ultérieurement en donner main-levée définitive (Cass., 21 juillet 1863, 1er mai 1866; Orléans, 9 août 1874).

93. Du reste, la subrogation à l'hypothèque légale peut porter, au choix des parties, sur des biens déterminés, ou sur tous les biens présents, ou encore sur les biens qui sont susceptibles d'être grevés.

Quand la subrogation ne contient aucune restriction et a été suivie d'une inscription prise dans les mêmes termes, les biens advenus postérieurement au mari, même après la dissolution du mariage, sont frappés au profit du subrogé, sans qu'il soit besoin de prendre de nouvelles inscriptions (Cass., 24 mai 1869; Paris, 18 août 1876; Lyon. 27 décembre 1882).

Toutefois, l'inscription au profit du subrogé ne frappe pas les immeubles sortis du patrimoine du mari au moment de la subrogation, à moins d'une clause formelle la faisant porter sur tous les biens que le mari a possédés depuis le mariage.

2^{ent}. Mineurs et interdits.

94. Pendant la minorité ou l'interdiction. et jusqu'à l'expiration de l'année qui suit la majorité du mineur ou la main-levée de l'interdiction, l'hypothèque légale du mineur et de l'interdit existe indépendamment de toute inscription (C. civ., 2135, 1º; L. 23 mars 1855, art. 8).

95. En cas de décès du pupille, ses héritiers, même mineurs, doivent inscrire l'hypothèque légale dans l'année de sa mort (Cass., 22 août 1870; Pont, 815).

96. Si le mineur était simplement émancipé, le délai courrait seulement de sa majorité (Amiens. 6 août 1861; Grenoble. 10 juillet 1867; Alger, 26 avril 1880; Pont, 814).

97. Le décès, la démission ou la destitution du tuteur ne font pas courir le délai d'un an (Grenoble. 10 juillet 1867; Pont, 814; — *Contrà*, Verdier, 693).

98. La loi enjoint aux tuteurs eux-mêmes de prendre, sans aucun délai, inscription de l'hypothèque légale sur tous les immeubles qu'ils possèdent au moment de l'entrée en gestion et sur tous ceux qui pourront leur appartenir par la suite. Le tuteur qui, ayant manqué de faire inscrire l'hypothèque légale, aurait consenti ou laissé prendre des privilèges ou des hypothèques sur ses immeubles sans déclarer l'hypothèque légale de son pupille, serait réputé stellionataire (C. civ., 2136).

99. Les subrogés-tuteurs sont obligés de veiller à ce que les inscriptions soient prises sans délai, et, si elles ne l'étaient pas, de les faire effectuer eux-mêmes. Le subrogé-tuteur est personnellement responsable du préjudice que le défaut d'inscription peut occasionner, soit au pupille, soit aux tiers qui ont traité hypothécairement avec le tuteur dans l'ignorance de l'hypothèque légale (C. civ., 2137, Nancy, 26 février 1880 : Aubry et Rau, § 269, 2°).

100. D'ailleurs, les inscriptions peuvent être requises, soit par les mineurs et interdits eux-mêmes, soit par leurs parents, amis ou créanciers (C. civ., 2139 ; Bordeaux, 2 avril 1884) ; mais ces derniers n'encourent pas de responsabilité lorsqu'ils négligent de prendre inscription.

101. Enfin, les mêmes inscriptions sont requises, s'il y a lieu, par le procureur de la République, près le tribunal de première instance du domicile du tuteur ou de la situation des biens (C. civ., 2138).

102. Les droits d'hypothèque légale des mineurs et interdits sur les biens de leurs tuteurs sont inscrits, sans production de titre, sur la représentation de deux bordereaux contenant les mêmes indications que celles prescrites pour les inscriptions des hypothèques légales des femmes mariées (C. civ., 2153).

103. Il n'est nécessaire de désigner les biens que dans le cas où l'hypothèque a été restreinte.

104. Si l'inscription est prise après l'expiration du délai d'un an, à partir de la cessation de la tutelle, il devient indispensable, à l'égard des tiers, d'évaluer le montant de la créance et de désigner les biens grevés (Cass., 20 mars 1872 ; — *Contrà*, Caen, 18 juin 1879).

3^{ent}. *État et établissements publics.*

105. L'hypothèque légale de l'État, des communes et des établissements publics contre les receveurs et administrateurs comptables, pour la garantie de leur gestion, frappe tant les immeubles qui

appartenaient au comptable avant sa nomination, que ceux qu'il a acquis postérieurement, autrement qu'à titre onéreux (C. civ., 2121, 2134 ; L. 5 septembre 1807, art. 6).

106. Cette hypothèque, indépendante du privilège sur les immeubles acquis à titre onéreux, n'existe qu'à la charge de l'inscription qui doit être requise ou faite, à peine de destitution et de dommages-intérêts, par les receveurs d'enregistrement et les conservateurs des hypothèques, au vu des actes déclaratifs ou translatifs de propriété passés par les comptables (L. 5 septembre 1807, art. 7 ; Pallain, 252, 255).

107. Pour opérer l'inscription de l'hypothèque légale au profit de l'État ou d'un établissement public, le requérant présente trois bordereaux contenant : l'indication du créancier ; l'élection d'un domicile dans l'arrondissement ; la désignation précise du débiteur et la nature des droits à conserver (C. civ., 2153).

Le défaut de mention de domicile, de la part de l'agent du Trésor, dans une inscription par lui prise au nom du Trésor, ne vicie pas l'inscription (Rouen, 22 mai 1818).

Du reste, cette hypothèque est inscrite sans production de titre (Pont, 930 ; Jalouzet, 18).

108. Aussitôt après avoir pris l'inscription, le conservateur adresse un des bordereaux au procureur de la République, et un autre à l'agent du Trésor.

4^{ent}. Légataires.

109. L'hypothèque légale conférée au légataire sur les biens de la succession du testateur (C. civ., 1017 ; Demolombe, XXI, 673), s'inscrit sur la production d'un double bordereau contenant :

1° Les nom, prénoms, profession et domicile du légataire ;

2° L'élection d'un domicile dans un lieu quelconque de l'arrondissement du bureau hypothécaire ;

3° Les nom, prénoms, profession et domicile du défunt ;

4° La date du testament ;

5° Le montant du legs ou son évaluation pour les rentes et prestations, l'époque de l'exigibilité et les accessoires ;

6° La nature et la situation des immeubles grevés (C. civ., 2111, 2148, 2153).

110. Le conservateur est fondé à demander la représentation d'un extrait littéral du testament donnant naissance à l'hypothèque du légataire.

111. Quoique l'énonciation de la nature et de la situation des immeubles grevés ne paraisse pas indispensable pour la validité de l'inscription (Toulouse, 23 décembre 1870 : Rennes, 21 mai 1875), la prudence commande aux praticiens de fournir ce renseignement. Du reste, il devient obligatoire quand le testateur a limité l'action hypothécaire du légataire (Bordeaux, 27 février 1840 ; Angers, 22 décembre 1850).

5^{ent}. *Créanciers de faillite.*

112. C'est aux syndics qu'incombe l'obligation de prendre inscription, au profit de la masse des créanciers de la faillite, sur les immeubles du failli (C. comm., 490).

Pour opérer l'inscription, le syndic représente un double bordereau contenant :

1° Les nom, prénoms et domicile du syndic ;

2° L'élection de son domicile dans l'arrondissement du bureau des hypothèques ;

3° Les nom, prénoms, profession et domicile du failli ;

4° La date du jugement déclaratif de la faillite et le nom du tribunal qui l'a rendu ;

5° La nature et la situation des immeubles du failli dont le syndic connaîtrait l'existence.

L'inscription, au profit de la masse des créanciers, est prise pour la généralité des sommes dues par le failli, sans indication de chiffre.

113. Le syndic peut se borner à prendre inscription sur tous les immeubles présents et avenir du failli, situés dans l'arrondissement de tel bureau des hypothèques (Dijon, 5 août 1862; Paris, 27 mai 1865); mais si le syndic connaît l'existence de certains immeubles, il est plus correct de les indiquer (Bravard, V, 449).

114. Dans l'usage général de la pratique, le syndic joint au bordereau d'inscription un extrait littéral du jugement déclaratif de la faillite, quoique la production de cette pièce ne soit pas légalement obligatoire (Déc. min. fin., 26 janvier 1813 ; Jalouzet, 18).

VI. Privilèges.

1^{ent}. *Vendeur.*

115. La transcription du titre transférant la propriété à l'acquéreur et constatant que la totalité ou partie du prix est due au vendeur, conserve, sur l'immeuble vendu, le privilège de ce dernier, qui n'a

pas besoin de prendre une inscription particulière, alors même que le conservateur des hypothèques aurait omis d'inscrire d'office ce privilège (C. Civ., 2108 ; Verdier, 512).

116. Quant à la transcription d'un acte de revente, elle serait insuffisante pour conserver le privilège du vendeur originaire, malgré l'énonciation contenue dans cet acte que le prix de la première vente reste dû (Cass., 29 avril 1845 ; Paris, 30 novembre 1860 ; Pont, 265).

117. Les mêmes règles sont applicables au bailleur de fonds authentiquement subrogé dans le privilège du vendeur (C. civ., 2108).

118. Le privilège peut aussi être rendu public, sans transcription préalable, au moyen d'une inscription prise au profit du vendeur ou du créancier subrogé (Cass., 6 juillet 1807).

119. Cette inscription est soumise aux conditions de forme prescrites pour les inscriptions d'hypothèques conventionnelles (C. civ., 2148).

120. En cas de vente sur saisie immobilière, la mention sommaire du jugement d'adjudication, en marge de la transcription de la saisie, ne suffit pas pour conserver le privilège du vendeur ; il est indispensable de faire transcrire l'adjudication ou de prendre une inscription particulière (Cass., 14 décembre 1864).

121. En matière d'expropriation pour cause d'utilité publique, la transcription du jugement d'expropriation conserve le privilège, et le conservateur des hypothèques n'a pas à formaliser d'inscription d'office (Cass., 13 janvier 1847, 5 avril 1854).

122. Le notaire qui reçoit un contrat de vente peut, comme créancier du vendeur, prendre inscription, même en son nom personnel, pour conserver le privilège attaché aux frais de vente (Cass., 7 novembre 1882 ; Limoges, 27 décembre 1878).

123. Pour être opposable à tous, le privilège du vendeur doit être inscrit dans les quarante-cinq jours de l'acte de vente (L. 23 mars 1855, art. 6. — V. cependant n° 11).

124. Il est unanimement admis qu'on peut inscrire le privilège du vendeur en vertu d'un acte sous-seings privés (Cass., 6 juillet 1807 ; Aubry et Rau, § 271).

125. Rappelons encore que l'inscription d'office ne serait pas valable si le contrat de vente ne contenait pas la désignation des immeubles. On remarque souvent cette absence de désignation

dans les cessions de droits successifs (Cass., 4 mars 1873 ; Pau, 30 novembre 1876).

2ᵉⁿᵗ. *Cohéritier et copartageant.*

126. Le privilège du cohéritier ou copartageant — pour la soulte, le prix de licitation, les dettes mises à la charge d'un copartageant, et la garantie des lots, — est conservé au moyen d'une inscription prise, à dater du partage ou de la licitation, dans les soixante jours, pour garantir le droit de préférence vis à-vis des autres créanciers hypothécaires du débiteur (C. civ., 2109), et dans les quarante-cinq jours, afin de conserver le droit de suite, malgré toute transcription d'aliénation (L. 23 mars 1855, art. 6).

127. Le point de départ du délai est toujours l'adjudication sur licitation ou le tirage des lots, alors même que ces actes devraient être suivis de formalités judiciaires, par exemple la licitation d'une liquidation (Cass., 19 juin 1849, 17 novembre 1851 ; Orléans, 18 janvier 1879).

128. S'il s'agit d'un partage d'ascendant entre-vifs, le délai courra du jour de l'acceptation ; pour le partage testamentaire, le décès de l'ascendant donnera cours au délai (Cass., 28 août 1859, 7 août 1860 ; Pont, 294).

129. Pour opérer l'inscription du privilège de copartageant, le requérant représente l'original ou une expédition de l'acte qui donne naissance au privilège ; il y joint deux bordereaux contenant les énonciations prescrites pour les inscriptions des hypothèques conventionnelles (C. civ., 2148 ; Cass., 6 juillet 1807).

130. Cette inscription de privilège est valablement prise en vertu d'un acte sous signatures privées.

3ᵉⁿᵗ. *Constructeurs.*

131. Pour conserver le privilège de constructeur, une double inscription est nécessaire :

La première inscription doit être prise avant tout travail, en vertu du procès-verbal constatant l'état des lieux (C. civ., 2103, 2110) ; elle indique : le créancier, l'élection de son domicile, le débiteur, le procès-verbal de constat, la nature et la situation de l'immeuble grevé.

Cette inscription, requise pour sûreté des sommes qui seront dues après exécution des travaux, ne mentionne aucun capital.

Quant à la deuxième inscription, requise après la réception des travaux, et dans les six mois au plus de leur perfection (C. civ., 2110), elle doit rappeler la première et contenir toutes les énonciations prescrites pour l'inscription des hypothèques conventionnelles (C. civ., 2148).

132. Ce qui vient d'être dit s'applique à la conservation du privilège de ceux qui ont fourni les deniers pour payer les constructeurs. Cependant, les prêteurs doivent, en outre, énoncer dans leur inscription : 1° les actes authentiques constatant la destination et l'emploi des sommes prêtées ; 2° le capital prêté, la date de l'exigibilité et les intérêts et autres accessoires.

4^{ent}. Séparation des patrimoines.

133. Les créanciers du défunt et les légataires qui veulent conserver le privilège de la séparation des patrimoines, c'est-à-dire, jouir d'un droit de préférence sur tous les créanciers de l'héritier, doivent prendre inscription dans les six mois, à dater de l'ouverture de la succession (C. civ., 878, 2111).

134 Pour opérer l'inscription, les créanciers et légataires présentent un double bordereau contenant les énonciations prescrites pour les inscriptions des hypothèques conventionnelles (C. civ., 2148).

135. Il suffit d'indiquer dans l'inscription les nom, prénoms, profession et domicile du défunt (C. civ., 2111 ; Cass., 30 juillet 1878 ; Agen, 23 janvier 1867 ; Lyon, 24 décembre 1862 ; Dijon, 23 décembre 1876) ; cependant, si l'inscrivant connaît les héritiers, il est bon de les nommer pour éviter toute erreur.

136. Le bordereau doit, à peine de nullité, faire connaître l'espèce et la situation de chacun des immeubles grevés (C. civ., 2111 ; Cass., 30 juillet 1878 ; Lyon, 24 décembre 1862 ; Dijon, 23 décembre 1876 ; Caen, 7 février 1888).

5^{ent}. Trésor sur les comptables.

137. Le privilège du Trésor public sur les immeubles acquis à titre onéreux, par les comptables ou par leurs femmes, postérieurement à leur nomination, se conserve par une inscription prise dans les deux mois de l'enregistrement de l'acte d'acquisition, à la diligence des receveurs d'enregistrement et des conservateurs des hypothèques (L. 5 septembre 1807, art. 4, 5 et 7).

138. Pour opérer l'inscription, il est présenté un triple bordereau contenant : 1° les nom, prénoms, qualité et domicile du requérant ; 2° l'élection de son domicile dans l'arrondissement du bureau des hypothèques ; 3° les nom, prénoms, profession et domicile du comptable grevé ; 4° la date et la nature du titre donnant lieu à l'inscription ; 5° l'espèce et la situation des immeubles sur lesquels doit porter le privilège.

139. Cette inscription étant indéfinie ne mentionne aucun capital ; elle est prise pour sûreté des sommes dont le comptable pourra être constitué débiteur envers le Trésor.

6^{mt}. Trésor sur les condamnés.

140. Pour conserver le privilège du trésor sur les biens du condamné, pour le remboursement des frais de justice, une inscription est prise dans les deux mois du jugement de condamnation (L. 5 septembre 1807, art. 3).

141. L'inscription de ce privilège est effectuée sur la production d'un double bordereau, contenant les indications prescrites pour les inscriptions d'hypothèques conventionnelles (C. civ., 2148).

142. Cependant il est inutile d'indiquer dans le bordereau l'espèce et la situation des biens grevés, car le privilège est général et frappe tous les immeubles compris dans l'arrondissement du bureau hypothécaire (Pallain, 297).

VII. Intérêts conservés par l'inscription.

143. En règle générale, l'inscription garantit les intérêts ou arrérages comme le capital de la créance pour sûreté de laquelle elle est prise.

L'inscription posée pour un capital, avec mention qu'il est productif d'intérêts ou d'arrérages, comprend de plein droit, au même rang que le capital, les intérêts ou arrérages postérieurs à l'inscription, pour deux années et l'année courante (C. civ., 2151 ; L. 10 juillet 1885, art. 13).

144. Pour les intérêts ou arrérages déjà échus lors de l'inscription, ils sont garantis par elle dès qu'ils y sont énoncés et en sus de ceux conservés légalement (Thézard, 147 ; Aubry et Rau, § 285, note 20).

145. Quant aux deux années d'intérêts ou d'arrérages et à l'année courante, que l'inscription relative au capital conserve de plein

droit, elles s'entendent, non pas des deux années qui suivent immédiatement l'inscription, mais bien de deux années quelconques (Cass., 27 mai 1816 ; Colmet de Santerre, IX, 131 *bis*) et de la partie de la troisième année courue jusqu'au jour où l'inscription produit son effet légal, c'est-à-dire au jour de la transcription de l'aliénation forcée (saisie ou faillite) (Cass., 6 mai 1878, 7 avril 1888), et au jour de la notification aux créanciers inscrits de l'aliénation volontaire (Caen, 16 mars 1880 ; Aubry et Rau § 285, note 22).

146. Après ce moment, les intérêts qui pourront courir jusqu'au paiement seront dus intégralement au même rang que le capital et s'ajouteront aux deux années et à l'année courante (Cass., 12 juin 1876 ; Pont, 1020 ; Laurent, XXXI, 73).

147. La collocation des intérêts a lieu au taux indiqué dans l'inscription, à moins qu'il ne soit supérieur à celui fixé dans le titre de la créance (Cass., 13 mai 1874).

148. En ce qui concerne les intérêts des intérêts : 1° la somme formant le montant d'un crédit est conservée par l'inscription, de quelque manière qu'elle se compose (Douai, 10 février 1853 ; Pont, 1028) ; 2° le créancier inscrit pour l'intérêt des intérêts peut en réclamer collocation dans la limite de l'évaluation faite dans son inscription (Cass., 11 décembre 1844 ; Dijon, 26 janvier 1860 ; Aubry et Rau, § 308, note 58).

149. La limitation des effets de l'inscription, en ce qui concerne les intérêts, ne s'applique pas aux hypothèques des femmes mariées, des mineurs et des interdits : pendant qu'elles sont dispensées d'inscription, elles conservent tous les intérêts qui peuvent être réclamés comme non prescrits (Cass., 26 janvier 1875 ; Rouen, 15 avril 1869). Mais à partir de l'expiration de l'année qui suit la dissolution du mariage ou la cessation de la tutelle, les intérêts courus ne sont conservés par l'inscription que pour deux années et l'année courante (Cass., 17 novembre 1879 ; Agen, 14 janvier 1868).

150. Le créancier subrogé dans l'hypothèque légale de la femme étant obligé d'inscrire cette hypothèque, ne peut réclamer que les intérêts de deux années et de l'année courante (Cass., 17 novembre 1879, 27 janvier 1885).

151. Les privilèges valablement inscrits dans le délai légal conservent tous les intérêts non prescrits ; il en est ainsi pour le privi-

lège du vendeur (Cass., 8 juillet 1834, 11 mai 1863), et pour celui de la séparation des patrimoines (Cass., 30 novembre 1847).

152. D'un autre côté, l'inscription prise en vertu d'un jugement ordonnant une reddition de compte ou une liquidation de société, conserve tous les intérêts courant jusqu'au moment de la fixation définitive du reliquat, et, en outre, deux années d'intérêts et l'année courante de ce reliquat (Aubry et Rau, § 285 ; comp. Cass., 19 décembre 1871).

153. Quant aux inscriptions de l'État, des communes et établissements publics, sur les biens d'un comptable, elles garantissent tous les intérêts courus depuis l'origine du débet jusqu'à l'arrêt qui l'a constaté, plus deux années d'intérêts et l'année courante de ce débet tel qu'il a été fixé (Cass., 12 mai 1829 ; Thézard, 150 ; Colmet de Santerre, IX, 131 *bis*).

154. Outre les intérêts conservés par la première inscription, le créancier est fondé à prendre des inscriptions particulières, portant hypothèque de leur date, pour tous autres intérêts et arrérages échus qui peuvent lui être dus (C. civ., 2151), encore bien que le débiteur soit en faillite, sa succession vacante ou acceptée bénéficiairement (Cass., 20 février 1849).

155. En cas de faillite, les intérêts des créances hypothécaires continuent de courir, mais les créanciers inscrits avant la faillite n'ont le droit d'être colloqués au rang du principal que pour deux années et l'année courante (Cass., 24 février 1852 ; Poitiers, 7 décembre 1885).

156. A défaut d'inscriptions particulières, les intérêts non conservés de droit par l'inscription relative au capital ne jouissent d'aucune garantie hypothécaire. Ce qui peut être soutenu par les créanciers simplement chirographaires (Cass., 15 avril 1846 ; Nîmes, 8 avril 1876), ainsi que par le tiers détenteur qui, même sans purger, offre d'acquitter le montant de la dette hypothécaire (Bordeaux, 28 février 1850 ; Aubry et Rau, § 285, note 12 ; Thézard, 173).

VIII. Renouvellement des inscriptions.

1° *Durée des inscriptions.*

157. Toutes les inscriptions conservent l'hypothèque et le privilège pendant dix années, à compter du jour de leur date ; leur effet cesse si elles n'ont été renouvelées avant l'expiration de ce délai (C. civ., 2154 ; L. 10 juillet 1885, art. 11).

158. D'après l'opinion dominante, pour la supputation du délai de dix ans, on ne fait pas entrer en calcul le jour auquel l'inscription a été prise, mais y compte le jour de l'expiration du délai, en ce sens que c'est le dernier jour utile ; par exemple, l'inscription prise le 1er mai 1888 sera renouvelée valablement le 1er mai 1898 ; (Cass., 5 avril 1825 ; Riom, 8 avril 1843 ; Paris, 6 août 1868 ; Pont, 1039 ; Aubry et Rau, § 280, note 28 ; Thézard, 151).

Cette opinion est conforme à la règle générale suivant laquelle le premier des deux jours termes n'est pas à comprendre dans le délai (Cass., 20 janvier 1863, 4 décembre 1865).

159. Quand même le dernier jour des dix ans serait férié, l'inscription ne serait pas utilement renouvelée le lendemain ; elle doit l'être la veille (Bordeaux, 24 juin 1826 ; Riom, 8 avril 1843 ; Pont, 1040).

160. L'inscription qui en renouvelle une précédente est soumise au renouvellement dans les dix ans à partir, non pas du jour où expirait la première période décennale, mais bien du jour où a été effectuée l'inscription en renouvellement (Bourges, 30 avril 1853 ; Laurent, XXXI, 112).

161. La prescription de l'inscription non renouvelée en temps utile, met le créancier dans la même position que s'il n'avait pris aucune inscription (Cass., 2 décembre 1863 ; Thézard, 151).

162. Le créancier hypothécaire d'un failli qui a négligé de renouveler son inscription, n'est pas considéré comme ayant renoncé à son hypothèque, si, d'ailleurs, il n'a pris aucune part au concordat. Il peut donc inscrire de nouveau, pour prendre rang à la date de la nouvelle inscription sur les immeubles qui adviendraient au failli (Cass., 1er mars 1848, 18 février 1878).

163. Les péremptions, en matière d'inscriptions hypothécaires, ont été suspendues (Décr. 9 septembre 1870, 30 octobre 1870 ; L. 26 mai 1871) depuis le 19 juillet 1870, jour de la déclaration de guerre, jusqu'au 12 juin 1871. Cette suspension s'appliquant tant aux inscriptions tombées en péremption pendant la guerre, qu'à toutes celles prises antérieurement, il en est résulté que les inscriptions prises dans tout le territoire français, depuis le 20 juillet 1860 jusqu'à la déclaration de guerre, ont eu une durée de dix ans et près de onze mois (Cass., 17 août 1874, 20 avril 1875). Mais l'application de cette mesure transitoire a cessé pour les prescriptions et péremptions arrivées à échéance depuis le 20 décembre 1880 (L. 20 décembre 1879).

164. Par une faveur spéciale, les inscriptions prises au profit de la Société de Crédit foncier sont dispensées du renouvellement décennal, pendant toute la durée du prêt pouvant atteindre soixante-quinze ans (Décr., 28 février 1852, art. 47).

165. En ce qui concerne les hypothèques maritimes, l'inscription conserve l'hypothèque pendant dix ans, à compter du jour de sa date ; c'est le droit commun (L. 10 juillet 1885, art. 11).

166. Sous la législation sarde, les inscriptions prises dans les départements de la Savoie, de la Haute-Savoie et dans les arrondissements de Nice et de Puget-Théniers conservaient l'hypothèque pendant quinze ans ; elles ont été soumises au renouvellement décennal depuis le 25 août 1860 (L. 3 juin 1865).

2º Formalité du renouvellement.

167. Le conservateur des hypothèques n'est jamais obligé de veiller au renouvellement des inscriptions. Ce soin incombe au créancier ou à ses représentants légaux.

168. Le notaire qui a reçu l'acte en vertu duquel l'inscription a été prise, n'est pas obligé non plus de faire opérer le renouvellement. Toutefois, dans les études bien organisées, les inscriptions sont classées par ordre de dates sur un carnet, ce qui permet au notaire d'avertir officieusement son client de la péremption prochaine de l'inscription prise à son profit.

169. Pour opérer le renouvellement, le requérant remet au conservateur un bordereau en double ; la représentation du titre de la créance ne peut être exigée par le conservateur (Cass., 14 avril 1817 ; Jalouzet, 18).

170. L'inscription prise en renouvellement doit contenir les énonciations et indications exigées pour la première inscription.

171. En outre, il faut qu'elle rappelle la date, le volume et le numéro de la précédente inscription, sinon le renouvellement ne vaudrait que comme inscription nouvelle (Cass., 16 février 1864, 6 juillet 1881).

Il suffit pour un deuxième ou troisième renouvellement de rappeler l'inscription qui précède immédiatement ; l'énonciation de toutes les inscriptions antérieures est une bonne mesure de précaution, mais la loi ne la prescrit pas (Cass., 6 juillet 1881 ; Paris, 6 août 1868).

172. Du reste, le renouvellement est valablement fait au nom du

47

créancier originaire, alors même qu'il est décédé ou qu'il a cédé la créance (Cass., 16 novembre 1840). Le créancier qui a reçu la créance en nantissement est autorisé à renouveler l'inscription, tant à son profit qu'au profit du titulaire. Le cessionnaire peut aussi faire le renouvellement en son nom, avant d'avoir signifié le transport (Paris, 24 mars 1860 ; Bourges, 12 février 1841).

Le renouvellement fait en temps utile conserve à l'inscription originaire toute son efficacité pendant une nouvelle période décennale.

3° *Utilité du renouvellement.*

173. Tant qu'elles n'ont pas produit leur effet légal, les inscriptions sont soumises au renouvellement.

La nécessité du renouvellement ne cesse pas : 1° en cas de faillite du débiteur (Cass., 2 décembre 1863), ou de décès suivi d'acceptation bénéficiaire ou de vacance de la succession (Cass., 29 juin 1830) ; 2° par la saisie immobilière et sa dénonciation aux créanciers inscrits (Cass., 18 août 1830) ; 3° par la vente au créancier de l'immeuble grevé de son hypothèque (Cass., 1er mai 1828 ; Paris, 21 août 1862) ; 4° en cas de vente faite à l'amiable ou avec autorisation de justice de l'immeuble grevé, bien que l'inscription du créancier ait été révélée à l'acquéreur par l'état sur transcription (Cass., 14 novembre 1866 ; Rouen, 18 décembre 1858) ; 5° par la sommation faite au tiers détenteur de payer ou de délaisser, même suivie, soit d'un jugement le condamnant au paiement ou au délaissement, soit du délaissement (Cass., 24 février 1830, 31 janvier 1854).

174. S'il y a aliénation des immeubles grevés, l'inscription est considérée comme ayant produit son effet légal, indépendamment de tout paiement, et le créancier se trouve dispensé d'opérer le renouvellement dans les circonstances suivantes :

1° Au cas de vente sur saisie immobilière, à partir de la transcription du jugement d'adjudication et non à partir du jugement (Bordeaux, 1er décembre 1885 ; Aix, 10 juin 1884 ; Nîmes, 11 juillet 1884 ; — *Contrà*, Cass., 7 avril 1880 ; Aubry et Rau, § 280, note 14) ;

2° Si l'immeuble est exproprié pour cause d'utilité publique, à l'expiration de la quinzaine qui suit la transcription du jugement d'expropriation, même dans le cas où le propriétaire a traité à l'amiable avec l'exdropriant (Cass., 30 janvier 1865) ;

3º En cas de vente amiable, ou par suite de conversion de saisie. ou encore avec autorisation de justice, à compter du jour où l'acquéreur a notifié son contrat aux créanciers inscrits, quoi qu'il y ait eu surenchère (Cass., 15 mars 1876, 14 novembre 1882). L'inscription aurait aussi produit son effet légal par l'acceptation des créanciers du prix de la vente et leur consentement à l'ordre, car cette acceptation a la même portée que la notification (Cass., 15 mars 1876). S'il n'y a eu ni notification aux créanciers, ni acceptation par eux du prix de la vente, la dispense de renouvellement ne cesse que par la demande en collocation dans un ordre (Cass., 20 avril 1875).

175. L'effet légal produit par les inscriptions et par suite duquel elles sont dispensées de renouvellement, s'étend tant aux rapports respectifs des créanciers entre eux, qu'aux rapports des créanciers avec l'acquéreur ; mais, en cas de revente, les créanciers ne conservent le droit de suite à l'encontre des sous-acquéreurs, et le droit de préférence vis-à-vis des créanciers personnels de ces derniers, qu'à la condition du renouvellement en temps utile de leurs inscriptions (Cass., 21 mars 1848 ; Aubry et Rau, § 280, note 25).

176. Il en serait ainsi alors même que les créanciers auraient obtenu des bordereaux de collocation sur l'acquéreur ou adjudicataire originaire, parce que ces titres ne confèrent aux créanciers aucune action personnelle et directe contre les sous-acquéreurs (Cass., 17 mai 1859 ; Aubry et Rau, § 280, note 26 ; — *Contrà*, Toulouse, 4 mars 1864).

Au point de vue pratique, il est prudent de renouveler toujours les inscriptions tant que les créanciers ne sont pas désintéressés ; en agissant ainsi, on évitera les questions controversées auxquelles donne lieu l'effet légal des inscriptions.

177. Les frais des inscriptions prises en renouvellement sont à la charge du débiteur, comme ceux de l'inscription primitive (C. civ., 2155).

178. Pour renouveler aux frais du débiteur, le créancier n'est pas obligé d'attendre la veille de l'expiration de son inscription. Il peut faire le renouvellement après neuf ans et quatre mois de la date de sa dernière inscription (Arg., C. civ., 2263).

IX. Modification des inscriptions.

1° *Changement de créancier.*

179. La transmission à titre gratuit ou onéreux des privilèges et hypothèques doit être rendue publique par des mentions, en marge des inscriptions existantes, énonçant les noms, prénoms, professions et domiciles des nouveaux créanciers, et les titres d'où résultent leurs droits. — V. PARTAGE, QUITTANCE SUBROGATIVE.

Ces mentions, connues en pratique sous le nom de subrogations, ne sont pas légalement obligatoires pour que les nouveaux créanciers exercent les droits des anciens, mais elles ont une grande utilité en cas de saisie immobilière, de purge des hypothèques inscrites et d'état d'ordre ; à défaut de mention, le créancier n'étant pas touché par les actes de procédure serait exposé à perdre sa créance.

180. Après une transmission onéreuse, le défaut de mention présenterait un autre danger : si le créancier primitif ou ses héritiers étaient de mauvaise foi, ils pourraient, en donnant main-levée de l'inscription, causer un grave préjudice au nouveau créancier. — V. TRANSPORT.

181. Pour faire opérer la mention de subrogation, on doit déposer au bureau des hypothèques une expédition ou un extrait littéral de l'acte authentique contenant cette subrogation. Le conservateur conserve cette pièce pour sa garantie.

2° *Antériorité et concurrence.*

182. Les cessions de priorité ou de concurrence hypothécaire ne sont efficaces, à l'égard des tiers, que par des mentions faites en marge des inscriptions des créanciers entre lesquels ces conventions ont eu lieu. — V. CESSION D'ANTÉRIORITÉ, CESSION DE CONCURRENCE.

3° *Prorogation de délai.*

183. Quand un créancier convient avec son débiteur de proroger l'exigibilité de la dette de celui-ci, le droit hypothécaire continue de subsister même à l'égard de la caution (C. civ., 2039), mais il est nécessaire que le nouveau délai soit porté à la connaissance des tiers pour que le créancier ne soit pas exposé à recevoir un remboursement anticipé. — V. PROROGATION.

184. Il nous paraît suffisant de faire mentionner le délai en marge de l'inscription, au moyen du dépôt d'une expédition de l'acte de prorogation.

Cependant, l'efficacité d'une telle mention ayant été mise en doute, les praticiens très prudents pourront prendre une nouvelle inscription par renouvellement.

4° *Changement de domicile.*

185. Il est loisible à celui qui a requis une inscription, ainsi qu'à ses représentants, ou cessionnaires par acte authentique, de changer sur le registre des hypothèques le domicile par lui élu, à la charge d'en choisir et indiquer un autre dans le même arrondissement (C. civ., 2152).

186. Le changement de domicile élu s'opère par une mention en marge de l'inscription, signée par le requérant qui doit représenter son bordereau.

Si le requérant agit en qualité de mandataire, d'héritier ou de cessionnaire, il doit déposer au conservateur les pièces justificatives de sa qualité, comme pour une radiation.

Quand le créancier ne sait ou ne peut signer, il est tenu de faire une déclaration par acte notarié et de la remettre au conservateur des hypothèques.

187. Lorsque la personne qui requiert le changement de domicile élu n'est pas connue du conservateur, celui-ci est fondé à exiger une déclaration authentique ou une attestation d'identité par un notaire ou un avoué.

5° *Rectification des inscriptions.*

188. Quand une inscription contient des erreurs ou omissions, la rectification en est opérée au moyen d'une nouvelle inscription portée sur les registres hypothécaires, et relatant l'inscription précédente.

L'inscription rectificative ne valide pas rétroactivement l'inscription primitive ; elle n'a d'effet que pour l'avenir.

189. L'irrégularité provient-elle d'une erreur commise par le conservateur, il est responsable envers le créancier du préjudice souffert. Dans ce cas, le conservateur doit opérer la rectification d'office, sans qu'il soit besoin d'une autorisation judiciaire (Cons. d'État, 20 décembre 1810).

190. Si l'irrégularité est imputable au créancier, l'inscription est rectifiée sur sa demande au moyen de la production de nouveaux bordereaux.

6° *Réduction des inscriptions.*

191. La réduction d'une inscription en ce qui concerne, soit les immeubles sur lesquels elle frappe, soit la somme pour laquelle elle a été prise, a lieu du consentement des parties ou en vertu d'un jugement.

La demande en réduction peut être formée judiciairement dans deux cas :

1° Lorsque l'inscription judiciaire ou légale frappe sur plus d'immeubles différents qu'il n'est nécessaire pour la sûreté de la créance (C. civ., 2161, 2162, 2164, 2165 ; comp. Cass., 8 février 1888).

Cette règle s'applique aux hypothèques conventionnelles lorsqu'en prévision de l'insuffisance de ses biens présents, le débiteur a hypothéqué ses biens à venir (C. civ., 2130 ; Aubry et Rau, § 282, note 6 ; — *Contra*, Pont, 687).

2° Quand l'évaluation de la créance inscrite est excessive (C. civ., 2132, 2163 à 2165).

192. La réduction des inscriptions de privilège ne peut avoir lieu sans le consentement du créancier (Paris, 17 avril 1884).

X. Radiation des inscriptions.

193. La radiation des inscriptions ne s'opère pas par la rature réelle sur le registre du conservateur ; elle a lieu au moyen d'une mention en marge du texte, signée du conservateur et relatant le titre en vertu duquel elle est faite.

Cette radiation est effectuée, soit en vertu du consentement du créancier ou de ses ayants-droit, soit en exécution d'un jugement ou de l'ordonnance du juge-commissaire à un ordre (C. civ., 2157 ; C. pr., 751, 769, 777).

194. En pratique, le consentement à radiation donné volontairement par le créancier prend le nom de main-levée. — V. MAIN-LEVÉE.

195. Quand le créancier refuse de donner main-levée d'une inscription dont les causes ne subsistent plus, le tribunal en prononce la radiation à la requête des parties intéressées (C. civ., 2159, 2160). — V. RADIATION.

196. Dans les ordres judiciaires, le juge-commissaire ordonne la

radiation des inscriptions non colloquées ; celles colloquées sont radiées sur le consentement des créanciers (C. pr., 751, 759, 769). — V. ORDRE.

Insertion.

1. Annonce dans un journal, dans un tableau spécial, de certains faits intéressant le public : insertion légale.

2. Les principales insertions à faire dans un journal sont : 1° les notifications au procureur de la République à l'effet de purger les hypothèques légales inconnues (Cons. d'État, 1er juin 1807) ; 2° les ventes judiciaires de meubles, de rentes et d'immeubles (C. pr., 617, 646, 696, 836, 945, 960, 972, 988) ; 3° les adjudications pour la vente ou le bail des biens appartenant aux communes, hospices, fabriques, etc. (Décr. 12 août 1807 ; L. 5 avril 1884) ; 4° les demandes en séparation de biens (C. pr., 868) ; 5° les jugements de séparation de corps ou de biens et de divorce (C. pr., 868, 880 ; C. civ., 250 ; C. comm., 66) ; 6° les jugements déclarant la faillite d'un commerçant ou en reportant la date (C. comm., 42, 442) ; 7° les demandes d'envoi en possession par les successeurs irréguliers (C. civ., 770) ; 8° les formations, modifications et dissolutions de sociétés commerciales (L. 24 juillet 1867, art. 56 et suiv.) ; 9° les jugements d'expropriation publique (L. 3 mai 1841).

3. Ces diverses insertions sont justifiées au moyen d'un exemplaire du journal, certifié par l'imprimeur dont la signature doit être légalisée par le maire (C. pr., 698).

4. Depuis l'abolition du timbre des journaux, le certificat de l'imprimeur acquitte un droit de timbre de 60 centimes.

5. L'enregistrement du certificat de l'imprimeur n'est indispensable que pour les sociétés (L. 24 juillet 1867, art. 56).

6. Des insertions dans les tableaux placés dans les tribunaux civils et de commerce et dans les chambres de notaires et d'avoués, sont prescrites en matière de divorce, séparation de corps, séparation de biens, interdiction, dation de conseil judiciaire, contrat de mariage de commerçants (C. civ., 250, 501, 1445 ; C. pr., 866, 867, 872, 880 ; C. comm., 67).

7. Il est justifié de ces insertions par des certificats soumis au timbre. Toutefois, pour le dépôt des contrats de mariage de petits commerçants, les notaires économisent quelquefois les certificats en retirant un simple reçu de la somme versée pour le dépôt à l'effet d'insérer.

8. La purge des hypothèques légales est aussi annoncée dans le tableau du tribunal civil (C. civ., 2194).

Instance.

Série des actes d'une procédure judiciaire ayant pour objet de saisir un tribunal d'une contestation, d'instruire la cause et d'obtenir finalement le jugement qui doit vider le débat.

TRIBUNAL DE PREMIÈRE INSTANCE, tribunal inférieur qui connaît de toutes les contestations en matière civile, à partir d'une certaine somme. Il existe un tribunal de première instance dans chaque arrondissement communal (L. 27 ventôse an VIII, art. 6).

Instance en matière d'enregistrement.

1. La solution des difficultés qui peuvent s'élever relativement à la perception des droits d'enregistrement, avant l'introduction des instances, appartient à la régie (L. 22 frimaire an VII, art. 63).

2. Le premier acte de poursuite pour le recouvrement des droits d'enregistrement et le paiement des amendes, est une contrainte décernée par le receveur, visée et déclarée exécutoire par le juge de paix du canton où le bureau est établi, et signifiée au redevable. L'exécution de la contrainte ne peut être interrompue que par une opposition formée par le redevable et motivée, avec assignation, à jour fixe, devant le tribunal civil (L. frimaire, 64) de l'arrondissement dans lequel se trouve le bureau d'où est émanée la contrainte (Cass., 14 décembre 1819, 30 mai 1826). L'opposant est tenu d'élire domicile dans la commune où siège le tribunal (Art. 64, L. frimaire).

3. L'instruction de l'instance a lieu par simples mémoires respectivement signifiés (Cass., 3 juillet 1844), sans avoués ni avocats (Cass., 14 juin 1864). Le jugement est rendu en audience publique, sur le rapport d'un juge et après conclusions verbales (Cass., 19 19 avril 1847) du ministère public; le jugement n'est pas soumis à appel; il ne peut être attaqué que par voie de cassation (L. frimaire, art. 65).

Institution.

1. Action d'instituer, établir, nommer, choisir.

2. INSTITUTION CONTRACTUELLE, disposition, par contrat de mariage, de tout ou partie d'une succession, en faveur de l'un des

époux et des enfants (C. civ., 1082). — V. Donation aux époux,
n°ˢ 8 à 24,

3. Institution d'héritier, testament ou donation par contrat de
mariage, appelant, soit un étranger à la succession du disposant,
soit un héritier à une portion plus étendue que celle déterminée par
la loi (C. civ., 967, 1002, 1082). — V. Donation aux époux, Legs.

Interdiction judiciaire.

1. L'interdiction judiciaire, prononcée par un tribunal civil, prive
un individu, à raison de la faiblesse ou de l'altération de ses facultés
intellectuelles, du droit de gouverner sa personne et de gérer ses
biens.

I. Causes d'interdiction.

2. Le majeur qui est dans un état habituel d'imbécillité, de démence ou de fureur, doit être interdit, même lorsque cet état présente des intervalles lucides (C. civ., 489).

Un mineur peut aussi être interdit (Dijon, 24 avril 1830 ; Bourges.
22 décembre 1862 ; Laurent, V, 252).

3. Tout parent est recevable à provoquer l'interdiction de son
parent. Il en est de même de l'un des époux à l'égard de l'autre
(C. civ., 490).

Les alliés sont sans qualité pour provoquer l'interdiction de leur
allié (Caen, 21 mars 1861 ; Besançon, 29 juillet 1876 ; Demolombe,
VIII, 468).

4. Dans le cas de fureur, si l'interdiction n'est provoquée ni par
l'époux, ni par les parents, elle doit l'être par le procureur de la
République, qui, dans les cas d'imbécillité ou de démence, peut
aussi la provoquer contre un individu qui n'a ni époux, ni parents
connus (C. civ., 491). Ces cas sont limitatifs ; il n'appartient pas
au ministère public d'agir en d'autres circonstances (Cass., 15 mai
1878).

II. Procédure.

5. La demande en interdiction est portée devant le tribunal civil
de première instance dans le ressort duquel est domiciliée la personne à interdire (C. civ., 492 ; C. pr., 59).

Toutefois, l'interdiction pour cause de fureur peut être provoquée
par le procureur du tribunal du lieu où réside l'individu qui en est
l'objet (Cass., 24 décembre 1838 ; — *Contrà*, Laurent, V, 262).

6. Les faits d'imbécillité, de démence ou de fureur, sont articulés par écrit. Ceux qui poursuivent l'interdiction présentent les témoins et les pièces (C. civ., 493 ; C. pr., 890).

Les membres du conseil de famille ne peuvent être entendus comme témoins (Nancy, 17 décembre 1885).

7. La requête est communiquée au ministère public, et sur le rapport d'un juge commis, le tribunal ordonne que le conseil de famille sera appelé à donner son avis sur l'état de la personne à interdire (C. civ., 494 ; C. pr., 891, 892).

8. Ce conseil de famille est composé suivant les règles ordinaires de la tutelle (C. civ., 407 et suiv., 494). Néanmoins, le conjoint et les enfants de la personne dont l'interdiction est provoquée sont appelés à prendre part à la délibération (C. civ., 495 ; Cass., 13 mars 1833 ; Paris, 15 juin 1857 ; Toulouse, 15 mars 1882).

9. Dans aucun cas, celui qui a provoqué l'interdiction ne peut faire partie du conseil de famille (C. civ., 495), mais ses enfants peuvent y être appelés (Cass., 19 mai 1885).

10. Après avis du conseil de famille et sur ordonnance du président, le tribunal procède, en la chambre du conseil, à l'interrogatoire du défendeur ; s'il ne peut s'y présenter, il est interrogé en sa demeure par l'un des juges du tribunal civil (Dijon, 15 juillet 1877), à ce commis, assisté du greffier. Dans tous les cas, le procureur de la République est présent à l'interrogatoire (C. civ., 496 ; C. pr., 893).

11. Après le premier interrogatoire, et non avant (Paris, 3 mars 1882), le tribunal commet, s'il y a lieu, en chambre du conseil (Cass., 19 février 1856), un administrateur provisoire, pour prendre soin de la personne et des biens du défendeur (C. civ., 497). — V. Administration provisoire.

12. Le tribunal peut rejeter la demande ou prononcer l'interdiction, ou encore se borner à nommer au défendeur un conseil judiciaire pour cause de faiblesse d'esprit ou de prodigalité (C. civ., 499).

13. Quel que soit le jugement, il doit être rendu en audience publique, les parties entendues ou appelées (C. civ., 498).

14. Tout jugement en matière d'interdiction est susceptible d'appel (C. pr., 894).

15. La Cour d'appel peut interroger de nouveau ou faire interroger la personne dont l'interdiction est demandée (C. civ., 500).

En appel, la cause est jugée en audience solennelle (Cass., 29 août 1836, 17 janvier 1876).

16. Tout jugement ou arrêt, en matière d'interdiction, ne peut être rendu que sur les conclusions du ministère public (C. civ., 515).

17. Les irrégularités des formalités antérieures au jugement d'interdiction, ne peuvent être invoquées par les tiers pour soutenir que la personne avec laquelle ils ont contracté, ne se trouvait pas légalement frappée d'incapacité (Cass., 27 avril 1842 ; Aubry et Rau, § 125, note 23).

18. Tout jugement ou arrêt portant interdiction est, à la diligence du demandeur, levé, signifié à partie, et inscrit dans les dix jours sur les tableaux qui doivent être affichés dans la salle de l'auditoire et dans les études des notaires de l'arrondissement (C. civ., 501).

III. Tutelle de l'interdit.

19. L'interdit est assimilé au mineur pour sa personne et pour ses biens (C. civ., 509).

Il est pourvu d'un tuteur et d'un subrogé-tuteur, par délibération prise à l'expiration de la huitaine qui suit le jugement (C. pr., 449), et après que ce jugement a été signifié, s'il y a eu appel après la signification de l'arrêt (C. civ., 505).

La tutelle des interdits est soumise aux mêmes règles que celle des mineurs (C. civ., 509).

20. La tutelle des interdits est dative (C. civ., 505) ; cependant, le mari est de droit le tuteur de sa femme interdite (C. civ., 506), sauf le cas de séparation de corps (Cass., 25 novembre 1857).

21. La femme peut être nommée tutrice de son mari interdit. En ce cas, le conseil de famille règle la forme et les conditions de l'administration, sauf le recours devant les tribunaux de la part de la femme qui se croirait lésée par la décision de la famille (C. civ., 507).

22. Quand la femme est tutrice, elle prend, en cette qualité, l'administration des biens de la communauté et du mari, ainsi que celle de ses biens propres, dont ce dernier avait la gestion. Si la femme n'est pas tutrice, l'administration de ces différents biens appartient au tuteur du mari ; la femme ne peut la réclamer (Orléans, 9 août 1827 ; Demolombe, VIII, 603 ; Aubry et Rau, § 126, note 12).

23. Le tuteur est chargé de recevoir le compte de l'administra-

teur qui a pu être nommé pendant l'instance en interdiction (C. civ., 505).

24. Les revenus de l'interdit doivent être essentiellement employés à adoucir son sort et à accélérer sa guérison. Selon les caractères de sa maladie et l'état de sa fortune, le conseil de famille peut arrêter qu'il sera traité dans son domicile, ou placé, soit dans une maison de santé, soit dans un hospice (C. civ., 510).

25. Lorsqu'il est question du mariage de l'enfant d'un interdit, la dot ou l'avancement d'hoirie et les autres conventions matrimoniales sont réglées par un avis du conseil de famille, homologué par le tribunal, sur les conclusions du ministère public (C. civ., 511).

Cette disposition s'applique aussi au cas où il s'agirait de doter un petit enfant de l'interdit ayant perdu son père ou sa mère enfant de l'interdit (Demolombe, VIII, 586 ; Aubry et Rau, § 126, note 15).

26. Le texte ne parle que du mariage de l'enfant ; cependant, on décide généralement que le conseil de famille pourrait user de la faculté qui lui est accordée, pour faciliter tout autre établissement (Amiens, 6 août 1824 ; Limoges, 6 juin 1842 ; Demolombe, VIII, 588 ; — *Contrà*, Laurent, V, 299).

27. L'interdiction ne cesse pas de plein droit : elle doit être levée par un jugement rendu sur la demande, soit des personnes qui ont droit de la provoquer, soit de l'interdit lui-même. La main-levée ne peut être prononcée qu'après observation des formalités prescrites pour parvenir à l'interdiction (C. civ., 512).

28. Nul, à l'exception de l'époux, des ascendants et descendants, n'est tenu de conserver la tutelle d'un interdit au-delà de dix années (C. civ., 508).

IV. Actes passés par l'interdit.

29. Le jugement d'interdiction produit effet du jour où il a été rendu, même avant toute signification ou publication (Cass., 6 juillet 1868 ; Rouen, 12 mai 1851 ; Laurent, V, 283).

30. Les actes faits par l'interdit postérieurement au jugement d'interdiction sont nuls de droit (C. civ., 502), c'est-à-dire que les tiers ne sont pas admis à établir qu'ils ont été passés dans un intervalle lucide.

Cette nullité ne peut être proposée que par l'interdit, ses représentants ou ayants-cause, et non par les personnes qui ont contracté avec lui (C. civ., 1125).

31. Les actes antérieurs au jugement d'interdiction sont susceptibles d'être annulés, à la demande de l'interdit, de ses représentants ou ayants-cause, lorsque la cause de l'interdiction existait
notoirement à l'époque où ces actes ont été faits (C. civ., 503 ;
comp. Cass., 21 février 1887), ou que l'acte porte la preuve que
l'interdit était incapable d'un consentement valable (Cass., 5 juin
1882).

32. La prescription de cette action en nullité ne commence à
courir qu'à partir de la main-levée de l'interdiction ou du décès de
l'interdit (C. civ., 1304, 2252 ; Chambéry, 19 janvier 1886 ; Laurent,
V, 316 ; Aubry et Rau, § 239, note 34).

33. Après la mort d'un individu, les actes par lui faits ne peuvent
être attaqués pour cause de démence, qu'autant que son interdiction
a été prononcée ou provoquée avant son décès, à moins que la
preuve de la démence résulte de l'acte même qui est attaqué (C.
civ., 504).

34. Toutefois, les donations et testaments peuvent être attaqués
après la mort du disposant pour cause de démence, quoique son
interdiction n'ait été ni prononcée ni provoquée (C. civ., 901 ; Cass.,
7 mars 1864 ; Demolombe, VIII, 673).

Interdiction légale.

1. L'individu condamné contradictoirement à la peine des travaux
forcés perpétuels ou à temps, de la détention ou de la réclusion, est,
pendant la durée de sa peine, en état d'interdiction légale (C. pén.,
29 ; L. 31 mai 1854 ; comp. Béziers, 26 juin 1886).

2. Cette interdiction commence à partir du jour où la condamnation est devenue irrévocable, c'est-à-dire, à défaut de recours en
cassation, du jour qui suit l'expiration du délai accordé pour le
former, et, en cas de recours, du jour de la réception de l'arrêt
qui l'a rejeté (C. pén., 23 ; C. inst. crim., 373 à 375 ; Lyon, 17
août 1867).

Mais l'interdiction ne serait pas encourue si la commutation de la
peine en un simple emprisonnement précédait l'exécution (Tr.
Besançon, 31 décembre 1861).

3. Il est nommé un tuteur et un subrogé-tuteur à l'interdit légalement, dans les formes prescrites pour le mineur (C. pén., 29 ;
comp. C. civ., 405, 420).

4. Le tuteur ne peut remettre aucune somme à l'interdit pendant la durée de sa peine (C. pén., 31).

5. Le condamné à une peine perpétuelle est incapable de disposer de ses biens en tout ou en partie, soit par donation, soit par testament, et de recevoir à ce titre. Tout testament fait par lui antérieurement à sa condamnation contradictoire devenue définitive est nul (L. 31 mai 1854, art. 3).

6. Quant au condamné à une peine temporaire, il est capable de tester (Cass., 27 février 1883 ; Demolombe, XVIII, 462 ; Aubry et Rau, § 85 ; Ortolan, *Élém. de dr. pén.*, 1557).

7. En dehors de l'exception qui vient d'être signalée, les actes passés par l'interdit légalement sont frappés de nullité (Cass., 27 février 1883). Cette nullité est absolue et peut être invoquée, soit par le condamné, soit par les personnes qui ont contracté avec lui. Toutefois, le condamné ne pourrait se prévaloir de la nullité s'il avait dissimulé son incapacité (Cass., 29 mars 1852 ; Aubry et Rau, § 85, note 5 ; Demolombe, I, 193).

8. L'interdiction légale cesse de plein droit du moment où le condamné s'est trouvé légalement dégagé de la peine (C. pén., 30), soit par son accomplissement, soit par l'amnistie ou la grâce, soit par la prescription.

9. Les condamnés à une peine perpétuelle ou temporaire sont privés de l'exercice des droits civils ; cependant, ils peuvent obtenir du gouvernement l'exercice, dans la colonie où ils subissent leur peine, de tout ou partie des droits dont ils sont privés par leur état d'interdiction ; mais les actes par eux faits ne peuvent engager les biens qu'ils possédaient au jour de la condamnation et ceux qui leur sont échus depuis à titre gratuit (L. 8 juin 1850, 30 mai 1854).

10. Quant au condamné par contumace à une peine perpétuelle, il devient, cinq ans après l'exécution par effigie, incapable de disposer et de recevoir par donation ou testament (L. 31 mai 1854, art. 3 ; comp. Demolombe, I, p. 340). — V. CONTUMACE.

Intérêt.

1. Avantage, profit qu'on peut retirer d'un acte, d'une disposition, d'une association.

2. Somme que l'on paie pour l'usage d'une somme d'argent rem-

boursable à terme fixe ou à la volonté de l'une des parties. Les fruits des rentes perpétuelles ou viagères s'appellent arrérages.

Intérêt simple, intérêt perçu sur le capital primitif non accru de ses intérêts.

Intérêt composé, intérêt perçu sur un capital formé du capital primitif avec ses intérêts accumulés jusqu'à l'époque de l'échéance (C. civ., 1154).

Intérêt légal, taux de l'intérêt de l'argent, qui est en France de 5 %, d'après la loi (3 septembre 1807).

Intérêt du commerce, taux de l'intérêt généralement adopté pour le commerce, et qui est de 6 % (L. 3 septembre 1807, 12 janvier 1886).

3. *Intérêts civils*, dédommagement qu'on adjuge en matière criminelle à celui qui a été lésé en sa personne ou en sa propriété par le crime ou le délit qu'on vient de condamner.

4. *Dommages et intérêts*, indemnité due pour préjudice causé et pour l'intérêt de la somme à laquelle ce dommage est évalué (C. civ., 1146, 1205 ; C. pr., 126, 128, 523 ; C. inst. crim., 213, 358, 366 ; C. pén., 52, 117).

Intérêts.

1. Les intérêts sont des fruits civils qui s'acquièrent jour par jour (C. civ., 584, 586), l'année étant comptée pour 365 jours (366 dans l'année bissextile).

Dans les banques, les intérêts sont calculés sur l'année de 360 jours, divisés en 12 mois de 30 jours ; cet usage est illégal (Cass., 4 janvier 1876 ; Angers, 5 février 1874 ; Dijon, 5 juillet 1880).

On a encore, dans la pratique notariale, l'habitude de calculer les intérêts par demi année, tiers ou quart d'année ; mois, demi mois, quart de mois, etc. : la méthode est mauvaise, quoique son défaut soit peu apparent pour les petites sommes.

2. L'intérêt légal, en matière civile, est de 5 %, et, en matière commerciale, de 6 %, sans retenue (L. 3 septembre 1807).

En matière civile, l'intérêt légal est un maximum que les parties ne peuvent dépasser ; l'intérêt conventionnel est libre en matière de commerce (L. 12 janvier 1886).

3. Lorsque des intérêts ont été stipulés sans fixation du taux, le créancier est fondé à exiger l'intérêt légal (Bourges, 11 juin 1825).

4. La quittance du capital donnée sans réserve des intérêts, en fait présumer le paiement et en opère la libération (C. civ., 1908). Quant à la quittance du capital et d'une somme déterminée pour les intérêts, sans réserve pour le surplus, elle fait preuve complète du paiement intégral des intérêts (Cass., 3 janvier 1843).

5. Les créances sont, en principe, soumises à la prescription trentenaire (C. civ., 2257, 2262), les intérêts qui en forment l'accessoire sont cependant soumis à la prescription de cinq ans (C. civ., 2277), calculés en remontant du jour de la demande (Cass., 5 février 1868 ; Aubry et Rau, § 774, note 37 ; Le Roux de Bretagne, 1235).

6. La prescription quinquennale s'applique aux intérêts conventionnels, de plein droit ou judiciaires ; néanmoins, elle est étrangère aux intérêts : 1º d'une créance dont le chiffre n'est pas déterminé (Cass., 9 janvier 1867, 19 décembre 1871) ; 2º des sommes formant le reliquat d'un compte de tutelle ou de mandat non arrêté (Cass., 30 avril 1835, 7 mai 1845, 7 novembre 1864, 12 mars 1878) ; 3º des sommes dues par un copartageant pour dettes, rapports, fruits perçus, etc., tant qu'il n'y a pas eu partage définitif (Cass., 13 décembre 1830 ; Paris, 24 novembre 1838 ; Bordeaux, 21 mars 1856 ; Le Roux de Bretagne, 1251) ; 4º acquittés à la décharge du débiteur par un tiers intéressé ou non à l'extinction de la dette, un codébiteur ou une caution (Rennes, 26 avril 1834, Caen, 7 août 1840 ; Laurent, XXXIII, 461 ; Aubry et Rau, § 774) ; 5º courus pendant une instance interruptive de leur prescription (Cass., 17 mars 1880) ; 6º non exigibles (Rouen, 4 mai 1883).

7. En cas de vente d'une chose frugifère, la stipulation d'intérêts est sous-entendue (C. civ., 1652) ; dans toute autre circonstance (prêt, société, legs, transaction, etc.), les intérêts ne courent qu'en vertu d'une convention formelle.

Il sera toujours prudent de s'expliquer formellement à cet égard et de dire, soit que les intérêts courront jusqu'au paiement réel du capital, soit qu'ils cesseront de plein droit à l'exigibilité de ce capital.

8. A défaut de stipulation contraire, les intérêts courent de plein droit :

1º D'une dot promise, à partir du mariage (C. civ., 1440, 1548) ;

2º Des sommes dues par les époux à la communauté et de celles dues par la communauté aux époux, du jour de la dissolution de la communauté (C. civ., 1473) ;

3° De la dot à restituer en deniers par le mari aux héritiers de la femme dotale, à partir de la dissolution du mariage (C. civ., 1570) ;

4° Des sommes employées par le mandataire à son usage, à partir de cet emploi (C. civ., 1996) ;

5° Des avances faites par le mandataire, à dater du jour de leur constatation (C. civ., 2001) ;

6° Des rapports dus par un cohéritier, à compter de l'ouverture de la succession (C. civ., 856) ;

7° De la somme promise à la société et non fournie, à compter du jour où elle devait être payée (C. civ., 1846) ;

8° Des revenus conservés par le tuteur (autre que le père ou la mère), six mois après l'encaissement, à moins d'autorisation du conseil de famille (C. civ., 454 à 456) ;

9° Du reliquat du compte de tutelle, en faveur du mineur, à compter de la clôture du compte (C. civ., 474) ;

10° D'une somme indûment reçue de mauvaise foi, à compter du versement (C. civ., 1378 ; comp. Cass., 2 juillet 1827) ;

11° D'une lettre de change ou d'un billet à ordre, du jour du protêt (C. comm., 184, 187).

9. Les intérêts courent par l'effet d'une demande en justice :

1° Du reliquat du compte de tutelle à la charge de l'oyant (C. civ., 474) ;

2° D'une créance personnelle d'un époux contre l'autre (C. civ., 1479) ;

3° D'un capital exigible et non stipulé productif d'intérêt (C. civ., 1153) ;

4° De tous fermages, arrérages, intérêts et autres revenus échus (C. civ., 1155) ;

5° Des intérêts payés par un tiers au créancier en l'acquit du débiteur (C. civ., 1155);

6° Des intérêts d'un capital courus pendant une année (C. civ., 1254), notamment pour une somme rapportable par un héritier (Cass., 8 décembre 1884).

10. Pour faire courir les intérêts judiciaires, il faut une demande ou au moins une citation en conciliation, suivie d'une demande en justice, dans le mois, à dater de la non-comparution ou de la non-conciliation (C. civ., 1153 ; C. pr., 57).

Un commandement en vertu d'un titre exécutoire, ou une sommation, ne feraient pas courir les intérêts (Cass., 16 novembre 1826, 13 janvier 1852).

11. A l'égard d'un prix de vente, les intérêts courent par une simple sommation de payer (C. civ., 1652 ; Cass., 25 avril 1881).

12. La demande d'intérêts formée contre l'un des débiteurs solidaires, fait courir les intérêts à l'égard de tous (C. civ., 1207).

13. Les intérêts cessent de courir : 1º en cas d'offres suivies de consignation déclarée valable, à compter de la consignation (C. civ., 1257 ; C. pr., 816) ; 2º à partir de la faillite du débiteur pour les sommes non gagées spécialement (C. comm., 445).

14. On peut stipuler d'avance, dans un prêt civil, que les intérêts non payés seront, à la fin de chaque année, capitalisés avec la somme principale, et produiront eux-mêmes intérêt (C. civ., 1154 ; Cass., 11 décembre 1844, 11 août 1859, 15 juin 1868, 9 janvier 1877 ; — *Contrà*, Nancy, 16 décembre 1880 ; Demolombe, XXIV, 656).

15. Le paiement partiel fait par le débiteur d'une dette productive d'intérêts, s'impute d'abord sur les intérêts (C. civ., 1254). — V. IMPUTATION DES PAIEMENTS.

16. Quand le débiteur d'une somme non productive d'intérêt a néanmoins acquitté des intérêts, il ne peut ni les répéter, ni les imputer sur le capital (C. civ., 1906).

Interligne.

Vide, espace, blanc entre deux lignes écrites ou imprimées. Écriture entre deux lignes.

Les interlignes sont défendues aux notaires (L. 25 ventôse an XI, art. 16), conservateurs des hypothèques (C. civ., 2203), agents de change (C. comm., 84), greffiers criminels (C. inst. crim., 78), etc.

Interlocutoire.

Jugement qui ordonne une preuve, une instruction préalable, à l'effet de parvenir au jugement définitif, mais qui préjuge le fond (C. pr., 15, 452).

Interposition.

Action de placer, faire intervenir une personne entre deux autres.

Disposition entre-vifs ou testamentaire à une personne, avec convention de la transmettre à une autre qui ne pouvait la recevoir directement (C. civ., 911, 1099, 1100, 1596 ; C. pr., 711). — V.

Donation entre-vifs, 9 à 11 ; Donation entre époux, 52 à 60 ; Vente.

Interprétation.

1. Explication, commentaire d'une loi ou d'une convention.

I. Conventions.

2. Les conventions doivent être exécutées de bonne foi, non seulement pour tout ce qui y est exprimé, mais encore pour toutes les suites que l'équité, l'usage ou la loi donnent à l'obligation d'après sa nature (C. civ., 1134, 1135).

3. Le juge appelé à interpréter une convention, doit rechercher qu'elle a été la commune intention des parties contractantes, plutôt que de s'arrêter au sens littéral des termes (C. civ., 1156).

4. Lorsqu'une clause est susceptible de deux sens, on doit plutôt l'entendre dans celui avec lequel elle peut avoir quelque effet, que dans le sens avec lequel elle n'en pourrait produire aucun (C. civ., 1157 ; comp. C. civ., 6, 1172).

Cette règle est applicable en matière de testament (Cass., 21 août 1866).

5. Les termes susceptibles de deux sens doivent être pris dans le sens qui convient le plus à la matière du contrat (C. civ., 1158).

6. Ce qui est ambigu s'interprète par ce qui est d'usage dans le pays où le contrat est passé (C. civ., 1159 ; comp. C. civ., 1736).

7. On doit suppléer dans le contrat les clauses qui y sont d'usage, quoiqu'elles n'y soient pas exprimées (C. civ., 1135, 1160).

8. Toutes les clauses des conventions s'interprètent les unes par les autres, en donnant à chacune le sens qui résulte de l'acte entier (C. civ., 1161).

9. Dans le doute, la convention s'interprète contre celui qui a stipulé, et en faveur de celui qui a contracté l'obligation (C. civ., 1162 ; comp. C. civ., 1315).

Au contraire, dans la vente, tout pacte obscur ou ambigu s'interprète contre le vendeur (C. civ., 1602).

10. Quelque généraux que soient les termes dans lesquels une convention est conçue, elle ne comprend que les choses sur lesquelles il paraît que les parties se sont proposé de contracter (C. civ., 1163 ; comp. C. civ., 2048, 2049).

11. Lorsque, dans un contrat, on a exprimé un cas pour l'expli-

cation de l'obligation, on n'est pas censé avoir voulu par là restreindre l'étendue que l'engagement reçoit de droit aux cas non exprimés (C. civ., 1164 ; comp. C. civ., 1626, 1719).

II. Lois.

12. Les tribunaux ont le droit et le devoir d'interpréter les lois ou de suppléer à leur silence, en tant que cela est nécessaire pour décider les affaires qui leur sont soumises.

13. En matière civile, tout juge qui refuserait de dire droit aux parties, sous prétexte du silence, de l'obscurité ou de l'insuffisance de la loi, pourrait être poursuivi comme coupable de déni de justice (C. civ., 4).

14. D'un autre côté, il est interdit aux tribunaux de prononcer, par voie de disposition générale et réglementaire, sur les causes qui leur sont soumises (C. civ., 5).

15. La Cour de Cassation est chargée de régulariser l'interprétation judiciaire, en ramenant sans cesse les tribunaux à une jurisprudence uniforme (L. 1er décembre 1790, 1er avril 1837).

Interprète.

1. Celui qui est chargé de traduire les paroles de deux personnes qui se parlent en des langues différentes.

2. Quand les parties, dans un acte notarié, ne connaissent pas le français, et que le notaire n'entend pas leur langue, il faut que leurs volontés soient traduites et expliquées en français.

Si le notaire et les témoins connaissent tous l'idiome de la partie ne sachant pas le français, les volontés sont traduites oralement par le notaire qui écrit ensuite les conventions en français. Du reste, le notaire a la faculté de faire une traduction de l'acte, à mi-marge, dans l'idiome de la partie (Arr. 24 prairial an XI, art. 2).

Quand le notaire et les témoins ne connaissent pas l'idiome, il est indispensable de faire assister l'étranger (ou français n'entendant pas la langue française) d'un interprète nommé par les parties, ou, à défaut d'entente, par le président du tribunal civil.

L'interprète, qui ne peut être l'un des témoins, prête serment aux mains du notaire (Cass., 19 décembre 1815).

La présence de l'interprète doit être mentionnée dans l'acte qu'il signe avec les témoins.

3. Devant les tribunaux, les interprètes ne peuvent être pris parmi les témoins, les juges ou les jurés (C. inst. crim., 332, 333).

Interrogatoire.

Lorsque des parties sont en procès, elles peuvent, en toutes matières et en tout état de cause, demander à se faire interroger sur les faits relatifs au litige, sans que l'interrogatoire puisse retarder ni l'instruction, ni le jugement (C. pr., 324 à 336 ; comp. C. civ., 1347, 1354).

Le juge fait subir un interrogatoire à celui dont on demande l'interdiction (C. civ., 496 ; C. pr., 893). — V. INTERDICTION.

Interruption.

Acte ou fait qui trouble une possession, empêche la continuation d'un fait ou d'une procédure, aboutissant à un résultat prévu par la loi (C. civ., 2242, 2243, 2244 et suiv., 2263 ; C. pr., 344). — V. PRESCRIPTION.

Intervention.

1. Action d'intervenir, de s'ingérer, de se mêler d'une affaire, de s'y rendre partie.

2. Celui qui intervient à un acte notarié déclare en adopter les dispositions, par exemple : le débiteur, dans le transport sur lui (C. civ., 1690) ; le créancier d'un copartageant, dans le partage (C. civ., 882) ; la caution, dans l'obligation du débiteur principal ; le vendeur, dans la quittance donnée par ses créanciers à son acquéreur.

3. L'intervention d'une tierce personne dans les débats d'un procès commencé, est recevable toutes les fois que l'intervenant à un intérêt au résultat de la contestation (C. pr., 339 à 341, 406, 466 ; comp. Cass., 3 janvier 1883, 26 janvier 1888).

Un notaire a le droit d'intervenir dans une instance en inscription de faux lorsqu'il est le rédacteur de l'acte argué de faux (Cass., 24 juillet 1840, 26 janvier 1886).

L'intervention d'une Chambre de notaires doit être admise au procès pouvant causer un préjudice à la corporation (Cass., 25 juillet 1870 ; Besançon, 28 juillet 1877).

4. Une lettre de change que le tiré refuse d'accepter peut être

acceptée par un tiers étranger à cette lettre de change. C'est ce que l'on appelle l'acceptation par intervention (C. comm., 126 à 128).

Intestat.

Qui n'a pas fait de testament. — V. AB INTESTAT.

Intimation.

Action d'intimer ; sommation, signification juridique ; assignation devant une autorité supérieure.

Déclaration d'appel d'un jugement ou d'une sentence. On nomme *intimé* celui contre lequel est interjeté l'appel (C. pr., 443, 458).

Inventaire.

1. Catalogue, état sur lequel sont inscrits et décrits, article par article, tous les objets, immeubles, meubles, marchandises, titres, papiers, appartenant à une personne, à une indivision, à un établissement public.

2. Au point de vue notarial, l'inventaire est un relevé descriptif et estimatif des biens meubles d'une succession, d'un absent, d'un interdit, d'une communauté, d'une société, etc., avec analyse des titres et papiers relatifs aux biens mobiliers et immobiliers et renseignements sur l'actif et le passif (C. pr., 935, 943).

3. En droit commercial, l'inventaire est un état de l'actif mobilier et immobilier d'un commerçant, et qu'il est tenu de faire lui-même chaque année (C. comm., 9).

4. En matière administrative, diverses lois ordonnent le dressé d'inventaires du mobilier des établissements publics : préfectures, mairies, évêchés, cures, fabriques, etc. (Décr. 30 décembre 1809 ; Ord. 7 avril 1819, 3 février 1830, 4 janvier 1832, 7 août 1841).

Il n'est question ici que de la pratique notariale.

§ 1ᵉʳ.

RÈGLES GÉNÉRALES.

5. L'inventaire est un acte conservatoire, c'est-à-dire ayant pour but de sauvegarder les droits des intéressés en attendant le règlement définitif.

6. Ce sont les notaires qui ont seuls qualité pour procéder aux

inventaires après décès, absence, interdiction, dissolution de communauté, etc. (L. 27 mars 1791, art. 10 ; C. pr., 935).

Il n'y a que deux exceptions : 1° les inventaires après faillite sont dressés par les syndics (C. comm., 479) ; 2° les inventaires par commune renommée sont faits sous forme d'enquête par les magistrats (Cass., 17 janvier 1838).

I. Quand l'inventaire est utile.

7. Après le décès d'une personne, l'inventaire est obligatoire :

1° Quand, parmi les héritiers, donataires ou légataires universels, il se trouve des absents, des mineurs, interdits ou aliénés (C. civ., 113, 451, 461, 509, 819, 821, 1031 ; C. pr., 930, 931 ; L. 30 juin 1838, art. 36) ;

2° Si les ayants-droit veulent accepter la succession sous bénéfice d'inventaire (C. civ., 793, 794) ;

3° Lorsque la veuve ou ses héritiers veulent se réserver la faculté de renoncer à la communauté, ou n'être tenus des dettes que jusqu'à concurrence de leur émolument (C. civ., 1453, 1456, 1461, 1483) ;

4° Quand les scellés ont été apposés et qu'il y a des oppositions à leur levée (C. civ., 820 ; C. pr., 937, 940) ;

5° Si l'un des héritiers est marié, soit en communauté d'acquêts (C. civ., 1499), soit en communauté avec exclusion du mobilier futur (C. civ., 1504), soit même en communauté légale, pour une succession en partie mobilière et en partie immobilière (C. civ., 1414) ;

6° Lorsque la femme héritière est soumise au régime dotal ou mariée sans communauté (C. civ., 1532, 1562) ;

7° Quand il y a un exécuteur testamentaire (C. civ., 1031) ;

8° En cas de vacance de la succession (C. civ., 813 ; C. pr., 1000) ;

9° Si, à défaut d'héritiers au degré successible, la succession est réclamée par l'enfant naturel, le conjoint survivant ou l'État (C. civ., 758, 769, 773) ;

10° Lorsqu'il y a substitution universelle ou à titre universel faite par le défunt (C. civ., 1058) ;

11° S'il y a un légataire en usufruit (C. civ., 600, 626) ;

12° En cas de dissolution, de communauté ou société d'acquêts, lorsqu'il existe des enfants mineurs, afin que le survivant ne perde pas la jouissance légale de leurs biens (C. civ., 1442).

8. L'inventaire est utile même pour un unique héritier marié, afin de lui permettre d'exercer la reprise en nature ou en deniers des biens mobiliers recueillis (C. civ., 1499).

9. Après déclaration de l'absence d'une personne, ceux qui ont obtenu l'envoi en possession provisoire, et l'époux présent optant pour la continuation de la communauté, doivent faire procéder à l'inventaire (C. civ., 126).

10. Quand une personne est interdite légalement (C. pén., 29), ou judiciairement (C. civ., 509), le tuteur est obligé de faire dresser inventaire des biens de l'interdit.

11. Pendant l'instance en interdiction judiciaire, l'administrateur provisoire nommé par le tribunal trouvera une utilité réelle à faire procéder à l'inventaire des biens de l'aliéné.

12. La femme divorcée, séparée de corps ou séparée de biens, qui veut accepter la communauté pour n'être tenue des dettes que jusqu'à concurrence de son émolument, est obligée de faire inventaire (C. civ., 1463, 1483).

Du reste, l'époux demandeur en divorce ou en séparation de corps a toujours soin de faire mettre les scellés et dresser inventaire au début de l'instance (C. civ., 242).

13. Enfin, en principe, un inventaire est obligatoire pour toute personne qui prend l'administration ou la jouissance d'une universalité de meubles appartenant à autrui.

II. Délais pour faire inventaire.

14. L'héritier, la veuve, la femme séparée ou divorcée, ont trois mois du jour de l'ouverture de la succession ou de la dissolution de la communauté pour faire inventaire (C. civ., 769, 795, 1456, 1459; C. pr., 174).

En cas de séparation ou de divorce, le délai court du jour où le jugement est devenu définitif (C. civ., 1463).

D'ailleurs, l'héritier, la veuve, la femme séparée ou divorcée, peuvent obtenir du juge une prorogation de délai, s'ils ont des motifs sérieux pour ne pas faire l'inventaire dans le délai légal (C. pr., 173).

15. Si la femme meurt avant les trois mois, sans avoir fait inventaire, ses héritiers ont un nouveau délai de trois mois après son décès pour y procéder (C. civ., 1461).

16. Le délai de trois mois pour faire inventaire est applicable à

l'époux survivant usufruitier légal des biens de ses enfants mineurs (C. civ., 1442, 384). — V. n° 97.

17. L'usufruitier et l'usager doivent procéder à l'inventaire avant leur entrée en jouissance (C. civ, 600, 626).

18. Le tuteur n'a que dix jours à partir de sa nomination, dûment connue de lui, pour faire commencer l'inventaire (C. civ., 451). Ce délai n'est pas fatal, mais le tuteur serait responsable du préjudice que le retard pourrait causer au mineur (Demolombe, VII, 568).

19. En matière de substitution, le grevé doit faire procéder à l'inventaire des biens substitués dans le délai de trois mois (C. civ., 795, 1059), à défaut de quoi, le tuteur à la substitution y fait procéder dans le mois suivant (C. civ., 1060).

20. Le premier acte du curateur à une succession vacante, consiste à en faire constater l'état par inventaire (C. pr., 1000).

21. Les syndics de faillite doivent procéder à l'inventaire dans les trois jours de leur nomination (C. comm., 479).

22. A la suite de décès, l'inventaire ne peut être fait que trois jours francs après l'inhumation, en l'absence de scellés, ou trois jours après l'apposition des scellés, si elle a été faite depuis l'inhumation (C. pr., 928).

Ce délai est fixé pour donner aux parties le temps de comparaître, et aussi pour cause de décence publique.

23. Toutefois, dans les circonstances urgentes, en présentant requête au président du tribunal civil, on peut obtenir l'autorisation de procéder à l'inventaire avant les trois jours (C. pr., 928).

III. Personnes qui peuvent requérir l'inventaire.

24. L'inventaire n'a lieu que sur la réquisition des parties intéressées ayant le droit de requérir la levée des scellés (C. pr., 941), ce qui comprend :

1° Tous ceux qui prétendent droit dans la succession ou dans la communauté ;

2° Les créanciers fondés en titre exécutoire ou autorisés, soit par le président du tribunal de première instance, soit par le juge de paix du canton où le scellé est apposé (C. pr., 909, 930, 941);

3° L'exécuteur testamentaire (C. civ., 1031) ;

4° Le curateur à la succession vacante (C. civ., 813 ; C. pr., 1000).

25. Par prétendants-droit dans la succession ou dans la communauté, on entend : le conjoint survivant, les héritiers présomptifs, les donataires ou légataires universels ou à titre universel, soit en propriété, soit en usufruit, et les successeurs irréguliers.

Le conjoint survivant ne serait pas fondé à requérir l'inventaire s'il n'était ni commun en biens, ni donataire ou légataire d'une quotité, ni tuteur des héritiers mineurs. En dehors de ces cas, l'époux survivant n'a que le droit d'assister à l'inventaire.

Néanmoins, la veuve, nantie d'un titre exécutoire pour ses reprises, ou autorisée par le juge, pourrait requérir l'inventaire (Dutruc, 164; Chauveau, *Quest.*, 3141 *ter*).

26. Lorsqu'une femme se déclare enceinte au décès de son mari, qui n'a pas laissé d'autre enfant, les parents qui seraient appelés à la succession si l'enfant ne naissait pas viable, sont fondés à requérir l'inventaire pour la conservation de leurs droits éventuels.

27. En présence d'un légataire universel, les héritiers réservataires ont toujours le droit de requérir l'inventaire.

28. Quant aux héritiers non réservataires, dépouillés par un legs universel résultant, soit de testament authentique, soit de testament olographe ou mystique suivi d'envoi en possession, ils ne peuvent faire dresser inventaire qu'à la condition d'attaquer la disposition (Douai, 6 août 1838; Bordeaux, 15 décembre 1828; Demolombe, XXI, 512; — *Contrà*, Rennes, 11 août 1858).

Cependant, ce droit leur a été reconnu, sans distinction, entre le testament authentique et le testament olographe ou mystique suivi d'envoi en possession, sous la seule condition d'avancer les frais d'inventaire (Douai, 28 mai 1845; Rennes, 11 août 1858; Nancy, 6 mars 1885) qui restent à leur charge, si le testament est maintenu.

29. Avant l'envoi en possession du légataire institué par testament olographe ou mystique, les héritiers du sang, non réservataires, peuvent être admis à requérir l'inventaire (Caen., 30 juin 1824; Paris, 7 décembre 1829).

30. Le père, administrateur légal, requiert l'inventaire pour son enfant mineur.

31. Le tuteur du mineur ou de l'interdit peut requérir l'inventaire d'une succession échue à son pupille (C. pr., 929, 941 ; C. civ., 451).

32. Un successible aliéné non interdit, placé dans un établisse-

ment public, est représenté par un membre de la commission administrative de cet établissement ; si l'aliéné est dans un établissement privé, il doit avoir un administrateur nommé par le tribunal, sinon il faut faire commettre un notaire (L. 30 juin 1838, art. 31, 32 et 36). Le directeur de l'Assistance publique de Paris est tuteur de tous les aliénés placés dans des établissements de l'Assistance publique (L. 10 janvier 1849, art. 3).

33. Le mineur émancipé requiert l'inventaire avec l'assistance de son curateur (*Contrà*, Chauveau, 3143 *bis*). Le mari est de droit curateur de sa femme mineure (Cass., 4 février 1868).

34. Quant au prodigue, il doit aussi être assisté de son conseil pour requérir l'inventaire (Chauveau, *Quest.*, 3143 *bis* ; — *Contrà*, Rouen, 19 avril 1847).

35. Le mari a le droit de faire procéder seul aux inventaires dans lesquels sa femme est intéressée, toutes les fois qu'il a l'administration de ses biens, comme conséquence de la communauté légale ou conventionnelle (C. civ., 1428), de l'exclusion de communauté (C. civ., 1531) et de la dotalité générale (C. civ., 1542).

Toutefois, l'inventaire pouvant contenir des aveux, reconnaissances et déclarations, il sera toujours plus prudent d'appeler la femme.

36. Du reste, la femme requiert l'inventaire, avec l'autorisation de son mari, si elle est séparée de biens ou si les biens échus sont paraphernaux (Dijon, 15 février 1844).

37. Quand le mari est absent, empêché d'autoriser sa femme, ou refuse de l'autoriser, celle-ci est obligée de recourir à l'autorisation de justice pour requérir l'inventaire. En outre, si les époux sont soumis à la communauté légale, le mari doit être sommé d'assister à l'inventaire ou représenté par un notaire commis, parce que le mobilier échu à la femme appartient à la communauté.

38. Après la séparation de corps, la femme peut requérir l'inventaire sans autorisation de son mari ou de justice, mais alors elle ne pourra y faire aucun aveu ou reconnaissance de nature à engager ses biens.

39. Le mari de la femme séparée de corps a le droit d'être présent à l'inventaire de la succession échue à sa femme soumise au régime dotal, afin de veiller à la conservation de la dot (Paris, 18 août 1868).

40. Le syndic de la faillite d'un héritier peut requérir l'inventaire de la succession échue au failli (Paris, 7 juillet 1832).

41. Si le défunt a fait une substitution, l'inventaire a lieu à la requête du grevé, ou, à son défaut, à celle du tuteur nommé pour l'exécution, ou encore à la diligence des appelés (C. civ., 1059 à 1061).

42. Les créanciers ne peuvent requérir l'inventaire que si les ayants-droit négligent de le faire dresser.

43. Un exécuteur testamentaire, avec ou sans saisine, a toujours le droit de faire procéder à l'inventaire, à moins que les héritiers ne lui remettent ou consignent somme suffisante pour acquitter les dettes et les legs (C. civ., 1027).

44. En cas d'absence, l'inventaire a lieu à la requête des envoyés en possession ou de l'époux qui a opté pour la continuation de la communauté (C. civ., 126).

45. Sur la demande en séparation ou en divorce, l'inventaire est requis par la femme ; à l'ouverture de l'usufruit, par l'usufruitier ; après faillite, par les syndics.

IV. Personnes qui doivent ou peuvent y assister.

46. Il faut toujours appeler à l'inventaire : 1° le conjoint survivant ; 2° les héritiers présomptifs ; 3° l'exécuteur testamentaire, si le testament est connu ; 4° les donataires et légataires universels ou à titre universel, soit en propriété, soit en usufruit, ou eux dûment appelés, s'ils demeurent dans la distance de cinq myriamètres ; s'ils demeurent au-delà, il doit être appelé, pour tous les absents, un seul notaire, nommé par le président du tribunal civil de première instance, pour représenter les parties appelées et défaillantes (C. pr., 942 ; Alger, 9 juin 1877).

47. Le subrogé-tuteur de l'héritier mineur ou interdit doit nécessairement être appelé à l'inventaire, sans qu'il y ait à distinguer si l'incapable a ou non des intérêts contraires à ceux de son tuteur (C. civ., 451, 1442).

48. Le légataire universel par testament authentique, ou par testament olographe ou mystique suivi d'envoi en possession, peut procéder à l'inventaire hors la présence des successibles évincés, s'ils n'ont pas déclaré contester le testament, ou former opposition à la levée des scellés (Riom, 31 décembre 1827 ; Rennes, 2 avril 1884 ; Seine, 27 mai 1886 ; Allain et Carré, 1294 ; Ségéral, 837 ; — *Contrà*, Paris, 4 mars 1886).

49. Le père administrateur légal, pendant le mariage, n'a personne à appeler pour l'inventaire intéressant son enfant.

50. Quand un héritier est en faillite, c'est le syndic qui le représente ; néanmoins, il est bon d'appeler le failli à l'inventaire pour qu'il fournisse des renseignements.

51. Le légataire universel ou à titre universel doit être présent à l'inventaire, quoique le testament soit attaqué ; il y a titre apparent.

52. La présence des légataires particuliers n'est pas exigée. Néanmoins, on les appelle toutes les fois que leur legs comprend, soit des meubles d'une nature spéciale (effets du défunt, linges, bijoux, etc.), soit le mobilier d'une chambre ou d'un autre appartement.

53. L'enfant naturel reconnu est nécessairement appelé à l'inventaire, alors même qu'il aurait reçu des avances excédant sa part (Cass., 1er mars 1875).

54. On y appelle aussi les créanciers de la succession, lorsqu'ils ont formé opposition à la levée des scellés ou à l'inventaire ; mais ils ne peuvent assister qu'à la première vacation ; ils sont ensuite représentés par un seul mandataire ou par l'avoué le plus ancien (C. pr., 927, 932). En l'absence d'avoué, les intéressés conviennent d'un mandataire ; à défaut d'entente, le mandataire est nommé d'office par le juge de paix ; s'il n'y a pas de scellés, le mandataire ne peut être choisi que par le président du tribunal civil. L'opposant ayant des intérêts différents de ceux des autres, peut assister, à ses frais, à la continuation de l'inventaire (C. pr., 933).

55. A l'égard des créanciers personnels d'un héritier, on leur dénie le droit d'assister à l'inventaire (C. pr., 934), lorsque leur débiteur est présent ou représenté (Douai, 26 mars 1824 ; Paris, 17 juillet 1867).

56. Les tiers qui réclament des titres ou valeurs dans la succession, sont appelés officieusement à l'inventaire pour faire connaître leurs réclamations en détail ; ils ne sont appelés officiellement, en qualité de créanciers, que lorsqu'ils ont formé opposition.

57. Il est de toute évidence que ceux qui ont le droit d'être présents à un inventaire, peuvent s'y faire représenter par mandataires, mais le même mandataire serait incapable d'agir au nom de deux personnes ayant des intérêts opposés : par exemple, le tuteur et le subrogé-tuteur.

58. Après déclaration d'absence, l'inventaire est dressé en pré-

sence du procureur de la République ou d'un juge de paix par lui requis (C. civ., 126).

59. L'inventaire auquel est tenu l'usufruitier au moment de son entrée en jouissance, doit être fait en présence du propriétaire ou lui dûment appelé (Cass., 22 mars 1883).

60. Tant que l'absence d'un militaire n'est pas déclarée, il doit être représenté à l'inventaire par un curateur nommé par le conseil de famille (L. 11 ventôse an II; comp. Cass., 23 août 1837).

V. Notaire représentant des intéressés.

61. Lorsque parmi les intéressés à un inventaire, il se trouve des présumés absents, le tribunal, à la requête de la partie la plus diligente, commet un notaire pour les représenter (C. civ., 113).

Il s'agit ici d'un individu absent depuis quelque temps lors de l'ouverture de la succession, dont le domicile est inconnu, quoique son existence soit reconnue ou au moins non méconnue par les autres intéressés.

62. Au contraire, s'il s'ouvre une succession à laquelle soit appelé un individu dont l'existence ne soit pas reconnue, elle est dévolue exclusivement à ceux avec lesquels il aurait eu le droit de concourir, ou à ceux qui l'auraient recueillie à son défaut (C. civ., 136); dans ce cas, il n'est pas utile de faire commettre un notaire (Bordeaux, 16 mai 1832; Amiens, 12 décembre 1838; Bourges, 17 janvier 1872; Demolombe, II, 203; Aubry et Rau, § 158).

Le notaire chargé de dresser un inventaire dans ces conditions, ne peut encourir aucune responsabilité; néanmoins, s'il a des craintes, il pourra demander un référé, afin de faire décider par le juge qu'il n'y a pas lieu de faire représenter l'individu dont l'existence n'est pas reconnue (Demolombe, II, 213).

63. Il va sans dire qu'il n'y a pas à commettre un notaire pour représenter des intéressés inconnus (Rouen, 28 décembre 1843).

64. Les intéressés non présents, sur l'existence desquels il n'y a pas incertitude et demeurant hors de la distance de cinq myriamètres, sont représentés par un notaire commis sur simple requête (C. pr., 931, 942) par le président du tribunal.

65. Les héritiers résidant dans la distance de cinq myriamètres ne sont pas représentés par un notaire; il suffit de leur faire sommation à la requête de la partie poursuivant l'inventaire (Cass., 17 avril 1828; Toulouse, 8 décembre 1837; Dalloz, *Scellés*, 120).

Néanmoins, en cas d'urgence, ces héritiers pourraient être représentés par un notaire commis (C. pr., 928).

66. Un notaire est aussi commis pour représenter les aliénés n'ayant pas d'administrateur provisoire (L. 30 juin 1838, art. 36).

67. Un seul notaire suffit pour représenter tous les absents ; un autre pour les non présents, et un autre pour les aliénés. Le même notaire ne représenterait pas valablement ces diverses catégories d'individus.

68. Il nous paraît évident que le notaire commis ne peut représenter les non présents ou présumés absents à un inventaire dressé en dehors de son ressort, car la commission s'applique à la fonction.

VI. Choix des notaires et experts.

69. Le conjoint commun en biens, les héritiers, l'exécuteur testamentaire, et les légataires universels ou à titre universel, pourront convenir du choix d'un ou deux notaires et d'un ou deux commissaires-priseurs ou experts ; s'ils n'en conviennent pas, il est procédé, suivant la nature des objets, par un ou deux notaires, commissaires-priseurs ou experts nommés d'office par le président du tribunal·de première instance (C. pr., 935).

70. Cette nomination a lieu sur référé introduit par requête lorsqu'il n'y a pas scellés ; dans le cas contraire, il en est référé par le juge de paix sur le procès-verbal de scellés (Bordeaux, 15 janvier 1807 ; Orléans, 24 décembre 1821).

71. La décision du juge du référé est susceptible d'appel (Orléans, 24 novembre 1857 ; Chambéry, 27 avril 1880 ; comp. C. pr., 809).

72. En principe, le juge n'est pas obligé de choisir entre les officiers publics présentés par les parties ; il est libre d'en nommer d'autres, comme d'en désigner deux au lieu d'un seul (Colmar, 11 novembre 1831 ; Bordeaux, 15 avril 1835 ; Caen, 12 juin 1854).

1° *Notaires.*

73. En cas de conflit entre notaires appartenant à la même compagnie, la question sera soumise à la Chambre ; elle tranchera d'après son règlement particulier ; c'est le meilleur juge en pareil cas (Cass., 14 mars 1864) ; néanmoins, si les parties ne s'en rapportent pas à l'appréciation de la Chambre, son avis ne lie pas le président du tribunal pour le choix définitif (Cass., 5 juillet 1875).

74. En cas de difficulté entre notaires de compagnies différentes, il ne peut être question de consulter les Chambres, car leurs règlements sont souvent en désaccord. Le recours au juge des référés est nécessaire pour la nomination d'office du notaire ou des deux notaires, avec désignation de celui qui aura la minute (Cass., 26 janvier 1886 ; Rouen, 21 janvier 1879 ; Paris, 21 décembre 1885).

75. Ont le droit de concourir à la désignation du notaire ou des deux notaires chargés de procéder à l'inventaire : l'époux survivant commun en biens ou légataire d'une quotité de biens (Orléans, 9 novembre 1887) ; les héritiers (Paris, 19 mars 1850) ; les donataires ou légataires à titre universel (Rouen, 18 janvier 1882) ; l'exécuteur testamentaire avec ou sans saisine (Paris, 21 décembre 1885). Ce droit n'appartient pas aux créanciers de la succession (Amiens, 26 mai 1879), ni à plus forte raison à ceux des héritiers (Toulouse, 18 juillet 1887).

76. Aucune préférence n'est attribuée pour le choix du notaire, soit à la veuve, soit aux héritiers, soit encore à l'exécuteur testamentaire ou aux légataires universels (Cass., 26 janvier 1886 ; Rouen, 21 janvier 1879).

77. La minute doit être attribuée au notaire de la partie qui a le plus d'intérêt à la conservation de l'inventaire (Paris, 21 mai 1879).

78. En cas de dissentiment entre le conjoint survivant commun en biens et légataire de l'usufruit, et le légataire universel, le juge peut commettre les deux notaires et attribuer la garde de la minute au notaire du légataire universel (Dijon, 2 décembre 1874).

79. C'est au conjoint survivant, légataire universel, qu'il appartient de choisir le notaire, lorsqu'il n'est en présence que d'un ascendant réservataire (Orléans, 9 novembre 1887).

80. Autrefois, l'ancienneté entre les notaires donnait droit à la conservation de la minute (Paris, 22 août 1831, 12 juillet 1832, 4 janvier 1833 ; Nancy, 24 août 1835).

Depuis, la préférence a été donnée au notaire du domicile du défunt (Paris, 17 janvier 1843, 19 mars 1850 ; Versailles, 23 juin 1868).

Maintenant, le choix porte sur le notaire qui était chargé des intérêts du *de cujus* et dans l'étude duquel se trouvent les minutes de la plupart des actes nécessaires pour la liquidation (Paris, 11 décembre 1860, 21 décembre 1885 ; Rouen, 30 août 1884).

81. C'est à l'usufruitier qu'appartient le droit de choisir le notaire

chargé de dresser l'inventaire exigé par l'article 600 du Code civil
(Bordeaux, 17 décembre 1879).

Si le droit de l'usufruitier est contesté, l'inventaire a lieu par le
notaire du nu-propriétaire (Caen, 4 janvier 1886).

82. D'ailleurs, lorsque l'usufruitier agit, en outre, comme conjoint
commun en biens et comme donataire, en cas de désaccord avec
le nu-propriétaire, le notaire doit être désigné par le président
(Cass., 31 janvier 1870).

83. Quand le défunt a choisi, par son testament, le notaire qui
doit procéder à l'inventaire, ce choix n'est pas obligatoire pour les
héritiers (Orléans, 10 juillet 1885 ; Dalloz, 64).

84. Lorsqu'après séparation de corps, un notaire a été commis
pour procéder à la liquidation, il a le droit, à l'exclusion de tous
autres, de dresser l'inventaire qui doit être considéré comme l'accessoire de la liquidation (Paris, 3 octobre 1839).

2° Officiers-priseurs et experts.

85. Dans la commune où réside un commissaire-priseur, cet
officier public a le droit de procéder à la prisée à l'exclusion de
tous autres (L. 27 ventôse an IX, art. 1 ; 28 avril 1816, art. 89 ;
C. pr., 935).

86. Dans les autres localités, le droit de faire la prisée des meubles et objets mobiliers dans les inventaires appartient aux commissaires-priseurs, notaires, greffiers et huissiers, concurremment
entr'eux, même en dehors de leur ressort (L. 18 septembre 1793,
art. 1 ; Douai, 26 août 1835).

87. Aucune autre personne n'a le droit de s'immiscer dans ces
opérations. Toutefois, l'expert choisi par le subrogé-tuteur pour
estimer les meubles que le père ou la mère, ayant la jouissance
des biens de son enfant mineur, voudrait conserver en nature,
peut être pris en dehors des officiers publics (Rennes, 14 janvier
1835 ; Nîmes, 22 février 1837 ; Grenoble, 5 décembre 1839 ; —
Contrà, Bioche, 161).

88. Quand l'inventaire est dressé hors la résidence d'un commissaire priseur : 1° le greffier de paix rédacteur de la levée des scellés
peut procéder en même temps comme expert à l'estimation des
meubles inventoriés (Décr. min. just., 6 avril 1835) ; 2° le notaire
a le droit de faire lui-même la prisée des meubles qu'il inventorie
(Cass., 19 décembre 1838 ; Grenoble, 5 décembre 1839).

89. Les commissaires-priseurs, notaires, greffiers et huissiers, peuvent être aidés d'experts spéciaux, même de femmes ; les experts ainsi appelés à donner leur avis prêtent serment entre les mains du notaire lorsqu'il n'y a pas de scellés, et entre celles du juge de paix s'il y a des scellés (Comp. C. pr., 935).

90. En cas de désaccord des parties sur le choix de l'officier priseur et des experts qui doivent l'aider, le président du tribunal décide, comme pour les notaires.

VII. Effets de l'inventaire et du défaut d'inventaire.

1º *Inventaire régulier.*

91. L'inventaire fait foi, entre les parties qui y ont concouru, des énonciations qu'il contient ; elles ne peuvent être détruites par des présomptions résultant de faits et circonstances (Cass., 2 décembre 1835 ; — *Contrà*, Caen, 24 juin 1882).

92. La partie de l'inventaire nommée intitulé, sert à prouver la qualité des héritiers (Paris, 18 août 1825).

93. Quant aux déclarations actives et passives faites dans l'inventaire, il faut distinguer :

1º Les déclarations de créances ne sauraient être opposées aux tiers indiqués comme débiteurs et restés étrangers à l'inventaire ; de même que si ces déclarations contenaient des erreurs en moins, les tiers ne seraient pas admis à invoquer les chiffres de l'inventaire pour soutenir qu'ils ne doivent pas davantage ;

2º Les déclarations de dettes en faveur de tiers, sont, en principe, faites sous réserve de les modifier, avec des renseignements complémentaires ; les tiers ne peuvent donc s'en prévaloir (Paris, 23 juillet 1835 ; comp. Cass., 16 mars 1825).

Toutefois, la déclaration, dans l'inventaire de communauté, par l'époux survivant, de l'existence d'une dette, constitue un aveu obligatoire contre l'époux survivant (Bourges, 24 avril 1839), mais non contre les héritiers de l'époux prédécédé, surtout s'ils sont mineurs (Bordeaux, 24 juin 1859) ;

3º Entre cohéritiers, les déclarations de dettes à leur profit contre la succession, ou de créances par eux dues à la succession, ou à un cohéritier, forment titre de créance (Grenoble, 23 juillet 1875 ; Nancy, 14 août 1882) ;

4º A l'égard de l'époux survivant, les créances qu'il déclare et les récompenses qu'il avoue à sa charge, sont présumées exister, et si plus tard il prétend qu'il y a erreur, ou que les créances sont irrécouvrables, c'est à lui d'en fournir la preuve (Cass., 19 janvier 1841; Bordeaux, 17 mars 1875; Dijon, 12 février 1873).

94. Lorsque l'inventaire est achevé, les scellés ne peuvent être apposés, à moins que l'inventaire ne soit attaqué (pour fraude, irrégularité, etc.), et qu'il ne soit ainsi ordonné par le président du tribunal. Si l'apposition des scellés est requise pendant l'inventaire, les scellés ne seront apposés que sur les objets non inventoriés (C. pr., 923).

2° *Inventaire irrégulier.*

95. Les simples irrégularités de forme n'entraînent pas la nullité de l'inventaire (Cass., 23 février 1836), mais il est inopposable aux tiers (Caen, 21 mars 1860), aux incapables et aux personnes majeures ayant le droit d'y assister et qui n'y ont pas été appelées (Bruxelles, 13 juillet 1836).

96. Ainsi, un inventaire sous signatures privées ou même dressé par un notaire, sans l'accomplissement des formalités légales, ne produirait effet qu'entre les parties majeures et libres qui l'auraient signé. A l'égard des créanciers de la succession et des mineurs héritiers, un pareil inventaire serait inefficace.

3° *Défaut d'inventaire.*

97. Le défaut d'inventaire après la mort de l'un des époux, s'il y a des enfants mineurs, fait perdre à l'époux survivant la jouissance de leurs revenus (C. civ., 384, 1442).

Cependant, la déchéance de l'usufruit légal ne serait pas encourue par cela seul que l'inventaire n'aurait pas été fait dans le délai légal (Bordeaux, 17 mars 1875), s'il a été achevé peu de temps après. Mais la déchéance est encourue quand l'inventaire commencé est resté incomplet pendant plus de deux ans (Paris, 4 mai 1888; comp. Orléans, 7 mars 1863; Guillouard, 1042).

98. Le tuteur d'un mineur ou interdit qui n'a pas fait inventaire peut être condamné à des dommages-intérêts.

99. A défaut d'inventaire, l'héritier réservataire ne serait pas admis à réclamer la réduction d'une disposition faite par le défunt comme excédant la quotité disponible.

100. A défaut d'inventaire, les intéressés, absents ou incapables,

sont autorisés à prouver la valeur du mobilier par titres, par témoins et même par commune renommée (C. civ., 1415, 1442, 1504 ; Rennes, 11 décembre 1847 ; Dutruc, 196 ; Guillouard, 1044).

101. L'époux survivant qui n'a pas fait inventorier les effets mobiliers communs, et en a disposé, est présumé les avoir trouvés suffisants pour se remplir de ses droits (Caen, 7 mai 1879, 21 décembre 1882). Mais cette présomption n'est pas invocable par les héritiers majeurs de l'époux prémourant, car ils pouvaient requérir l'inventaire (Caen, 4 janvier 1840).

102. La femme commune peut prouver par commune renommée, à défaut d'inventaire : les dons manuels qui lui ont été faits pendant le mariage (Douai, 11 avril 1884) ; le mobilier non inventorié dans une succession à elle échue (C. civ., 1415), mais non l'importance du mobilier commun entre les époux lors d'une demande en séparation de biens (Paris, 3 avril 1884).

103. Enfin, la femme commune survivante qui n'a pas fait inventaire est tenue *ultra vires* des dettes de communauté, tant envers les héritiers du mari que des créanciers (C. civ., 1482, 1483 ; Cass., 21 décembre 1830 ; Besançon, 17 janvier 1883 ; Aubry et Rau, § 520, note 7).

VIII. Frais d'inventaire.

104. Les frais de l'inventaire forment un passif de la succession (C. civ., 810) ou de la communauté (C. civ., 1482), sans qu'il y ait à distinguer entre le cas où il est requis par tous les intéressés ou par l'un d'eux seulement (Caen, 22 février 1820). Il en serait ainsi alors même que le survivant des époux, communs en biens, aurait le droit de conserver tout le mobilier (Douai, 18 juin 1845).

105. Quand l'inventaire s'applique en même temps à une communauté et à une succession, les frais sont répartis proportionnellement (Dutruc, 194), et la part à la charge de la communauté est supportée par le mari, lorsque la femme ou ses héritiers renoncent à la communauté (Rouen, 1er juillet 1841).

106. La succession supporte les frais d'inventaire malgré l'institution d'un donataire ou légataire en usufruit de l'universalité des biens, avec dispense de dresser inventaire, car les héritiers ou légataires à titre universel ne peuvent être privés de la faculté légale d'accepter sous bénéfice d'inventaire, pour laquelle l'inventaire est

obligatoire (C. civ., 794; Pau, 24 août 1835; Demolombe, XV, 126; Aubry et Rau, § 612, note 4). Il en est ainsi à plus forte raison quand c'est une veuve commune qui est usufruitière, parce qu'elle est tenue légalement de faire inventaire (C. civ., 1483; Amiaud, *Tarif*, p. 322).

Une opinion enseigne cependant que la dispense d'inventaire a pour effet de faire supporter les frais d'inventaire par les nu-propriétaires (Agen, 22 juin 1852; Laurent, VI, 497).

107. Les héritiers exhérédés et non réservataires qui requièrent inventaire, malgré le légataire universel justifiant de son titre, sont tenus d'en avancer les frais (Rennes, 11 août 1858; Nancy, 6 mars 1885), et ils les supportent en définitive si les droits du légataire universel ne subissent pas de modification.

108. L'héritier qui renonce à la succession après avoir fait dresser inventaire est fondé à demander le remboursement des frais d'inventaire à ceux qui prennent possession de la succession (Dutruc, 194).

109. On considère les frais d'inventaire comme frais de justice payables par privilège (C. civ., 2101, 2104, 2105; Cass., 11 août 1834; Laurent, XXIX, 320 *bis*); cependant, à l'égard des créanciers, ils ne sont privilégiés que lorsque l'inventaire a eu pour effet de sauvegarder les droits de ces derniers (Rouen, 23 décembre 1881).

110. Dans les frais d'inventaire, on fait entrer les vacations des divers notaires instrumentant ou représentant des absents, des non présents, des aliénés; celles des commissaires-priseurs ou experts, les sommations, requêtes et référés, le timbre, l'enregistrement et l'expédition de l'inventaire.

§ 2.

FORMES PARTICULIÈRES.

I. Indications générales.

111. On a toujours regardé l'inventaire comme un acte judiciaire; en conséquence, les notaires s'abstiennent de le dresser un jour férié.

112. Quand il y a eu apposition de scellés, c'est le juge de paix qui fixe les jour et heure de l'inventaire, puisque les scellés sont levés au fur et à mesure de la confection de l'inventaire, et réapposés à la fin de chaque séance (C. pr., 931, 937).

Cependant, si tous les intéressés, valablement représentés, sont d'accord pour demander la levée des scellés avant la fin de l'inventaire, le juge de paix est obligé de déférer à leur réquisition (C. pr., 940).

113. Lorsque les scellés ne sont levés qu'à mesure de la confection de l'inventaire, le juge de paix n'est pas autorisé à s'immiscer dans les opérations de l'inventaire.

114. S'il s'élève des difficultés pendant le cours de l'inventaire, les dires des parties sont insérés dans le procès-verbal de levée des scellés et non dans l'inventaire (C. pr., 922, 938); le notaire mentionne seulement avant la clôture de la séance que, sur les contestations des parties, le juge de paix les a renvoyées devant le président du tribunal.

115. Au contraire, en l'absence de scellés, les dires et réquisitions sont mentionnés dans l'inventaire; le notaire délaisse les parties à se pourvoir en référé devant le président du tribunal; toutefois, le notaire peut en référer lui-même s'il réside dans le canton où siège le tribunal (C. pr., 944).

116. Quelquefois, l'apposition des scellés est requise pendant l'inventaire; dans ce cas, ils sont mis seulement sur les objets non inventoriés (C. pr., 923), et l'inventaire doit être immédiatement discontinué pour n'être repris que trois jours francs après (C. pr., 928).

117. L'inventaire est dressé en minute, par deux notaires, ou par un notaire en présence de deux témoins; chaque séance est datée, elle indique l'heure du commencement et celle de la fin (Décr. 10 brumaire an XIV, art. 1); elle doit être signée de tous les intéressés, après lecture.

118. Outre les formalités communes à tous les actes devant notaires, l'inventaire doit contenir les indications suivantes prescrites par l'article 943 du Code de procédure :

« 1° Les noms, professions et demeures des requérants, des comparants, des défaillants et des absents, s'ils sont connus, du notaire appelé pour les représenter, des commissaires-priseurs et experts; et la mention de l'ordonnance qui commet le notaire pour les absents et défaillants;

2° L'indication des lieux où l'inventaire est fait;

3° La description et estimation des effets, laquelle sera faite à juste valeur et sans crue;

4° La désignation des qualités, poids et titre de l'argenterie ;

5° La désignation des espèces en numéraire ;

6° Les papiers seront cotés par première et dernière ; ils seront paraphés de la main d'un des notaires ; s'il y a des livres et registres de commerce, l'état en sera constaté, les feuillets en seront pareillement cotés et paraphés s'ils ne le sont ; s'il y a des blancs dans les pages écrites, ils seront bâtonnés ;

7° La déclaration des titres actifs et passifs ;

8° La mention du serment prêté, lors de la clôture de l'inventaire, par ceux qui ont été en possession des objets avant l'inventaire ou qui ont habité la maison dans laquelle sont lesdits objets, qu'ils n'en ont détourné, vu détourner, ni su qu'il en ait été détourné aucun ;

9° La remise des effets et papiers, s'il y a lieu, entre les mains de la personne dont on conviendra, ou qui, à défaut, sera nommée par le président du tribunal. »

Dans la pratique, ces énonciations sont divisées en cinq parties : intitulé, prisée de meubles, analyse des papiers, déclarations générales, clôture. Nous allons les reprendre successivement.

II. Intitulé.

119. L'intitulé doit contenir : 1° les noms, professions et demeures des requérants, des comparants, des défaillants et des absents s'ils sont connus, du notaire appelé pour les représenter, des commissaires-priseurs et experts, et la mention de l'ordonnance qui commet le notaire pour représenter les absents et les défaillants ; 2° l'indication des lieux où l'inventaire est fait (C. pr., 943) ; 3° les noms, profession et domicile du défunt, le lieu et la date du décès ; 4° les noms, professions et demeures des tuteurs, subrogés-tuteurs, curateurs, conseils judiciaires et administrateurs des incapables ; 5° les qualités donnant le droit d'agir aux requérants et présents.

120. Par exemple, un époux survivant peut avoir diverses qualités : commun en biens en vertu de son contrat de mariage ou à défaut de contrat ; créancier sur la communauté ou sur la succession ; préciputaire par contrat de mariage ; attributaire de tout ou partie de la communauté ; bénéficiaire d'une stipulation pour conserver un fonds de commerce, un établissement agricole ou des meubles communs ; donataire ou légataire d'une somme ou d'une quotité de biens en propriété ou en usufruit ; usufruitier légal des

biens de ses enfants âgés de moins de dix-huit ans ; et enfin, tuteur de ses enfants mineurs.

121. Les héritiers peuvent être en même temps donataires ou légataires par préciput, en vertu de titres qu'il faut énoncer.

122. Un ascendant héritier a quelquefois des droits de retour conventionnel ou de retour légal à exercer ; c'est à préciser ; il a aussi parfois un usufruit sur la portion dévolue aux collatéraux.

123. Quand un enfant naturel vient à la succession de son père ou de sa mère, il est nécessaire de viser l'acte de reconnaissance.

124. Les héritiers, donataires ou légataires d'une quotité de biens, doivent toujours être qualifiés d'*habiles* à se porter héritiers, donataires, légataires.

125. On réserve aussi à la veuve commune en biens, la faculté d'accepter ou de répudier la communauté.

126. Si la femme héritière est représentée par son mari, le contrat de mariage est nécessairement produit et visé.

127. Lorsque des héritiers sont représentés par mandataires, les procurations sont énoncées dans l'inventaire et y restent annexées, même dans le cas où il y a levée de scellés (Déc. min. just., 28 avril 1832, 24 mai 1849).

128. L'héritier mineur ou interdit agit par son tuteur qui est surveillé par le subrogé-tuteur ; la délibération de famille nommant les tuteurs datifs est rappelée dans l'intitulé.

129. On cite également la nomination du conseil judiciaire du prodigue et de l'administrateur de l'aliéné non interdit.

130. Le jugement commettant un notaire pour représenter les absents et l'ordonnance du président chargeant un notaire de représenter les non présents, sont annexés à l'inventaire, car ce sont des mandats (*Contrà*, Dutruc, 125).

131. L'énonciation du lieu et de la date du décès est placée, soit en tête de l'intitulé à la suite de la date et avant les noms des parties, soit à la fin des qualités ; le premier procédé nous paraît préférable, en ce qu'il fait mieux ressortir le décès.

132. Si des sommations ont été adressées à des intéressés, elles sont annexées au procès-verbal de levée de scellés, et le notaire énonce les qualités des défaillants comme des présents.

133. Après les qualités, le caractère conservatoire de l'inventaire est rappelé, puis on cite le nom et la résidence du notaire, et les noms et demeures des témoins instrumentaires.

134. Ensuite, vient l'indication générale des choses à inventorier, les noms, profession et domicile de celui qui doit les représenter : le gardien des scellés, quand il y a des scellés ; l'époux survivant ou l'héritier ayant habité le domicile mortuaire, si les scellés n'ont pas été apposés.

135. La personne ayant eu la garde du mobilier est avertie du serment qu'elle devra prêter lors de la clôture de l'inventaire, de n'avoir détourné, ni vu détourner quoique ce soit.

136. Enfin, les noms, qualité et domicile de l'officier priseur trouvent leur indication.

137. Puis, on rappelle la date de scellés, s'ils ont été apposés.

138. Les noms, professions et demeures des créanciers opposants sont mentionnés.

139. Et, après une mention de lecture, on fait signer l'intitulé par tous les intéressés.

III. Estimation des meubles.

140. Les effets mobiliers matériels doivent être décrits et estimés à juste valeur et sans crue. On estime aussi l'argenterie, en indiquant ses qualités, poids et titre (C. pr., 943, nᵒˢ 3 et 4).

141. On fait la description et l'estimation des objets au fur et à mesure qu'ils sont aperçus ou représentés ; cependant, la loi permet de réunir les objets de même nature (linge, argenterie, deniers comptant, etc.), pour être inventoriés successivement (C. pr., 938).

142. Lorsque les meubles à inventorier l'ont déjà été à une époque très récente, on fait le recolement des objets compris dans le premier inventaire, puis on décrit avec estimation les objets survenus depuis.

143. Ordinairement, l'inventaire du mobilier commence dans la cuisine, mais il n'existe aucune règle légale à cet égard.

144. L'estimation des matières d'or est faite à raison de 2 fr. 25 c. le gramme ; celle des matières d'argent à 15 c. le gramme ; commercialement, l'argent a perdu un tiers de la valeur qu'il avait il y a vingt ans.

145. Quand il y a des scellés, le numéraire et les billets de banque, — qui sont considérés comme deniers comptant, — figurent à mesure de leur découverte ; à défaut de scellés, les deniers comptant sont constatés dans les déclarations générales, à la fin de l'inventaire.

146. En aucun cas, l'estimation ne comprend les linges et hardes des enfants.

147. Les portraits de famille, les insignes et décorations du défunt, les manuscrits non publiés, sont décrits sans estimation. Ces objets doivent être remis à celui des héritiers dont les parties conviennent, sinon ils sont tirés au sort ou licités entre les ayants-droit, sans concours d'étrangers (Paris, 19 mars 1864 ; Lyon, 20 décembre 1861).

148. Pour la prisée de tableaux, objets d'art, diamants, den-telles, fonds de commerce, matériel agricole, bibliothèque, etc., il est d'usage d'adjoindre à l'officier-priseur des experts spéciaux qui prêtent serment aux mains du notaire, ou du juge de paix s'il y a scellés ; l'intervention de ces experts est constatée dans l'inventaire, et ils le signent après avoir terminé leur mission.

149. On doit faire une colonne spéciale pour l'estimation des objets légués à titre particulier.

150. Souvent les linges, hardes et bijoux de l'époux survivant, lui sont réservés propres par son contrat de mariage ; dans ce cas, le notaire ne les porte pas dans la prisée ; il se borne à mentionner la reprise en nature.

151. Les meubles appartenant personnellement à l'un des époux comme provenant de succession ou legs, sont estimés à part, à moins que tous les intéressés, étant majeurs et maîtres de leurs droits, ne consentent à ce qu'ils soient repris en nature sans esti-mation, ce qu'il est nécessaire de constater.

152. S'il est trouvé des objets étrangers à la succession et réclamés par des tiers, ils leur sont remis ; s'ils ne peuvent être délivrés à l'instant et qu'il soit nécessaire d'en faire la description, elle a lieu sur le procès-verbal de levée des scellés ; à défaut de scellés, sur l'inventaire (C. pr., 939).

153. Le mobilier revendiqué par un héritier ou par un tiers, et contesté par des intéressés, est décrit et estimé séparément.

154. Le matériel, les marchandises et l'achalandage d'un fonds de commerce sont estimés à part du mobilier ordinaire.

Presque toujours, le conjoint survivant a la faculté de conserver le fonds de commerce en toute propriété, sous la condition de payer le tout, ou seulement les marchandises et le matériel ; il faut vérifier ce qui est dit à cet égard dans le contrat de mariage ou la donation entre époux.

155. Pour une exploitation agricole, les pailles, fourrages et engrais, sont décrits et prisés lorsqu'il est dans l'usage local de les vendre ; on les mentionne seulement pour ordre s'ils ont été placés par le propriétaire pour le service et l'exploitation du fonds (C. civ., 524).

156. Quant aux fruits pendants par branches ou par racines, il y a lieu de distinguer selon qu'il s'agit de l'inventaire après le décès du fermier ou du propriétaire.

157. Le droit à un bail étant chose mobilière pour le fermier, les récoltes pendantes à son décès doivent toujours être estimées, soit pour le montant des frais de labours, semences et mains-d'œuvre, si l'époque de la maturité est éloignée de plus de six semaines, soit pour leur valeur comme récoltes à faire, si on se trouve dans les six semaines de la maturité (C. pr., 626).

Il en est ainsi dans le cas où le conjoint survivant serait usufruitier.

158. Après le décès du propriétaire, les récoltes non détachées sont décrites sans aucune prisée lorsqu'il n'y a pas dissolution de communauté ou société (C. civ., 520).

159. Dans le cas de dissolution de communauté, on estime les labours, semences et engrais pour les récoltes se trouvant sur les terres de chaque époux (C. civ., 1437, 1470).

Toutefois, lorsque le survivant a la faculté de garder l'exploitation agricole pour son compte personnel, il est nécessaire de consulter les conventions matrimoniales et les donations entre époux pour s'assurer qu'elles ne dérogent pas à ces règles.

IV. Analyse des papiers.

160. Tous les papiers trouvés sont cotés et paraphés par le notaire (C. pr., 943, 6°) ; en outre, il en est donné une analyse dans le but de faire ressortir l'actif ou le passif qu'ils présentent au point de vue de la communauté ou de la succession (Comp. Limoges, 25 août 1860 ; Rutgeerts et Amiaud, 108 et suiv.).

161. Aussitôt après l'analyse d'un titre, on en complète les indications par des déclarations des requérants, afin de ne pas diviser les renseignements relatifs à une même chose.

162. Les papiers sont classés provisoirement par liasses ou cotes dans des chemises spéciales, avec annotations au crayon ; le classe-

ment définitif n'a lieu qu'après la réunion de tous les éléments nécessaires pour la rédaction.

163. Le temps passé au classement des papiers se constate par des séances spéciales, comme pour toutes les autres choses concernant l'inventaire.

164. Avant la rédaction définitive de l'inventaire, le notaire se charge des recherches utiles pour compléter l'état exact de la succession (Lyon, 27 mai 1863), et de recueillir par correspondance les divers faits dont il a besoin à ce point de vue.

Il réclame aussi aux divers dépositaires les papiers dont ils seraient détenteurs, ou, au moins, des renseignements sur ces pièces, s'ils ne consentent pas à en opérer la remise.

165. L'analyse claire et précise des papiers est la partie la plus importante de l'inventaire ; c'est aussi celle qui réclame l'attention la plus soutenue de la part du rédacteur.

166. Quoiqu'une pièce ne soit ni timbrée, ni enregistrée, on peut l'énoncer dans un inventaire ; mais si cette pièce établit une transmission de propriété, d'usufruit ou de jouissance de biens immeubles, ou de fonds de commerce, l'énonciation autorise la Régie à poursuivre contre les parties le recouvrement de l'impôt de transmission (L. 22 frimaire an VII, art. 22 et 38 ; 28 février 1872, art. 8).

167. Les titres au porteur ne sont ni cotés, ni paraphés (Cass., 15 avril 1861 ; Nancy, 21 mai 1886). Néanmoins, les cotes et paraphes qui seraient apposés, ne feraient point obstacle à la libre transmission de ces valeurs, ni au paiement de leurs intérêts et dividendes, sans aucune justification (Cass., 31 mai 1881).

D'un autre côté, le détenteur des titres au porteur reste tenu de les représenter au notaire pour lui permettre de les décrire (Nancy, 21 mai 1886).

Voici quelques indications sur l'ordre à suivre dans le classement des papiers :

1er. Défunt célibataire.

168. Sous la cote première, on place le testament dont les diverses dispositions sont décrites.

169. Les titres des immeubles viennent sous d'autres cotes ; puis leurs impôts, les baux, les assurances.

170. Ensuite, les titres des valeurs mobilières ; chaque nature de valeur forme une cote.

171. On fait aussi une cote relative aux rapports dus par les héritiers.

La déclaration d'un don manuel autorise la perception du droit de donation lors de l'enregistrement de l'inventaire (Cass., 10 décembre 1877), à moins que le prétendu donataire ne proteste contre la déclaration.

172. Puis, une cote pour les renseignements divers, sans description.

173. Si le défunt était commerçant, on constate l'état des registres, les feuillets écrits sont cotés et paraphés s'ils ne le sont (C. comm., 11), et les blancs dans les pages écrites doivent être bâtonnés (C. pr., 943, 6°).

Le notaire doit faire le dépouillement des registres et relever l'actif et le passif en résultant. Les créances sont divisées en bonnes, douteuses et mauvaises.

174. Le défunt était-il seulement associé dans une maison de commerce ? Dans le cas d'affirmative, le notaire se borne à une déclaration des faits, appuyée, soit d'un résumé certifié de l'état des affaires sociales, soit d'un document établissant la situation des héritiers lorsqu'elle a été réglée par l'effet des stipulations de l'acte de société.

2ᵉⁿᵗ. *Personne mariée en communauté.*

175. C'est le contrat de mariage qui forme la première cote ; son analyse comprend : le régime adopté, les apports et dots des époux, et les avantages entre époux.

Cette analyse est suivie :

1° De renseignements sommaires sur le sort des apports et dots : encaissements, paiements, aliénations, remplois, rapports dans des partages ultérieurs ;

2° D'une déclaration, avec renvoi aux cotes suivantes, sur les successions, dons ou legs recueillis par les époux.

176. Les dispositions du testament fait par le défunt sont rappelées sous la cote deuxième.

177. Les cotes troisième et suivantes analysent les titres relatifs aux biens personnels de l'époux décédé.

Ainsi on énoncera : 1° un partage, avec indication des biens attribués, les soultes reçues ou payées, les frais ; 2° un échange, la soulte reçue ou payée ; 3° les impenses sur les immeubles ; 4° les titres des immeubles ; 5° les pièces relatives aux valeurs mobilières.

178. Les biens personnels de l'époux survivant viennent ensuite.
On indique avec détails :

1° Les titres relatifs à une succession restée indivise, les sommes
encaissées ou déboursées à ce sujet ; 2° un testament contenant
legs universel, un inventaire après le décès du testateur, les droits
de mutation, les legs divers ; 3° les aliénations de valeurs personnelles et les remplois effectués ; 4° les titres des valeurs mobilières
existant en nature.

179. Ensuite, on rappelle les titres des meubles et immeubles
acquêts, en commençant par les immeubles. Il faut indiquer les
sommes dues pour les prix d'immeubles ou pour la libération de
valeurs de Bourse.

180. Les valeurs étrangères peuvent être énoncées dans les inventaires, quoiqu'elles ne soient ni timbrées ni cotées à la Bourse.

181. Enfin, on indique : 1° les locations actives et passives avec
leurs conditions, et les loyers ou fermages courus au décès ou
réglés d'avance ; 2° les contributions et les assurances, puis les
derniers paiements d'impôts et de primes ; 3° les pièces relatives à
des dettes hypothécaires ; 4° les rapports dus par les enfants ;
5° les renseignements.

3^{nt}. Personne mariée en communauté légale.

182. Les petits cultivateurs et les ouvriers se mariant souvent
sans contrat, l'inventorié de leurs papiers comprend : comme cote
première, l'énonciation de l'acte de mariage et de la donation entre
époux ; sous la cote deuxième, le titre d'une petite maison ou d'une
pièce de terre venant d'héritage ; sous la cote troisième, quelques
petits immeubles, ou des rentes sur l'État amassées durant le mariage ; un livret de caisse d'épargne et une rente sur la caisse des
retraites avec ou sans capital réservé.

V. Déclarations générales.

183. Sous ce titre, on mentionne dans l'inventaire les renseignements actifs et passifs ne se rapportant à aucune pièce analysée, et
seulement lorsque ces renseignements n'auront pu trouver place à
la suite de l'énonciation d'un titre.

On y déclare : les comptes à établir, les deniers comptant, les
créances et les dettes, les options par un époux survivant, les
sommes dues à un tuteur par son pupille.

184. Pour qu'il y ait lieu de parler de comptes à établir, il faut supposer que le défunt avait des écritures très irrégulières et que les personnes avec lesquelles il était en relations d'affaires n'ont pu ou voulu fournir de renseignements permettant d'arrêter les comptes. Nous avons rencontré assez fréquemment ces situations dans des successions collatérales.

185. S'il y a des scellés, les deniers sont constatés à mesure de leur découverte ; on en fait la récapitulation en cet endroit, avec mention de la séance où ils ont déjà été indiqués.

Lorsqu'il s'agit de l'inventaire d'un commerçant, les deniers comptant comportent, outre l'argent de poche, l'état de la caisse commerciale.

Quand des deniers comptant ont été employés avant l'inventaire à payer une partie du passif, il est bon de l'indiquer d'une manière générale.

186. Les créances résultant de titres que le défunt n'avait point en sa possession, ou même purement verbales, sont à déclarer dans cette partie de l'inventaire, tant pour le capital, que pour les proratas d'intérêts.

Chaque créance est désignée, autant que possible, avec les noms et demeures du débiteur et la cause de sa dette.

Dans l'inventaire, après le décès d'un époux marié en communauté, il faut nécessairement distinguer les créances en : propres du mari, propres de la femme, communauté.

187. L'énonciation d'une créance, sans titre, contre l'une des parties à l'inventaire, doit toujours être suivie de réserves de la part du débiteur, afin que le fisc ne soit pas tenté de réclamer les droits de titre (Grenoble, 23 janvier 1875 ; Garnier, 10103).

188. Pour les déclarations passives, on ne dit pas *qu'il est dû*, mais seulement *qu'il est réclamé*.

Chaque réclamation doit être énoncée par son chiffre et sa cause, le nom et la demeure du créancier.

Il faut, autant qu'on le peut, distinguer les prêteurs, les fournisseurs, les serviteurs, les frais de dernière maladie, les frais funéraires, etc.

On indique aussi les intérêts ou arrérages des dettes qui en sont productives.

189. La distinction des frais funéraires et de dernière maladie est

importante, lorsque parmi les héritiers il y a un mineur dont les biens sont soumis à la jouissance légale (C. civ., 385, 4°).

190. Souvent, les parties déclarent des dettes créées entre le décès et l'inventaire; il est important de les mettre à part.

191. Les déclarations passives sont ordinairement appuyées de factures; le notaire les cote et paraphe.

192. Quand un contrat de mariage accorde au survivant le droit de conserver un établissement industriel ou agricole, il lui impose l'obligation de déclarer son acceptation ou son refus avant la clôture de l'inventaire.

Si l'option du survivant n'a pu être faite à la suite de l'analyse du contrat de mariage, elle doit être placée à la fin des déclarations générales.

193. Il est encore utile de mentionner parmi les déclarations générales, l'option accordée aux père et mère des enfants mineurs de conserver le mobilier en nature (C. civ., 453).

194. Enfin, tout tuteur est interpellé par le notaire sur le point de savoir s'il lui est dû quelque chose par le mineur; il est fait mention de l'interpellation et de la réponse dans l'inventaire (C. civ., 451).

195. Dans les inventaires ayant exigé de longues explications, il est utile de faire une récapitulation générale de l'actif et du passif de communauté, et de succession, avec l'indication des reprises des époux.

VI. Clôture.

196. Les énonciations finales de l'inventaire comprennent l'affirmation de la veuve commune, la prestation du serment et la constitution d'un gardien.

197. La femme survivante qui était mariée en communauté ou en société d'acquêts est obligée d'affirmer entre les mains du notaire la sincérité et la véracité de l'inventaire dressé à sa requête (C. civ., 1456).

Si cette affirmation était omise, il n'en résulterait pas nullité de l'inventaire, mais seulement une présomption d'inexactitude qui pourrait d'ailleurs être combattue par des preuves ou présomptions contraires (Bordeaux, 24 février 1829; Guillouard, 1288).

198. Quant aux veuves qui étaient séparées de biens, mariées sous la dotalité sans société, ou soumises à l'exclusion de communauté, elles ne sont pas astreintes à cette affirmation.

199. Tous ceux qui ont été en possession des objets avant l'inventaire, ou qui ont habité la maison dans laquelle sont ces objets, doivent affirmer par serment, lors de la clôture de l'inventaire, qu'ils n'en ont détourné, vu détourner, ni su qu'il en ait été détourné aucun ; il est fait mention de ce serment (C. pr., 943, 8°).

200. Les serviteurs du défunt sont appelés à prêter serment de n'avoir rien détourné, vu ni su qu'il ait été rien pris ou soustrait. Il est correct de rendre compte du serment des serviteurs à part de celui des maîtres.

201. Le serment prescrit s'applique à ceux qui, quoique ayant un domicile distinct, ont cependant été, par leur séjour dans l'appartement du défunt, dans la possibilité de détourner ou de voir détourner des objets de la succession (Tr. Nîmes, 6 décembre 1880).

202. C'est toujours entre les mains du notaire que le serment est prêté, quoiqu'il y ait eu des scellés (Bioche, 260 ; Dutruc, 188).

203. Si celui à qui le serment est prescrit refuse de le prêter, il en est référé au président du tribunal (C. pr., 944 ; Cass., 23 février 1836).

204. Enfin, l'inventaire constate la remise des effets et papiers, s'il y a lieu, entre les mains de la personne dont on convient, ou qui, à défaut, est nommée par le président du tribunal (C. pr., 943, 9°).

C'est ordinairement à l'époux survivant que les deniers, valeurs, objets mobiliers et papiers sont remis. Cependant, s'il y avait des motifs de défiance contre lui, les intéressés devraient s'entendre pour le choix d'un autre dépositaire. A défaut d'entente, il en serait référé au président du tribunal.

205. Très souvent, lorsque l'inventaire doit être suivi d'une liquidation, les titres et deniers sont confiés au notaire sous le nom de l'un de ses clercs, et on ne laisse au domicile mortuaire que les meubles matériels.

206. S'il y a des légataires d'objets particuliers, on peut leur confier la garde de ces objets en attendant l'exécution régulière des dispositions testamentaires, toutes les fois qu'aucune contestation n'est possible sur le testament.

Au surplus, en cas de référé, le président du tribunal doit se conformer à la loi du 28 juillet 1875 pour ordonner le dépôt à la Caisse des consignations, tant des deniers comptant que des titres au porteur ou nominatifs.

Si ce dépôt est effectué avant l'inventaire des papiers, le récépissé de la Caisse des consignations est décrit, coté et paraphé.

VII. Remises et reprises de séances.

207. Toutes les fois qu'il y a interruption dans les opérations d'inventaire, avec renvoi à un autre jour ou à une autre heure de la même journée, il en est fait mention dans l'acte que les parties et les notaires signent sur le champ (Décr. 10 brumaire an XIV, art. 2).

208. L'ajournement à jour, heure et lieu fixés, avec consentement des parties à ce qu'il soit procédé en leur absence comme en leur présence, permet de continuer l'inventaire sans sommation aux parties qui ne se présenteraient pas.

Au contraire, si l'ajournement n'est pas déterminé, il faut sommer les intéressés qui ne comparaîtraient pas volontairement.

209. A la clôture de chaque séance, les choses inventoriées sont confiées à la garde d'une personne. S'il y a des scellés, le juge les réappose sur les objets non inventoriés.

210. Lorsque le gardien des scellés se retire avant la fin de l'inventaire, il prête serment entre les mains du notaire, et il est pourvu immédiatement à son remplacement, ce qui est constaté à la clôture de la séance.

211. La découverte d'un testament nécessite toujours la clôture de la séance, et un ajournement indéterminé pour permettre de régulariser le testament.

212. Si l'un des intéressés veut se faire représenter à la continuation de l'inventaire, la procuration est libellée à la fin d'une séance. Quand le mandat comporte toutes les opérations de succession, il est préférable de dresser un acte spécial.

213. Lorsqu'il y a des meubles ou papiers dans différents lieux, le notaire et les intéressés se transportent dans chacun des endroits ; on a soin d'indiquer l'ajournement et le transport.

Toutefois, quand les choses ne valent pas les frais d'un transport, elles sont estimées sur les déclarations des parties.

214. En cas de transport, si les meubles sont représentés par une autre personne que celle nommée en l'intitulé, on lui fait prêter serment ; un gardien est choisi, et renvoi est fixé au domicile du défunt pour la continuation de l'inventaire.

215. Les titres et papiers se trouvant dans différents lieux, doivent

y être analysés : on ne peut déroger à ce principe que quand l'inventaire intéresse toutes personnes majeures et n'ayant pas à craindre des réclamations de créanciers.

216. Quand des meubles et papiers se trouvent en dehors du ressort du notaire qui procède à l'inventaire, ils sont inventoriés par un notaire de la localité, et cet inventaire partiel est analysé dans l'inventaire général, en tête de la description des papiers.

217. Il est inutile, dans les reprises de séances, de rappeler les noms des intéressés. On se borne à constater les modifications survenues dans les comparutions des requérants et présents : 1º fin de la mission du. commissaire-priseur ; 2º mandataire représentant une partie ; 3º majorité d'un héritier mineur ; 4º changement provenant d'un testament ou de l'intervention d'un héritier plus proche en degré que celui qui s'était d'abord présenté.

Dans ce dernier cas, il sera souvent utile d'établir de nouveau les qualités en tête de la séance qui suit l'intervention. D'ailleurs, il est indispensable de mentionner très apparemment le changement en marge de l'intitulé.

VIII. Incidents.

218. Si, lors de l'inventaire, il est trouvé un testament ou autre papier cacheté, le notaire en constate la forme extérieure, le sceau et la suscription, s'il y en a, paraphe l'enveloppe avec les parties présentes, si elles le savent ou le peuvent, et indique les jour et heure où le paquet sera par lui présenté au président du tribunal de première instance ; il est fait mention du tout sur l'inventaire, lequel est signé des parties, sinon mention est faite de leur refus (C. pr., 916, 920).

Aux jour et heure indiqués, sans qu'il soit besoin d'aucune assignation, les paquets trouvés cachetés sont présentés par le notaire au président du tribunal de première instance, lequel en fait l'ouverture, en constate l'état et en ordonne le dépôt, si le contenu concerne la succession (C. pr., 918).

S'il est trouvé des paquets cachetés paraissant, par leur suscription, appartenir à des tiers, le président ordonne que ces tiers seront appelés dans un délai qu'il fixe, pour qu'ils puissent assister à l'ouverture ; elle est faite au jour indiqué, en leur présence, ou à leur défaut ; et, si les paquets sont étrangers à la succession, il les leur remet sans en faire connaître le contenu, ou les cachette de nouveau pour leur être remis à leur première réquisition (C. pr., 919).

Quand les scellés sont levés lors de la confection de l'inventaire, les formalités relatives au testament et aux papiers cachetés sont remplies par le juge de paix, et alors le notaire se borne à mentionner dans l'inventaire la découverte du testament et des papiers cachetés.

219. Le notaire qui, trouvant un testament cacheté, en ferait l'ouverture, s'exposerait à des peines disciplinaires.

220. Enfin, si, pendant l'inventaire, un tiers apportait un testament au notaire, celui-ci en constaterait la remise, puis suspendrait l'inventaire pour présenter ce testament au président du tribunal civil.

221. Les papiers étrangers à la succession et réclamés par des tiers, sont remis à celui à qui ils appartiennent, et qui en donne décharge sur l'inventaire. Seulement, ces papiers font l'objet d'une mention sommaire dans l'inventaire, quand ils ne peuvent être remis de suite (C. pr., 939).

222. Au cas où un tiers se présenterait pendant l'inventaire, soit pour fournir des renseignements sur les relations d'affaires ayant existé entre lui et le défunt, soit pour remettre des titres, deniers ou valeurs dont il serait dépositaire, on devrait, dans le premier cas, faire un compte-rendu des explications sur les rapports d'affaires ; dans le cas de remise de titres, valeurs ou deniers, l'inventaire le constate, et le tiers signe.

223. Lorsqu'il est trouvé dans les papiers de la succession des lettres confidentielles, celui qui les a écrites peut-il s'opposer à ce qu'elles soient inventoriées et en réclamer la remise ? C'est un point très controversé, parce que les lettres sont, en principe, la propriété du destinataire. Cependant, en cas de contestation sur le caractère confidentiel des lettres, on peut admettre que le tribunal, en Chambre du conseil, apprécie ce qui doit être fait, soit qu'il ordonne l'apport des pièces, soit qu'il charge le notaire ou le juge de paix d'en faire le dépouillement et d'indiquer celles qui lui paraissent ou non confidentielles (Cass., 9 février 1881 ; — *Contra*, Toulouse, 6 juillet 1880).

224. Au cours de l'inventaire, s'il s'élève des difficultés portant sur des points intéressant seulement le partage, elles font l'objet de réserves constatées dans l'inventaire, sans renvoi devant justice.

Au contraire, les contestations portant sur la confection de l'inventaire ou l'administration provisoire de la succession, doivent être résolues de suite.

225. Quand les parties toutes majeures ne craignent pas de prendre qualité, elles peuvent trancher elles-mêmes les difficultés.

A défaut d'accord, il en est référé au président du tribunal civil, savoir : par le notaire, s'il n'y a pas de scellés, ou par les parties, quand le notaire ne réside pas dans le canton où siège le tribunal ; par le juge de paix, lorsqu'il y a des scellés ; dans ce cas, le notaire se borne à exprimer les contestations et le renvoi en référé.

226. En tout cas, le référé doit avoir lieu avant la clôture de l'inventaire, qui met fin à la mission du notaire.

227. Si le notaire se présente en référé devant le président du tribunal, il lui communique la minute de l'inventaire contenant les dires des parties, et le président met et signe son ordonnance à la suite de la vacation (Boitard, 1071). L'ordonnance peut même être préparée par le notaire, lorsqu'aucune difficulté n'a été soulevée par les parties.

228. On fait autoriser, par le juge du référé : 1° la vente, sans attribution de qualité des effets mobiliers, ou même d'un fonds de commerce (C. pr., 986 ; C. civ., 796) ; 2° l'administration de la succession, aussi sans attribution de qualité, pendant deux ou trois mois (Douai, 3 décembre 1867 ; Bordeaux, 4 avril 1865).

§ 3.

INVENTAIRES DIVERS.

229. Sous ce titre, nous allons rappeler sommairement diverses situations spéciales d'inventaires.

I. Carence.

230. Quand le notaire, requis de dresser un inventaire, ne trouve ni meubles, ni titres, ni deniers, il se borne à rédiger un procès-verbal de carence. Ce procès-verbal est nécessaire pour permettre à l'héritier d'accepter sous bénéfice d'inventaire (Paris, 24 décembre 1833 ; Demolombe, XV).

On suit, pour ce procès-verbal, les formes de l'inventaire.

Le procès-verbal de carence est plus fréquemment dressé par le juge de paix que par le notaire (Comp. C. pr., 924).

II. Complément d'inventaire.

231. Des peines peuvent être prononcées contre les héritiers ou

le conjoint survivant qui auraient frauduleusement dissimulé des objets dans l'inventaire (C. civ., 792, 801, 1460, 1477 ; comp. Guillouard, 1344 et suiv.).

Lorsqu'un inventaire terminé on s'aperçoit d'erreurs ou omissions, il est nécessaire de dresser un inventaire complémentaire, dans lequel on a soin d'indiquer les circonstances ayant occasionné l'erreur (Comp. Demolombe, XV, 139).

Ce complément d'inventaire est soumis aux mêmes formalités que l'inventaire principal.

III. Déclaration.

232. En principe, l'inventaire n'est valablement fait que dans les lieux où sont renfermés les objets mobiliers (C. pr., 943, 2°).

Mais, en présence de tous intéressés majeurs, maîtres de leurs droits et ne craignant pas d'être inquiétés par des créanciers, l'inventaire peut être dressé en l'étude du notaire, sur les déclarations des parties.

D'ailleurs, l'inventaire est toujours fait sur déclarations, quand il n'existe pas de meubles matériels, et que les titres de la fortune du défunt se trouvent en l'étude du notaire ou chez un homme d'affaires.

233. A Paris, l'habitude de transporter les papiers à l'étude pour les dépouiller et inventorier, existait déjà, à notre connaissance, il y a près de vingt ans : nous savons aussi qu'il s'est répandu en province. C'est une pratique très commode pour le notaire, comme pour les clients, mais elle est contraire aux prescriptions légales, en matière d'inventaire.

IV. Divorce. — Séparation.

234. Pendant l'instance en divorce ou en séparation de corps, l'inventaire requis par l'un des époux (C. civ., 242) a presque toujours lieu sur sommation et à requête de la femme.

235. Cet inventaire constitue une faculté dont la femme peut user et à laquelle elle peut renoncer après en avoir réclamé l'exercice (Cass., 29 juillet 1884) ; par exemple, en consentant à ce que certains objets, réclamés par le mari comme étant sa propriété personnelle, ne soient pas compris dans l'inventaire.

236. D'ailleurs, l'inventaire requis par la femme doit être restreint à la garantie de ses intérêts pécuniaires et à la liquidation de ses droits et reprises, et ne saurait porter sur des papiers ou lettres

étrangers aux intérêts de la femme (Caen, 21 août 1884 ; Paris, 2 mars 1886 ; comp. Rouen, 22 avril 1880).

237. Le mari constitué gardien judiciaire du mobilier inventorié (C. civ., 242) est obligé de le représenter en nature, sinon il est responsable de la valeur et passible d'emprisonnement (Cass., 13 août 1869 ; comp. C. pén., 400) ; il ne peut prétendre avoir le choix de représenter le mobilier ou sa valeur (Paris, 26 mars 1885).

238. Après séparation de biens ou de corps, ou divorce, il faut dresser un inventaire, si la femme veut accepter la communauté et n'être tenue des dettes que jusqu'à concurrence de son émolument (C. civ., 1483).

Il est bien entendu que si un inventaire complet a été dressé au début de l'instance en divorce ou en séparation de corps, il n'est pas nécessaire d'en faire un deuxième après le jugement.

V. Étranger.

239. La succession mobilière de l'étranger est régie par la loi de son pays d'origine, quelles que soient les circonstances de son établissement en France, s'il n'a pas obtenu l'autorisation du gouvernement (C. civ., 13 ; Cass., 5 mai 1875, 22 février 1882).

Cependant, ce principe ne peut être invoqué lorsqu'une telle succession est dévolue à des héritiers français et à des héritiers étrangers ; dans ce cas, la loi française est applicable relativement à ces deniers (Paris, 14 juillet 1871 ; Cass., 20 février 1882).

240. Si un inventaire doit avoir lieu en France après le décès d'un étranger, il y est toujours procédé par les autorités françaises, dans la même forme que pour les français. Il n'y a exception à cette règle que dans le cas de conventions diplomatiques donnant droit au consul étranger d'apposer les scellés et de dresser l'inventaire.

VI. Faillite.

241. Les inventaires après faillite sont dressés par les syndics (C. comm., 479), même si la faillite est déclarée après décès ; seulement, dans ce cas, les syndics sont obligés d'appeler les héritiers présomptifs majeurs, ou leurs tuteurs s'ils sont mineurs (C. comm., 481 ; Rivière, p. 742).

242. Toutefois, l'inventaire après le décès d'un failli doit être dressé par un notaire, lorsqu'il y a une veuve commune en biens

qui veut renoncer à la communauté, car elle est tenue d'affirmer l'inventaire sincère et véritable devant l'officier public qui l'a reçu (C. civ., 1456). Le syndic n'ayant pas la qualité d'officier public, il faut nécessairement recourir au ministère du notaire.

La même règle nous paraît applicable à la veuve, non commune, qui veut conserver la jouissance des biens de ses enfants mineurs (C. civ., 1442).

VII. Majorat.

243. Le décès du titulaire d'un majorat doit être notifié au garde des sceaux, et le notaire est tenu, à peine de suspension, de mentionner, dans l'intitulé de l'inventaire qu'il est appelé à dresser, le certificat constatant la notification du décès (Décr. 4 mai 1803).

Les majorats de biens particuliers ayant été abolis (L. 7 mai 1849), la prescription qui précède ne concerne plus que les majorats de propre mouvement. Ils sont rares.

VIII. Officier général.

244. Aussitôt après le décès d'un officier général ou officier supérieur de toute arme, d'un commissaire ordonnateur, inspecteur aux revues, officier de santé en chef des armées, retiré ou en activité de service, les scellés sont apposés sur les papiers, cartes, plans et mémoires militaires autres que ceux dont le défunt est l'auteur (Arr. 13 nivôse an X).

245. Lors de la mort des fonctionnaires qui, par la nature de leurs fonctions, sont présumés dépositaires des papiers de l'État, le gouvernement peut requérir l'apposition des scellés sur leurs papiers (Paris, 8 mai 1829).

246. Un délégué de l'État assiste à l'inventaire de ces papiers, cartes, plans et mémoires, et ceux qui sont reconnus appartenir au gouvernement, ou que le délégué juge devoir l'intéresser, sont inventoriés à part et remis au délégué sur son reçu. Ceux de ces objets qui appartiendraient en propre au décédé, et que l'État jugerait utile de conserver, seraient payés d'après estimation (Arr. 13 nivôse an X, art. 3).

Le droit de préemption accordé à l'État peut s'exercer sur les œuvres ayant pour auteur l'un des ancêtres de l'officier décédé (Poitiers, 15 mars 1880).

IX. Notaire.

247. Les préposés de l'enregistrement ont le droit de se présenter

à l'inventaire d'un notaire décédé et de demander communication des minutes et répertoires ; ils ne peuvent assister aux opérations de levée de scellés et de l'inventaire, ni se faire communiquer des titres et pièces confiés au notaire sans acte de dépôt ni inscription au répertoire (L. 25 ventôse an XI, art. 61 ; 22 frimaire an VII, art. 54 ; Cass., 5 novembre 1866 ; Angers, 13 juillet 1880 ; Narbonne, 13 janvier 1879).

On peut constater dans l'inventaire la présence de l'agent de l'administration.

248. Les divers dossiers d'affaires trouvés dans l'étude d'un notaire sont inventoriés sans détail ; les pièces ne sont pas cotées ni paraphées.

X. Sommations.

249. Les héritiers, légataires et autres intéressés résidant à moins de 5 myriamètres du décès, sont toujours appelés à l'inventaire. Il n'est pas permis de les faire représenter par un notaire. S'ils ne se présentent pas volontairement, on doit leur adresser des sommations par huissier.

250. Les sommations sont faites trois jours francs avant l'inventaire (C. pr., 51, 1033) ; par exemple, le lundi pour le vendredi. Toutefois, en cas d'urgence, et avec permission du président du tribunal civil (C. pr., 928), on pourrait sommer à un jour franc (C. pr., 5, 1033), ou même faire commettre un notaire.

251. Quand les parties sommées ne comparaissent pas, défaut est prononcé une heure après celle fixée, puis on commence l'inventaire.

L'intitulé indique les noms et qualités des défaillants comme des présents.

252. Lorsque le conjoint survivant, sommé de se trouver en sa demeure tel jour, à telle heure, pour l'inventaire, ferme les portes et ne se présente pas, le notaire dresse procès-verbal et renvoie les parties en référé devant le président ; une ordonnance autorise le notaire à faire ouvrir les portes par un serrurier et à procéder. Une nouvelle sommation est faite, avec mention de l'ordonnance, puis il est passé outre.

253. S'il y a des scellés, le référé est introduit par le juge de paix, et les originaux des sommations sont annexés au procès-verbal de levée de scellés.

Invention.

Découverte dans un genre d'industrie, soit d'un nouveau produit, soit de nouveaux moyens d'application.

Toute invention confère à son auteur le droit exclusif de l'exploiter à son profit, pendant cinq, dix ou quinze années, en faisant constater son droit par un titre délivré par le gouvernement sous le nom de brevet d'invention (L. 5 juillet 1844).—V. CESSION DE BRÉVET.

Irrévocabilité.

Caractère de ce qui est irrévocable, sur quoi il est impossible de revenir.

Les conventions légalement formées ne peuvent être révoquées que du consentement mutuel des parties (C. civ., 1134).

La donation entre-vifs est irrévocable (C. civ., 894 ; comp. C. civ., 953).

Irrigation.

Arrosement des terres, notamment des prés, au moyen de rigoles amenant l'eau d'une rivière ou d'un canal.

Tout propriétaire qui veut se servir, pour l'irrigation de ses propriétés, des eaux dont il a le droit de disposer, peut obtenir le passage de ces eaux sur les fonds intermédiaires, à la charge d'une juste et préalable indemnité (L. 29 avril 1845, 11 juillet 1847; comp. L. 21 juin 1865).

Ivresse.

État d'une personne dont le cerveau est troublé par l'usage abusif de boissons alcooliques.

L'ivresse est une cause de nullité ou rescision des conventions souscrites dans cet état, quoiqu'il n'y ait ni dol, ni fraude à reprocher à celui envers qui un engagement est contracté (Angers, 12 décembre 1823; Toulouse, 25 juillet 1863; Demolombe, XXIV, 81; comp. Aubry et Rau, § 343, note 5).

La preuve de l'ivresse peut être faite par témoins (Rennes, 14 juillet 1849), même contre un acte notarié (Caen, 9 janvier 1824; Laurent, XIX, 426).

L'ivresse publique est un délit (L. 23 janvier 1873).

Jachère.

État d'une terre qu'on laisse improductive pour qu'elle se repose.
On distingue la JACHÈRE MORTE, ne fournissant aucun produit, et la
JACHÈRE VIVE, consistant à cultiver des plantes fourragères qui produisent un engrais plus utile que le repos absolu. Les clauses des
anciens baux prescrivant la jachère morte ne sont pas obligatoires
pour le fermier (Orléans, 21 juillet 1877).

Jardin.

Lieu ordinairement clos où l'on cultive des plantes potagères, des
arbres à fruits, des végétaux d'agrément.

Le mur séparatif entre jardins est présumé mitoyen, s'il n'y a titre
ou marque du contraire (C. civ., 653). La clôture est forcée dans
les villes et faubourgs (C. civ., 663).

Jeton.

Pièce de métal que l'on remet aux membres présents de certaines
Compagnies.

L'usage des jetons est très ancien dans le notariat et dans la
plupart des sociétés scientifiques, littéraires, financières.

Jeu.

1. Convention par laquelle les contractants promettent réciproquement que le perdant paiera une certaine somme au gagnant ou
lui remettra telle autre chose déterminée.

La loi n'accorde aucune action pour le paiement d'une dette de
jeu ; néanmoins, le paiement volontairement fait n'est pas sujet à
répétition (C. civ., 1965, 1967).

2. Par exception, la loi permet de poursuivre le paiement des
sommes dues par suite de jeux propres à exercer au fait des armes
ou à développer la force, l'adresse et l'agilité du corps, pourvu que
la somme engagée ne soit pas excessive, eu égard à la position des
parties (C. civ., 1966).

3. Les jeux de Bourse, appelés marchés à terme, sont désormais
reconnus légaux (L. 28 mars 1885).

Jonction.

Action de joindre, d'unir : JONCTION D'INSTANCE, acte par lequel deux instances ou deux causes sont mises en une seule, et vidées par un seul jugement (C. pr., 153, 184, 719, 720).

Jouissance.

1. Libre usage, faculté de jouir, usage légal ; droit de recueillir les fruits d'un bien. — JOUISSANCE FICTIVE, celle résultant de la perception des fruits civils. — JOUISSANCE RÉELLE, celle résultant de la possession effective d'une chose (C. civ., 384, 600, 949, 1536, 1576, 1739, 1837, 2087).

2. Faculté d'exercer librement un droit : les témoins instrumentaires doivent avoir la jouissance de leurs droits civils (L. 25 ventôse an XI, art. 9).

Jouissance légale.

1. Le père, durant le mariage, et, après la dissolution du mariage, le survivant des père et mère ont la jouissance ou usufruit légal des biens de leurs enfants légitimes ou légitimés (mais non des enfants naturels), jusqu'à l'âge de 18 ans accomplis, ou jusquà leur émancipation, si elle a lieu avant (C. civ., 384 ; Caen, 22 mars 1860 ; Aubry et Rau, § 571).

Sont compris dans la jouissance légale, les bénéfices résultant de la participation de l'enfant à une association communale (Cass., 10 décembre 1878).

2. Les charges de la jouissance légale sont : 1º celles qui pèsent sur les usufruitiers, moins l'obligation de fournir caution (C. civ., 385, 601) ; 2º la nourriture, l'entretien et l'éducation des enfants (C. civ., 385) ; 3º le paiement des intérêts des capitaux et arrérages des rentes dus par les enfants, courus postérieurement à l'ouverture du droit de jouissance (C. civ., 385 ; Lyon, 16 février 1835 ; Nîmes, 9 juillet 1856 ; Nancy, 28 mai 1881 ; — *Contrà*, Demolombe, VI, 544) ; 4º les frais funéraires et de dernière maladie des personnes aux successions desquelles les enfants sont appelés (C. civ., 385 ; Caen, 20 décembre 1839 ; Douai, 22 juillet 1854 ; Paris, 10 avril 1864).

3. Cette jouissance légale ne s'étend pas : 1º aux biens compris dans un majorat (Cons. d'État, 30 janvier 1811 ; comp. L. 30 juin 1849) ; 2º à ceux provenant d'une succession à laquelle les enfants ont été appelés, à l'exclusion de l'ascendant déclaré indigne (C. civ., 730 ; Demolombe, VI, 517) ; 3º aux biens que les enfants ont

acquis par un travail séparé de celui de leurs parents (C. civ., 387) ;
4° à ceux donnés ou légués aux enfants, sous la condition que les
père et mère n'en jouiront pas (C. civ., 387) ; mais seulement
quant aux biens dont le donateur ou testateur avait la libre disposition (C. civ., 915 ; Cass., 3 juin 1872 ; Nancy, 12 novembre 1874).

4. La jouissance légale s'éteint : 1° par le décès de l'enfant
(Cass., 15 juin 1842) ; 2° lorsqu'il atteint 18 ans (C. civ., 384) ;
3° quand il est émancipé par le mariage ou autrement (C. civ.,
476, 478) ; 4° à l'égard de celui des père et mère contre lequel le
divorce aurait été prononcé (C. civ., 386) ; 5° en ce qui concerne
la mère dans le cas d'un second mariage, encore bien qu'elle se
soit fait maintenir dans la tutelle (C. civ., 386, 396 ; Demolombe,
VI, 517) ; 6° à défaut d'inventaire, par le survivant des père et
mère mariés en communauté ou société, dans le délai de trois mois,
à moins de circonstances majeures (C. civ., 1442 ; Douai, 14 février
1863 ; Orléans, 7 mars 1863 ; Caen, 18 novembre 1863 ; Paris, 4
mai 1888 ; Aubry et Rau, § 550, note 2) ; 7° par la déchéance
judiciaire prononcée pour abus de jouissance (C. civ., 618) ; 8° par
la condamnation prononcée contre l'usufruitier légal pour attentat
aux mœurs (C. pén., 334, 335) ; 9° lorsque l'usufruitier légal
renonce à son droit de jouissance. — V. ABANDON DE JOUISSANCE
LÉGALE.

5. Pendant le mariage, l'usufruitier légal n'est point grevé d'hypothèque légale (Cass., 3 décembre 1831).

La loi ne lui donne ni conseil de famille ni subrogé-tuteur.

6. Il y a lieu de se préoccuper de l'usufruit légal dans les inventaires, comptes de tutelle et partages intéressant l'enfant, pour
établir les droits et les charges attachés à cette jouissance par la loi.

Jour.

1. Espace de vingt-quatre heures, de minuit à minuit : JOUR A
QUO, jour à partir duquel on compte un délai fixe ; — JOUR AD QUEM,
dernier jour d'un délai fixé. Dans la supputation des délais, on
compte le jour *ad quem ;* au contraire, le jour *a quo* n'est pas
compris, en règle générale (Comp. Cass., 20 janvier 1863, 4 décembre 1865 ; C. pr., 1033).

2. Ouverture pratiquée dans un mur pour éclairer un appartement : JOUR DE SERVITUDE, ouverture pratiquée sur le bien du

voisin, en vertu d'un droit que possède le propriétaire du bâtiment ;
— JOUR DE SOUFFRANCE, DE TOLÉRANCE, ouverture pratiquée sans
droit sur le bien du voisin qui veut bien user de tolérance (C. civ.,
675, 676).

Jour férié.

1. Jour de fête, consacré à des cérémonies religieuses ou nationales.

Indépendamment des dimanches, les jours fériés sont : le 1er janvier, le 14 juillet, l'Ascension, la Toussaint, Noël, le lundi de
Pâques et le lundi de la Pentecôte (Arr. 29 germinal an X ; Cons.
d'État, 13 mars 1810 ; L. 8 mars 1886).

2. Les notaires peuvent refuser leur ministère les dimanches et
jours fériés (L. 18 germinal an X) ; ils doivent s'abstenir de dresser
les jours fériés des actes ayant un caractère judiciaire : inventaires,
notifications d'actes respectueux, procès-verbaux.

3. Quand le délai pour l'enregistrement d'un acte notarié expire
un dimanche ou jour de fête légale, il est prorogé au lendemain
(L. 22 frimaire an VII, art. 25).

Journal.

1. Publication journalière ou périodique donnant des nouvelles
politiques, scientifiques, judiciaires ou autres ; journal d'annonces.

Le timbre des journaux a été aboli par un décret du 5 septembre
1870. Depuis lors, les certificats relatifs aux annonces légales sont
assujettis au droit de timbre de 60 centimes (Sol., 8 mai 1879).

Une loi du 29 juillet 1881 établit la liberté de publier des journaux sans autorisation ni cautionnement.

2. Livre sur lequel un commerçant inscrit ses opérations à
mesure qu'elles s'effectuent et dans l'ordre des dates (C. comm.,
8, 10).

3. Ancienne mesure de superficie, établie sur la quantité de
terrain qu'un homme pouvait labourer dans un jour, évaluée à
34 ares 28 centiares.

Juge.

1. Homme qui a pour fonction spéciale de rendre la justice au
nom du pouvoir souverain.

Le juge qui refuse de juger sous prétexte du silence, de l'obscurité ou de l'insuffisance de la loi, peut être poursuivi comme coupable de déni de justice (C. civ., 4).

Il est défendu aux juges de prononcer par voie de disposition générale et réglementaire sur les causes qui leur sont soumises (C. civ., 5).

Les juges ne peuvent devenir cessionnaires des procès, droits et actions litigieux, qui sont de la compétence du tribunal dans le ressort duquel ils exercent leurs fonctions (C. civ., 1597).

Les juges sont déchargés des pièces cinq ans après le jugement des procès (C. civ., 2276).

2. JUGE AUX ORDRES, celui qui est spécialement chargé, dans les tribunaux importants, des ordres et contributions (C. pr., 749; comp. Décr. 19 mars 1852).

3. JUGE-COMMISSAIRE, RAPPORTEUR, juge nommé par le tribunal pour procéder à certaines opérations et présenter un rapport : enquêtes (C. pr., 255, 273, 277, 292); visites de lieux (C. pr., 296); interrogatoires (C. pr., 525); distributions (C. pr., 658); envoi en possession de biens d'absent (C. pr., 859); liquidation et partages (C. civ., 823; C. pr., 969); opérations de faillite (C. comm., 451 à 454), etc.

4. JUGE D'INSTRUCTION, magistrat chargé de rechercher les crimes et délits, de faire arrêter les prévenus, de recueillir les preuves relatives à la cause (C. inst. crim., 55, 59, 61, 71, 611, 613, 616; Décr. 18 août 1810; L. 30 août 1883).

5. JUGE SUPPLÉANT, celui qui remplace les juges titulaires en cas d'empêchement (Décr. 18 août 1810; L. 11 avril 1833, 30 août 1883).

Juge de paix.

1. Magistrat établi dans chaque canton pour juger sommairement et à peu de frais les petites affaires; amener la conciliation des parties sur des affaires plus graves qui ne sont pas de son ressort; protéger les mineurs, les orphelins, les absents, et, à ce titre, présider les conseils de famille, apposer et lever les scellés, etc. (C. civ., 70, 71, 120, 155, 353, 363, 405, 477, 478; C. pr., 907, 931; C. comm., 106, 457, 458, 468; L. 15 pluviôse an XIII; 21 mai 1836, 18 novembre 1850, 18 juin 1854, 2 mai 1861, 21 novembre 1872).

2. Le juge de paix a deux suppléants chargés de le remplacer en cas d'empêchement (L. 29 ventôse an IX, 28 floréal an X). Souvent,

les notaires sont nommés juges de paix suppléants ; il est bien entendu qu'ils ne pourraient cumuler les fonctions de juge de paix et de notaire pour une levée de scellés accompagnée d'inventaire.

3. Deux personnes en désaccord peuvent se présenter volontairement devant le juge de paix et requérir une solution sur leur différend ; mais, le plus souvent, l'un des plaideurs appelle l'autre en conciliation au moyen d'un avertissement envoyé par le greffier du juge de paix (L. 25 mai 1838, art. 17). A défaut de conciliation, une citation est envoyée par huissier, à un jour franc (C. pr. 5).

Pour les affaires de la compétence du tribunal civil, et entre des personnes capables de transiger, il y a lieu au préliminaire de conciliation devant le juge de paix (C. pr., 48 et suiv.).

Il est néanmoins facile d'éviter la conciliation, en présentant requête au président du tribunal pour assigner, à bref délai, devant le tribunal civil.

4. Les parties comparaissent en personne, ou par mandataire spécial (C. pr., 53), et débattent leurs intérêts oralement, sans aucune procédure. La conciliation sur lettre a lieu dans le cabinet du juge de paix, et non à l'audience publique.

5. Le juge de paix prononce en dernier ressort sur les contestations ne dépassant pas 100 fr. ; jusqu'à 200 fr., il juge en premier ressort, c'est-à-dire que la partie condamnée a le droit d'en appeler devant le tribunal civil (L. 25 mai 1838, art. 1).

Les contestations entre hôteliers et voyageurs pour dépenses ; entre locataires et propriétaires pour troubles de jouissance, dégradations des lieux loués, sont jugées en premier ressort par le juge de paix, jusqu'à 1,500 fr. (Art. 2).

Il juge encore en premier ressort sur les locations, congés et expulsions, quand le loyer annuel ne dépasse pas 400 fr. ; sur les réparations locatives ; sur les engagements de domestiques (Art. 3).

Les demandes de pensions alimentaires ne dépassant pas 150 fr. par an, sont de la compétence du juge de paix (Art. 11).

6. Une personne majeure et maîtresse de ses droits peut, dans tout engagement, attribuer compétence au juge de paix d'un canton déterminé (C. pr., 7), afin d'éviter les frais considérables de la procédure devant les tribunaux d'arrondissement.

Jugement.

1. Décision, sentence émanée d'un tribunal inférieur : justice de paix, tribunal civil de première instance, tribunal de commerce.

2. JUGEMENT CONTRADICTOIRE, celui qui est rendu sur la défense de toutes les parties en cause (C. pr., 443, 480).

Un jugement rendu par le juge de paix est susceptible d'appel pendant trente jours, à partir de la signification, outre les délais de distance (L. 25 mai 1838, art. 13 et 16).

Pour le jugement contradictoire rendu par le tribunal civil, l'appel est recevable pendant deux mois, à partir de la signification à domicile (C. pr., 443), mais il ne peut être interjeté pendant la huitaine qui suit le jugement, délai durant lequel l'exécution est suspendue (C. pr., 449, 450).

Le jugement rendu dans une affaire où un mineur non émancipé, ou un interdit, a été représenté par son tuteur, doit être signifié tant au tuteur qu'au subrogé-tuteur, pour faire courir le délai d'appel (C. pr., 444).

Si le mineur ou interdit a plaidé contre son tuteur, il faut que le jugement soit signifié, non seulement au subrogé-tuteur, mais encore à un tuteur *ad hoc* (Cass., 1er avril 1833).

Les personnes demeurant loin de la France ont des délais supplémentaires pour porter appel (C. pr., 73, 445, 446).

Les jugements prononçant un paiement ou quelque autre chose à faire par un tiers où à sa charge, ne sont exécutoires, même après les délais d'opposition ou d'appel, que sur le vu : 1° d'un certificat de l'avoué de la partie poursuivante, contenant la date de la signification faite au domicile de la partie condamnée ; 2° et d'un certificat du greffier du tribunal constatant qu'il n'existe contre le jugement ni opposition ni appel (C. pr., 548).

3. JUGEMENT CONVENU, D'EXPÉDIENT, celui qui accepte et confirme une transaction intervenue entre les parties (Comp. C. civ., 467, 1559, 2045 ; C. comm., 487, 535).

4. JUGEMENT INTERLOCUTOIRE, celui qui préjuge sur le fonds de la cause, sans avoir force exécutoire (C. pr., 15, 452, 473 ; Paris, 31 mars 1879).

5. JUGEMENT PAR DÉFAUT, celui rendu contre une partie qui n'a pas comparu et ne s'est pas défendue à l'audience, quoique régulièrement assignée (C. pr., 19, 149, 150, 434, etc.).

Il y a deux catégories de jugements par défaut : le défaut contre partie, et le défaut contre avoué.

On peut former opposition à un jugement par défaut rendu par le juge de paix, pendant trois jours, non francs, à partir de la signification (C. pr., 20), mais le juge peut accorder un plus long délai (C. pr., 21). Du jour où l'opposition n'est plus recevable, l'appel est encore possible pendant trente jours (Chauveau, *Quest.*, 76 ; Dalloz, *Appel*, 239). L'article 156, Code procédure, qui veut que les jugements par défaut soient exécutés dans les six mois de leur obtention, à peine de nullité, n'est pas applicable aux jugements par défaut rendus par le juge de paix (Cass., 13 septembre 1809 ; Chauveau, *Quest.*, 93, 642 ; Carré, 922 ; comp. Boitard, 624).

Le jugement par défaut, *contre avoué*, rendu par le tribunal civil, est susceptible d'opposition pendant huit jours seulement, à partir de la signification à avoué (C. pr., 157).

Pour le jugement par défaut contre partie, l'opposition est recevable jusqu'à l'exécution (C. pr., 158, 162), résultant, soit de la vente des meubles saisis ou d'un procès-verbal de carence porté à la connaissance du défaillant (Cass., 22 juillet 1885), soit de la no'ification de la saisie des immeubles, soit du paiement des frais, soit de la liquidation ordonnée, puis dressée et close après sommation au défaillant d'y assister (Seine, 2 août 1888) ; soit, enfin, de tout autre acte duquel il résulte nécessairement que l'exécution du jugement a été connue de la partie défaillante (C. pr., 159).

Aucun jugement par défaut ne peut être exécuté à l'égard d'un tiers, que sur un certificat du greffier du tribunal constatant qu'il n'y a aucune opposition (C. pr., 164).

L'appel des jugements par défaut est recevable pendant deux mois, à partir du jour où l'opposition n'est plus recevable (C. pr., 443).

Les règles relatives aux jugements par défaut des tribunaux civils, sont applicables à ceux des tribunaux de commerce (C. comm., 643 ; C. pr., 436 ; Cass., 23 août 1865, 8 avril 1868).

6. JUGEMENT PRÉPARATOIRE, AVANT FAIRE DROIT, celui qui règle préalablement une question accessoire et ne décide rien sur le fond (C. pr., 31, 452).

7. JUGEMENT PROVISIONNEL, celui qui, par provision, dans le cours d'une instance, adjuge à une des parties quelque chose qui lui est indispensable (C. civ., 268).

8. Jugement sur requête, celui qui autorise la vente ou l'hypothèque des immeubles dotaux (C. civ., 1558, 1559 ; C. pr., 997).— V. Dotalité, n⁰ˢ 123 à 132.

Jumeaux.

Enfants nés d'un même accouchement. Lorsque deux jumeaux ont péri ensemble dans le même évènement, on doit regarder comme l'aîné celui qui est sorti le premier du sein de la mère (Demolombe, XIII, 105).

Jury.

Corps de jurés ; ensemble de tous les citoyens qui peuvent être jurés.

Jury d'assises, celui qui décide si l'accusé est coupable ou non.

La composition du jury est réglée par une loi du 4 juin 1853. Son fonctionnement à la Cour d'assises est déterminé par les articles 309, 312 et suivants, Code d'instruction criminelle.

Jury d'expropriation, réunion de jurés qui prononce sur les indemnités à allouer au cas d'expropriation pour cause d'utilité publique (L. 3 mai 1841, art. 29 ; 21 mai 1836, art. 16).

Justice.

1. Bon droit, vérité ; respect du droit ; vertu morale qui inspire le respect des droits d'autrui, et qui fait rendre à chacun ce qui lui appartient.

2. Action ou pouvoir de prononcer sur les droits de chacun ; de punir ou de récompenser.

3. Action de reconnaître les droits de quelqu'un à quelque chose, d'accueillir ses réclamations et d'y faire droit, en lui accordant ce qui est juste et légitime.

4. Tribunaux, magistrats, et ensemble de toutes les personnes chargées d'appliquer les lois.

Justification.

1. Preuve d'un acte, d'un droit, d'une action, de l'accomplissement d'une formalité.

2. Celui qui aliène, hypothèque ou engage une chose, justifie qu'elle lui appartient légitimement, par la représentation des titres. — V. Établissement de propriété.

3. Les formalités de publicité remplies sur les contrats de mariage des commerçants et sur les actes de société commerciale, sont justifiées par le dépôt des pièces au rang des minutes du notaire.

4. La purge des hypothèques légales, faite en commun par plusieurs acquéreurs, est aussi justifiée au moyen du dépôt des pièces ou de leur annexe à la quittance de l'un des acquéreurs.

5. On justifie des remplois obligatoires, fournis par les femmes mariées, les tuteurs des mineurs, etc., par une expédition de l'acte d'acceptation, lorsque le remploi est fait en valeurs mobilières; s'il est effectué en immeubles, on a le choix, soit de dresser un acte spécial contenant le compte-rendu de toutes les formalités relatives au remploi, soit de délivrer une expédition de la quittance du prix, rappelant les mêmes formalités.

TABLE

DES MOTS CONTENUS DANS LE DEUXIÈME VOLUME.

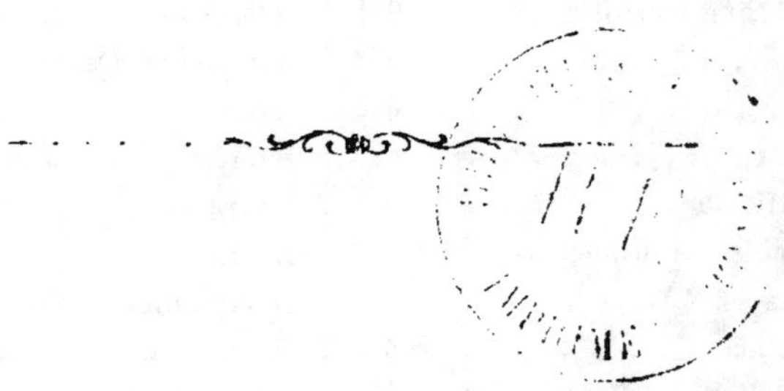

Caen, Imp. H. Delesques.